昆明统计年鉴

KUNMING STATISTICAL YEARBOOK

2017

昆明市统计局
KUNMING MUNICIPAL BUREAU OF STATISTICS
国家统计局昆明调查队
NBS SURVEY OFFICE IN KUNMING
编

中国统计出版社
China Statistics Press

图书在版编目 (CIP) 数据

昆明统计年鉴 . 2017/ 昆明市统计局编 .—北京：
中国统计出版社，2017.9
ISBN 978-7-5037-8343-2

Ⅰ . ①昆… Ⅱ . ①昆… Ⅲ . ①统计资料 – 昆明 –
2017– 年鉴 Ⅳ . ① C832.741–54

中国版本图书馆 CIP 数据核字（2017）第 220539 号

昆明统计年鉴—2017

作　　者 / 昆明市统计局
责任编辑 / 陈越月
装帧设计 / 宋瑾霞
出版发行 / 中国统计出版社
地　　址 / 北京市丰台区西三环南路甲 6 号
邮　　编 /100073
电　　话 / 邮购 (010) 63376909 书店 (010) 68783171
网　　址 / http://csp.stats.gov.cn
印　　刷 / 云南国大印务有限公司
经　　销 / 新华书店
开　　本 /890 × 1240 毫米 1/16
字　　数 /687 千字
印　　张 /32
版　　别 /2017 年 11 月第 1 版
版　　次 /2017 年 11 月第 1 次印刷
定　　价 /300.00 元

如有印装错误，本社发行部负责调换。

《昆明统计年鉴——2017年》编委会和编辑部

生产总值（亿元）

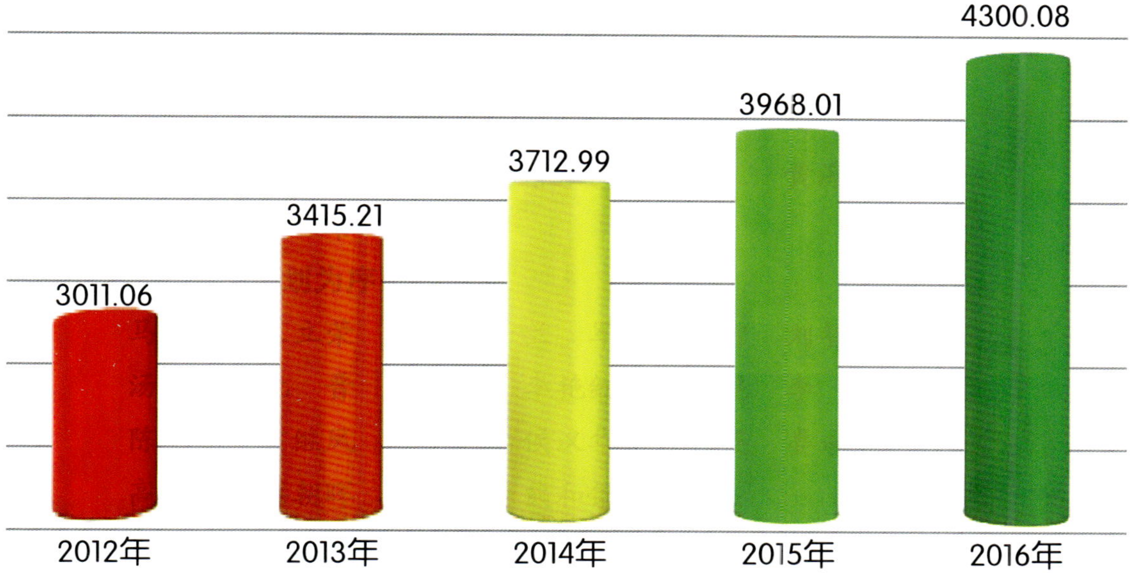

生产总值构成（%）

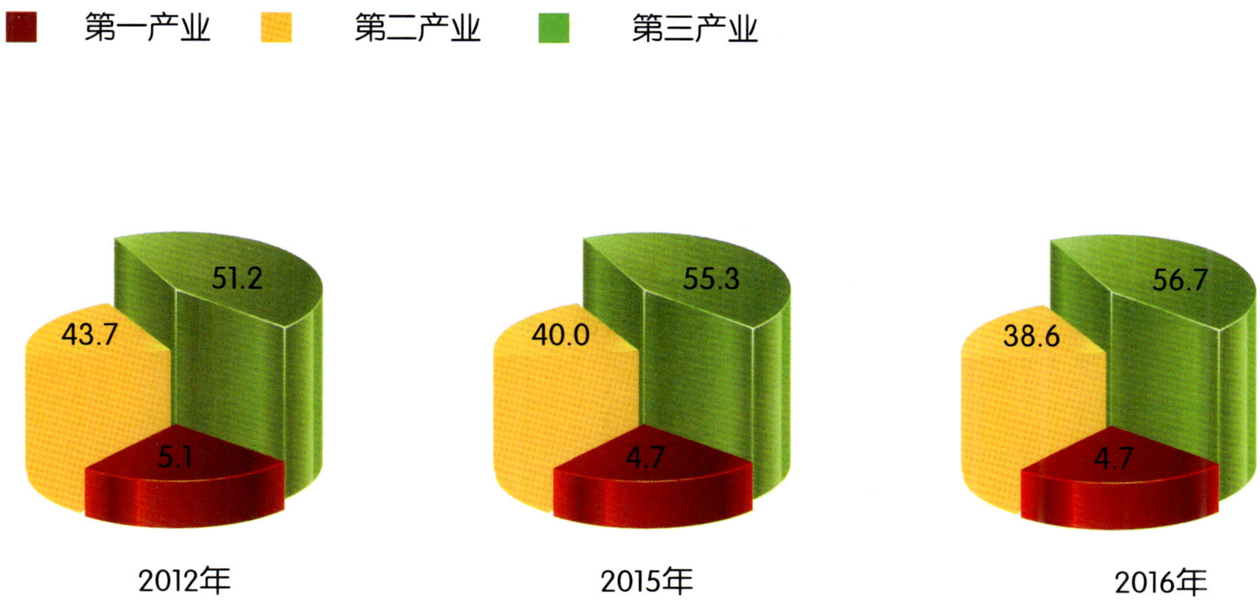

人均生产总值（元）

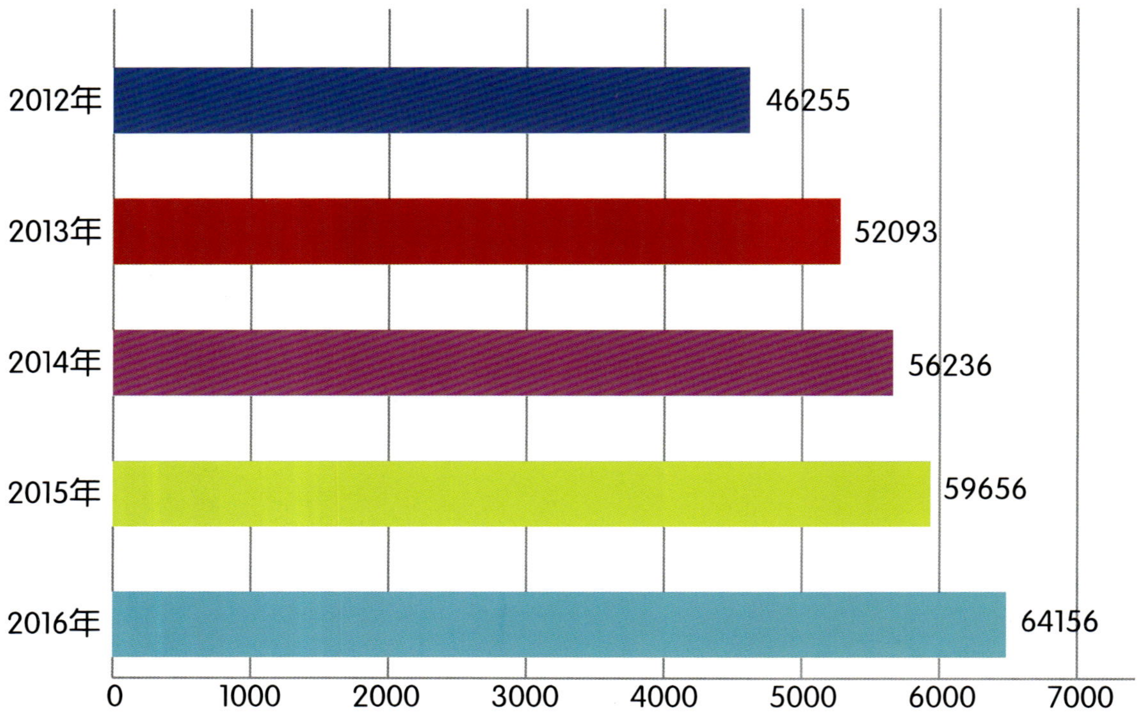

年末常住人口（万人）

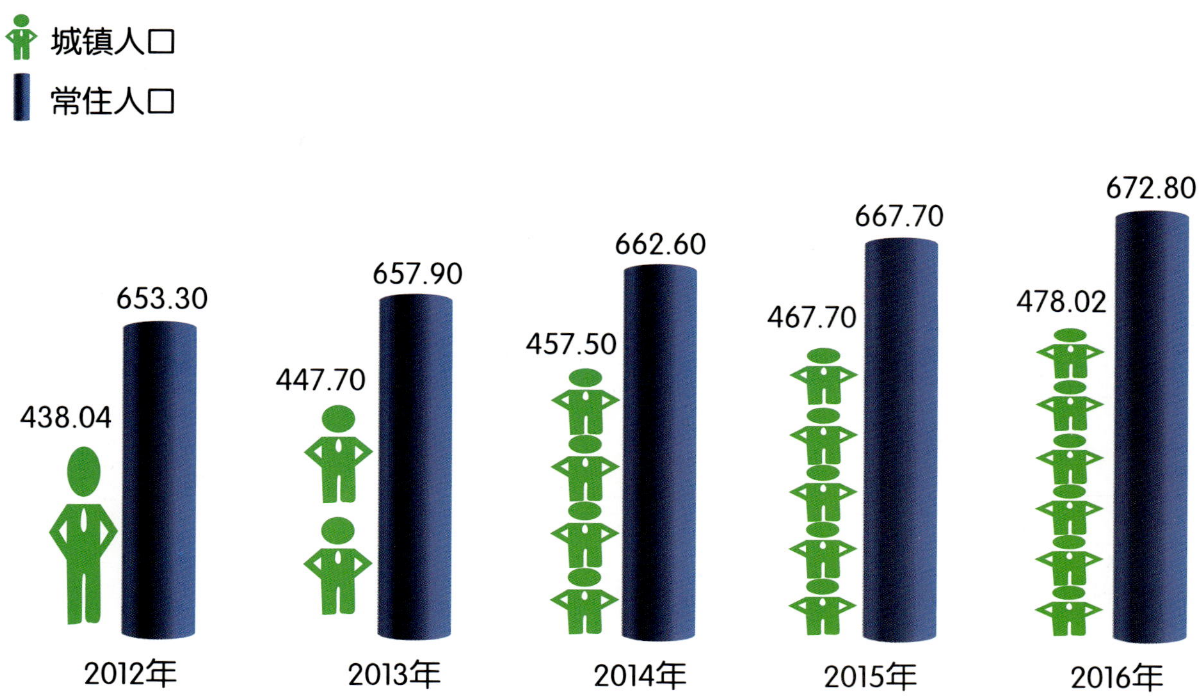

全社会从业人员（万人）

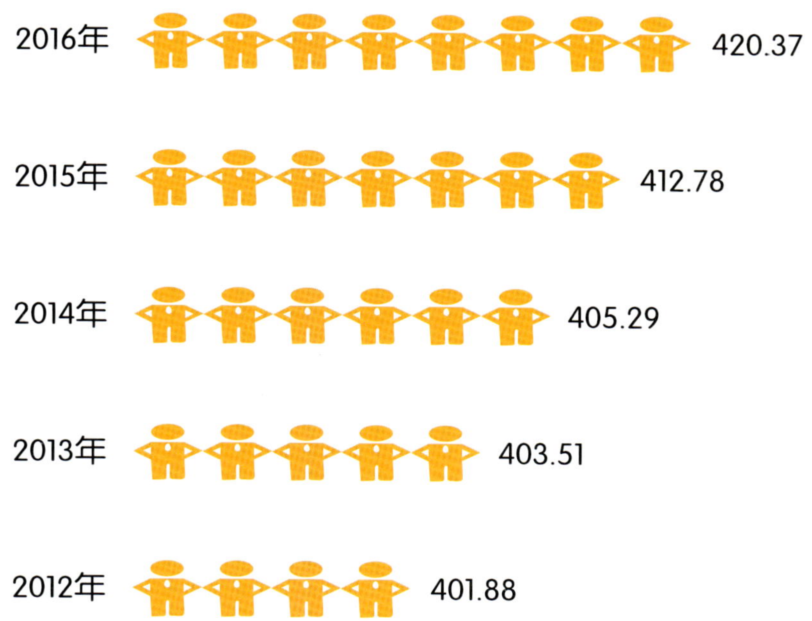

城镇非私营单位在岗职工年平均工资（元）

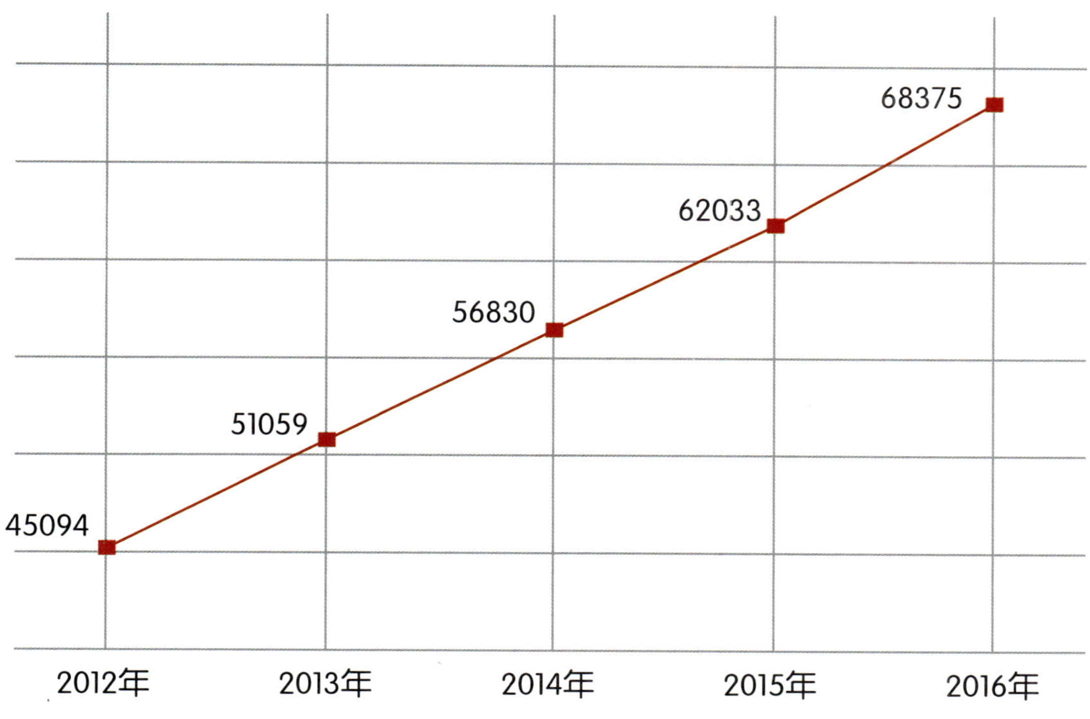

规模以上工业增加值增速（%）

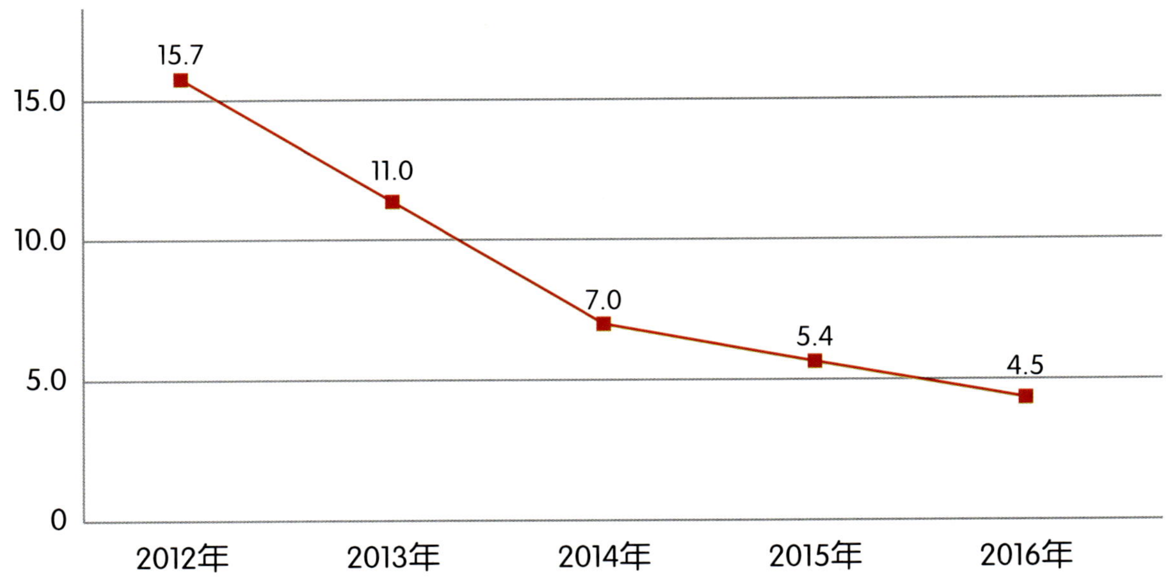

农林牧渔及农林牧渔服务业总产值（亿元）

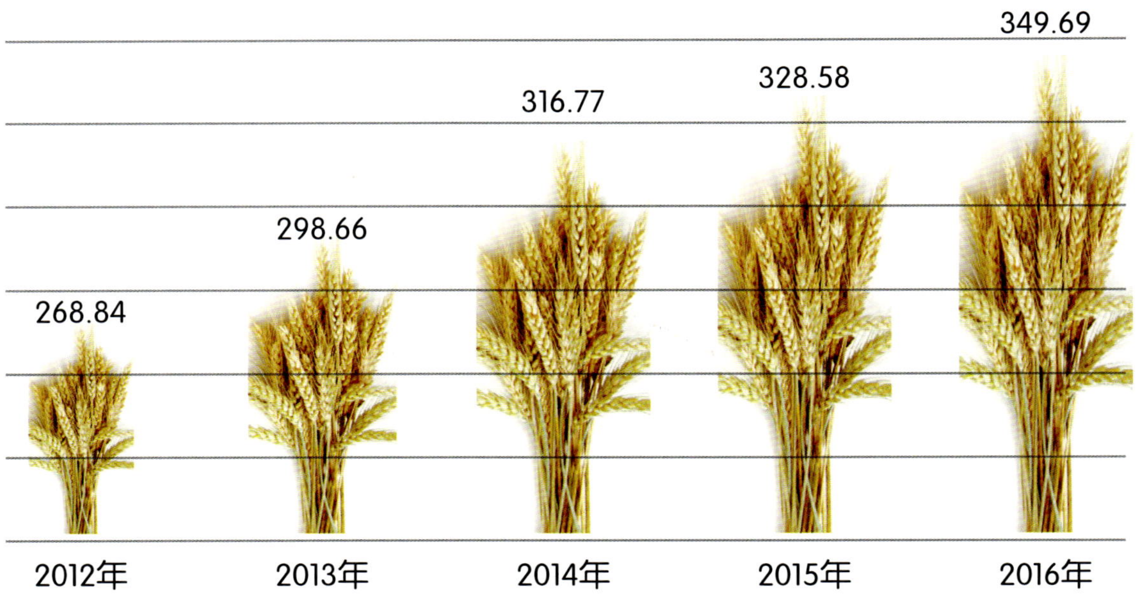

固定资产投资（不含农户）（亿元）

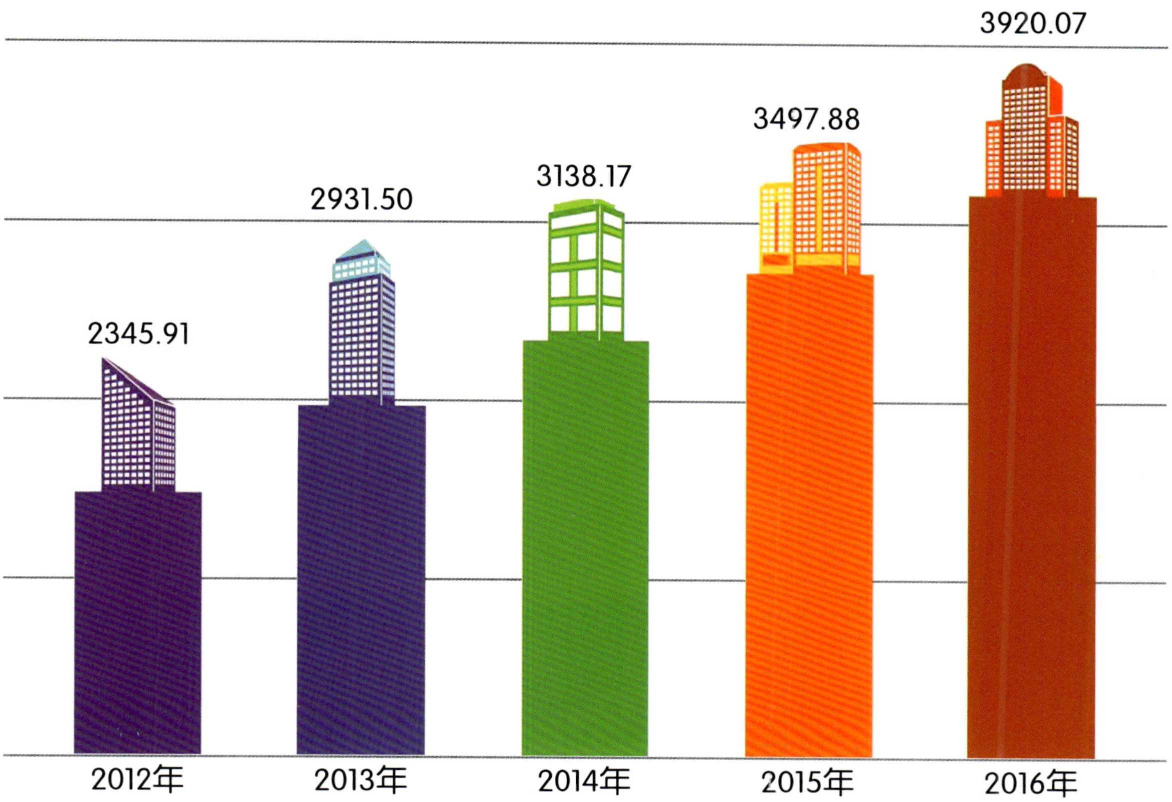

社会消费品零售总额（亿元）

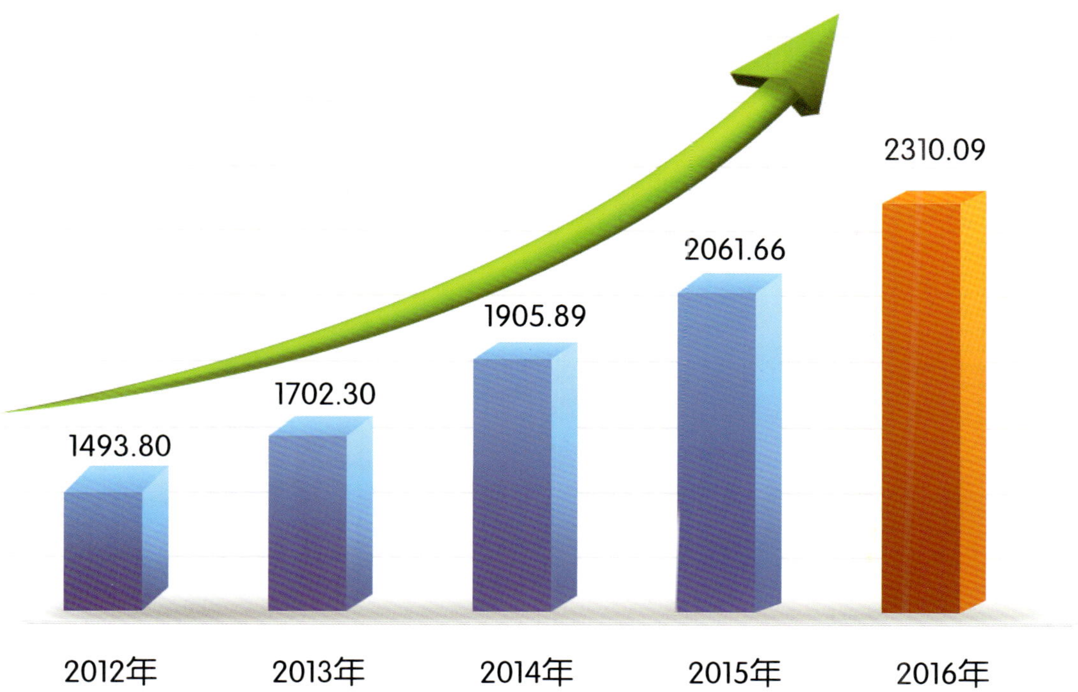

进出口总额（亿美元）

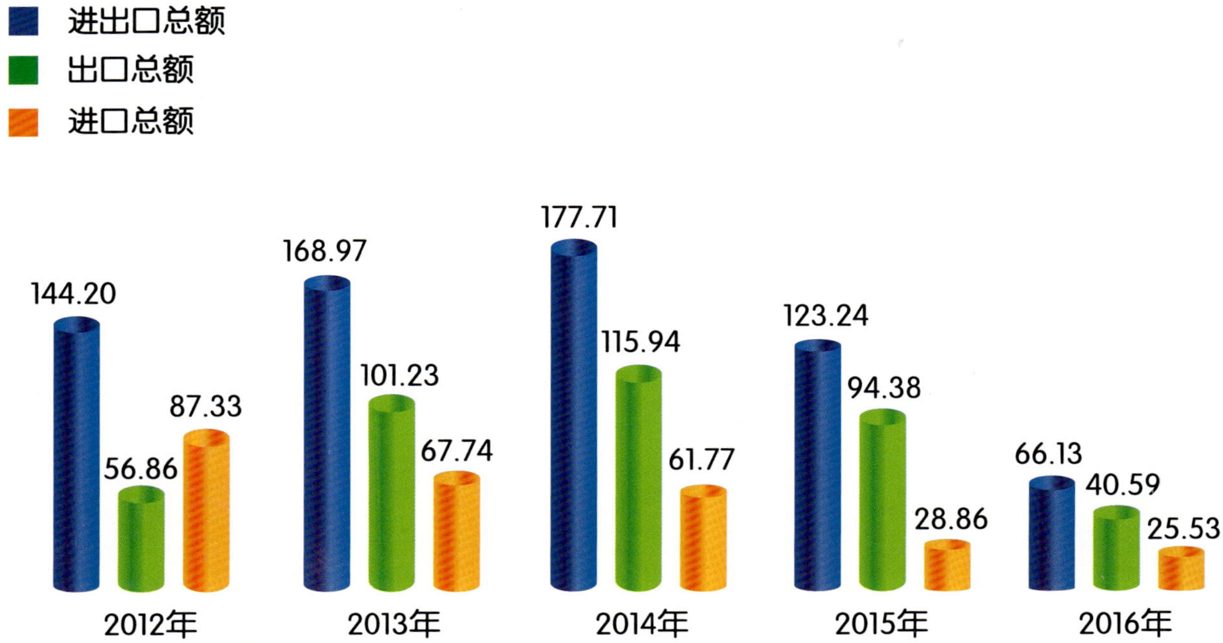

旅游人数及收入

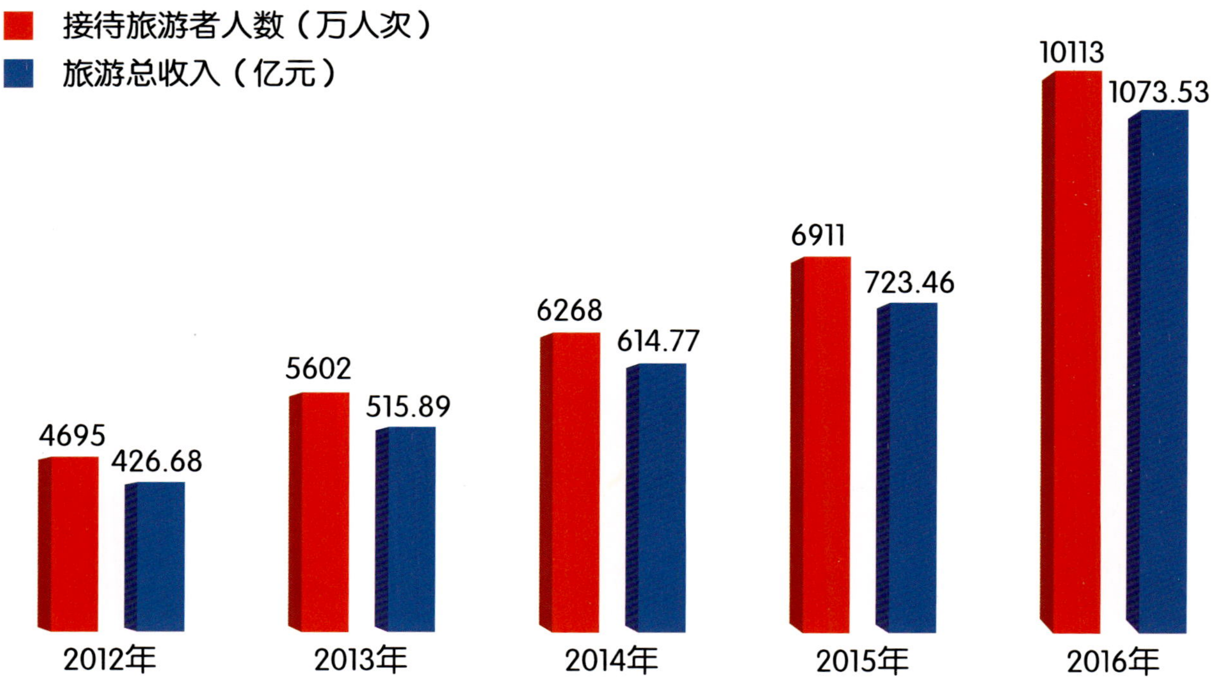

财 政（亿元）

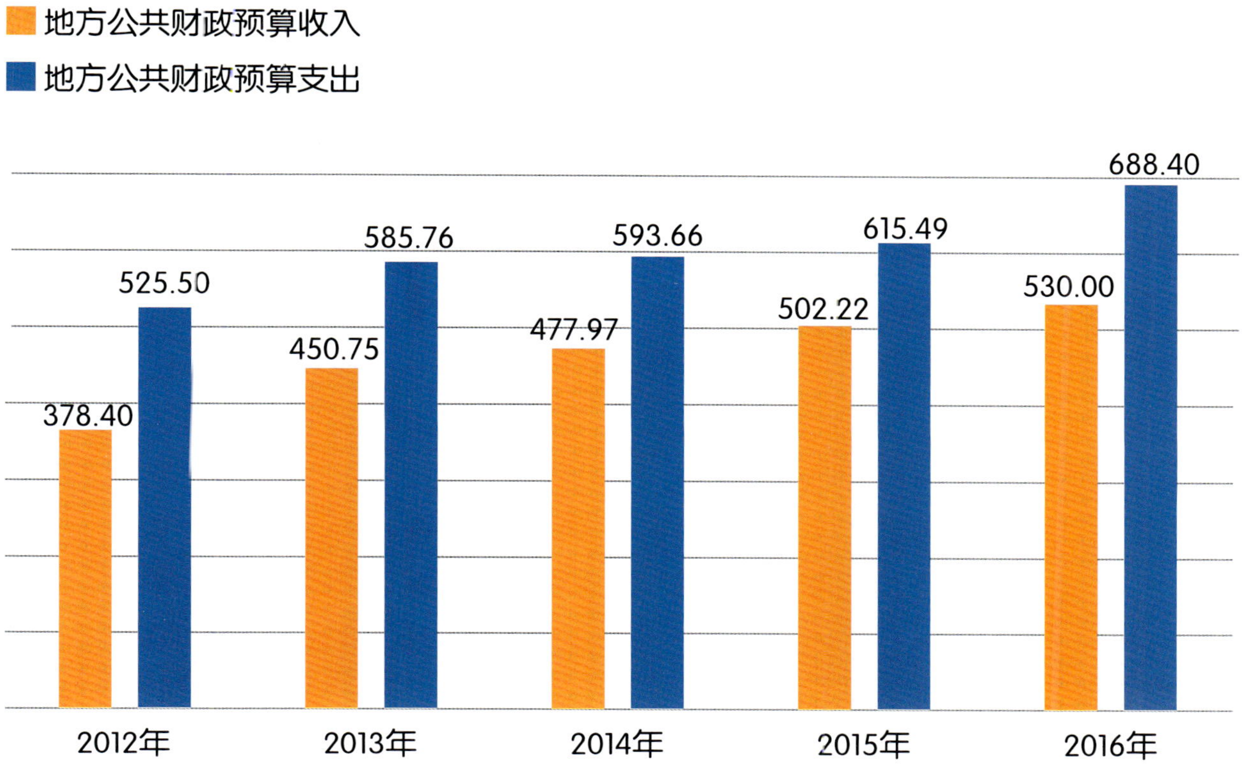
地方公共财政预算收入
地方公共财政预算支出
378.40
525.50
450.75
585.76
477.97
593.66
502.22
615.49
530.00
688.40
2012年
2013年
2014年
2015年
2016年

金融（亿元）

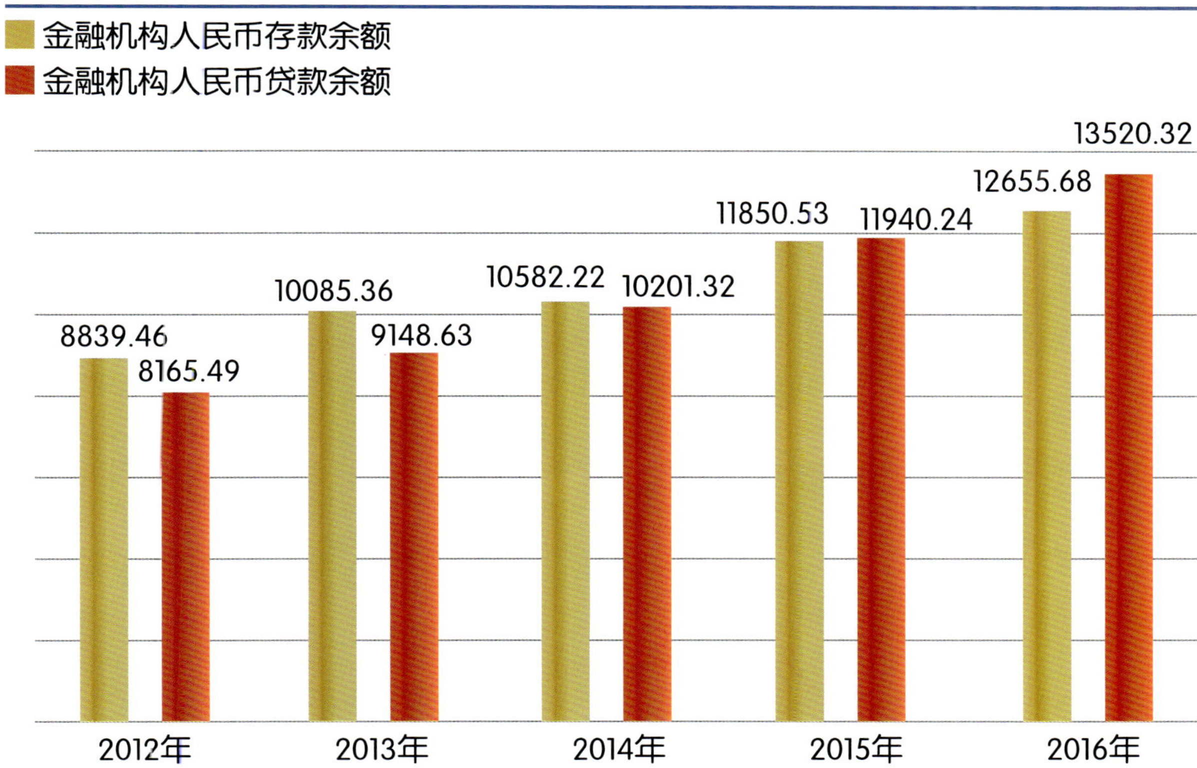
金融机构人民币存款余额
金融机构人民币贷款余额
8839.46
8165.49
10085.36
9148.63
10582.22
10201.32
11850.53
11940.24
12655.68
13520.32
2012年
2013年
2014年
2015年
2016年

城乡居民收入（元）

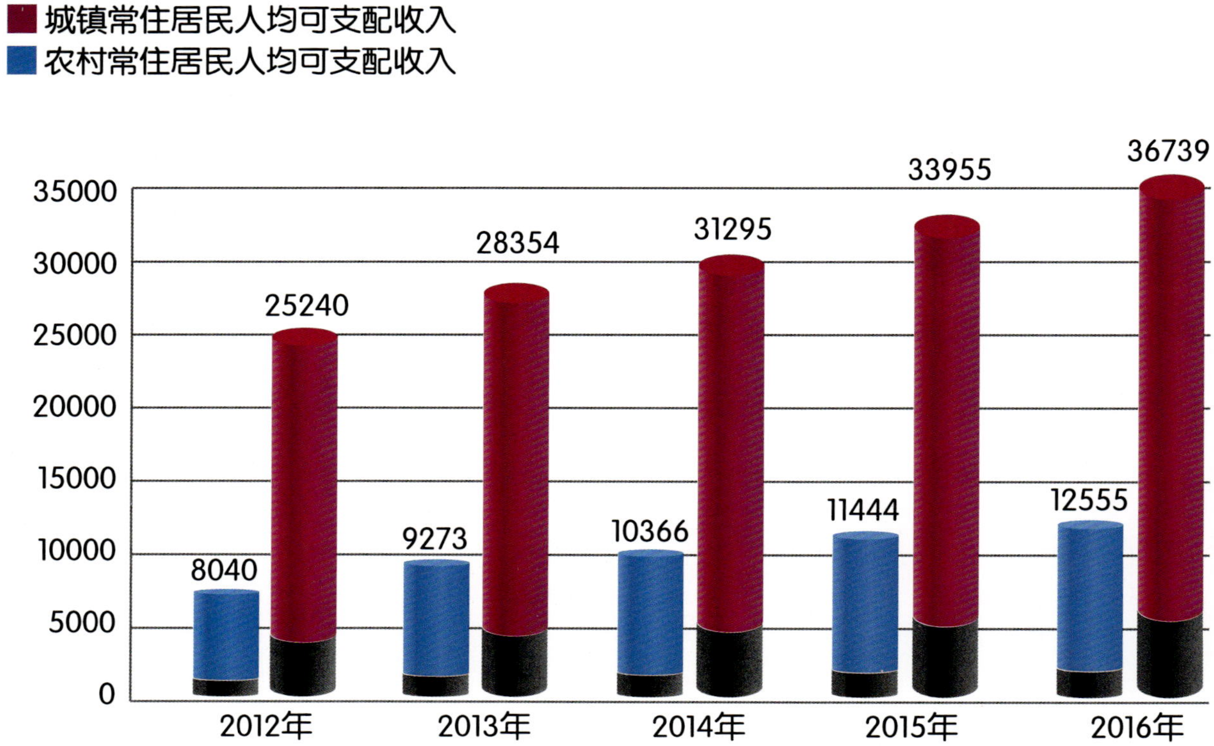

价格指数（%）

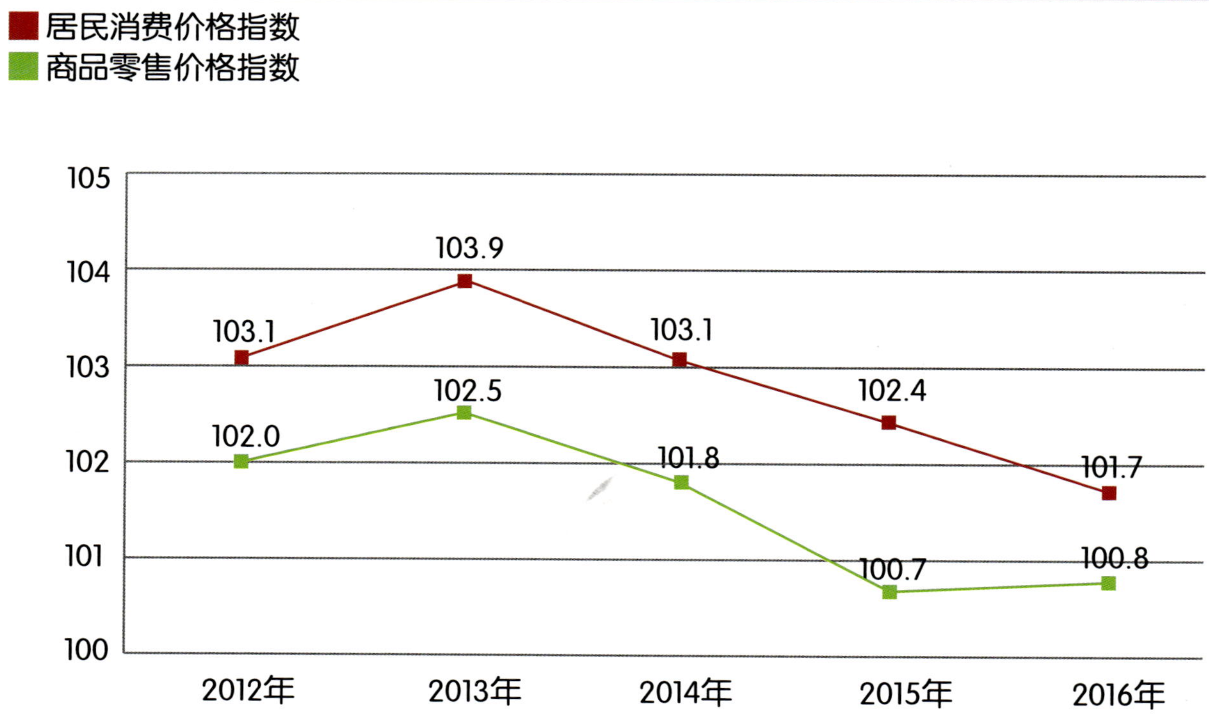

编者说明

一、《昆明统计年鉴》（以下简称《年鉴》）是一部按年连续出版的大型统计资料。本《年鉴》通过大量的统计数据，真实地记录了昆明市一年来经济社会发展变化情况，是社会各界了解昆明、认识昆明的重要资料工具书。

二、本《年鉴》内容共分为19个部分，即：1. 市情概况；2. 国民经济核算；3. 人口；4. 从业人员和职工工资；5. 固定资产投资；6. 财政和金融；7. 物价；8. 人民生活；9. 农业；10. 工业和能源；11. 交通运输；12. 建筑业；13. 国内贸易；14. 对外贸易、旅游；15. 城市建设、环境保护；16. 科技、教育、文化、体育、卫生和其他；17. 开发区建设；18. 各州（市）主要经济指标；19. 全国省会城市主要经济指标。有关部分有主要统计指标解释，对主要统计指标的含义、统计范围和统计方法作了简要说明。

三、本《年鉴》资料主要来自昆明市统计局、国家统计局昆明调查队的各种定期统计报表和抽样调查资料；部分资料来自省、市有关部门以及各县（市）区、开发（度假）园区。

四、度量衡单位均采用国际统一标准计量单位。

五、本《年鉴》中涉及到的历史数据，均以最新出版的《年鉴》数据为准；本年鉴中部分数据合计数或相对数由于单位取舍不同而产生的计算误差，均未做机械调整。

六、本《年鉴》统计表中的符号使用说明：

“#” 表示其中主要项；

“空格”表示该项统计指标数据不详或无该项数据。

七、本《年鉴》由于内容较多、涉及面广，如有差错，敬请批评指正。

本《年鉴》在整理编辑过程中，得到省、市有关部门和单位的大力支持，在此表示感谢！

2017年11月

目　　录

一、市情概况

二、国民经济核算

三、人　　口

四、从业人员和职工工资

五、固定资产投资

六、财政和金融

七、物 价

八、人民生活

九、农　　业

十、工业和能源

十一、交通运输

十二、建筑业

十三、国内贸易

十四、对外贸易、旅游

十五、城市建设、环境保护

十六、科技、教育、文化、体育、卫生和其他

十七、开发区建设

十八、各州市主要经济指标

十九、全国省会城市主要经济指标

昆明市2016年国民经济和社会发展统计公报

昆明市统计局

2017 年 4 月

2016 年，在市委、市政府的坚强领导下，全市上下深入贯彻习近平总书记系列重要讲话和考察云南重要讲话精神，坚持稳中求进工作总基调，深入贯彻落实新发展理念，主动把握和引领经济发展新常态，扎实推进供给侧结构性改革，落实“三去一降一补”五大任务，着力稳增长、促改革、调结构、惠民生、防风险，经济社会保持平稳健康发展，实现了“十三五”发展良好开局。

一、综合

年末全市常住人口 672.80 万人。其中，城镇常住人口 478.02 万人，占常住人口比重为 71.05%。人口自然增长率 6.21‰。

年末全市户籍总人口 559.79 万人。其中，城镇人口 319.26 万人，占户籍人口比重为 57.03%。

初步核算，全年地区生产总值 4300.43 亿元，按可比价格计算，比上年增长 8.5%。其中，第一产业增加值 200.51 亿元，增长 6.0%；第二产业增加值 1660.46 亿元，增长 7.6%；第三产业增加值 2439.46 亿元，增长 9.3%。三次产业结构为 4.7:38.6:56.7。

常住人口人均地区生产总值 64162 元，增长 7.6%。按 2016 年人民币兑美元平均汇率折算合 9660 美元。

全年非公有制经济增加值 2014.15 亿元，增长 8.9%，占 GDP 比重为 46.8%。

图 1　2011-2016 年地区生产总值及其增长速度（亿元，%）

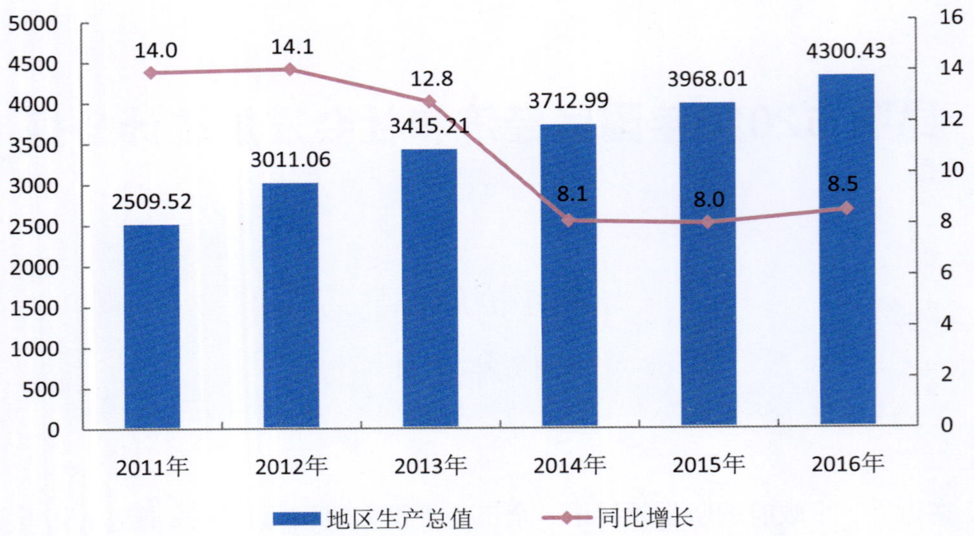

全年居民消费价格比上年上涨 1.7%。其中，食品烟酒类上涨 3.1%，衣着类上涨 0.6%，生活用品及服务类上涨 0.4%，医疗保健类上涨 1.5%，交通和通信类下降 0.3%，教育文化和娱乐类下降 0.6%，居住类上涨 2.9%，其他用品和服务类上涨 3.9%。

全年商品零售价格比上年上涨 0.8%；工业生产者出厂价格下降 2.2%；工业生产者购进价格下降 2.4%。

图 2　2016 年居民消费价格月度涨跌幅度(%)

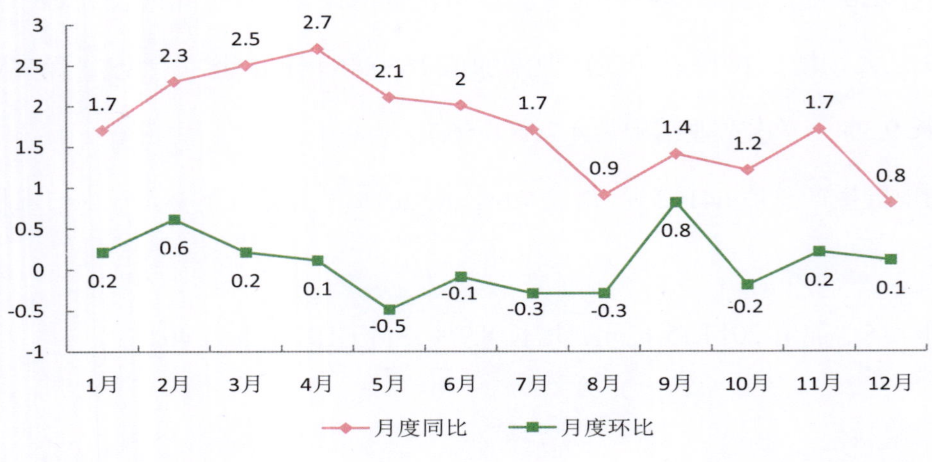

全年一般公共预算收入530.00亿元，比上年增长5.5%。其中，税收收入377.38亿元，下降5.6%。一般公共预算支出689.14亿元，增长9.1%。

全年城镇新增就业13.50万人，年末城镇登记失业率为3.11%。

二、农业

全年农林牧渔业及农林牧渔服务业总产值349.69亿元，比上年增长6.0%。其中，农业产值189.88亿元，增长5.8%；林业产值13.66亿元，增长29.4%；牧业产值125.08亿元，增长4.5%；渔业产值8.54亿元，增长7.9%；农林牧渔服务业产值12.53亿元，增长3.8%。

图3　2011–2016年农林牧渔业及农林牧渔服务业总产值（亿元）

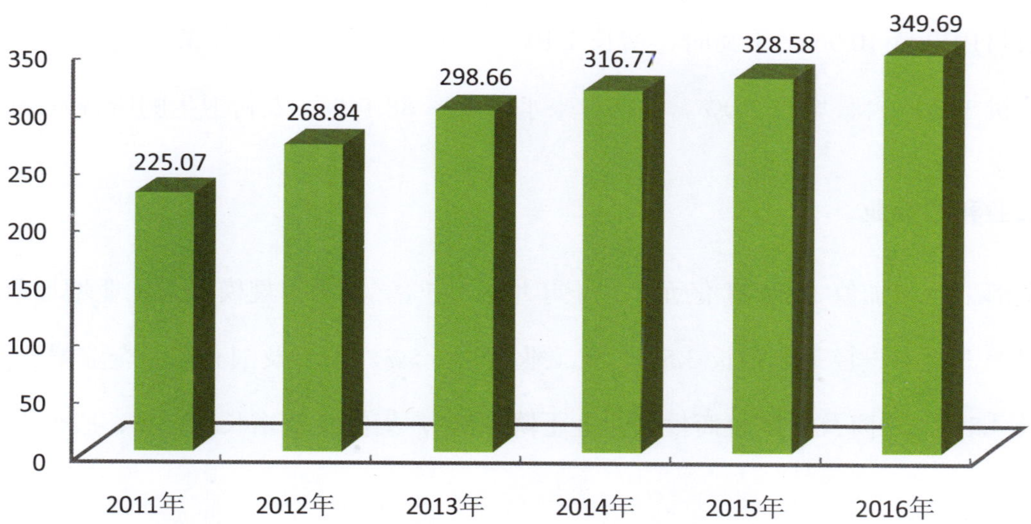

全年粮食种植面积27.45万公顷，产量124.84万吨；蔬菜种植面积10.04万公顷，产量281.44万吨；鲜切花种植面积0.78万公顷，产量50.72亿枝。

表1　2016年主要农产品产量

	单　位	2016年	比上年±%
粮　　食	万吨	124.84	1.0
#稻　谷	万吨	17.63	-7.4
油　　料	万吨	1.46	-4.2

	单　位	2016年	比上年 ± %
烤　　烟	万吨	7.14	0.8
蔬　　菜	万吨	281.44	3.6
鲜 切 花	亿枝	50.72	2.1
水　　果	万吨	20.71	5.8

全年猪出栏 465.92 万头，增长 1.8%；牛出栏 33.19 万头，增长 6.7%；羊出栏 96.18 万只，增长 1.9%。牛年末存栏 62.48 万头，增长 0.9%；猪年末存栏 276.89 万头，增长 0.5%；羊年末存栏 156.49 万头，增长 2.1%。

全年肉类总产量 52.13 万吨，增长 2.0%；禽蛋产量 9.59 万吨，增长 3.9%；牛奶产量 10.54 万吨，增长 0.1%。

全年农村用电量 10.96 亿千瓦时，增长 1.1%。年末农业机械总动力 32.3 亿瓦特，增长 1.9%。大中型拖拉机 17206 台，增长 2.0%。农村自来水普及率 88.14%，农村卫生厕所普及率 83.03%。

三、工业和建筑业

全年全部工业增加值 1039.41 亿元，比上年增长 4.5%。其中，规模以上工业增加值增长 4.5%。

规模以上工业中，轻工业增长 3.5%，重工业增长 5.5%。国有及国有控股企业增长 1.9%，股份制企业增长 4.3%，外商及港澳台商投资企业下降 0.5%，集体企业增长 73.5%，股份合作企业下降 22.5%。

从主要行业看，烟草制品业下降 4.2%，化学原料及化学制品制造业增长 1.0%，冶金工业增长 3.3%，装备制造业增长 11.6%，医药制造业增长 18.6%，电力、热力生产和供应业增长 14.7%。

全年高技术制造业增加值比上年增长 17.8%。其中，医药制造业增长 18.6%，铁路、船舶、航空航天和其他运输设备制造业增长 10.7%，仪器仪表制造业增长 3.2%，计算机、通信和其他电子设备制造业增长 0.7%。

续表 2

	单　位	2016年	比上年 ± %
粗钢	万吨	391.76	-15.3
钢材	万吨	442.83	-10.1

	单　位	2016年	比上年±%
生铁	万吨	390.82	-14.0
金属切削机床	台	11545	-53.6
汽车	辆	1945	-21.8
水泥	万吨	1889.37	3.7
商品混凝土	万立方米	1565.84	22.0
磷矿石	万吨	2253.53	-14.5
化肥	万吨	154.5	-11.9
卷烟	亿支	846.04	-4.3
复烤烟叶	万吨	35.12	-4.2
十种有色金属	万吨	85.66	3.6
软饮料	万吨	235.93	-1.8
饮料酒	万吨	50.76	6.6
饲料	万吨	226.86	14.3
自来水生产量	万立方米	34801.55	4.7
原盐	万吨	106.08	4.4
乳制品	万吨	23.04	22.9
中成药	吨	30392.16	8.7
光学仪器	万台	1348.17	-0.7
电力电缆	千米	151354.42	31.8
发电量	亿千瓦时	196.99	10.4
原煤	万吨	268.98	-37.5

全年规模以上工业企业主营业务收入3242.56亿元，比上年增长2.6%；销售产值2934.23亿元，增长1.1%；产品销售率96.4%。

全年建筑业总产值2446.49亿元，比上年增长18.1%。其中，建筑工程产值2186.32亿元，增长19.2%；安装工程产值193.78亿元，增长10.2%。

全市总承包和专业承包建筑业企业房屋建筑施工面积 10160.39 万平方米，增长 8.3%。其中，本年新开工面积 4111.22 万平方米，下降 0.9%；房屋建筑竣工面积 3223.77 万平方米，下降 3.4%。

全年建筑业增加值 621.65 亿元，比上年增长 13.5%。

图 4　2011–2016 年建筑业增加值（亿元）

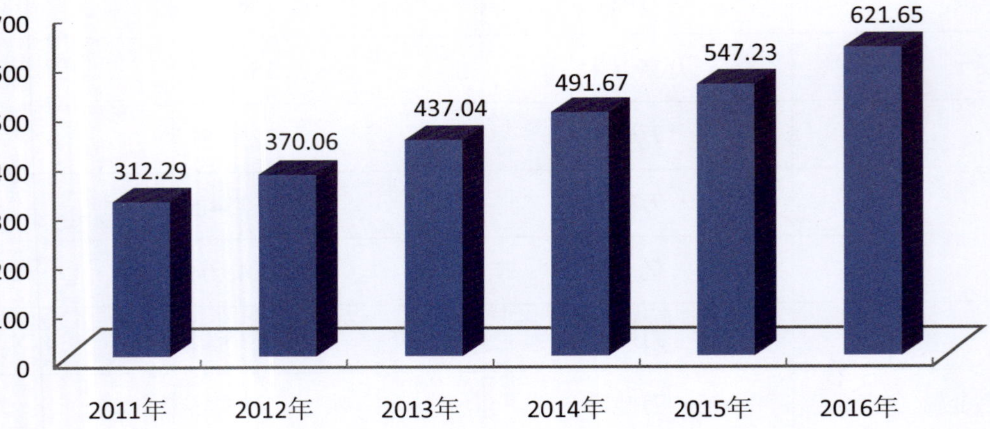

四、固定资产投资

全年固定资产投资（不含农户）3920.07亿元，比上年增长12.1%。在固定资产投资（不含农户）中，第一产业投资53.63亿元，增长50.7%；第二产业投资630.11亿元，下降2.5%；第三产业投资3236.33亿元，增长14.9%。

图 5　2012–2016 年固定资产投资（不含农户）（亿元）

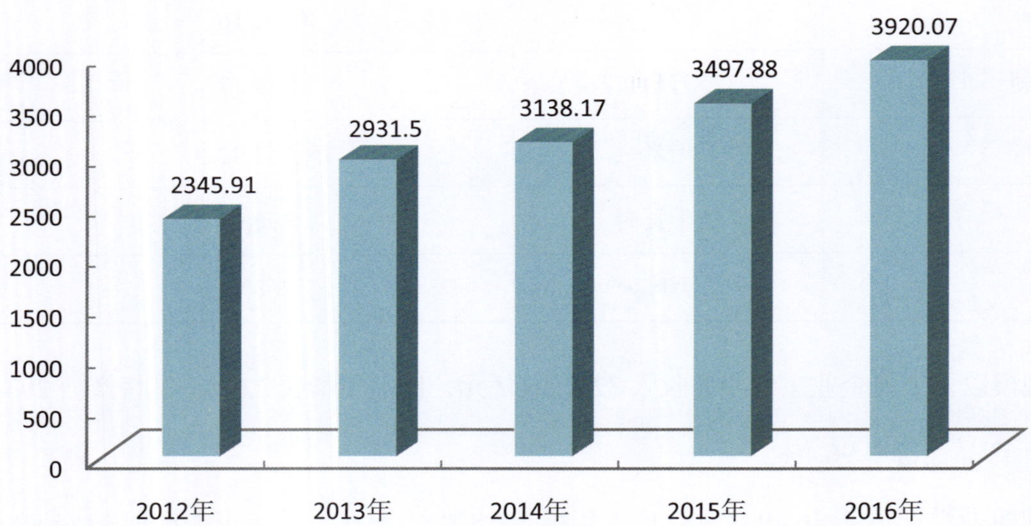

全年完成房地产开发投资 1530.50 亿元，比上年增长 5.5%。其中，住宅投资 931.82 亿元，增长 6.4%；办公楼投资 130.32 亿元，下降 3.9%；商业营业用房投资 222.68 亿元，下降 10.7%。

五、国内贸易和对外经济

全年社会消费品零售总额 2310.09 亿元，比上年增长 12.1%。其中，限额以上企业（单位）消费品零售额 1233.63 亿元，增长 11.8%。按经营地统计，城镇消费品零售额 2201.42 亿元，增长 11.8%；乡村消费品零售额 108.66 亿元，增长 18.0%。按消费类型统计，商品零售 1976.70 亿元，增长 11.9%；餐饮收入 333.39 亿元，增长 13.0%。

图 6　2011–2016 年社会消费品零售总额（亿元）

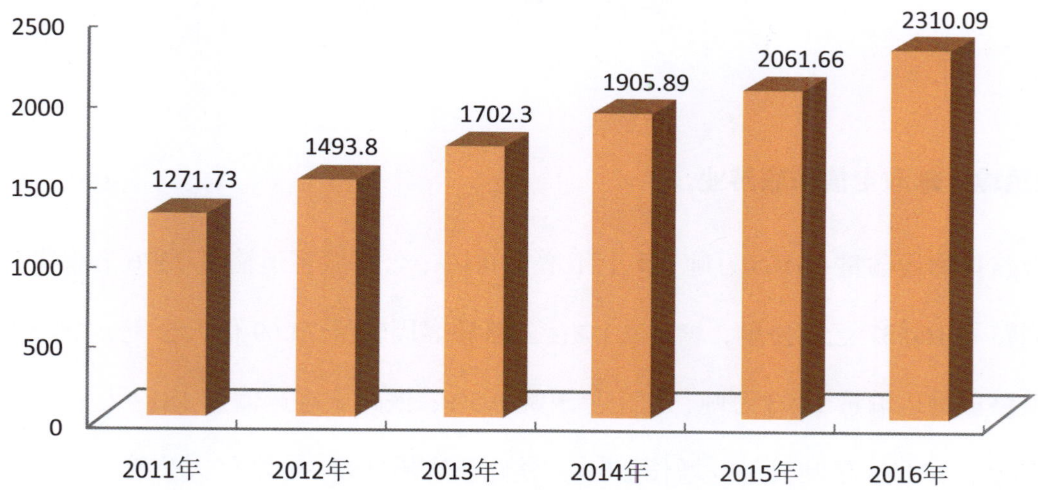

在限额以上商品零售中，粮油、食品类 80.96 亿元，增长 12.6%；服装、鞋帽、针纺织品类 68.00 亿元，下降 5.8%；中西药品类 94.92 亿元，增长 14.2%；石油及制品类 196.15 亿元，增长 4.4%；汽车类 410.73 亿元，增长 8.1%

全年海关进出口总额 66.81 亿美元，比上年下降 45.8%。其中，出口 41.33 亿美元，下降 56.2%；进口 25.48 亿美元，下降 11.7%。

全年新批外商投资企业 70 户，比上年下降 6.7%；实际利用外资 7.40 亿美元，增长 54.7%。

图 7　　2011–2016 年海关进出口总额（亿美元）

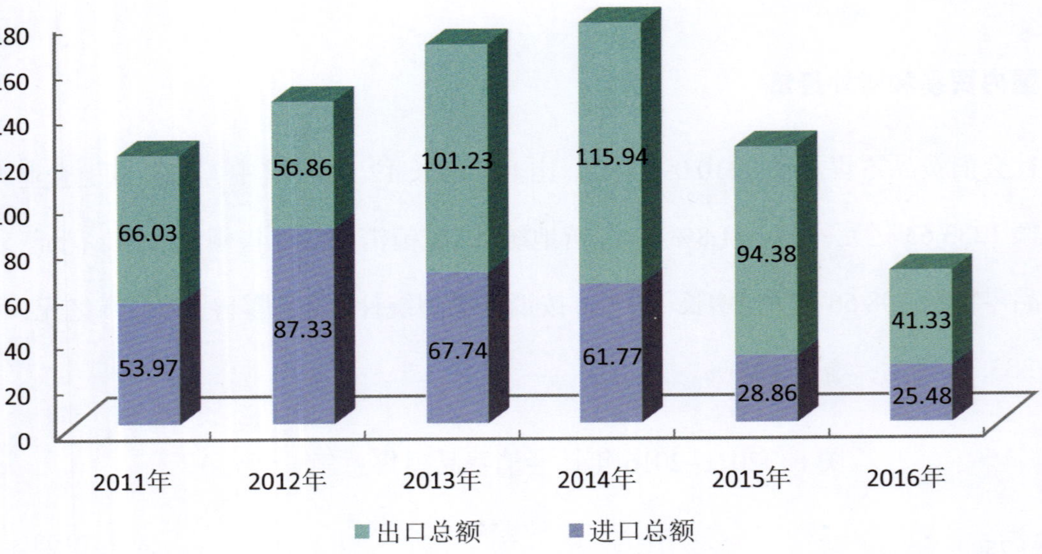

六、交通运输、邮政电信和旅游业

全年公路货物运输量 26565 万吨，比上年增长 0.1%；公路旅客运输量 7376 万人次，下降 8.1%；公路货物周转量 160.37 亿吨公里，增长 2.1%；公路旅客周转量 73.69 亿人公里，下降 10.7%。

全年铁路货物运输量 1893 万吨，比上年下降 0.5%；铁路旅客运输量 1818 万人次，增长 0.1%；铁路货物周转量 151.88 亿吨公里，增长 2.0%；铁路旅客周转量 39.47 亿人公里，下降 1.3%。

昆明机场全年运输起降 32.48 万架次，比上年增长 8.5%；旅客吞吐量 4198.05 万人，增长 11.9%，货邮吞吐量 38.29 万吨，增长 7.7%。全年共开通航线 308 条。其中，国际航线 68 条。

年末全市机动车保有量 230.4 万辆，比上年增长 5.5%。其中，本年新注册 26.88 万辆，增长 7.3%。汽车保有量 193.77 万辆，增长 12.1%。其中，本年新注册 20.9 万辆，增长 6.1%。年末个人汽车保有量 175.17 万辆，增长 13.5%。

主城五区公交运营线路 459 条，新增公交线路 64 条，新增公交车辆 617 辆；日均客运量 239.2 万人次，公共交通机动化出行分担率 56.1%。年末全市实有出租车 8940 辆。其中，主城区实有出租汽车 8037 辆。

地铁 1、2 号线首期运营里程 46.29 公里，含支线全年客运量 8821.07 万人次，旅客周转量 93493.13

万人公里，日均客运量 24.10 万人次。

全年邮政业累计完成业务收入 25.64 亿元，比上年增长 27.6%。其中，快递业务收入 18.48 亿元，增长 36.1%。全市完成邮政函件业务 2414.73 万件，包裹业务 14.86 万件，快递业务量 11775.41 万件。

全年电信业务收入 95.30 亿元。年末拥有固定电话用户 118.40 万户。拥有移动电话用户 960.60 万户。4G 网络用户 621 万户，3G 网络用户 107.10 万户。年末拥有有线宽带用户 185.40 万户。

全年接待国内外游客 10113.61 万人次，比上年增长 46.3%。其中，国内游客 9990.14 万人次，增长 47.0%，海外游客 123.47 万人次，增长 7.8%；

全年旅游总收入 1073.53 亿元，比上年增长 48.4%。其中，国内旅游收入 1043.79 亿元，增长 49.9%；旅游外汇收入 4.82 亿美元，增长 9.5%。

七、金融

年末金融机构（不含外资、证券）人民币存款余额 12655.68 亿元，比年初增长 6.8%。其中，住户存款余额 4124.21 亿元，比年初增长 7.6%；非金融企业存款余额 5209.16 亿元，比年初增长 10.3%。

图 8　2011–2016 年金融机构（不含外资、证券）人民币存款余额（亿元）

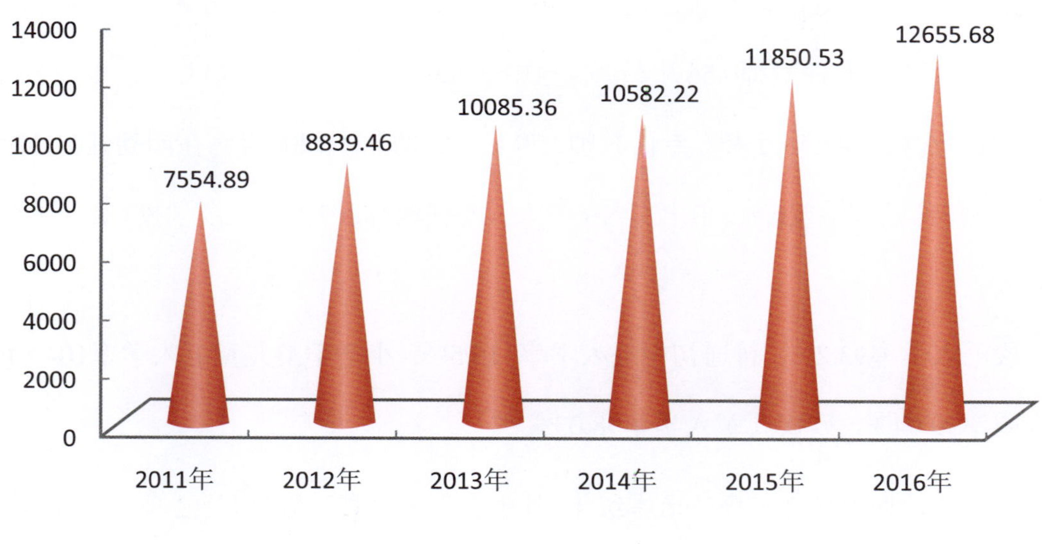

年末金融机构（不含外资、证券）人民币贷款余额 13520.32 亿元，比年初增长 13.2%。其中，住户贷款 2325.29 亿元，比年初增长 4.2%；非金融企业及机关团体贷款 11129.69 亿元，比年初增长 15.5%。

图 9 2011—2016年金融机构（不含外资、证券）人民币贷款余额（亿元）

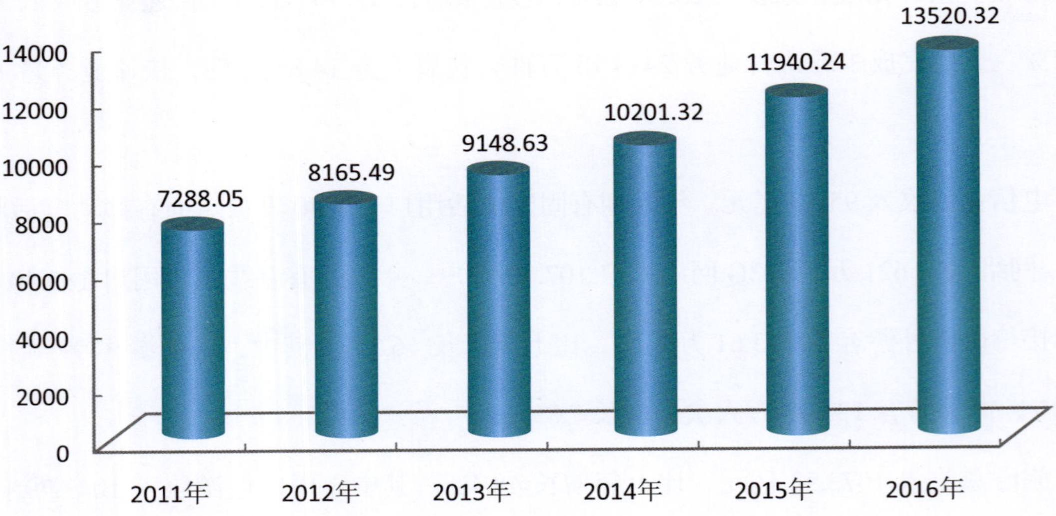

全年保险公司原保险保费收入 213.48 亿元，比上年增长 24.5%。其中，财产险原保险保费收入 88.90 亿元，增长 11.0%；人身险原保险保费收入 124.58 亿元，增长 36.2%。

全年赔款与给付支出 80.41 亿元，比上年增长 17.1%。其中，财产险赔款支出 44.21 亿元，增长 10.2%；人身险赔款支出 36.20 亿元，增长 26.8%。

八、教育、科学技术和文化体育

年末全市共有普通高等院校45所，在校生46.55万人，专任教师2.87万人；中等职业教育学校78所，在校生17.34万人，专任教师0.56万人；普通中学300所，在校生31.73万人，专任教师2.47万人；普通小学937所，在校生48.56万人，专任教师2.79万人；幼儿园1200所，在园幼儿21.57万人，专任教师1.31万人；特殊教育学校6所，在校学生608人，专任教师202人；工读学校1所，在校学生58人，专任教师41人。

高中阶段毛入学率93.2%，普通初中毛入学率115.5%，小学学龄儿童毛入学率104.84%，学前教育三年毛入园率99.04%，残疾儿童入学率98.03%。

全年实施科技计划项目 206 项（市本级），其中，重大科技计划项目 12 项。全年受理专利申请 14290 件，获专利授权 7268 件，有效发明专利拥有量 6356 件。

全市博物馆 32 个，公共图书馆 15 个，文化馆 15 个，文化站 135 个。专业文化艺术表演团体 2

个，登记在册的业余文化艺术表演团体 2895 个。

年末全市有线电视用户 75.80 万户，有线广播电视入户率 100%。全市电视综合覆盖率 99.87%，广播综合覆盖率 99.92%。

全年昆明运动员在国家级比赛中获金牌 3 枚，银牌 1 枚，铜牌 3 枚。

九、人民生活和社会保障

全年城镇常住居民人均可支配收入 36739 元，比上年增长 8.2%；农村常住居民人均可支配收入 12555 元，增长 9.7%。

图 10　2011—2016 年常住居民人均可支配收入（亿元）

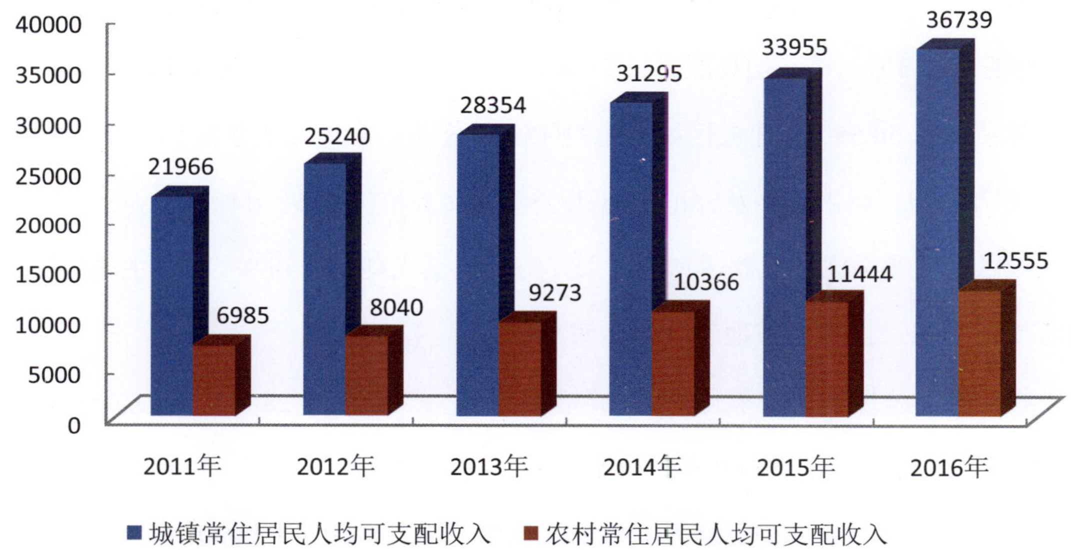

年末全市城镇职工基本养老保险参保人数 152.04 万人，城乡居民养老保险参保人数 209.07 万人，原农村养老保险参保人数 28.58 万人，城镇职工医疗保险参保人数 145.87 万人，城乡居民医疗保险参保人数 383.1 万人，城镇失业保险参保人数 96.82 万人，工伤保险参保人数 107.27 万人，城镇职工生育保险参保人数 86.88 万人。

年末享受城市居民最低生活保障人数9.37万人，农村居民最低生活保障人数16.92万人，农村五保供养0.65万人。全年资助城乡困难群众28.26万人参加医疗保险。

十、卫生和社会服务

全市共有卫生机构 4755 个。其中，医院 307 个，乡镇卫生院 107 个，社区卫生服务中心（站）394 个，诊所（卫生所、医务室）2395 个，村卫生室 1285 个。卫生技术人员 7.10 万人。其中，执业医师和执业助理医师 2.60 万人，注册护士 3.21 万人。医疗卫生机构实有病床 5.78 万张。

年末共有社区服务中心130个，社区服务站702个。基层民主参选率为93.9%。

全市拥有农村养老院48个，床位0.41万张。公办城市养老机构7所，床位0.20万张；民办老年养老机构68所，床位2.15万张；居家养老床位0.42万张。

十一、资源环境和安全生产

全年昆明地区年平均降雨量 1150.2 毫米，较历史平均值偏多 171.4 毫米；年平均气温 15.8℃，较历史平均值偏高 0.3℃；年平均日照时数 2128.4 小时，较历史平均值偏多 10.1 小时。

全市森林覆盖率 50.55%。建成区绿地总量 15901 公顷。全年完成营造林 5.35 万公顷，其中，人工造林 1.96 万公顷，封山育林及补植 1.68 万公顷；义务植树 1251 万株。

全年主城区空气质量优良天数达到 362 天，空气质量优良率达到 98.9%。主城区区域环境噪声昼间平均值 53.5 分贝。国家考核地表水达标率 91.3%。

各污染物年平均浓度中，二氧化硫 17 微克/立方米、二氧化氮 28 微克/立方米、可吸入颗粒物（PM10）55 微克/立方米、细颗粒物（PM2.5）28 微克/立方米。

全年主城五区取水总量 38630.19 万立方米。其中，工业取水量 6446 万立方米。万元地区生产总值取水量 11.96 立方米/万元，万元工业增加值取水量 8.49 立方米/万元。

初步核算，全市能源消费总量 2351.89 万吨标准煤，比上年下降 2.72%。万元地区生产总值能耗下降 10.34%。其中，规模以上工业能源消费量 1395.96 万吨标准煤，下降 7.0%；规模以上工业单位增加值能耗下降 11.0%。

全市亿元 GDP 生产安全事故死亡人数 0.09 人，道路交通万车死亡人数 1.44 人。各类生产安全事故死亡人数 388 人，交通事故死亡人数 326 人，火灾事故死亡人数 8 人。

注释：

1. 本公报数据为初步统计数，正式统计数据以《昆明统计年鉴》和各部门正式公布数据为准。

2. 地区生产总值（GDP）、人均地区生产总值、分产业增加值、产值绝对数按现价计算，增长速度按不变价格计算。

3. 部分数据因四舍五入的原因，存在总计与分项合计不等的情况。

一、市情概况

SHIQINGGAIKUANG

1-1 行政区划

（2016年）　　　　单位：个

地　区	乡镇	镇	乡	民族乡	街道办事处
全　市	**59**	**43**	**16**	**4**	**74**
五　华　区					10
盘　龙　区					11
官　渡　区					10
西　山　区					10
东　川　区	7	6	1		1
呈　贡　区					10
晋　宁　区	6	4	2	2	1
富　民　县	5	5			1
宜　良　县	6	4	2	2	2
石林彝族自治县	4	3	1		3
嵩　明　县	3	3			2
禄劝彝族苗族自治县	15	9	6		1
寻甸回族彝族自治县	13	9	4		3
安　宁　市					9

注：此部分数据来源于昆明市民政局。

1-1 续表

（2016年）

县(市)区	乡、镇、街道办事处	乡、镇、街道办事处数
五　华　区	护国街道办事处、华山街道办事处、大观街道办事处、龙翔街道办事处、莲华街道办事处、丰宁街道办事处、红云街道办事处、普吉街道办事处、黑林铺街道办事处、西翥街道办事处	10个街道办事处
盘　龙　区	拓东街道办事处、鼓楼街道办事处、东华街道办事处、联盟街道办事处、金辰街道办事处、茨坝街道办事处、龙泉街道办事处、青云街道办事处、双龙街道办事处、松华街道办事处、滇源街道办事处	11个街道办事处
官　渡　区	吴井街道办事处、太和街道办事处、关上街道办事处、金马街道办事处、官渡街道办事处、小板桥街道办事处、大板桥街道办事处、六甲街道办事处、矣六街道办事处、阿拉街道办事处	10个街道办事处
西　山　区	马街街道办事处、金碧街道办事处、永昌街道办事处、前卫街道办事处、福海街道办事处、棕树营街道办事处、西苑街道办事处、碧鸡街道办事处、海口街道办事处、团结街道办事处	10个街道办事处
东　川　区	铜都街道办事处、阿旺镇、乌龙镇、红土地镇、汤丹镇、拖布卡镇、因民镇、舍块乡	1个街道办事处
呈　贡　区	龙城街道办事处、洛羊街道办事处、斗南街道办事处、吴家营街道办事处、马金铺街道办事处、七甸街道办事处、大渔街道办事处、洛龙街道办事处、雨花街道办事处、乌龙街道办事处	10个街道办事处
晋　宁　区	昆阳街道办事处、晋城镇、二街镇、上蒜镇、六街镇、双河彝族乡、夕阳彝族乡	1个街道办事处
富　民　县	永定街道办事处、东村镇、款庄镇、赤鹫镇、散旦镇、罗免镇	1个街道办事处
宜　良　县	匡远街道办事处、汤池街道办事处、狗街镇、北古城镇、马街镇、竹山镇、耿家营彝族苗族乡、九乡彝族回族乡	2个街道办事处
石林彝族自治县	鹿阜街道办事处、石林街道办事处、板桥街道办事处、西街口镇、长湖镇、圭山镇、大可乡	3个街道办事处
嵩　明　县	嵩阳街道办事处、阿子营街道办事处、杨林镇、小街镇、牛栏江镇	2个街道办事处
禄劝彝族苗族自治县	屏山街道办事处、撒营盘镇、转龙镇、茂山镇、翠华镇、团街镇、皎平渡镇、中屏镇、乌东德镇、九龙镇、云龙乡、则黑乡、乌蒙乡、雪山乡、汤朗乡、马鹿塘乡	1个街道办事处
寻甸回族彝族自治县	仁德街道办事处、塘子街道办事处、金所街道办事处、羊街镇、倘甸镇、柯渡镇、功山镇、七星镇、河口镇、先锋镇、鸡街镇、凤合镇、甸沙乡、金源乡、六哨乡、联合乡	3个街道办事处
安　宁　市	连然街道办事处、金方街道办事处、太平新城街道办事处、温泉街道办事处、青龙街道办事处、草铺街道办事处、禄脿街道办事处、八街街道办事处、县街街道办事处	9个街道办事处

1-2 土地面积和人口密度

（2016年）

地　区	土地面积(平方公里)	年末常住人口(万人)	人口密度(人/平方公里)	户籍人口(万人)
总　计	**21012.53**	**672.80**	**320**	**559.79**
五　华　区	381.60	87.27	2287	63.35
盘　龙　区	343.71	83.39	2426	54.77
官　渡　区	632.92	88.76	1402	58.08
西　山　区	881.32	78.40	890	54.05
东　川　区	1865.70	28.28	152	32.02
呈　贡　区	510.22	33.63	659	19.71
晋　宁　区	1336.66	30.31	227	28.48
富　民　县	993.76	15.57	157	15.29
宜　良　县	1912.77	43.69	228	45.96
石林彝族自治县	1680.09	26.04	155	25.10
嵩　明　县	1349.68	31.83	236	30.57
禄劝彝族苗族自治县	4233.91	41.39	98	48.72
寻甸回族彝族自治县	3588.38	47.01	131	56.28
安　宁　市	1301.81	37.23	286	27.41

注：1.土地面积数据来源于昆明市国土资源局；
　　2.户籍人口数据来源于昆明市公安局。

1-3 气象概况

（2016年）

月份	平均气温（℃）	日照时数（小时）	降雨量（毫米）	相对湿度（%）
全 年	**15.8**	**2128.4**	**1150.2**	**73**
一 月	7.9	228.0	21.8	68
二 月	8.6	141.4	6.4	69
三 月	15.0	228.4	11.4	55
四 月	17.9	253.0	27.0	59
五 月	19.7	213.7	89.6	64
六 月	20.5	132.0	130.0	79
七 月	20.6	119.7	179.3	81
八 月	20.8	184.8	187.0	80
九 月	18.3	98.9	275.8	84
十 月	17.3	154.3	140.7	83
十一月	12.7	198.2	71.5	80
十二月	10.1	176.0	9.7	77

注：年极端最高气温为：30.5℃，出现日期：8月18日；年极端最低气温为：-4.5℃，出现日期：1月24日；霜日天数为18天。此部分数据来源于昆明市气象局。

1-4 主要年份国民经济主要指标

指　　标	单位	2012年	2013年	2014年	2015年	2016年	2016年比2015年±%
一、年末常住人口	**万人**	**653.30**	**657.90**	**662.60**	**667.70**	**672.80**	**0.8**
市辖区	万人	363.40	365.30	367.10	369.30	371.45	—
市辖县(市)	万人	289.90	292.60	295.50	298.40	301.35	—
二、年末劳动者人数							
全社会从业人员	万人	401.88	403.51	405.29	412.78	420.37	1.8
#在岗职工人数	万人	101.50	115.91	111.12	110.75	110.84	0.1
三、人口变动情况							
出生率	‰	11.40	11.40	11.64	11.93	12.23	—
死亡率	‰	5.79	5.81	5.93	5.95	6.02	—
人口自然增长率	‰	5.61	5.59	5.71	5.98	6.21	—
四、生产总值(当年价)	**亿元**	**3011.06**	**3415.21**	**3712.99**	**3968.01**	**4300.08**	**8.5**
第一产业	亿元	154.20	169.68	181.56	188.10	200.51	6.0
第二产业	亿元	1314.31	1437.18	1538.53	1586.38	1660.11	7.6
第三产业	亿元	1542.55	1808.35	1992.90	2193.52	2439.46	9.3
人均生产总值	元	46255	52093	56236	59656	64156	7.6
五、工业生产							
规模以上工业增加值(当年价)	亿元	900.29	906.51	933.12	990.62	986.30	4.5
#轻工业	亿元	380.52	402.89	433.49	473.17	484.55	3.5
重工业	亿元	519.77	503.62	499.64	517.44	501.75	5.5
六、运输							
货运周转量	万吨公里	2555990	2843643	3030300	3075073	3137562	2.0
旅客周转量	万人公里	2420380	2428770	2674082	2779412	2651243	-4.6
七、农业							
1.农业总产值(当年价)	亿元	268.84	298.66	316.77	328.58	349.69	6.0
2.主要农产品产量							
粮食	吨	1206700	1230074	1235986	1235700	1248425	1.0
肉类	吨	553380	573725	558849	511074	521281	2.0
#猪牛羊肉	吨	425797	449236	431071	413747	421322	1.8
烤烟	吨	87407	84396	74573	70898	71446	0.8
蔬菜(含菜用瓜)	吨	2295878	2509519	2625552	2716633	2814363	3.6
水果	吨	164526	169242	185298	195689	207126	5.8
水产品	吨	37133	39235	26149	37942	41521	9.4

1-4 续表

指　　标	单位	2012年	2013年	2014年	2015年	2016年	2016年比2015年±%
八、固定资产投资							
固定资产投资(不含农户)	亿元	2345.91	2931.50	3138.17	3497.88	3920.07	12.1
#房地产开发投资	亿元	919.07	1291.71	1492.62	1451.31	1530.50	5.5
九、国内贸易							
社会消费品零售总额	亿元	1493.80	1702.30	1905.89	2061.66	2310.09	12.1
十、财政、金融							
一般公共预算收入	亿元	378.40	450.75	477.97	502.22	530.00	5.5
一般公共预算支出	亿元	525.50	585.76	593.66	615.49	688.40	11.8
金融机构人民币存款余额	亿元	8839.46	10085.36	10582.22	11850.53	12655.68	6.8
金融机构人民币贷款余额	亿元	8165.49	9148.63	10201.32	11940.24	13520.32	13.2
十一、物价指数							
城镇居民消费价格指数	%	103.1	103.9	103.1	102.4	101.7	—
商品零售价格指数	%	102.0	102.5	101.8	100.7	100.8	—
十二、人民生活							
城镇常住居民人均可支配收入	元	25240	28354	31295	33955	36739	8.2
农村常住居民人均可支配收入	元	8040	9273	10366	11444	12555	9.7
十三、教育、文化							
普通高等院校数	所	41	41	41	42	45	7.1
普通高等院校在校学生数	人	360980	386097	409933	436436	465464	6.7
普通中学在校学生数	人	313785	313719	318380	315903	317283	0.4
小学在校学生数	人	495372	483784	483434	484379	485598	0.3
公共图书馆	个	17	15	13	15	15	—
公共图书馆藏书	千册	2253	2646	2691	2905	2967	2.1
十四、卫生							
卫生机构数	个	3163	4552	4492	4490	4755	5.9
专业卫生技术人员	人	46647	53742	57626	64279	71000	10.5
#医生	人	19920	22128	22595	24109	26049	8.0
十五、环境保护							
人均公园绿地面积	平方米	8.22	9.63	10.38	10.19	10.92	—
环境保护投资额	万元	1508500	1823900	1230340	1454510	1595826	—

注：1.生产总值、规模以上工业增加值、农林牧渔业总产值增速按可比价或可比口径计算；
2.金融机构人民币存、贷款余额增长速度是与年初比；
3.2014年城乡一体化改革，城镇居民可支配收入、农民人均纯收入改为城镇、农村常住居民人均可支配收入，增速为可比口径计算的现价增速；
4.2014年、2015年环境保护投资额不含滇中新区；
5.普通高等学校在校学生数不含研究生。

1-5 昆明市国民经济主要指标占云南省的比重

（2016年）

指　　　　标	单位	云南	昆明	昆明占云南的比重(%)
年末总人口	万人	4770.50	672.80	14.1
城镇化率	%	45.03	71.05	—
生产总值	亿元	14719.95	4300.08	29.2
#第一产业	亿元	2195.11	200.51	9.1
第二产业	亿元	5649.34	1660.11	29.4
第三产业	亿元	6875.50	2439.46	35.5
人均生产总值	元/人	30949	64156	—
农林牧渔业总产值	亿元	3633.12	349.69	9.6
主要农产品产量				
#粮食	万吨	1991.92	124.84	6.3
烤烟	万吨	87.89	7.14	8.1
蔬菜	万吨	1960.57	281.44	14.4
猪牛羊肉	万吨	622.66	42.13	6.8
规模以上工业增加值(当年价)	亿元	3668.28	986.30	26.9
一般公共预算收入	亿元	1812.29	530.00	29.2
一般公共预算支出	亿元	5018.86	688.40	13.7
金融机构人民币存款余额	亿元	27726.10	12655.68	45.6
金融机构人民币贷款余额	亿元	23056.28	13520.32	58.6
固定资产投资（不含农户）	亿元	15662.49	3920.07	25.0
社会消费品零售总额	亿元	5722.90	2310.09	40.4
进出口总额	亿美元	199.99	66.13	33.1
#出口总额	亿美元	115.82	40.59	35.0
城镇常住居民人均可支配收入	元	28611	36739	—
农村常住居民人均可支配收入	元	9020	12555	—

主要统计指标解释

行政区划 指国家对行政区域的划分。根据宪法规定，我国的行政区域划分如下：⑴全国分为省、自治区、直辖市；⑵省、自治区分为自治州、县、自治县、市；⑶自治州分为县、自治县、市；⑷县、自治县分为乡、民族乡、镇；⑸直辖市和较大的市分为区、县；⑹国家在必要时设立的特别行政区。

土地面积 指某一国家或某一地区所辖范围内的全部地域面积。土地包括耕地、荒山、荒地、林地、草原、道路、建筑物占地、河流、湖泊、水库等。按照地形的不同，一般可分为山地、高原、盆地、平原、丘陵。地形分类因各地区特点而异。以下地形的地貌特征是：

(1)平原 地面平坦，地面坡度小于 5 度，地表组织物质以第四纪松散堆积物为主。

(2)丘陵 地面波状起伏，脉络不明显，丘顶多呈浑圆状，间有峰脊，坡度大多在 25 度以下，相对高度在 200 米以下，地表多为基岩裸露。

(3)山地 地面起伏大，线状伸延，脉络清楚，相对高度大于 200 米，坡度大于 25 度，地表切割深，多为基岩裸露。

人口密度 指一定地理(政治的、行政区域的、自然的、经济的、城乡的)范围内的人口数与相应土地面积的比值，反映一定地理范围内人口集居的稀密状况。计算公式为：

$$\text{人口密度(人/平方公里)}=\frac{\text{某地理范围内的总人口}}{\text{某地理范围内的土地面积}}$$

计算结果表明每一平方公里内有多少人口。

气温 指空气的温度，我国一般以摄氏度（℃）为单位表示。气象观测的温度表是放在离地面约 1.5 米处通风良好的百叶箱里测量的，因此，通常说的气温指的是离地面 1.5 米处百叶箱中的温度。其统计计算方法为：月平均气温是将全月各日的平均气温相加，除以该月的天数而得。年平均气温是将 12 个月的月平均气温累加后除以 12 而得。

日照时数 指太阳实际照射地面的时间。其统计方法与降水量相同。

降水量 指从天空降落到地面的液态或固态（经融化后）水，未经蒸发、渗透、流失而在地面上积聚的深度。其统计计算方法为：月降水量是将全月各日的降水量累加而得。年降水量是将 12 个月的月降水量累加而得。

相对湿度 指空气中实际水气压与当时气温下的饱合水气压之比。其统计方法与气温相同。

二、国民经济核算

GUOMINJINGJIHESUAN

2-1 主要年份地区生产总值

单位：万元

年 份	地区生产总值	第一产业	第二产业	第三产业
1978	150619	19652	91703	39264
1980	191149	22175	117450	51524
1985	418477	54426	252627	111424
1990	1152588	128817	609768	414003
1995	3578651	397634	1767652	1413365
1996	4443941	458714	2137559	1847668
1997	5017852	487087	2373937	2156828
1998	5629465	507149	2628500	2493816
1999	5936439	528361	2680956	2727122
2000	6361308	575242	2758071	3027995
2001	6763684	580957	2973665	3209062
2002	7339974	607662	3177541	3554771
2003	8182598	650417	3543658	3988523
2004	9461405	731547	4242190	4487668
2005	10801256	773081	4735334	5292841
2006	12155431	815645	5553729	5786057
2007	14254325	939717	6433352	6881256
2008	16340007	1049392	7354500	7936115
2009	18374493	1114337	7332686	9927470
2010	21202769	1166430	8987765	11048574
2011	25095234	1296396	11195971	12602867
2012	30110577	1541956	13143085	15425536
2013	34152103	1696839	14371805	18083459
2014	37129943	1815602	15385288	19929053
2015	39680051	1880991	15863827	21935233
2016	43000780	2005059	16601116	24394605

注：按国家统计局的规定，2009年-2013年的生产总值是根据第三次全国经济普查进行修定后的数据。

2-2 主要年份地区生产总值指数

单位：%

年 份	地区生产总值指数	第一产业	第二产业	第三产业
1978	130.9	108.2	125.2	183.4
1980	115.2	110.4	111.0	132.7
1985	120.0	103.1	119.5	132.0
1990	109.0	104.7	106.5	114.5
1995	113.8	121.1	117.6	109.0
1996	114.1	105.5	114.2	115.7
1997	113.2	103.7	113.8	114.3
1998	111.0	102.3	110.4	113.0
1999	108.2	103.5	106.7	110.3
2000	108.4	103.5	107.6	109.8
2001	108.5	104.0	107.2	110.5
2002	109.2	103.6	109.2	110.2
2003	110.3	104.3	111.0	110.7
2004	112.0	104.3	114.6	110.9
2005	111.2	105.0	113.1	110.4
2006	112.4	104.5	114.3	111.9
2007	112.5	105.6	115.0	111.1
2008	112.0	106.2	113.0	112.0
2009	112.8	105.6	112.9	113.6
2010	114.0	104.7	116.6	112.5
2011	114.0	106.0	116.8	112.7
2012	114.1	106.1	115.9	113.4
2013	112.8	106.8	113.3	113.0
2014	108.1	106.2	108.3	108.1
2015	108.0	105.8	107.4	108.7
2016	108.5	106.0	107.6	109.3

注：1.生产总值指数按可比价计算，以上年为100。
2.2009年–2013年的生产总值指数是根据第三次全国经济普查进行修定后的数据。

2-3 支出法各县（市）区地区生产总值

（2016年）

地 区	地区生产总值(万元)	最终消费	资本形成总额	最终消费率(%)	资本形成率(%)
昆明市	**43000780**	**21726918**	**30145999**	**50.5**	**70.1**
五华区	9854712	4246137	8713537	43.1	88.4
盘龙区	5725171	2794306	4405107	48.8	76.9
官渡区	10017206	3512413	6346609	35.1	63.4
西山区	4990420	2520830	3528568	50.5	70.7
东川区	810960	341873	735898	42.2	90.7
呈贡区	1959458	625561	1241386	31.9	63.4
晋宁区	1163712	660696	455125	56.8	39.1
富民县	644943	276850	616056	42.9	95.5
宜良县	1644651	785324	650422	47.8	39.5
石林县	774057	251849	516075	32.5	66.7
嵩明县	1073316	520246	677208	48.5	63.1
禄劝县	819644	353300	508684	43.1	62.1
寻甸县	822322	625799	633066	76.1	77.0
安宁市	2728745	788586	1543134	28.9	56.6

注：1.由于受净出口及计算误差影响,最终消费加资本形成总额不等于支出法地区生产总值。
2.由于分级核算，各县(市)区数据相加不等于全市数据。

2-4 各县(市)区

（2016年）

地 区	地区生产总值(万元)	第一产业	第二产业	工业	建筑业
昆明市	**43000780**	**2005059**	**16601116**	**10390627**	**6216546**
五华区	9854712	20734	5099364	3522543	1577175
盘龙区	5725171	50184	1665107	1083669	582000
官渡区	10017206	84551	3601687	1622485	1980000
西山区	4990420	35954	1290284	670499	620000
东川区	810960	60262	415807	297307	118500
呈贡区	1959458	50415	1039024	686756	352400
晋宁区	1163712	212631	409074	337527	72000
富民县	644943	101588	321542	171593	150000
宜良县	1644651	465062	463181	303570	162000
石林县	774057	192446	209128	120495	89000
嵩明县	1073316	151354	513835	343835	170000
禄劝县	819644	223130	228864	118864	110000
寻甸县	822322	223609	249755	206439	43471
安宁市	2728745	133139	1093779	905045	190000

注：生产总值是分级核算，各县(市)区数相加不等于全市数。

地区生产总值

第三产业	交通运输、仓储及邮政业	批发和零售业	三次产业构成(%) 第一产业	第二产业	第三产业	人均生产总值(元)
24394605	**971898**	**5204408**	**4.7**	**38.6**	**56.7**	**64156**
4734614	20670	1243585	0.2	51.8	48.0	113097
4009880	33722	1019223	0.9	29.1	70.0	68812
6330968	657889	1520025	0.8	36.0	63.2	113214
3664182	64704	748394	0.7	25.9	73.4	63653
334891	3065	18043	7.4	51.3	41.3	28656
870019	10780	210680	2.6	53.0	44.4	58631
542007	16387	37785	18.3	35.1	46.6	38572
221813	6052	25196	15.7	49.9	34.4	41636
716408	32638	37574	28.3	28.2	43.5	37769
372483	6641	95342	24.9	27.0	48.1	29863
408127	28077	56597	14.1	47.9	38.0	34106
367650	13052	42683	27.2	27.9	44.9	19870
348958	14956	50481	27.2	30.4	42.4	17534
1501827	177059	322597	4.9	40.1	55.0	73810

2-5 各县(市)区地区

（2016年）

地 区	地区生产总值指数(%)	第一产业	第二产业	工业
昆明市	**108.5**	**106.0**	**107.6**	**104.5**
五华区	107.0	101.9	105.6	101.4
盘龙区	109.0	101.5	111.4	109.8
官渡区	110.1	107.3	110.9	109.7
西山区	108.5	102.3	107.1	105.4
东川区	108.7	106.1	109.9	106.1
呈贡区	109.0	101.2	108.0	104.9
晋宁区	103.0	106.3	96.4	103.1
富民县	110.0	106.0	112.2	114.4
宜良县	108.7	106.8	109.4	103.9
石林县	108.8	106.4	116.3	110.2
嵩明县	109.0	106.4	108.8	107.2
禄劝县	108.7	106.8	109.9	106.7
寻甸县	108.0	106.4	106.5	105.5
安宁市	108.0	105.9	100.9	98.9

注：生产总值指数按可比价计算，以上年为100。

生产总值指数

建筑业	第三产业	交通运输、仓储及邮政业	批发和零售业	人均生产总值指数 (%)
113.5	**109.3**	**106.9**	**107.3**	**107.6**
117.3	108.5	103.5	110.8	106.5
114.8	108.0	102.4	108.0	108.4
111.9	109.7	109.6	116.8	109.3
109.0	109.0	102.9	106.1	107.5
122.7	107.3	101.9	105.6	107.9
114.9	110.7	103.3	102.8	107.9
73.0	107.6	103.2	106.4	101.9
109.6	108.6	103.5	108.0	109.0
121.1	109.3	103.1	108.8	108.0
126.4	106.0	103.0	107.5	107.8
112.4	110.2	111.4	108.1	105.9
113.9	109.1	103.4	107.3	107.9
112.1	110.2	107.6	106.2	107.6
112.8	114.8	107.3	110.4	106.4

主要统计指标解释

国内生产总值或地区生产总值（GDP） 是指一个国家或地区所有常住单位在一定时期内(通常为一年)生产活动的最终成果（简称 GDP）。即所有常住机构单位或产业部门一定时期内生产的可供最终使用的产品和劳务的价值。对国家而言，此指标称之为国内生产总值(GDP)；对地区而言，此指标则称之为地区生产总值（GDP），如云南省生产总值，昆明市生产总值，等等。

生产总值有三种表现形态，即价值形态、收入形态和产品形态。从价值形态看，它是所有常住单位在一定时期内所生产的全部货物和服务价值超过同期投入的全部非固定资产货物和服务价值的差额，即所有常住单位的增加值之和；从收入形态看，它是所有常住单位在一定时期内所创造并分配给常住单位和非常住单位的初次分配收入之和；从产品形态来看，它是最终使用的货物和服务减去进口货物和服务。

生产总值能够全面反映全社会经济活动的总规模，是衡量一个国家或地区经济实力，评价经济形势的重要综合指标，世界上大多数国家都采用这一指标。

当年价格 指报告期的实际价格，如工厂的出厂价格，农产品的收购价格，商业的零售价格等。按当年价格计算，是指一些以货币表现的价值量指标，如社会总产值、工农业总产值。国民收入、国民生产总值等，按照当年的实际价格来计算总量。使用当年价格计算的数字，是为了使国民经济各项指标互相衔接，便于考察当年社会经济效益，便于对生产和流通、生产和分配、生产和消费进行经济核算和综合平衡。

按当年价格计算的价值指标，在不同年份之间进行对比时，因为包含有各年间价格变动的因素，不确切地反映实物量的增减变动。必须消除价格变动因素后，才能真实反映经济发展动态。因此，在计算增长速度时都使用按可比价格计算的数字。

可比价格 指在不同时期的价值指标对比时，扣除了价格变动的因素，以确切反映物量的变化。按可比价格计算有两种方法：一种是直接按产品产量乘其不变价格计算；一种是用价格指数换算。

三次产业划分规定 为更好地反映我国三次产业的发展情况，满足国民经济核算、服务业统计及其他统计调查对三次产业划分的需求，根据《国民经济行业分类》（GB/T 4754—2011），制定本规定。

三次产业的范围：

第一产业是指农、林、牧、渔业（不含农、林、牧、渔服务业）。

第二产业是指采矿业（不含开采辅助活动），制造业（不含金属制品、机械和设备修理业），电力、热力、燃气及水生产和供应业，建筑业。

第三产业即服务业，是指除第一产业、第二产业以外的其他行业。第三产业包括：批发和零售业，交通运输、仓储和邮政业，住宿和餐饮业，信息传输、软件和信息技术服务业，金融业，房地产业，租赁和商务服务业，科学研究和技术服务业，水利、环境和公共设施管理业，居民服务、修理和其他服务业，教育，卫生和社会工作，文化、体育和娱乐业，公共管理、社会保障和社会组织，国际组织，以及农、林、牧、渔业中的农、林、牧、渔服务业，采矿业中的开采辅助活动，制造业中的金属制品、机械和设备修理业。

三、人　口

RENKOU

KUNMING STATISTICAL YEARBOOK

3-1 主要年份全市年末人口数

单位：万人

年份	总户数(户)	总人口	按居住在乡村、城镇的人口分	
			乡村人口	城镇人口
1978	709356	367.10	258.66	108.44
1980	776926	378.05	263.27	114.78
1985	892888	399.23	268.08	131.15
1990	1081384	426.72	278.51	148.21
1995	1240669	449.94	284.93	165.01
1996	1262869	455.26	286.41	168.85
1997	1293942	460.65	287.09	173.56
1998	1331192	467.01	288.95	178.06
1999	1357452	473.39	290.44	182.95
2000	1386417	480.94	291.78	189.16
2001	1410640	487.52	292.69	194.83
2002	1431967	494.81	294.30	200.51
2003	1459616	500.79	295.44	205.34
2004	1487679	502.92	294.85	208.07
2005	1720300	608.57	255.30	353.27
2006	1813800	615.20	252.29	362.91
2007	1848700	619.33	253.31	366.02
2008	1884900	623.90	248.81	375.09
2009	1903000	628.00	244.90	383.10
2010	2359000	643.92	231.81	412.11
2011	2376000	648.64	220.54	428.10
2012	2402000	653.30	215.26	438.04
2013	2419000	657.90	210.20	447.70
2014	2454000	662.60	205.10	457.50
2015	2473000	667.70	200.00	467.70
2016	2510000	672.80	194.78	478.02

注：2005年以前人口数为户籍人口数(居住在乡村和城镇的人口为农业人口和非农业人口口径)。

3-2 主要年份全市人口出生率、死亡率、自然增长率

单位：万人、‰

年份	年平均人口	出生率	死亡率	自然增长率
1978	363.09	22.09	5.21	16.88
1980	374.94	13.38	5.89	7.49
1985	396.54	11.42	5.54	5.88
1990	424.28	13.34	5.88	7.46
1995	447.43	12.58	5.67	6.91
1996	452.60	12.13	5.55	6.58
1997	457.96	12.78	5.46	7.32
1998	463.83	13.02	5.09	7.93
1999	470.20	12.53	5.12	7.42
2000	477.16	13.45	5.72	7.73
2001	484.23	11.52	4.72	6.80
2002	491.17	11.65	4.80	6.85
2003	497.80	11.55	4.65	6.90
2004	501.86	11.10	4.60	6.50
2005	604.54	12.72	5.29	7.43
2006	611.89	10.90	4.43	6.47
2007	617.27	10.47	4.45	6.02
2008	621.62	10.94	5.35	5.59
2009	625.95	10.93	5.13	5.80
2010	641.98	11.80	6.00	5.80
2011	646.28	11.44	5.78	5.66
2012	650.97	11.40	5.79	5.61
2013	655.60	11.40	5.81	5.59
2014	660.25	11.64	5.93	5.71
2015	665.15	11.93	5.95	5.98
2016	670.25	12.23	6.02	6.21

注：从2005年开始，表中统计指标为常住人口统计口径。

3-3 分县（市）区人口数

（2016年）

单位：万人

地区	总人口	城镇人口	乡村人口
昆明市	**672.80**	**478.02**	**194.78**
五华区	87.27	85.21	2.06
盘龙区	83.39	81.42	1.97
官渡区	88.76	86.67	2.09
西山区	78.40	76.55	1.85
东川区	28.28	11.82	16.46
呈贡区	33.63	23.10	10.54
晋宁区	30.31	12.82	17.49
富民县	15.57	5.70	9.87
宜良县	43.69	18.93	24.76
石林县	26.04	11.07	14.97
嵩明县	31.83	13.36	18.47
禄劝县	41.39	10.82	30.57
寻甸县	47.01	12.80	34.21
安宁市	37.23	27.77	9.46

注：城镇人口、乡村人口指按统计上城乡划分的居住在城镇的人口和居住在乡村的人口。

3-4 六次人口普查

指　　标	1953	1964
全市总人口(万人)	**186.57**	**249.72**
男	93.67	126.96
女	92.90	122.76
性别比	100.83	103.42
家庭户规模(人/户)	**4.37**	**4.62**
各年龄组人口构成(%)		
0-14岁	33.55	39.17
15-64岁	62.82	57.66
65岁及以上	3.62	3.17
民族人口		
汉族人口数(万人)	163.30	220.48
占总人口比重(%)	87.53	88.29
少数民族人口数(万人)	23.27	29.24
占总人口比重(%)	12.47	11.71
每十万人拥有的各种受教育程度人口(人)		
大专及以上		1197
高中和中专		2487
初中		5410
小学		26061
平均受教育年限(年)		**3.49**
文盲人口数及文盲率		
文盲人口数(万人)		95.78
文盲率(%)		38.35
平均预期寿命(岁)		
男		
女		

全市人口基本情况

1982	1990	2000	2010
383.28	**434.64**	**578.13**	**643.22**
196.70	225.75	303.99	330.62
186.58	208.89	274.14	312.60
105.42	108.07	110.89	105.76
4.39	**3.78**	**3.05**	**2.72**
33.40	23.08	19.07	15.50
61.32	71.12	74.37	76.13
5.27	5.80	6.56	8.37
336.65	378.04	502.84	554.24
87.83	86.98	86.98	86.17
46.63	56.60	75.29	88.98
12.17	13.02	13.02	13.83
1615	3904	6986	15245
6444	9189	13123	14071
16338	21581	28544	31019
34520	36283	34745	29090
5.12	**6.41**	**8.02**	**9.22**
101.39	88.05	35.79	25.38
26.45	20.26	6.19	3.94
		73.70	**75.61**
		71.78	73.36
		75.89	78.23

主要统计指标解释

人口总数　指一定时点，一定地区范围内的有生命的自然人的总和。年度统计的年末人口数是指每年 12 月 31 日 24 时的人口数。

常住人口　是指居住在本市，且户口登记地在本市的人（含户口登记地在本市、外出不满半年的人）和居住在本市，且户口登记地在外省、地，但离开户口登记地半年以上的人。

城镇人口和乡村人口　一般是按常住人口划分的，是指居住在城镇和乡村的人口。

出生率（又称粗出生率）　指一定时期内（通常为一年内）一定地区的出生人数与同期平均人数之比，一般用千分率表示。计算公式：

$$出生率=\frac{年出生人数}{年平均人数}\times 1000‰$$

出生人数是指活产婴儿，即有过呼吸或其他生命现象。

年平均人数是年初、年末人口数的平均数，也可用年中人口数代替。

死亡率　指在一定时期内（通常为一年内）一定地区的死亡人数与同期平均人数之比，一般用千分率表示。计算公式：

$$死亡率=\frac{年死亡人数}{年平均人数}\times 1000‰$$

人口自然增长率　在一定时期内（通常为一年内）人口自然增加数与年平均人数之比，一般用千分率表示。计算公式：

$$人口自然增长率=\frac{年出生人数-年死亡人数}{年平均人数}\times 1000‰$$

人口自然增长率=人口出生率－人口死亡率

四、从业人员和职工工资

CONGYERENYUANHEZHIGONGGONGZI

4-1 按三次产业分的从业人员

（年末数）

年 份	从业人员合计(万人)				构成(%)		
		第一产业	第二产业	第三产业	第一产业	第二产业	第三产业
1978	175.59	109.00	43.52	23.07	62.1	24.8	13.1
1980	193.80	121.11	46.68	26.01	62.5	24.1	13.4
1985	223.04	137.43	49.08	36.53	61.6	22.0	16.4
1990	250.89	137.99	58.06	54.84	55.0	23.1	21.9
1995	281.74	145.00	67.46	69.28	51.5	23.9	24.6
1996	286.34	145.11	68.16	73.07	50.7	23.8	25.5
1997	294.94	146.03	67.40	81.51	49.5	22.9	27.6
1998	295.30	145.88	64.27	85.15	49.4	21.8	28.8
1999	289.08	141.16	62.23	85.69	48.8	21.5	29.7
2000	294.62	141.40	56.59	96.63	48.0	19.2	32.8
2001	295.36	142.44	53.51	99.41	48.2	18.1	33.7
2002	305.07	143.32	65.49	96.26	47.0	21.5	31.5
2003	309.28	143.44	57.62	108.22	46.4	18.6	35.0
2004	320.35	142.78	56.95	120.62	44.6	17.8	37.6
2005	345.44	141.43	74.70	129.31	41.0	21.6	37.4
2006	342.49	139.64	78.08	124.77	40.8	22.8	36.4
2007	383.75	136.72	92.04	154.99	35.6	24.0	40.4
2008	395.27	137.40	94.62	163.25	34.8	23.9	41.3
2009	391.17	135.91	82.47	172.79	34.0	21.8	44.2
2010	392.15	135.88	79.37	176.90	34.7	20.2	45.1
2011	400.66	128.17	87.62	184.87	32.0	21.9	46.1
2012	401.88	124.39	88.62	188.87	30.9	22.1	47.0
2013	403.51	119.40	88.57	195.54	29.6	22.0	48.4
2014	405.29	118.85	85.17	201.27	29.3	21.0	49.7
2015	412.78	120.12	85.86	206.80	29.1	20.8	50.1
2016	420.37	122.33	86.18	211.86	29.1	20.5	50.4

4-2 按国民经济行业分的城镇单位从业人员人数

（2016年） 单位：人

	从业人员年末人数
全市合计	**1335966**
按国民经济行业分	
1.农、林、牧、渔业	3449
2.采矿业	15644
3.制造业	178268
4.电力、热力、燃气及水生产和供应业	19375
5.建筑业	337240
6.批发和零售业	107489
7.交通运输、仓储和邮政业	111564
8.住宿和餐饮业	38866
9.信息传输、软件和信息技术服务业	23975
10.金融业	35424
11.房地产业	45471
12.租赁和商务服务业	49814
13.科学研究和技术服务业	52793
14.水利、环境和公共设施管理业	15066
15.居民服务、修理和其他服务业	8803
16.教育	119400
17.卫生和社会工作	67670
18.文化、体育和娱乐业	14687
19.公共管理、社会保障和社会组织	90968
20.国际组织	

4–3 主要年份城镇单位职工工资总额

单位：千元

年　份	合计	国有经济单位	集体经济单位	其他经济单位
1978	422018	375536	46482	
1980	567371	498420	68951	
1985	968052	832973	132307	2772
1990	2085278	1816292	262449	6537
1995	5910589	4901696	796537	212356
1996	7067305	5884630	873619	309056
1997	7909571	6642148	835442	431981
1998	8236287	6751079	739256	745952
1999	8675716	6647893	701349	1326474
2000	9187062	6848382	662125	1676555
2001	9607725	6728038	524708	2354979
2002	10519895	7408899	491777	2619219
2003	11055680	7379166	440728	3235786
2004	12214482	8112309	351157	3751016
2005	13429298	8706306	276453	4446539
2006	16454389	10342637	581342	5530410
2007	19229001	11681457	561287	6986257
2008	23199740	13605210	631792	8962738
2009	27252106	16416763	744582	10090761
2010	31650252	19107732	778197	11764323
2011	43076241	22881847	1061747	19132647
2012	51609566	27062894	1505585	23041087
2013	66382860	24789070	2025186	39568604
2014	70830818	28932502	2054973	39843343
2015	76882999	30649963	2208485	44024551
2016	85375029	35434728	1815651	48124650

注：由于国家劳动工资统计制度改革，从2011年起为从业人员口径。

4-4 主要年份城镇单位职工年平均工资

单位：元/人

年 份	全市平均	国有经济单位	集体经济单位	其他经济单位
1978	656	686	486	
1980	802	833	629	
1985	1213	1250	1022	1252
1990	2413	2497	1955	2570
1995	6014	6204	4972	6534
1996	7263	7491	5880	7931
1997	8118	8372	6205	9308
1998	8554	8770	6757	8914
1999	9077	9149	7161	10104
2000	9891	9941	7555	11013
2001	10914	11049	7414	11741
2002	12287	12476	8084	12996
2003	13369	13526	8595	14063
2004	15464	16161	9066	15055
2005	17887	18805	9588	17171
2006	19683	21783	10967	17946
2007	21504	24502	11248	19009
2008	25261	28492	13626	22718
2009	28993	33408	16830	24957
2010	33487	40788	19784	26900
2011	39731	49726	24543	32943
2012	43702	56843	30388	35161
2013	49207	60138	36103	44926
2014	56582	69116	42209	50496
2015	62033	76035	46008	55443
2016	65334	85193	50613	56290

注：由于国家劳动工资统计制度改革，从2011年起为从业人员口径。

4-5 按经济类型分行业城镇单位在岗职工年末人数

（2016年）

单位：人

行　业	在岗职工	国有经济	集体经济	其他经济
全市合计	**1108426**	**363280**	**32586**	**712560**
按企、事业和机关分组				
企业	855587	119258	31169	705160
事业	175533	166716	1417	7400
机关	77306	77306		
按国民经济行业分				
1.农、林、牧、渔业	2919	1323	64	1532
2.采矿业	15103	1659	155	13289
3.制造业	161944	16639	2746	142559
4.电力、热力、燃气及水生产和供应业	16231	4727	149	11355
5.建筑业	215665	18007	18569	179089
6.批发和零售业	98388	4860	1299	92229
7.交通运输、仓储和邮政业	99739	40832	405	58502
8.住宿和餐饮业	35297	5352	586	29359
9.信息传输、软件和信息技术服务业	22635	1216	73	21346
10.金融业	34166	12842	2979	18345
11.房地产业	37859	1919	346	35594
12.租赁和商务服务业	41251	6287	1367	33597
13.科学研究和技术服务业	46766	27650	2031	17085
14.水利、环境和公共设施管理业	10504	5645	126	4733
15.居民服务、修理和其他服务业	7586	419	352	6815
16.教育	111558	83420	656	27482
17.卫生和社会工作	55568	41723	444	13401
18.文化、体育和娱乐业	12897	6668	30	6199
19.公共管理、社会保障和社会组织	82350	82092	209	49
20.国际组织				

4-6 按经济类型分行业城镇单位在岗职工平均工资

（2016年） 单位：元/人

行业	在岗职工	国有经济	集体经济	其他经济
全市合计	**68375**	**87725**	**52368**	**58720**
按企、事业和机关分组				
企业	63205	90443	52414	58760
事业	84347	85854	51559	54835
机关	87541	87541		
按国民经济行业分				
1.农、林、牧、渔业	61312	73550	35408	49763
2.采矿业	60352	41839	43046	62707
3.制造业	62800	85794	30975	60773
4.电力、热力、燃气及水生产和供应业	109586	117002	35558	107488
5.建筑业	51501	60405	41766	51235
6.批发和零售业	46696	91998	35983	44339
7.交通运输、仓储和邮政业	84922	96059	52041	76999
8.住宿和餐饮业	34866	35317	34486	34792
9.信息传输、软件和信息技术服务业	79632	89968	25583	79246
10.金融业	156775	149328	161879	161129
11.房地产业	56044	98374	30194	54441
12.租赁和商务服务业	53769	86886	58189	47563
13.科学研究和技术服务业	77607	77762	37372	81961
14.水利、环境和公共设施管理业	54068	60487	28352	47858
15.居民服务、修理和其他服务业	41114	51383	34344	40994
16.教育	77350	88735	49263	41617
17.卫生和社会工作	84683	95335	37656	46621
18.文化、体育和娱乐业	64142	68360		59212
19.公共管理、社会保障和社会组织	86296	86528		
20.国际组织				

主要统计指标解释

一、从业人员

从业人员期末人数　指期末最后一日在本单位中工作，并取得工资或其他形式劳动报酬的人员数。该指标为时点指标，不包括最后一日当天及以前已经与单位解除劳动合同关系的人员，是在岗职工、劳务派遣人员及其他从业人员之和。从业人员不包括：

1、离开本单位仍保留劳动关系，并定期领取生活费的人员；

2、利用课余时间打工的学生及在本单位实习的各类在校学生；

3、本单位因劳务外包而使用的人员。

在岗职工　指在本单位工作且与本单位签订劳动合同，并由单位支付各项工资和社会保险、住房公积金的人员，以及上述人员中由于学习、病伤、产假等原因暂未工作仍由单位支付工资的人员。

在岗职工包括：

1、应订立劳动合同而未订立劳动合同人员(如使用的农村户籍人员)；

2、处于试用期人员；

3、编制外招用的人员；

4、派往外单位工作，但工资仍由本单位发放的人员(如挂职锻炼、外派工作等情况)。

在岗职工不包括：

(1)本单位使用的且由本单位直接支付工资的劳务派遣人员，应统计在本单位“劳务派遣人员”指标中；

(2)本单位因劳务外包而使用的人员，由承包劳务的单位统计为在岗职工。

劳务派遣人员　根据《中华人民共和国劳动合同法》规定，指与劳务派遣单位签订劳动合同，并被劳务派遣单位派遣到实际用工单位工作，且劳务派遣单位与实际用工单位签订《劳务派遣协议》的人员。

其他从业人员　指本单位中不能归到在岗职工、劳务派遣人员中的人员。此类人员是实际参加本单位生产或工作并从本单位取得劳动报酬的人员。具体包括：非全日制人员、聘用的正式离退休人员、兼职人员和第二职业者等，以及在本单位中工作的外籍和港澳台方人员。

二、工资

从业人员工资总额　指根据《关于工资总额组成的规定》(1990 年 1 月 1 日国家统计局发布的一

号令)进行修订，本单位在报告期内(季度或年度)直接支付给本单位全部从业人员的劳动报酬总额。包括计时工资、计件工资、奖金、津贴和补贴、加班加点工资、特殊情况下支付的工资，是在岗职工工资总额、劳务派遣人员工资总额和其他从业人员工资总额之和。

工资总额是税前工资，包括单位从个人工资中直接为其代扣或代缴的房费、水费、电费、住房公积金和社会保险基金个人缴纳部分等。

工资总额不论是计入成本的还是不计入成本的，不论是以货币形式支付的还是以实物形式支付的，均应列入工资总额的计算范围。

在岗职工工资总额　指本单位在报告期内直接支付给本单位全部在岗职工的劳动报酬总额。在岗职工工资总额由基本工资、绩效工资、工资性津贴和补贴、其他工资四部分组成。工资总额不包括病假、事假等情况的扣款。

基本工资　也可称为标准工资、合同工资、谈判工资。指本单位在报告期内(季度或年度)支付给本单位在岗职工的按照法定工作时间提供正常工作的劳动报酬。各单位给个人确定的底薪可作为基本工资。包括工龄工资(年功工资)。

基础工资不含定时、定额发放的各种奖金、各种津贴和补贴、加班工资，也不包括补发的上一季度或上一年度的基础工资。

绩效工资　也可称为效益工资、业绩工资。指根据本单位利润增长和工作业绩定期支付给本单位在岗职工的奖金；支付给本单位从业人员的超额劳动报酬和增收节支的劳动报酬。具体包括：值加班工资、绩效奖金(如年度、季度、月度等)、全勤奖、生产奖、节约奖、劳动竞赛奖和其他名目的奖金；以及某工作事项完成后的提成工资、年底双薪等。但不包括入股分红、股权激励兑现的钱和各种资本性收益。

工资性津贴和补贴　指本单位制定的员工相关工资政策中，为补偿本单位在岗职工特殊或额外的劳动消耗和因其他特殊原因支付的津贴，以及为保证其工资水平不受物价影响而支付的物价补贴。具体包括：补偿特殊或额外劳动消耗的津贴及岗位性津贴、保健性津贴、技术性津贴、地区津贴和其他津贴。如：过节费、通讯补贴、交通补贴、不休假补贴、无食堂补贴、单位发的可自行支配的住房补贴以及上的各种商业性保险等。上述各种项目均包括货币性质的，也包括实物性质的和各种形式的充值卡、购物卡(券)等。

其他工资　指上述基本工资、绩效工资、工资性津贴和补贴三类工资均不能包括的发给在岗职工的工资，如补发上一年度的工资等。

劳务派遣人员工资总额　指实际用工单位(派遣人员的使用方)在一定时期内为使用劳务派遣人员而付出的劳动报酬总额，包括用工单位负担的基本工资、加班工资、绩效工资以及各种津贴、补贴等，但不包含因使用派遣人员而支付的管理费用和其他用工成本。

其他从业人员工资总额： 指本单位在报告期内直接支付给本单位其他从业人员的全部劳动报酬。

从业人员平均工资 指本单位在报告期内从业人员的平均工资水平。计算公式为：

$$从业人员平均工资=\frac{从业人员工资总额}{从业人员平均人数}$$

在岗职工平均工资 指本单位在报告期内在岗职工的平均工资水平。计算公式为：

$$在岗职工平均工资=\frac{在岗职工工资总额}{在岗职工平均人数}$$

五、固定资产投资

GUDINGZICHANTOUZI

5-1 主要年份固定资产投资完成情况

单位：万元

年 份	投资总额	按建设性质分				按经济类型分	
		基本建设	更新改造	其他	房地产开发	国有	非国有
1978	27763	26126	80	1557		26634	1129
1980	50419	41153	6339	2927		48711	1708
1985	147170	80020	33245	33905		117736	29434
1990	216238	79309	75428	48171	13330	177090	39148
1995	1313339	462439	355117	210115	285668	942651	370688
1996	1552219	503830	510033	257390	280966	1130337	421882
1997	1840201	680093	584590	262419	313099	1369486	470715
1998	2260168	796251	669160	284653	510104	1563453	696715
1999	2389621	905345	455901	306294	722081	1573525	816096
2000	2391121	870495	473879	407634	639113	151432	876779
2001	2639050	966985	557644	452955	661466	1656993	982057
2002	2918976	1050391	603584	581606	683395	1642669	1276307
2003	3616524	1358986	799505	757333	700700	1784174	1832350
2004	4350794	1400868	884358	988756	1076812	2408162	1942632
2005	5230093	1904697	1105569	726300	1493527	2940410	2289683
2006	6540186	4376260		331033	1832893	3367551	3172635
2007	8175236	5429040		526260	2219936	3864505	4310731
2008	10531562	7530062		408610	2592890	5127321	5404241
2009	16006555	11856697		455527	3694331	8330541	7676014
2010	21608849	16834336		367699	4406814	9423445	12185404
2011	27011061	20210336		541014	6259711	10022293	16670333
2012	23459100	14268368			9190732	7599350	15859750
2013	29315032	16397972			12917060	9616657	19698375
2014	31381657	16455411			14926246	10728556	20653101
2015	34978793	20465726			14513067	18949209	16029584
2016	39200747	23895748			15304999	22580241	16620506

注：1.2006年起取消基本建设、更新改造分组；
2.2012年起不含500万元以下投资数据。

5-2 全市固定资产投资主要指标

（2016年）　　单位：万元

指　　标	固定资产投资	房地产投资
一、投资额和新增固定资产		
计划总投资	158731061	90663876
本年完成投资	39200747	15304999
#国有控股	21050781	4129160
按国民经济主要行业分		
1.农、林、牧、渔业	677962	
2.采矿业	268847	
3.制造业	4519949	
4.电力、热力、燃气及水的生产和供应业	1353616	
5.建筑业	5850	
6.批发和零售业	520646	
7.交通运输、仓储和邮政业	6481626	
8.住宿和餐饮业	259714	
9.信息传输、软件和信息技术服务业	153072	
10.金融业	6701	
11.房地产业	17603446	15304999
12.租赁和商务服务业	195154	
13.科学研究和技术服务业	66372	
14.水利、环境和公共设施管理业	3306303	
15.居民服务、修理和其他服务业	100667	
16.教育	1039101	
17.卫生和社会工作	497030	
18.文化、体育和娱乐业	306484	
19.公共管理、社会保障和社会组织	308747	
20.国际组织		
本年新增固定资产	10420164	2336700
二、资金来源(财务拨款)		
(一)本年资金来源合计	39843567	18601801
1.上年末结余资金	5171307	3757443
2.本年资金来源小计	34672260	14844358
(1)国家预算内资金	1789355	
(2)国内贷款	7829821	3758449
(3)债券	122460	
(4)利用外资	12140	
(5)自筹资金	17829178	6166393
(6)其他资金	7089306	4919516
(二)各项应付款合计	11024198	6424483
#工程款	5899034	3492702

注：此表不含500万元以下投资数据；除本年完成投资外，其它数据均不含跨地区数据。

5-3 全市固定资产投资按登记注册类型分组完成情况

（2016年）

单位：万元

指　　标	固定资产投资	房地产投资
合计	**39200747**	**15304999**
内资	36382069	14390540
国有	10370685	960861
集体	145083	
其他	25866301	13429679
港澳台商投资	825979	695069
合资经营	312734	307877
合作经营	31449	
独资	481796	387192
股份有限		
其他港、澳、台商投资企业		
外商独(投)资	420166	219390
合资经营	80508	1450
合作经营	6712	
独资	258473	143467
股份有限	74473	74473
其他外商投资企业		
个体经营	43073	

注：此表不含500万元以下投资数据；除本年完成投资外，其它数据均不含跨地区数据。

5-4 主要年份全市固定资产投资构成分组

指　标	2012年	2013年	2014年	2015年	2016年
一、投资总额(万元)	**23459100**	**29315032**	**31381657**	**34978793**	**39200747**
1.按构成分					
建筑工程	16891804	20613361	21365318	25110297	26269247
安装工程	1010033	1600142	1468737	1996541	2381293
设备、工具器具购置	1952187	2099760	2781659	2967756	2596858
其它费用	3605076	5001769	5497530	4904199	6423889
2.按建设性质分					
新建	12274523	13775232	12646146	15310421	31984819
扩建	700653	923399	1076650	1654747	2610941
改建和技术改造	665187	875453	991726	1485821	1345265
其它	628005	823888	10577770	2014737	1730262
二、新增固定资产(万元)	**10514625**	**8866087**	**11958619**	**12442984**	**10420164**
三、本年施工项目个数(个)	**1950**	**1682**	**1640**	**1794**	**2562**
#本年新开工	1307	1024	1054	1133	1879
投产项目个数	966	844	787	1001	1421
四、房屋施工面积(平方米)	**147492615**	**108081766**	**112854677**	**115220283**	**115998264**
#住宅	88617588	57945259	58856370	61186670	63874863
五、房屋竣工面积(平方米)	**14879554**	**8981986**	**8607196**	**10585515**	**12128812**
#住宅	10461085	5728616	4390787	5772697	4210102

注：此表不含500万元以下投资数据；除本年完成投资外，其它数据均不含跨地区数据。

5-5 全市分县(市)区固定资产投资完成情况

（2016年）　　单位：万元

地　区	固定资产投资	房地产
合计	**39200747**	**15304999**
五华区	3344967	2407742
盘龙区	4450720	2519286
官渡区	6986303	2995759
西山区	5441885	3697984
东川区	1181501	20111
呈贡区	4568149	1523449
晋宁区	1332066	526407
富民县	669993	88151
宜良县	1491480	69208
石林县	1440352	229923
嵩明县	1674303	368848
禄劝县	1634349	78089
寻甸县	1289542	73033
安宁市	3591186	707009

注：此表不含500万元以下投资数据。

5-6 房地产开发面积

（2016年）

指　　标	施工面积(平方米)	本年新开工	竣工面积(平方米)	竣工价值(万元)
合计	**95184499**	**14722681**	**4689742**	**1839073**
住宅	58671436	9075492	2110470	672608
#别墅、高档公寓	2279608	256975	100708	28198
办公楼	6310942	1178821	113302	28326
商业营业用房	12504227	1108583	745100	378748
其他	17697894	3359785	1720870	759391

主要统计指标解释

固定资产投资　固定资产投资是建造和购置固定资产经济活动，即固定资产再生产活动。固定资产再生产过程包括固定资产更新(局部更新和全部更新)、改建、扩建、新建等活动。新的企业财务会计制度规定，固定资产局部更新的大修理作为日常生产活动的一部分，发生的大修理费用直接在成本费用中列支。按照现行投资管理体制及有关部门的规定，凡属于大修理、养护、维护性质的工程(如设备大修、建筑物的翻修和加固、农田水利工程和堤防、水库的大修、铁路大修等)都不纳入固定资产投资管理，也不作为固定资产投资统计。

固定资产投资属于实物投资的一部分，这一点区别于金融投资。固定资产投资的目的是建造和购置固定资产，它的承担物表现为机器、设备、建筑物等固定资产。而金融投资(如股票和债券投资)则表现为金融资产的增加。

固定资产投资是国民经济再生产活动的一个重要部分。通过固定资产投资，可以扩大社会再生产的规模，提高社会生产的技术水平，调整经济结构，改变生产力的地区分布，增强国家的经济实力，提高和改善人民物质和文化生活水平。

固定资产投资额（又称固定资产投资完成额）　是以货币形式表现的在一定时期内建造和购置固定资产的工作量以及与此有关的费用的总称。没有形成工程实体的建筑材料和没有开始安装的设备，都不计算投资完成额。它是反映固定资产投资规模、结构和发展速度的综合性指标，又是观察工程进度和考核投资效果的重要依据。

房地产开发　是指各种登记注册类型的房地产开发公司、商品房建设公司及其他房地产开发单位统一开发的包括统代建、拆迁还建的住宅、厂房、仓库、饭店、宾馆、度假村、写字楼、办公楼等房屋建筑物和配套的服务设施、土地开发工程，如道路、给水、排水、供电、供热、通讯、平整场地等基础设施工程。包括实际从事房地产开发或经营活动的附营房地产开发单位。

施工项目　指报告期内曾进行建筑安装施工活动的建设项目，包括报告期内新开工项目，报告期以前开工跨报告期继续施工的项目，报告期施过工并在报告期内全部建成投产或停缓建的项目。

新增固定资产（又称交付使用的固定资产）　是指已经完成和购置过程结束，并已交付生产或使用单位的固定资产价值。

新增固定资产是反映固定资产投资成果的价值量指标，也是反映建设进度，计算固定资产投资效果的必要数据。

房屋建筑面积　是房屋建筑勒脚以上外墙外围的水平截面面积，包括房屋建筑的有效面积和结构面积。房屋建筑面积统计指标是从实物形态上反映建设规模和建设成果的重要指标，也是检查工程形象进度、计算工程造价、分析投资效果、研究施工任务与施工力量和建筑材料之间平衡情况的重要依据。

房屋施工面积　是指报告期内施工的全部房屋建筑面积，包括本期新开工的面积和上期开工跨入本期继续施工的房屋面积，以及上期已停建在本期恢复施工的房屋面积、本期竣工和本期施工后又停缓建的房屋，其建筑面积仍计入本期房屋施工面积中。

六、财政和金融

CAIZHENGHEJINRONG

6-1 一般公共预算收入

单位：万元

指　　标	2016年
一、一般公共预算收入	**5300026**
1.税收收入	3773774
增值税	1302673
营业税	558534
企业所得税	254995
2.非税收入	1526252
专项收入	452910
行政事业性收费收入	148369
罚没收入	209347
国有资本经营收入	33266
国有资源(资产)有偿使用收入	520292
其他收入	56699
二、政府性基金收入	**1949470**

注：此表数据来源于昆明市财政局。

6-2 一般公共预算支出

单位：万元

指　　标	2016年
一、一般公共预算支出	**6884046**
#一般公共服务支出	701487
国防支出	6826
公共安全支出	552475
教育支出	1091141
科学技术支出	151578
文化体育与传媒支出	65094
社会保障和就业支出	808412
医疗卫生与计划生育支出	469085
节能环保支出	223524
城乡社区支出	766092
农林水支出	609675
交通运输支出	479653
其他支出	116353
二、政府性基金支出	**2026489**

注：此表数据来源于昆明市财政局。

6-3 分县(市)区一般公共预算收入

单位：万元

地　　区	2016年
昆明市	**5300026**
市级	**2617863**
县(市)区小计	**2682163**
五华区	368259
盘龙区	380346
官渡区	388394
西山区	384344
东川区	61265
呈贡区	204867
晋宁区	169283
富民县	51793
宜良县	74314
石林县	61321
嵩明县	115295
禄劝县	63668
寻甸县	67714
安宁市	291300

注：此表数据来源于昆明市财政局。

6-4 分县(市)区一般公共预算支出

单位：万元

地　　区	2016年
昆明市	**6884046**
市级	**3005738**
县(市)区小计	**3878308**
五华区	351372
盘龙区	430731
官渡区	407099
西山区	421930
东川区	252697
呈贡区	233536
晋宁区	251389
富民县	112525
宜良县	188165
石林县	162552
嵩明县	220724
禄劝县	273024
寻甸县	265476
安宁市	307088

注：此表数据来源于昆明市财政局。

6-5 金融机构(含外资)本外币信贷运行情况

单位：万元

项目名称	2016年	比年初	
		增减	增减(±%)
资金来源总计	**153197936**	**19603300**	**14.67**
一、各项存款	**128346749**	**8333192**	**6.94**
(一)境内存款	128012270	8253443	6.89
1.住户存款	41876849	3115600	8.04
(1)活期存款	19863077	1763845	9.75
(2)定期及其他存款	22013772	1351755	6.54
2.非金融企业存款	52960025	4756010	9.87
(1)活期存款	29568413	6785330	29.78
(2)定期及其他存款	23391612	-2029320	-7.98
3.广义政府存款	28925904	737783	2.62
(1)财政性存款	2069162	-667082	-24.38
(2)机关团体存款	26856742	1404865	5.52
4.非银行业金融机构存款	4249492	-355950	-7.73
(二)境外存款	334479	79750	31.31
二、金融债券	**699522**	**252**	**0.04**
#境外发行			
三、卖出回购资产			
四、借款及非银行业金融机构拆入	**580639**	**121732**	**26.53**
五、联行往来(净)	**1559750**	**644421**	**70.40**
六、应付及暂收款	**3127918**	**-204637**	**-6.14**
七、各项准备	**5105183**	**1132619**	**28.51**
八、所有者权益	**4970682**	**707564**	**16.60**
#实收资本	1908804	214611	12.67
九、其他	**8807493**	**8868156**	

注：此表数据来源于人民银行昆明中心支行。

6-5 续表

单位：万元

项目名称	2016年	比年初	
		增减	增减(±%)
资金运用总计	**153197936**	**19603300**	**14.67**
一、各项贷款	**139547649**	**16155172**	**13.09**
(一)境内贷款	136690062	15868658	13.13
1.住户贷款	23255040	943862	4.23
(1)短期贷款	5717259	-907343	-13.70
消费贷款	1980021	-230755	-10.44
经营贷款	3737239	-676587	-15.33
(2)中长期贷款	17537780	1851204	11.80
消费贷款	15091955	2013485	15.40
经营贷款	2445825	-162281	-6.22
2.非金融企业及机关团体贷款	113435023	14954796	15.19
(1)短期贷款	24257851	822396	3.51
(2)中长期贷款	75676084	11419710	17.77
(3)票据融资	8403778	1972892	30.68
(4)融资租赁	4476677	809999	22.09
(5)各项垫款	620633	-70201	-10.16
3.非银行业金融机构贷款		-30000	-100.00
(二)境外贷款	2857587	286514	11.14
二、债券投资	**8872579**	**2933878**	**49.40**
#境外债券			
三、股权及其他投资	**1953032**	**215736**	**12.42**
四、买入返售资产	**177648**	**46810**	**35.78**
五、存放非银行业金融机构款项	**44268**	**16249**	**58.00**
六、联行往来(净)			
#境内存放二级准备金	4686319	1136272	32.01
七、金银占款			
八、中央银行外汇占款			
九、应收及预付款	**904609**	**105835**	**13.25**
十、投资性房地产	**4334**	**-307**	**-6.61**
十一、固定资产	**1693817**	**129926**	**8.31**

6-6 金融机构(不含外资、证券)人民币信贷运行情况

单位：万元

项目名称	2016年	比年初	
		增减	增减(±%)
资金来源总计	**149301687**	**18379552**	**14.04**
一、各项存款	**126556799**	**8101212**	**6.84**
(一)境内存款	126410705	8089787	6.84
1.住户存款	41242111	2893450	7.55
(1)活期存款	19508411	1629666	9.12
(2)定期及其他存款	21733700	1263784	6.17
2.非金融企业存款	52091581	4843851	10.25
(1)活期存款	29133319	6733238	30.06
(2)定期及其他存款	22958262	-1889387	-7.60
3.广义政府存款	28857157	706421	2.51
(1)财政性存款	2069162	-667078	-24.38
(2)机关团体存款	26787995	1373499	5.40
4.非银行业金融机构存款	4219855	-353935	-7.74
(二)境外存款	146094	11425	8.48
二、金融债券	**699522**	**252**	**0.04**
#境外发行			
三、卖出回购资产			
四、借款及非银行业金融机构拆入	**367284**	**16745**	**4.78**
五、联行往来(净)			
六、应付及暂收款	**3117015**	**-189646**	**-5.74**
七、各项准备	**4821594**	**1070052**	**28.52**
八、所有者权益	**4964030**	**632263**	**14.60**
#实收资本	1878869	213337	12.81
九、其他	**8775443**	**8748673**	**32680.63**

注：此表数据来源于人民银行昆明中心支行。

6-6 续表

单位：万元

项目名称	2016年	比年初	
		增减	增减(±%)
资金运用总计	**149301687**	**18379552**	**14.04**
一、各项贷款	**135203206**	**15801107**	**13.23**
(一)境内贷款	134549826	15846289	13.35
1.住户贷款	23252949	944032	4.23
(1)短期贷款	5715628	-907237	-13.70
消费贷款	1978389	-230649	-10.44
经营贷款	3737239	-676587	-15.33
(2)中长期贷款	17537322	1851268	11.80
消费贷款	15091497	2013549	15.40
经营贷款	2445825	-162281	-6.22
2.非金融企业及机关团体贷款	111296877	14932258	15.50
(1)短期贷款	23309299	627239	2.77
(2)中长期贷款	74501859	11559140	18.36
(3)票据融资	8393116	2006381	31.41
(4)融资租赁	4476677	809999	22.09
(5)各项垫款	615925	-70502	-10.27
3.非银行业金融机构贷款		-30000	-100.00
(二)境外贷款	653380	-45183	-6.47
二、债券投资	**8872579**	**2933878**	**49.40**
#境外债券			
三、股权及其他投资	**1953032**	**215736**	**12.42**
四、买入返售资产	**177648**	**46810**	**35.78**
五、存放非银行业金融机构款项	**3468**	**2846**	**457.09**
六、联行往来(净)	**509370**	**-871076**	**-63.10**
#境内存放二级准备金	4682619	1134847	31.99
七、金银占款			
八、中央银行外汇占款			
九、应收及预付款	**884653**	**120436**	**15.76**
十、投资性房地产	**4334**	**-307**	**-6.61**
十一、固定资产	**1693396**	**130123**	**8.32**

主要统计指标解释

财政收入　是指国家凭借政治权力，以社会管理者、国有资产所有者身份筹集到的归国家支配的资金，是国家参与国民收入分配的主要形式，是政府履行职能的财力保障。

按照现行政府预算体系，财政收入分为：一般公共预算收入、政府性基金收入、国有资本经营收入和社会保险基金收入。一般公共预算收入的主体为税收收入，是国家凭借政治权力向纳税人征收的收入；非税收入是公共财政收入的补充形式，反映各级政府行政机关、事业单位、代行政府职能的社会团体及其他组织依法利用政府权力、政府信誉、国家资源、国有资产或通过提供特定公共服务而参与国民收入分配活动。政府性基金收入是国家通过向社会征收基金、收费，以及出让土地、发行彩票等方式取得的收入。国有资本经营收入是国家以所有者身份依法取得的国有投资收益，包括利润收入、国有股股利、国有产权转让收入等。社会保险基金收入是根据国家社会保险和预算管理法律法规，政府依法通过社会保险缴费、公共财政预算安排的补助等方式取得的，并专项用于社会保险支出的收入。

财政支出　是指政府为提供公共产品和服务，满足社会公共需要而安排财政资金的支付，反映政府配置资源的范围和规模。

按照现行政府预算体系，财政支出分为一般公共预算支出、政府性基金支出、国有资本经营支出和社会保险基金支出。一般公共预算支出主要用于：保证国家机构正常运转、维护国家安全、巩固各级政府政权建设的支出；维护社会稳定、改善和保障民生、发展社会公共事业的支出；有利于经济环境和生态环境改善，具有较强外部经济效应的公益性基础设施建设的支出；对宏观经济运行进行必要调控的支出等。政府性基金支出是有特定用途的支出，专项用于支持特定基础设施建设和社会事业发展。国有资本经营支出主要用于支持国有经济和产业结构调整、经济发展方式转变，以及弥补国有企业的改革成本等。社会保险基金支出是指按照国家法律、法规，专门用于支付保险对象的社会保险待遇以及其他规定用途所形成的支出，主要用于包括养老、医疗、工伤、失业、生育等社会保险的支出。

七、物　价

WUJIA

7-1 主要年份价格指数

（以上年为100）

年　份	居民消费价格总指数(%)	商品零售价格总指数(%)
1980	105.6	105.6
1985	112.1	113.1
1990	103.5	102.6
1995	119.1	115.0
1996	108.2	104.8
1997	104.9	101.4
1998	102.6	99.1
1999	98.9	97.2
2000	97.5	97.0
2001	100.6	98.1
2002	99.2	97.3
2003	101.6	100.7
2004	106.5	104.6
2005	102.0	100.5
2006	101.6	99.7
2007	105.8	103.4
2008	105.8	105.4
2009	100.8	100.0
2010	104.2	103.6
2011	104.9	104.9
2012	103.1	102.0
2013	103.9	102.5
2014	103.1	101.8
2015	102.4	100.7
2016	101.7	100.8

7-2 居民消费价格指数

（2016年，以上年为100）

项　　目	指数(%)	项　　目	指数(%)
居民消费价格总指数	**101.7**	5.鞋类	103.0
一、食品烟酒	**103.1**	**三、居住**	**102.9**
1.食品	104.5	1.租赁房房租	100.0
(1)粮食	99.5	2.住房保养维修及管理	99.8
(2)薯类	120.2	3.水电燃料	98.4
(3)豆类	97.1	4.自有住房	106.3
(4)食用油	103.3	**四、生活用品及服务**	**100.4**
(5)菜	110.9	1.家具及室内装饰品	100.0
(6)畜肉类	109.1	2.家用器具	97.3
(7)禽肉类	100.6	3.家用纺织品	99.5
(8)水产品	103.9	4.家庭日用杂品	101.0
(9)蛋类	94.0	5.个人护理用品	103.4
(10)奶类	98.9	6. 家庭服务	103.0
(11)干鲜瓜果类	96.8	**五、交通和通信**	**99.7**
(12)糖果糕点类	100.5	1.交通	99.3
(13)调味品	101.2	2.通信	100.4
(14)其他食品类	105.5	**六、教育文化和娱乐**	**99.4**
2.茶及饮料	100.1	1.教育	100.0
3.烟酒	102.4	2.文化娱乐	99.0
4.在外餐饮	100.2	**七、医疗保健**	**101.5**
二、衣着	**100.6**	1.药品及医疗器具	103.3
1.服装	99.6	2.医疗服务	100.0
2.服装材料	101.0	**八、其他用品和服务**	**103.9**
3.其他衣着及配件	101.1	1.其他用品类	105.2
4.衣着加工服务费	108.5	2.其他服务类	102.5

7-3 商品零售价格指数

（2016年，以上年为100）

项　　目	指数(%)	项　　目	指数(%)
商品零售价格指数	**100.8**	3.专业音像器材	100.0
一、食品	**103.7**	**六、文化办公用品**	**98.6**
1.粮食	99.5	**七、日用品**	**102.3**
2.薯类	120.2	1.日用百货	100.2
3.豆类	97.1	2.厨具餐具茶具	100.1
4.食用油	103.3	3.清洗用品	104.5
5.菜	110.9	4.其他日用品	100.6
6.畜肉类	110.3	**八、体育娱乐用品**	**97.2**
7.禽肉类	100.6	1.体育户外用品	100.0
8.水产品	103.9	2.娱乐用品	96.5
9.蛋类	94.0	**九、交通、通信用品**	**100.0**
10.奶类	98.9	1.交通运输机械	100.0
11.干鲜瓜果类	96.8	2.通信器材	99.7
12.糖果糕点类	100.5	**十、家具**	**100.0**
13.调味品	101.3	**十一、化妆品**	**104.1**
14.其他食品类	105.8	**十二、金银饰品**	**105.3**
15.在外餐饮	100.1	**十三、中西药品及医疗保健用品**	**102.4**
二、饮料、烟酒	**101.6**	1.医疗卫生器具	106.6
1.茶及饮料	100.1	2.中药	104.1
2.烟草	102.7	3.西药	103.4
3.酒类	101.8	4.保健器具及用品	100.0
三、服装、鞋帽	**100.4**	**十四、书报杂志及电子出版物**	**100.0**
1.服装	99.3	1.教材及参考书	100.0
2.鞋帽袜	102.9	2.书报杂志	100.0
3.其它衣着配件	100.8	3.计算机办公软件	100.0
四、纺织品	**100.0**	**十五、燃料**	**94.8**
1.服装材料	101.0	1.煤炭及制品	84.5
2.床上用品	99.8	2.石油及制品	94.9
五、家用电器及音像器材	**98.6**	**十六、建筑材料及五金电料**	**99.3**
1.家庭设备	97.3	1.建筑装璜材料	99.1
2.文娱用耐用消费品	99.1	2.五金水暖	100.3

7-4 工业生产者出厂价格指数

（以上年为100）　　单位：%

项　目	2012年	2013年	2014年	2015年	2016年
工业生产者出厂价格指数	**99.2**	**97.9**	**97.3**	**94.8**	**97.8**
#轻工业	103.8	100.8	101.1	100.6	100.0
以农产品为原料	104.7	101.1	101.4	101.2	100.2
以非农产品为原料	99.7	99.8	99.6	98.0	98.5
重工业	98.0	97.1	96.2	93.2	97.1
采掘	98.2	101.5	95.5	84.3	96.0
原料	97.0	97.9	95.4	92.4	97.0
加工	99.8	96.0	97.1	95.0	97.3
#生产资料	97.9	97.1	96.4	93.3	97.0
采掘	98.2	101.5	95.5	84.3	96.0
原料	96.9	98.0	95.6	92.7	97.2
加工	99.6	95.7	97.3	95.0	97.1
生活资料	104.3	100.9	100.3	100.2	100.1
食品	104.8	101.5	100.6	100.9	100.6
衣着	105.1	97.5	102.2	100.5	99.3
一般日用品	101.2	97.9	98.9	96.2	96.7
耐用消费品	100.8	102.3	100.2	100.1	100.0

7-5 工业生产者购进价格指数

（以上年为100）　　单位：%

项　目	2012年	2013年	2014年	2015年	2016年
工业生产者购进价格指数	**96.8**	**96.5**	**97.9**	**94.4**	**97.6**
(一)燃料、动力类	98.5	96.1	97.7	96.4	98.4
(二)黑色金属材料类	93.8	98.0	99.5	98.0	97.1
#钢材	94.7	94.1	95.8	93.3	99.4
其它	93.6	99.1	100.5	99.3	96.8
(三)有色金属材料和电线类	89.8	92.8	93.8	89.6	96.0
(四)化工原料类	98.2	94.7	100.1	98.4	91.9
(五)木材及纸浆类	100.6	98.0	99.3	97.6	97.2
(六)建筑材料及非金属类	109.8	97.2	95.8	96.4	96.7
(七)其它工业原材料及半成品类	99.8	99.9	101.6	94.5	102.1
(八)农副产品类	112.8	105.5	101.7	99.0	98.5
(九)纺织原料类	100.4	98.8	101.9	100.1	101.1

7-6 住宅销售价格指数

（以上年同月价格为100） 单位：%

项　目	新建住宅价格指数	新建商品住宅价格指数				二手住宅价格指数			
			90m^2及以下	90-144m^2	144m^2以上		90m^2及以下	90-144m^2	144m^2以上
2016年1月	97.7	97.7	99.2	97.0	97.7	99.9	99.7	100.2	99.7
2016年2月	98.2	98.1	99.2	97.6	98.1	101.0	101.1	101.1	100.6
2016年3月	98.2	98.2	99.5	97.6	97.9	101.3	101.8	101.3	100.7
2016年4月	99.3	99.3	100.8	99.1	98.3	102.3	103.2	101.8	101.9
2016年5月	100.0	100.0	101.7	99.6	99.1	102.7	103.8	102.4	101.5
2016年6月	100.1	100.1	101.3	100.0	99.0	101.3	102.4	101.0	100.3
2016年7月	100.8	100.8	101.7	101.0	99.6	101.9	102.9	102.0	100.3
2016年8月	101.5	101.5	102.2	101.7	100.3	102.0	103.0	102.2	100.4
2016年9月	102.1	102.1	102.6	102.4	101.2	102.0	102.4	101.9	101.6
2016年10月	103.2	103.2	103.4	103.7	102.1	102.3	102.5	102.6	101.6
2016年11月	103.9	103.9	104.4	104.4	102.5	101.8	101.9	102.1	101.3
2016年12月	104.2	104.2	104.5	104.7	103.0	101.4	101.9	101.6	100.4

主要统计指标解释

居民消费价格指数　是度量居民生活消费品和服务价格水平随着时间变动的相对数，综合反映居民购买的生活消费品和服务价格水平的变动情况。它是宏观经济分析和调控、价格总水平监测以及国民经济核算的重要指标，其变动率在一定程度上反映了通货膨胀（或紧缩）的程度。按用途划分为 8 个大类，39 个中类，262 个基本分类，包括食品、烟酒、衣着、家庭设备用品及维修服务、医疗保健和个人用品、交通和通信、娱乐教育文化用品及服务、居住。

商品零售价格指数　是指反映一定时期内商品零售价格变动趋势和变动程度的相对数。商品的零售价格是商品在流通过程中最后一个环节的价格，是工业、商业、餐饮业和其他零售企业向城乡居民、机关团体出售生活消费品和办公用品的价格。商品零售价格调查的任务是系统地调查、搜集和整理市场商品零售价格资料，编制商品零售价格指数，以此反映市场商品零售价格的变动趋势和变动程度。其目的在于掌握商品价格的变动趋势，为国家宏观调控和国民经济核算提供参考依据。调查内容包括食品、饮料烟酒、服装鞋帽、纺织品、家用电器及音像器材、文化办公用品、日用品、体育娱乐用品、交通通信用品、家具、化妆品、金银珠宝、中西药品及医疗保健用品、书报杂志及电子出版物、燃料、建筑材料及五金电料等 16 个大类，229 个基本分类的商品零售价格。

工业生产者价格指数　包括工业生产者出厂价格指数（PPI）和工业生产者购进价格指数。工业生产者出厂价格指数是反映一定时期内全部工业产品出厂价格总水平的变动趋势和程度的相对数，包括工业企业售给本企业以外所有单位的各种产品和直接售给居民用于生活消费的产品。工业生产者购进价格指数是反映工业企业作为生产投入，而从物资交易市场和能源、原材料生产企业购买原材料、燃料和动力产品时，所支付的价格水平变动趋势和程度的统计指标，是扣除工业企业物质消耗成本中的价格变动影响的重要依据。

八、人民生活

RENMINSHENGHUO

8-1 居民收支情况

（2016年）

指 标	单位	城镇居民	农村居民
一、可支配收入	**元**	**36738.92**	**12554.99**
(一)工资性收入	元	17902.43	5802.03
(二)经营净收入	元	2867.05	5100.94
(三)财产净收入	元	8458.43	989.91
(四)转移净收入	元	7511.01	662.11
二、消费支出	**元**	**23429.53**	**10481.05**
(一)食品烟酒	元	6519.92	2952.58
(二)衣着	元	1492.61	497.41
(三)居住	元	5888.79	2660.88
(四)生活用品及服务	元	1518.68	498.04
(五)交通通信	元	2703.06	1767.44
(六)教育文化娱乐	元	3203.36	1114.54
(七)医疗保健	元	1534.79	873.44
(八)其他用品和服务	元	568.32	116.72

8-2 调查户基本情况

（2016年）

指　　标	单位	城镇居民	农村居民
一、按家庭规模分的住户类型			
(一)一人户	%	6.4	3.4
(二)二人户	%	34.5	21.2
(三)三人户	%	40.0	25.1
(四)四人户	%	10.4	28.4
(五)五人户	%	7.4	11.8
(六)六人及以上户	%	1.2	10.2
二、按世代分的住户类型			
(一)一代户	%	34.2	15.6
(二)二代户	%	53.3	55.9
(三)三代户	%	12.4	27.2
(四)四代及以上户	%	0.1	1.3
三、住户特征			
(一)纯老人户	%	34.1	14.8
(二)家中有未成年子女户	%	53.9	78.8
(三)年轻夫妻无子女户	%	0.7	0.1
(四)无劳动力户	%	11.4	6.3

8-3 调查户人口和就业情况

（2016年）

指　　标	单位	城镇居民	农村居民
一、调查人口基本情况			
期内住户成员数	人	1.01	1.06
二、常住成员情况			
(一)年龄			
1.5岁及以下	%	2.2	4.2
2.6-15岁	%	8.9	12.4
3.16-19岁	%	4.4	5.9
4.20-24岁	%	4.5	7.3
5.25-29岁	%	5.9	7.4
6.30-34岁	%	5.5	4.4
7.35-40岁	%	8.9	7.2
8.41-50岁	%	22.2	22.4
9.51-60岁	%	16.2	15.2
10.61-65岁	%	7.5	4.9
11.66岁及以上	%	13.9	8.7
(二)参加医疗保险情况			
1.新型农村合作医疗	%	12.4	86.1
2.城镇职工基本医疗保险	%	33.6	1.6
3.(城镇)居民基本医疗保险	%	49.1	11.4
4.公费医疗	%	0.4	0.1
5.商业医疗保险	%	0.4	0.1
6.其他医疗保险	%	0.8	0.4
7.没有参加任何医疗保险	%	3.4	0.4
(三)6周岁及以上住户成员受教育程度			
1.未上过学	%	2.6	9.8
2.小学	%	16.8	38.7
3.初中	%	29.0	35.7
4.高中	%	20.7	10.6
5.大学专科	%	17.4	2.8
6.大学本科	%	12.8	2.3
7.研究生	%	0.9	0.1
(四)15周岁及以上住户成员婚姻状况			
1.未婚	%	15.7	22.0
2.有配偶	%	78.5	72.9
3.离婚	%	2.1	0.9
4.丧偶	%	3.7	4.2
5.其他	%		
三、常住劳动力情况(16周岁及以上非在校学生)			
(一)本季度就业类型			
1.雇主	%	2.0	0.9
2.公职人员	%	6.0	0.3
3.事业单位人员	%	9.3	1.0
4.国有企业雇员	%	7.4	0.6
5.其他雇员	%	59.3	22.8
6.农业自营	%	9.7	67.4
7.非农自营	%	6.3	7.0

8-3 续表 1

（2016年）

指　　标	单位	城镇居民	农村居民
(二)本季度从事主要行业			
1.第一产业	%	11.3	68.1
2.第二产业	%	12.8	10.4
(1)采矿业	%	1.6	1.3
(2)制造业	%	4.2	2.7
(3)电力、热力、燃气及水生产供应业	%	1.7	0.4
(4)建筑业	%	5.4	5.9
3.第三产业	%	75.9	21.5
(1)批发和零售业	%	13.1	3.7
(2)交通运输、仓储和邮政业	%	5.0	3.5
(3)住宿和餐饮业	%	3.3	2.9
(4)信息传输、软件业和信息技术服务业	%	2.2	0.1
(5)金融业	%	2.7	0.6
(6)房地产业	%	2.5	0.1
(7)租赁和商务服务业	%	5.3	0.5
(8)科学研究和技术服务业	%	0.7	0.1
(9)水利、环境和公共设施管理业	%	1.6	0.4
(10)居民服务、修理和其他服务业	%	22.7	6.2
(11)教育	%	3.3	0.7
(12)卫生和社会工作	%	4.0	0.9
(13)文化、体育和娱乐业	%	0.7	0.2
(14)公共管理、社会保障和社会组织	%	8.9	1.8
(15)国际组织	%		
(三)本季度从事主要职业			
1.国家机关、党群组织、企业、事业单位负责人	%	4.1	0.5
2.专业技术人员	%	11.4	2.6
3.办事人员和有关人员	%	24.7	2.2
4.商业、服务业人员	%	27.5	7.7
5.农、林、牧、渔、水利业生产人员	%	10.8	67.9
6.生产、运输设备操作人员及有关人员	%	5.9	6.6
7.军人	%	0.1	0.1
8.不便分类的其他从业人员	%	15.5	12.4
四、常住从业人员情况			
(一)6周岁及以上住户成员受教育程度			
1.未上过学	%	1.6	7.1
2.小学	%	8.8	37.6
3.初中	%	31.7	42.7
4.高中	%	18.6	9.0
5.大学专科	%	21.8	2.2
6.大学本科	%	16.1	1.4
7.研究生	%	1.4	0.1
(二)参加养老保险情况			
1.新型农村社会养老保险	%	15.1	84.7
2.城镇职工基本养老保险	%	30.0	1.4

8-3 续表 2

（2016年）

指　　标	单位	城镇居民	农村居民
3.(城镇)居民社会养老保险	%	38.9	8.3
4.商业养老保险	%	0.6	0.0
5.其他养老保险	%	3.4	0.6
6.没有参加任何养老保险	%	13.1	5.2
(三)本季度就业类型			
1.雇主	%	2.0	0.9
2.公职人员	%	6.0	0.3
3.事业单位人员	%	9.3	1.0
4.国有企业雇员	%	7.4	0.6
5.其他雇员	%	59.2	22.8
6.农业自营	%	9.7	67.4
7.非农自营	%	6.3	6.9
(四)本季度从事主要行业			
1.第一产业	%	11.3	68.1
2.第二产业	%	12.8	10.4
(1)采矿业	%	1.6	1.3
(2)制造业	%	4.2	2.7
(3)电力、热力、燃气及水生产供应业	%	1.7	0.4
(4)建筑业	%	5.4	5.9
3.第三产业	%	75.9	21.5
(1)批发和零售业	%	13.1	3.7
(2)交通运输、仓储和邮政业	%	5.0	3.5
(3)住宿和餐饮业	%	3.3	2.9
(4)信息传输、软件业和信息技术服务业	%	2.2	0.1
(5)金融业	%	2.7	0.6
(6)房地产业	%	2.5	0.1
(7)租赁和商务服务业	%	5.3	0.5
(8)科学研究和技术服务业	%	0.7	0.1
(9)水利、环境和公共设施管理业	%	1.6	0.4
(10)居民服务、修理和其他服务业	%	22.7	6.2
(11)教育	%	3.3	0.7
(12)卫生和社会工作	%	4.0	0.9
(13)文化、体育和娱乐业	%	0.7	0.2
(14)公共管理、社会保障和社会组织	%	8.9	1.8
(15)国际组织	%		
(五)本季度从事主要职业			
1.国家机关、党群组织、企业、事业单位负责人	%	4.2	0.5
2.专业技术人员	%	11.4	2.6
3.办事人员和有关人员	%	24.7	2.2
4.商业、服务业人员	%	27.5	7.6
5.农、林、牧、渔、水利业生产人员	%	10.8	67.9
6.生产、运输设备操作人员及有关人员	%	5.9	6.6
7.军人	%	0.1	0.1
8.不便分类的其他从业人员	%	15.5	12.4

8-4 居民可支配收入情况

（2016年）

指　　标	单位	城镇居民	农村居民
可支配收入	**元**	**36738.92**	**12554.99**
一、工资性收入	**元**	**17902.43**	**5802.03**
(一)工资	**元**	**17129.80**	**4450.66**
1.按月发放的工资	元	16055.34	3403.69
2.补发工资	元	162.16	88.65
3.不按月发放的奖金、津贴、过节费等	元	912.29	958.32
(二)实物福利	**元**	**14.08**	**2.68**
1.从单位或雇主得到的实物产品折价	元	8.78	1.82
(1)食品	元	2.57	1.12
①谷物、薯类及豆类	元	0.97	0.33
②食用油(植物油)	元	0.73	0.14
③蔬菜及制品	元	0.00	
④肉、禽、蛋、奶及制品	元	0.12	0.25
⑤水产品及制品	元		0.01
⑥糖、烟、酒、饮料类	元	0.12	0.19
⑦干鲜瓜果类	元	0.08	0.13
⑧其他类食品	元	0.54	0.06
(2)衣着	元		
(3)居住	元		
(4)家庭设备和日用品	元	0.16	0.30
(5)交通、通信工具及用品	元	0.03	0.37
(6)教育文化娱乐用品	元		0.00
(7)医疗保健用品	元	2.77	
(8)其他用品	元	3.25	0.03
2.从单位或雇主得到的服务折价	元	5.29	0.86
(1)免费或低价提供的工作餐	元	5.25	0.73
(2)免费或低价提供的住宿	元		
(3)单位缴纳的水电费、取暖费、物业费等	元	0.01	
(4)免费或低价提供的交通和通信服务	元	0.03	
(5)单位缴纳的教育入学赞助费	元		
(6)免费或低价提供的旅游服务	元		0.13
(7)其他服务	元		
3.单位或雇主实物福利报销所得	元		
(三)其他	**元**	**758.55**	**1348.69**
1.住房公积金	元	558.10	38.04
2.辞退金	元		5.69
3.自由职业劳动所得(如稿费、翻译费)	元	1.92	38.85
4.安家费	元	54.70	0.06
5.股票期权	元	0.13	6.00
6.其他劳动所得	元	143.70	1260.05
二、经营净收入	**元**	**2867.05**	**5100.94**
(一)第一产业经营净收入	**元**	**687.12**	**3901.49**
1.农业	元	566.41	2525.58
2.林业	元	5.68	181.65
3.牧业	元	114.91	1173.98
4.渔业	元	0.11	20.28

8-4 续表 1

（2016年）

指 标	单位	城镇居民	农村居民
(二)第二产业经营净收入	**元**	**191.27**	**74.62**
1.采矿业	元	-0.48	7.92
2.制造业	元	117.33	39.64
3.电力、热力、燃气及水生产和供应业	元		7.49
4.建筑业	元	74.43	19.57
(三)第三产业经营净收入	**元**	**1988.66**	**1124.83**
1.批发和零售业	元	1290.82	513.40
2.交通运输、仓储和邮政业	元	161.31	393.98
3.住宿和餐饮业	元	159.18	55.29
4.房地产业	元	2.32	9.19
5.租赁和商务服务业	元	142.04	13.61
6.居民服务、修理和其他服务业	元	225.28	107.24
7.其他	元	-2.14	-1.15
8.农林牧渔服务业	元	9.85	33.26
三、财产净收入	**元**	**8458.43**	**989.91**
(一)利息净收入	**元**	**339.54**	**20.22**
(二)红利收入	**元**	**1460.21**	**303.40**
1.集体分配的红利	元	1337.86	274.99
2.其他红利收入	元	122.34	27.69
(三)储蓄性保险净收益	**元**	**2.84**	**3.43**
(四)转让承包土地经营权租金净收入	**元**	**146.94**	**302.52**
(五)出租房屋财产性收入	**元**	**3233.17**	**276.99**
(六)出租机械、专利、版权等资产的收入	**元**	**3.50**	**68.94**
(七)其他财产净收入	**元**	**326.92**	**14.42**
(八)房屋虚拟租金	**元**	**2945.30**	
四、转移净收入	**元**	**7511.01**	**662.11**
(一)转移性收入	**元**	**8775.78**	**941.29**
1.养老金或离退休金	元	8310.51	354.07
(1)离退休金	元	7642.34	183.09
(2)(城镇)居民社会养老保险	元	605.04	36.54
(3)新型农村养老保险	元	32.87	76.74
(4)其他养老金	元	30.26	57.71
2.社会救济和补助	元	19.91	99.07
(1)最低生活保障费	元	12.83	39.33
(2)五保户救助金	元		0.05
(3)扶贫款	元	0.72	36.12
(4)救灾款	元		0.24
(5)抚恤金	元	2.29	11.69
(6)其他社会救济收入	元	4.07	11.64
3.政策性生活补贴	元	12.48	32.47
(1)家电补贴	元	1.53	0.39

8-4 续表 2

（2016年）

指　　标	单位	城镇居民	农村居民
(2)能源补贴	元	3.29	3.63
(3)免费或低价提供的住宿(廉租房)	元		
(4)其他生活补贴	元	7.67	28.46
4.报销医疗费	元	146.84	182.52
5.家庭外出从业人员寄回带回收入	元	12.94	136.43
6.赡养收入	元	106.75	31.99
7.其他经常转移收入	元	158.37	55.23
(1)失业保险金	元	0.05	
(2)经常性捐赠收入	元		17.56
(3)经常性赔偿收入	元	1.45	
(4)其他转移性收入	元	156.87	37.67
8.从政府和组织得到的实物产品和服务折价	元	6.83	5.23
(1)食品	元	1.27	4.14
①.谷物、薯类及豆类	元	0.56	2.83
②.食用油(植物油)	元	0.61	1.22
③.蔬菜及制品	元		
④.肉、禽、蛋、奶及制品	元	0.03	
⑤.水产品及制品	元		
⑥.糖、烟、酒、饮料类	元		0.06
⑦.干鲜瓜果类	元	0.05	
⑧.其他类食品	元	0.02	0.03
(2)衣着	元		0.02
(3)居住	元		
(4)家庭设备和日用品	元	0.30	0.63
(5)交通、通信工具及用品	元		
(6)教育文化娱乐用品	元	0.01	0.09
(7)医疗保健用品	元	5.19	
(8)其他用品	元	0.000893	0.001701
(9)其他服务折价(不含廉租房)	元	0.06	0.34
9.现金政策性惠农补贴	元	1.16	44.29
(二)转移性支出	**元**	**1264.77**	**279.18**
1.个人所得税	元	69.06	1.84
2.社会保障支出	元	1014.94	221.58
(1)个人缴纳的养老保险	元	690.93	98.48
(2)个人缴纳的医疗保险	元	246.62	101.01
(3)个人缴纳的失业保险	元	51.36	6.70
(4)其他社会保障支出	元	26.04	15.39
3.外来从业人员寄给家人的支出	元	3.88	6.85
4.赡养支出	元	83.92	13.07
5.其他转移性支出	元	92.98	35.84
(1)经常性捐赠支出	元	1.46	5.30
(2)经常性赔偿支出	元		11.69
(3)其他经常转移支出	元	91.52	18.86

8-5 居民消费支出情况

（2016年）

指　　标	单位	城镇居民	农村居民
一、消费支出	**元**	**23429.53**	**10481.05**
(一)食品烟酒	**元**	**6519.92**	**2952.58**
1.食品	元	4423.72	2188.76
(1)谷物	元	440.69	384.79
(2)薯类	元	50.41	137.12
(3)豆类	元	59.70	31.44
(4)食用油	元	147.47	108.89
(5)蔬菜和食用菌	元	798.33	269.78
(6)肉类	元	1159.05	634.45
(7)禽类	元	288.57	148.60
(8)水产品	元	219.29	68.42
(9)蛋类	元	83.83	39.75
(10)奶类	元	251.52	58.97
(11)干鲜瓜果类	元	499.93	145.92
(12)糖果糕点类	元	251.77	96.93
(13)其他食品	元	173.16	63.71
2.烟酒	元	445.23	463.61
(1)烟草	元	369.06	372.02
(2)酒类	元	76.17	91.59
3.饮料	元	144.84	58.46
4.饮食服务	元	1506.13	241.74
(1)食堂用餐	元	109.26	37.57
(2)其他在外饮食	元	1394.26	202.46
(3)食品加工服务费	元	2.61	1.71
(二)衣着	**元**	**1492.61**	**497.41**
1.衣类	元	1123.69	368.75
2.鞋类	元	368.92	128.66
(三)居住	**元**	**5888.79**	**2660.88**
1.租赁房房租	元	262.90	38.68
2.住房维修及管理	元	580.31	300.25
3.水电燃料及其他	元	728.59	299.71
4.自有住房折算租金	元	4317.00	2022.24
(四)生活用品及服务	**元**	**1518.68**	**498.04**
1.家具及室内装饰品	元	306.32	111.20
2.家用器具	元	325.33	110.40

8-5 续表

（2016年）

指　　标	单位	城镇居民	农村居民
3.家用纺织品	元	131.96	33.54
4.家庭日用杂品	元	399.75	174.67
5.个人用品	元	269.89	52.18
6.家庭服务	元	85.42	16.05
(五)交通通信	**元**	**2703.06**	**1767.44**
1.交通	元	1687.13	1308.05
(1)交通工具	元	337.19	651.57
(2)交通费	元	178.14	63.58
(3)交通工具用燃料	元	598.47	343.43
(4)交通工具使用及维修	元	573.33	249.46
其中：车辆保险支出	元	108.50	77.29
2.通信	元	1015.93	459.39
(1)通信工具	元	265.16	141.48
(2)通信服务	元	750.77	317.92
(六)教育文化娱乐	**元**	**3203.36**	**1114.54**
1.教育	元	1251.18	804.08
(1)学前教育	元	179.77	59.72
(2)小学教育	元	187.18	70.61
(3)初中教育	元	248.54	115.03
(4)高中教育	元	198.59	194.35
(5)中专职高教育	元	36.28	52.79
(6)大专及以上教育	元	315.38	256.96
(7)成人教育	元	85.44	54.63
2.文化娱乐	元	1952.18	310.46
(1)文娱耐用消费品	元	142.76	60.82
(2)其他文娱用品	元	175.03	49.11
(3)文化娱乐服务	元	1634.39	200.53
(七)医疗保健	**元**	**1534.79**	**873.44**
1.医疗器具及药品	元	759.09	198.54
2.医疗服务	元	775.70	674.90
(1)门诊总费用	元	378.37	274.90
(2)住院总费用	元	397.33	400.00
(八)其他用品和服务	**元**	**568.32**	**116.72**
1.其他用品	元	267.23	67.66
2.其他服务	元	301.09	49.06

8-6 居民住房、生活设施和耐用消费品拥有情况

（2016年）

指　　标	单位	城镇居民	农村居民
一、本住户居住空间样式			
1.单栋楼房	%	25.2	59.9
2.单栋平房	%	2.3	24.0
3.四居室及以上单元房	%	10.8	1.2
4.三居室单元房	%	41.4	0.4
5.二居室单元房	%	15.6	0.0
6.一居室单元房	%	3.5	
7.筒子楼或连片平房	%	0.4	1.2
8.其他	%	0.8	13.3
二、主要建筑材料			
1.钢筋混凝土	%	37.7	22.5
2.砖混材料	%	58.8	30.1
3.砖瓦砖木	%	2.8	20.4
4.竹草土坯	%	0.1	11.1
5.其他	%	0.6	15.9
三、现住房房屋来源			
1.租赁公房	%	1.0	
2.租赁私房	%	6.3	0.6
3.自建住房	%	27.7	96.0
4.购买商品房	%	23.2	1.5
5.购买房改住房	%	31.2	0.2
6.购买保障性住房	%	4.7	
7.拆迁安置房	%	0.1	
8.继承或获赠住房	%	0.4	1.4
9.免费借用房	%	1.1	0.2
10.雇主提供免费住房	%	0.2	0.1
11.其他来源	%	4.1	0.1
四、现住房建筑面积	**平方米**	**43.8**	**48.2**
1.10平方米以内	%	0.4	0.0
2.10-20平方米	%	2.0	0.2
3.20-30平方米	%	0.9	0.2
4.30-60平方米	%	15.0	9.0
5.60-90平方米	%	21.7	14.9
6.90-120平方米	%	28.0	23.2
7.120-200平方米	%	20.6	24.6
8.200平方米以上	%	11.4	27.9

8-6 续表

（2016年）

指　　标	单位	城镇居民	农村居民
五、住户主要饮用水来源情况			
1.经过净化处理的自来水	%	69.7	36.4
2.受保护的井水和泉水	%	0.9	44.0
3.不受保护的井水和泉水	%	0.1	9.0
4.江河湖泊水	%	0.2	0.6
5.收集雨水	%	0.2	0.2
6.桶装水	%	28.7	1.5
7.其他水源	%	0.2	8.3
六、住户厕所类型			
1.水冲式卫生厕所	%	91.9	19.0
2.水冲式非卫生厕所	%	0.9	3.4
3.卫生旱厕	%	1.5	10.1
4.普通旱厕	%	3.0	52.7
5.无厕所	%	2.7	14.9
七、住户洗澡设施情况			
1.统一供热水	%	7.2	0.8
2.家庭自装热水器	%	83.5	61.1
3.其他	%	5.0	6.4
4.无洗澡设施	%	4.4	31.8
八、主要炊用能源状况			
1.柴草	%	0.8	45.2
2.煤炭	%	0.1	0.2
3.罐装液化石油气	%	13.1	1.8
4.管道液化石油气	%	1.9	0.4
5.管道煤气	%	34.2	0.8
6.管道天然气	%	20.8	0.0
7.电	%	28.6	48.9
8.燃料用油	%		0.1
9.沼气	%	0.1	2.2
10.其他	%		0.3
11.无炊用行为	%	0.4	0.1

8-7 居民每百户耐用消费品拥有情况

（2016年）

指　　标	单位	城镇居民	农村居民
家用汽车	辆	53.8	34.7
摩托车	辆	9.6	60.4
助力车	台	38.1	24.3
洗衣机	台	100.4	85.7
电冰箱(柜)	台	95.2	71.8
微波炉	台	76.8	25.0
彩色电视机	台	109.7	109.9
#接入有线电视	台	91.5	46.1
空调	台	2.5	0.7
热水器	台	95.4	74.9
#太阳能热水器	台	72.7	63.4
消毒碗柜	台	8.5	3.4
洗碗机	台	1.6	0.4
排油烟机	台	83.5	19.6
固定电话	线	40.1	13.6
移动电话	部	233.4	271.0
#接入互联网	部	118.9	61.5
计算机	台	82.8	18.9
#接入互联网	台	70.0	11.9
摄像机	台	14.9	1.4
照相机	台	48.9	7.8
中高档乐器	架	6.1	1.4
健身器材	台	6.6	2.3
组合音响	套	22.7	12.7

8-8 住户年末粮食结存情况

（2016年）

指　　标	单位	城镇居民	农村居民
小麦	公斤	0.33	13.29
面粉	公斤	0.38	1.15
稻谷	公斤	1.65	22.93
大米	公斤	5.59	16.47
玉米	公斤	8.43	301.56
玉米面	公斤	1.07	11.31
其他原粮	公斤	2.87	31.35
其他加工粮	公斤	0.06	0.15

8-9 居民土地经营和主要农产品产量情况

（2016年）

指　　标	单位	城镇居民	农村居民
一、家庭实际经营土地情况			
(一)期初实际经营土地面积	**亩**	**0.128**	**1.993**
1.耕地面积	亩	0.109	1.615
其中：有效灌溉面积	亩	0.046	0.452
2.林地面积	亩	0.006	0.316
3.园地面积	亩	0.009	0.055
4.牧草地面积	亩	0.001	0.004
5.养殖水面面积	亩	0.003	0.004
(二)期末实际经营土地面积	**亩**	**0.103**	**1.785**
1.耕地面积	亩	0.086	1.438
其中：有效灌溉面积	亩	0.051	0.418
2.林地面积	亩	0.006	0.286
3.园地面积	亩	0.010	0.053
4.牧草地面积	亩	0.001	0.004
5.养殖水面面积	亩	0.000	0.004
二、期内土地种植情况			
(一)期内主要粮食播种面积	**亩**	**0.062**	**1.119**
1.小麦播种面积	亩	0.003	0.204
2.水稻播种面积	亩	0.003	0.081
3.玉米播种面积	亩	0.034	0.660
4.大豆播种面积	亩	0.014	0.022
5.薯类播种面积	亩	0.008	0.152
(二)期内主要经济作物播种面积	**亩**	**0.018**	**0.232**
1.棉花播种面积	亩		0.000
2.油料作物播种面积	亩		0.025
3.糖料作物播种面积	亩		0.003
4.蔬菜播种面积	亩	0.012	0.171
其中:设施蔬菜播种面积	亩	0.010	0.047
5.水果播种面积	亩	0.006	0.034
其中:设施水果播种面积	亩	0.004	0.001
(三)农业生产技术应用情况	**亩**	**0.029**	**0.883**
1.机耕面积	亩	0.019	0.643
2.机播面积	亩		0.033
3.机收面积	亩		0.016
4.机电灌溉面积	亩	0.010	0.190
三、主要农产品产量			
(一)谷物产量	**公斤**	**17.452**	**393.739**
面积	亩	0.040	35.462
1.小麦产量	公斤	1.154	37.853
面积	亩	0.004	2.178

8-9 续表

（2016年）

指　　　　标	单位	城镇居民	农村居民
2.稻谷产量	公斤	1.587	34.058
面积	亩	0.004	4.812
3.玉米产量	公斤	14.712	315.164
面积	亩	0.032	28.438
4.高粱产量	公斤		
面积	亩		
5.谷子产量	公斤		
面积	亩		
6.青稞产量	公斤		
面积	亩		
7.其他谷物产量	公斤		6.664
面积	亩		0.035
(二)薯类产量	**公斤**	**1.696**	**39.541**
面积	亩	0.008	0.258
1.红薯产量	公斤	0.026	2.295
面积	亩	0.000128	0.131
2.马铃薯产量	公斤	1.574	37.246
面积	亩	0.007	0.126
3.其他薯类产量	公斤	0.096	
面积	亩	0.000454	
(三)豆类产量	**公斤**	**3.839**	**13.600**
面积	亩	0.020	0.065
1.大豆产量	公斤	2.559	5.287
面积	亩	0.014	0.027
2.其他豆类产量	公斤	1.279	8.313
面积	亩	0.006	0.038
(四)棉花产量	**公斤**		**0.014**
面积	亩		0.000057
(五)油料产量	**公斤**	**0.073**	**4.701**
面积	亩	0.000303	0.028
1.花生产量	公斤		0.288
面积	亩		0.003
2.芝麻产量	公斤		0.013
面积	亩		0.000072
3.油菜籽产量	公斤	0.071	4.292
面积	亩	0.000298	0.025
4.葵花籽产量	公斤	0.001	0.035
面积	亩	0.000005	0.000228
5.其他油料产量	公斤		0.073
面积	亩		0.001

8-10 居民食品消费情况(含自产自用)

(2016年)

指　　标	单位	城镇居民	农村居民
一、粮食消费量	**公斤**	**94.188**	**120.138**
(一)谷物消费量	公斤	82.882	109.403
1.小麦	公斤	16.045	5.485
2.稻谷	公斤	52.567	87.310
3.玉米	公斤	2.661	13.907
4.其他谷物	公斤	11.609	2.702
(二)薯类消费量	公斤	2.371	4.954
1.红薯	公斤	0.355	0.066
2.马铃薯	公斤	1.720	4.785
3.其他薯类	公斤	0.296	0.103
(三)豆类消费量	公斤	8.935	5.781
1.大豆	公斤	0.359	0.748
2.其他豆类	公斤	8.576	5.033
二、油脂类消费量	**公斤**	**8.790**	**7.238**
(一)植物油	公斤	7.825	5.164
(二)动物油	公斤	0.966	2.075
三、蔬菜及菜制品消费量	**公斤**	**117.845**	**74.217**
(一)鲜菜	公斤	113.103	72.963
(二)干菜及菜制品	公斤	2.498	0.782
(三)鲜菌	公斤	2.051	0.456
(四)干菌及菌制品	公斤	0.193	0.017
四、肉类	**公斤**	**29.559**	**24.928**
(一)猪肉	公斤	20.476	22.155
(二)牛肉	公斤	3.431	1.195
(三)羊肉	公斤	0.654	0.633
(四)其他肉类及制品	公斤	4.998	0.944
五、禽类	**公斤**	**9.230**	**6.554**
(一)鸡	公斤	6.616	5.908
(二)鸭	公斤	0.446	0.256
(三)鹅	公斤	0.035	0.039
(四)其他禽类及制品	公斤	2.133	0.351

8-10 续表

（2016年）

指　　标	单位	城镇居民	农村居民
六、水产品	**公斤**	**8.163**	**3.763**
(一)鱼类	公斤	6.057	3.564
(二)虾、贝、蟹类	公斤	0.946	0.107
(三)藻类	公斤	0.121	0.024
(四)其他	公斤	1.040	0.067
七、蛋类及蛋制品	**公斤**	**6.825**	**3.625**
(一)鲜蛋	公斤	6.325	3.554
(二)蛋制品	公斤	0.500	0.071
八、奶和奶制品	**公斤**	**14.608**	**2.452**
(一)鲜奶	公斤	9.899	1.513
(二)酸奶	公斤	3.717	0.356
(三)奶粉	公斤	0.328	0.245
(四)其他奶制品	公斤	0.664	0.338
九、干鲜瓜果类	**公斤**	**47.267**	**20.513**
(一)鲜瓜果	公斤	41.791	17.996
(二)瓜果制品	公斤	1.127	0.187
(三)坚果类	公斤	4.349	2.330
十、糖果糕点类	**公斤**	**10.016**	**6.060**
(一)食糖	公斤	1.228	1.172
(二)糖果	公斤	0.874	0.657
(三)糕点	公斤	6.759	3.593
(四)其他糖果糕点	公斤	1.154	0.639
十一、饮料	**公斤**	**0.335**	**0.351**
(一)茶叶	公斤	0.335	0.351
十二、烟叶消费量	**公斤**	**26.176**	**41.845**
十三、酒	**公斤**	**3.375**	**8.343**
(一)白酒	公斤	2.272	6.691
(二)啤酒	公斤	0.913	1.634
(三)果酒	公斤	0.189	0.018

8–11 住户能源消耗情况

（2016年）

指　　标	单位	城镇居民	农村居民
天然气	立方米	17.695	0.344
金额	元	45.314	0.820
煤气	立方米	34.888	0.544
金额	元	55.879	1.087
液化石油气	公斤	7.712	3.302
金额	元	42.542	19.294
汽油	升	96.550	52.029
金额	元	574.671	295.902
#生产用	升	95.648	51.889
金额	元	569.322	295.073
柴油	升	5.204	13.865
金额	元	29.942	77.512
#生产用	升	5.138	13.768
金额	元	29.545	76.924
电	度	774.645	378.344
金额	元	391.688	190.577
#生产用	升	0.186	3.915
金额	元	0.139	2.759
沼气	立方米	0.135	
金额	元	0.215	
煤炭	公斤	1.174	28.009
金额	元	1.599	21.486
柴	公担	0.027	0.016
金额	元	0.138	0.972
草	公担		
金额	元		

主要统计指标解释

住户　指居住在一个住宅内，共同分享生活开支或收入的一群人。居住在同一房间内、不共同分享生活开支的人群，每个人都视为一个住户。住家保姆、住家家庭帮工视为单独的住户。

根据居住的状态，可将住户分为家庭居住户和集体居住户。

家庭居住户指的是以家庭成员关系为主，居住在同一住宅内共同生活的住户。注意：同一住宅内有住家保姆或住家家庭帮工的，仍被视为家庭居住。

集体居住户指的是相互没有家庭成员关系，居住在同一房间内，不共同分享生活开支，独立生活的住户。如在工棚、工厂的集体宿舍以及在工作地的集体居住户，每个人都视为一个住户。

可支配收入　指调查户在调查期内获得的、可用于最终消费支出和储蓄的总和，即调查户可以用来自由支配的收入。可支配收入既包括现金，也包括实物收入。按照收入的来源，可支配收入包含四项，分别为：工资性收入、经营净收入、财产净收入和转移净收入。计算公式为：

可支配收入 = 工资性收入 + 经营净收入 + 财产净收入 + 转移净收入

其中：经营净收入 = 经营收入 - 经营费用 - 生产性固定资产折旧 - 生产税

财产净收入 = 财产性收入 - 财产性支出

转移净收入 = 转移性收入 - 转移性支出

消费支出　指住户用于满足家庭日常生活消费需要的全部支出，包括用于消费品的支出和用于服务性消费的支出。根据用途不同，消费支出可划分为食品烟酒、衣着、居住、生活用品及服务、交通通信、教育文化娱乐、医疗保健、其他用品及服务八大类。根据来源不同，消费支出可划分为现金消费支出、实物消费支出（含自产自用、来自单位、来自政府和其他社会组织）。

居民生活状况资料来源　住户收支与生活状况调查的数据是以住户为单位，在常住地参加调查。调查内容主要包括居民现金和实物收支情况、住户成员及劳动力从业情况、居民家庭食品和能源消费情况、住房和耐用消费品拥有情况、家庭经营和生产投资情况、社区基本情况以及其他民生状况等。

调查组织　从 2013 年起，住户调查由两部分组成。一是分省住户调查，以省为总体进行抽样，主要目的是准确反映全国及分省居民收支水平、结构、增长速度，收入分配格局以及政策对居民生活状况的影响。二是分市县住户调查，以市、县为总体进行抽样，主要目的是准确反映分市县居民收支水平和增长速度，满足政府对市县管理的需要。 国家统计局统一领导住户调查，负责制定调查方案，组织调查实施，监督调查过程，审核、处理、汇总调查数据，发布全国和分省城乡居民收入、消费和生活状况数据。 国家统计局各调查总队按照国家调整方案规定，负责组织分省住户调查工作，牵头并会同各省级统计局组织分市县住户调查。分市县住户调查具体实施方案必须按照《国家统计局关于加强和改进分市县住户调查工作的通知》和国家调查方案的要求，由各调查总队会同省级统计局制定后上报国家统计局审批。 各级统计调查部门应按照方案规定，认真组织实施调查，确保调查数据质量。

城乡一体化住户调查概况 为满足政府统筹城乡发展、改善收入分配格局、让全体居民共享发展成果等战略需要，国家统计局对城乡住户调查进行了一体化改革，统一了城镇和农村居民收入和支出调查的分类标准、指标名称与口径，并按照统一的抽样方法和程序，在我市抽选了约 2270 户城乡居民家庭，从 2012 年四季度起正式开展城乡一体化的住户收支与生活状况调查。

至 2013 年底，按照国家新制度规定，昆明调查队收集了调查户 12 个月的记账数据，并于 2014 年 1 月底根据全国统一的计算要求，初步汇总计算出 2013 年城乡可比的全市居民可支配收入，经云南省评估认定后，得到最终的全市居民人均可支配收入。

启用城乡可比的居民可支配收入，一方面可以更加准确地反映全体居民收入分配全貌，为国家制定统筹城乡发展和调整收入分配格局政策提供全面可靠的信息；另一方面，也可以用统一标准监测城乡居民收入增长和差距变化，更加准确地反映不同群体居民对经济发展成果的分享情况；同时，也填补了我国缺少全体居民收入数据的空白。

变动情况 城乡住户调查一体化改革后，新口径的城乡居民收入与老口径的城乡居民收入主要有四点不同：一是指标名称不同，新口径的农村居民收入是农村人均可支配收入，老口径是农民人均纯收入，城镇居民不变；二是抽样方法不同，新口径是城乡统一抽样，老口径是城乡各自抽样，同时，具体的抽样过程也有较大差异；三是调查范围不同，新口径是区域内的所有常住居民户，不包括外籍住户，老口径由于城乡分别抽样，调查范围互有重合和遗漏的区域；四是指标口径不同，主要的区别是新口径的城乡居民可支配收入包括实物收入和自有住房折算净租金，老口径城镇居民可支配收入不包括实物收入部分，老口径农民纯收入不包括自有住房折算净租金，另外，收入分项指标的口径也有一些变动。

九、农　业

NONGYE

9-1 主要年份农林牧渔业总产值

（以当年价计算）

单位：万元

年份	农林牧渔业总产值	农业	林业	牧业	渔业	农林牧渔服务业
1985	90369	60990	5376	22997	1006	
1990	199206	126792	6633	60788	4993	
1995	598986	371930	18102	190520	18434	
1996	685790	428855	23397	211851	21687	
1997	731469	451736	23889	228797	27047	
1998	759626	455260	26395	250185	27786	
1999	793356	476336	29769	260329	26922	
2000	815767	503074	32815	254534	25344	
2001	858558	523477	32131	273058	29892	
2002	901499	546843	33202	290106	31348	
2003	957332	548692	32410	307249	31698	37283
2004	1090013	619616	33607	367556	31532	37702
2005	1172285	658345	36988	405871	29997	41084
2006	1251672	705597	41152	428942	30335	45646
2007	1504193	786403	45862	589042	32801	50085
2008	1757375	879010	59335	722735	39539	56756
2009	1909556	1018509	63405	718545	44930	64167
2010	2007273	1070573	74359	750349	43320	68672
2011	2250655	1203203	67117	856599	47682	76054
2012	2688441	1461199	75000	997642	62649	91951
2013	2986610	1652354	88689	1066268	75786	103513
2014	3167696	1764545	100440	1106586	81590	114535
2015	3285796	1814899	116046	1152453	79141	123257
2016	3496876	1912287	122568	1250867	86388	124766

9–2 主要年份农林牧渔业总产值指数

（上年为100） 单位：%

年份	农林牧渔业总产值	农业	林业	牧业	渔业	农林牧渔服务业
1980	115.3	120.4	115.3	98.6	95.7	
1985	104.1	97.9	130.0	117.8	93.5	
1990	107.1	106.1	94.6	112.1	93.6	
1995	110.5	110.6	105.7	110.6	117.3	
1996	109.5	107.5	115.8	111.4	118.5	
1997	107.7	107.7	99.0	108.4	113.0	
1998	104.2	98.9	112.6	110.9	122.0	
1999	108.5	107.6	109.9	110.8	99.9	
2000	108.2	110.6	102.5	106.5	95.1	
2001	103.2	102.0	99.1	105.7	103.5	
2002	105.8	104.4	107.1	107.4	110.6	
2003	106.0	104.9	94.0	108.6	116.9	102.0
2004	107.1	110.0	103.1	104.7	100.7	101.0
2005	105.9	103.0	104.0	112.5	90.0	106.8
2006	106.2	106.4	106.0	105.9	104.1	107.4
2007	107.0	105.7	101.9	110.5	97.1	106.4
2008	107.6	106.9	121.1	107.2	112.8	108.1
2009	107.2	107.5	100.7	107.2	107.1	111.2
2010	105.5	104.9	92.7	107.6	101.7	105.5
2011	106.8	108.2	109.8	104.6	109.9	102.7
2012	106.8	106.2	97.5	107.6	112.4	112.9
2013	107.2	108.5	113.7	104.8	105.3	108.2
2014	106.0	106.5	114.2	104.2	107.1	110.1
2015	105.9	106.5	121.1	104.1	98.4	106.3
2016	106.0	106.3	113.1	105.1	107.2	103.6

9-3 主要年份农林牧渔业总产值构成

单位：%

年份	农林牧渔业总产值构成	农业	林业	牧业	渔业	农林牧渔服务业
1985	100	67.49	5.95	25.45	1.11	
1990	100	63.65	3.33	30.52	2.50	
1995	100	62.10	3.02	31.80	3.08	
1996	100	62.54	3.41	30.89	3.16	
1997	100	61.76	3.26	31.28	3.70	
1998	100	59.93	3.47	32.94	3.66	
1999	100	60.04	3.75	32.82	3.39	
2000	100	61.78	3.85	31.40	2.97	
2001	100	60.98	3.74	31.80	3.48	
2002	100	60.66	3.68	32.18	3.48	
2003	100	57.31	3.39	32.09	3.32	3.89
2004	100	56.85	3.08	33.72	2.89	3.46
2005	100	56.20	3.20	34.50	2.60	3.50
2006	100	56.40	3.30	34.30	2.40	3.60
2007	100	52.28	3.05	39.16	2.19	3.32
2008	100	50.02	3.38	41.13	2.25	3.22
2009	100	53.33	3.33	37.63	2.35	3.36
2010	100	53.30	3.70	37.38	2.22	3.40
2011	100	53.50	3.00	38.00	2.10	3.40
2012	100	54.40	2.80	37.10	2.30	3.40
2013	100	55.30	3.00	35.70	2.50	3.50
2014	100	55.70	3.17	34.93	2.58	3.62
2015	100	55.24	3.53	35.07	2.41	3.75
2016	100	54.69	3.50	35.77	2.47	3.57

注：构成按当年价计算。

9-4 分县(市)区农林牧渔

（2016年）

指　　标	单位	全市	五华区	盘龙区	官渡区	西山区
一、农林牧渔业总产值	**万元**	**3496876**	**34093**	**83856**	**145402**	**61365**
农业产值	万元	1912287	11531	66836	74636	34762
林业产值	万元	122568	408	1864	2125	3638
牧业产值	万元	1250867	19708	12640	57559	17356
渔业产值	万元	86388	1222	852	2114	2654
农林牧渔服务业产值	万元	124766	1224	1664	8968	2955
二、中间消耗	**万元**	**1424666**	**12634**	**32811**	**56530**	**23381**
农业中间消耗	万元	716776	4831	25731	20858	12098
林业中间消耗	万元	36844	161	344	741	1244
牧业中间消耗	万元	574186	6548	5591	28780	7832
渔业中间消耗	万元	39245	595	342	1504	1281
农林牧渔服务业中间消耗	万元	57615	499	803	4647	926

业产值及中间消耗

东川区	呈贡区	晋宁区	富民县	宜良县	石林县	嵩明县	禄劝县	寻甸县	安宁市
136671	**80634**	**359812**	**168430**	**739829**	**365010**	**265170**	**415817**	**400565**	**240222**
46626	64882	280969	93928	355341	211774	173070	208648	190523	98761
6574	5357	1557	8857	36711	24043	3554	10871	11747	5262
75687	4764	70268	55485	246920	108856	80012	190841	182703	128068
2013	4023	3698	1693	44164	7495	2089	1615	11188	1568
5771	1608	3320	8467	56693	12842	6445	3842	4404	6563
74026	**29345**	**144853**	**63256**	**244115**	**164354**	**110580**	**189748**	**174752**	**104281**
23207	21402	107852	33049	82234	99177	68605	99137	86128	32467
1446	1708	349	1541	13111	8697	517	2567	3008	1410
45165	2662	34068	22866	104907	48840	37073	86285	77624	65945
820	2839	1592	919	17822	3009	1175	856	5792	699
3388	734	992	4881	26041	4631	3210	903	2200	3760

9-5 分县(市)区农林

（2016年）

指　　标	单位	全市	五华区	盘龙区	官渡区	西山区
农林牧渔业总产值	**万元**	**3496876**	**34093**	**83856**	**145402**	**61365**
一、农业产值	**万元**	**1912287**	**11531**	**66836**	**74636**	**34762**
1.谷物及其他作物	万元	670684	3248	20541	21654	4269
#谷物	万元	327541	1925	9794	12073	3122
油料	万元	8927	26	2	24	284
甘蔗	万元	143				
烟叶	万元	202905	233	9048		
2.蔬菜园艺作物	万元	1074701	6479	44713	48555	22331
#蔬菜(含菜用瓜)	万元	556882	5823	22391	16161	17910
花卉	万元	292809		8228	8076	3181
盆景园艺	万元	213083	656	14078	24265	772
3.水果、坚果、饮料和香料	万元	111226	1804	1582	4411	8127
4.中药材	万元	55676			16	35
二、林业产值	**万元**	**122568**	**408**	**1864**	**2125**	**3638**
#林木的培育和种植	万元	81971	408	1756	1362	2125
林产品	万元	15786		1	739	3
竹木采运	万元	24811		107	24	1510
三、牧业产值	**万元**	**1250867**	**19708**	**12640**	**57559**	**17356**
#牲畜饲养	万元	246825	1558	3277	1898	2742
猪的饲养	万元	748461	16320	7290	31121	12243
家禽饲养	万元	247023	1826	2059	24501	2145
四、渔业产值	**万元**	**86388**	**1222**	**852**	**2114**	**2654**
五、农林牧渔服务业产值	**万元**	**124766**	**1224**	**1664**	**8968**	**2955**

牧渔业总产值

东川区	呈贡区	晋宁区	富民县	宜良县	石林县	嵩明县	禄劝县	寻甸县	安宁市
136671	**80634**	**359812**	**168430**	**739829**	**365010**	**265170**	**415817**	**400565**	**240222**
46626	**64882**	**280969**	**93928**	**355341**	**211774**	**173070**	**208648**	**190523**	**98761**
21420	600	18355	46988	77485	86368	46184	166337	135949	21286
14549	548	7903	42628	47077	31059	21303	87146	37871	10543
904	16	680	867	376	587	15	1683	1559	1904
1							142		
2		6028	655	20136	44556	11598	46293	56854	7502
19163	61822	260743	29480	262568	68717	121601	25241	36659	66629
19163	38398	110834	25160	102828	44490	55626	23007	25965	49126
	8433	140152	2901	39220	22270	37534	368	10452	11994
	14991	8759	33	118239	1773	28436		125	956
3300	2460	1871	8107	14430	32082	5285	10366	7464	9937
2743			9353	858	24607		6704	10451	909
6574	**5357**	**1557**	**8857**	**36711**	**24043**	**3554**	**10871**	**11747**	**5262**
5092	5267	928	5554	28271	13538	997	10751	1501	4421
1482		381	2222	1368	9458		120	10	2
	90	248	1081	7072	1047	2557		10236	839
75687	**4764**	**70268**	**55485**	**246920**	**108856**	**80012**	**190841**	**182703**	**128068**
15355	1180	16447	7395	42967	19735	18436	51357	53119	11359
53060	518	38141	35758	136437	48283	52427	127521	116157	73185
7015	3066	15649	9972	66537	40526	9048	8475	13124	43080
2013	**4023**	**3698**	**1693**	**44164**	**7495**	**2089**	**1615**	**11188**	**1568**
5771	**1608**	**3320**	**8467**	**56693**	**12842**	**6445**	**3842**	**4404**	**6563**

9-6 分县(市)区农

（2016年）

指　　标	单位	全市	五华区	盘龙区	官渡区	西山区
农村基层组织						
乡镇政府	个	60				
#镇政府	个	44				
村民委员会	个	958		32		
乡村户数、人口、劳动力资源						
乡村户数	户	879931	20730	27929	26394	28056
乡村人口	人	3042247	57828	97326	73433	78270
乡村劳动力资源	人	1960488	35159	61579	49665	52546
农村社会基础设施						
自来水受益村数	个	938		32		
通有线电视村数	个	766		32		
通宽带的村数	个	769		32		
乡村办水电站个数	**个**	**34**				**4**
装机容量	**千瓦**	**36300.4**				**3170.0**
发电量	**万千瓦时**	**15061.6**				**1103.4**
农村用电量	**万千瓦时**	**109584.3**	**2410.3**	**2069.6**	**2682.3**	**4461.5**
农用化肥施用量(折纯)	**吨**	**205243.5**	**5503.4**	**5193.5**	**2980.6**	**3514.5**
#氮肥	吨	105369.5	3429.5	2571.3	949.8	2028.9

村基本情况

	东川区	呈贡区	晋宁区	富民县	宜良县	石林县	嵩明县	禄劝县	寻甸县	安宁市
	7		6	6	6	4	3	15	13	
	6		4	5	4	3	3	9	10	
	132		129	73	50	92	39	180	167	64
	70759	53475	82509	38639	110364	64277	72973	112309	128801	42716
	247846	151209	239091	133157	381270	223459	281615	439589	511156	126998
	158539	100004	158511	87655	249346	153361	167472	275516	326235	84900
	129		129	73	50	92	39	163	167	64
	52		129	64	49	87	39	110	140	64
	70		129	73	47	92	39	75	149	63
	6				**6**	**4**		**7**	**7**	
	3010.0				**10585.0**	**3230.0**		**15901.4**	**404.0**	
	1322.7				**2337.0**	**614.2**		**9624.3**	**60.0**	
	4680.1	**6990.9**	**10116.3**	**5914.3**	**12247.0**	**7351.1**	**16371.0**	**13050.4**	**15244.3**	**5995.2**
	7603.3	**7763.6**	**20033.8**	**9391.9**	**24596.0**	**22083.0**	**18543.1**	**30641.5**	**37818.8**	**9576.5**
	4751.1	3595.9	6836.7	5396.4	11680.0	11941.2	9420.1	18313.1	19664.6	4790.9

9-6 续表

（2016年）

指　　标	单位	全市	五华区	盘龙区	官渡区	西山区
磷肥	吨	38319.8	1137.9	935.7	446.8	468.7
钾肥	吨	14452.5	165.5	251.9	634.6	107.2
复合肥	吨	47101.6	770.5	1434.6	949.4	909.7
农用塑料薄膜使用量	**吨**	**13627.2**	**126.6**	**626.3**	**392.0**	**200.0**
#地膜使用量	吨	9776.3	117.1	553.8	117.7	131.3
地膜覆盖面积	**公顷**	**91652.1**	**746.1**	**5173.6**	**1526.4**	**1555.4**
农药使用量	**吨**	**4666.6**	**32.6**	**211.2**	**84.9**	**204.0**
从业人员总计	**人**	**1846646**	**29908**	**59586**	**44840**	**48664**
#男从业人员	人	957292	15487	30876	22481	24705
女从业人员	人	889354	14421	28710	22359	23959
农林牧渔业从业人员	人	1178639	12917	39992	23950	26755
工业从业人员	人	106784	2120	1869	3357	5009
建筑业从业人员	人	166265	3448	5247	1663	3139
交通运输、仓储业及邮电通信业人员	人	81019	2716	2181	3106	5115
信息传输计算机服务和软件业从业人员	人	9914	437	394	289	478
批发与零售从业人员	人	74476	2308	1489	4048	2649
住宿和餐饮业从业人员	人	67821	3052	2899	3165	2398
其它行业从业人员	人	161728	2910	5515	5262	3121

东川区	呈贡区	晋宁区	富民县	宜良县	石林县	嵩明县	禄劝县	寻甸县	安宁市
903.6	931.5	3378.5	2249.7	5551.7	4454.8	3307.6	5275.8	7574.5	1703.0
253.5	988.2	2359.0	532.3	1673.0	1854.0	1431.7	1125.9	2147.1	928.6
1695.0	2248.0	7459.6	1213.5	5691.3	3833.0	4383.7	5926.7	8432.6	2154.0
149.9	**727.2**	**2287.8**	**454.8**	**1465.2**	**1021.3**	**1308.3**	**1671.6**	**2184.1**	**1012.1**
143.9	388.7	1020.5	342.1	1104.7	945.3	789.1	1489.7	1989.5	642.9
2626.7	**1870.4**	**7546.5**	**2538.0**	**9475.0**	**11416.7**	**7764.8**	**13593.1**	**20802.6**	**5016.8**
51.0	**365.4**	**623.6**	**159.3**	**751.0**	**587.2**	**452.6**	**178.2**	**614.0**	**351.6**
151274	**93737**	**152743**	**83319**	**237937**	**138988**	**155921**	**264029**	**305592**	**80108**
80998	46398	77952	42631	122044	71898	82119	140110	160090	39503
70276	47339	74791	40688	115893	67090	73802	123919	145502	40605
91589	55700	106813	47944	148432	106294	72736	193510	218416	33591
15165	4683	8377	8382	11520	3227	15975	7440	10293	9367
12492	1654	7410	11504	24856	6302	23777	33197	27158	4418
3148	4689	6430	4149	10281	4078	10731	8279	10230	5886
198	660	753	418	824	210	2094	1514	911	734
3141	6126	5876	3753	10430	5241	8050	7369	9520	4476
3006	5281	4623	2346	8356	2941	7051	8400	9660	4643
22535	14944	12461	4823	23238	10695	15507	4320	19404	16993

9-7 分县(市)区农作

（2016年）

指　　标	全市	五华区	盘龙区	官渡区	西山区	东川区
农作物总计	**458541.4**	**4128.2**	**16150.5**	**7184.6**	**4924.1**	**29495.9**
一、粮食作物合计	**274502.5**	**2221.0**	**10472.0**	**5085.7**	**2910.0**	**20075.0**
夏粮	99990.7	692.0	4290.9	1660.2	962.0	4578.4
秋粮	174511.8	1529.0	6181.1	3425.5	1948.0	15496.6
(一)谷物	188449.5	1783.1	7449.8	4162.4	2341.4	12332.0
#稻谷	22581.0	275.1			107.2	1593.2
小麦	31784.5	271.2	1119.9	693.8	515.9	2286.5
玉米	98287.6	1118.2	4238.5	2970.6	1591.6	7332.0
其它谷物	35540.5	118.6	2091.4	498.0	126.7	1106.3
(二)豆类	43473.6	319.2	1664.3	677.3	429.1	1494.9
#蚕豆	17532.2	81.7	374.6	111.8	138.4	193.3
(三)薯类(折粮)	42579.3	118.7	1357.9	246.0	139.5	6248.1
#马铃薯	39026.5	118.7	1357.9	246.0	139.5	3754.3
二、油料合计	**8158.7**	**64.7**	**2.0**	**23.6**	**83.8**	**763.7**
#油菜籽	6785.2	47.3	2.0	19.4	69.8	353.8
三、甘蔗	**28.6**					**0.8**
四、麻类合计						
五、烟叶合计	**34233.5**	**142.0**	**1717.6**			**1.5**
#烤烟	34166.3	142.0	1717.6			
六、药材类合计	**9257.7**	**4.0**	**85.0**	**6.0**	**48.6**	**549.2**
七、蔬菜、瓜果类	**101114.8**	**1689.9**	**3225.3**	**1593.5**	**1717.7**	**4821.7**
#蔬菜(含菜用瓜)	100384.0	1633.4	3225.3	1593.5	1664.1	4657.0
瓜果类	731.0	56.5			53.6	164.7
八、其它作物	**31245.7**	**6.6**	**648.6**	**475.8**	**164.0**	**3284.1**
#鲜切花	7833.8		361.0	343.9	189.6	17.1
青饲料	5619.0		7.0			100.1

物播种面积

单位：公顷

呈贡区	晋宁区	富民县	宜良县	石林县	嵩明县	禄劝县	寻甸县	安宁市
7353.4	**27695.4**	**21241.6**	**59203.0**	**56729.1**	**36620.7**	**73104.6**	**95977.4**	**18732.9**
656.0	**8115.2**	**14784.0**	**35645.0**	**33881.0**	**19939.9**	**52490.0**	**61810.0**	**6417.7**
58.0	1439.2	6014.0	15018.0	13035.0	10436.8	20065.0	20605.0	1136.2
598.0	6676.0	8770.0	20627.0	20846.0	9503.1	32425.0	41205.0	5281.5
558.6	6507.1	9926.2	25107.0	25770.9	12974.2	38100.0	35944.9	5491.9
	267.2	1500.2	3506.0	3174.2	2403.9	3110.0	6427.0	217.0
	514.9	2084.3	5228.0	4171.1	2495.9	7944.1	4132.5	326.4
558.6	5586.5	5784.2	14972.0	13274.4	5896.3	19670.0	10787.4	4507.3
	138.4	541.5	1401.0	5151.2	2178.1	7150.0	14598.1	441.2
84.8	974.0	4045.0	8712.0	5146.1	5870.8	6050.0	7307.2	698.9
	472.8	817.9	3520.0	2482.1	4357.1	2347.8	2401.9	232.8
12.6	634.1	812.8	1826.0	2964.0	1094.9	8340.0	18557.8	226.9
11.8	624.2	588.1	1667.0	2909.2	1094.9	7879.9	18426.6	208.4
10.5	**486.1**	**409.0**	**364.0**	**415.6**	**8.2**	**1649.9**	**2901.5**	**976.1**
	355.3	327.5	156.0	309.0	3.8	1425.9	2768.2	947.2
						27.8		
	1074.1	**1327.3**	**4794.0**	**7247.0**	**1746.8**	**5723.5**	**9875.0**	**584.7**
	1074.1	1295.3	4775.0	7246.9	1736.8	5723.5	9870.4	584.7
	10.0	**232.2**	**70.0**	**1402.5**	**3.5**	**5051.2**	**1764.6**	**30.9**
6191.9	**15375.9**	**4039.1**	**14383.0**	**8707.7**	**14113.2**	**7350.4**	**8572.5**	**9333.0**
6191.9	15368.9	3999.4	14346.0	8634.8	14113.2	7310.3	8512.5	9133.7
	7.0	39.7	37.0	72.9		40.1	60.0	199.5
495.0	**2634.1**	**450.0**	**3947.0**	**5075.3**	**809.1**	**811.8**	**11053.8**	**1390.5**
286.7	2822.1	186.9	1026.0	405.9	936.9	71.2	255.4	931.1
		21.5	184.0	462.8	89.0	342.4	4411.1	1.1

9-8 分县(市)区

(2016年)

指　　标	全市	五华区	盘龙区	官渡区	西山区	东川区
农作物						
一、粮食作物合计	**1248425.1**	**11661.0**	**45359.0**	**25762.9**	**14426.0**	**81592.0**
夏粮	237728.8	2635.0	9653.3	2800.6	3814.0	5776.8
秋粮	1010696.3	9026.0	35705.7	22962.3	10612.0	75815.2
(一)谷物	969425.3	9863.2	33981.3	23262.9	12401.7	52879.7
#稻谷	176252.9	2166.1			460.8	12866.8
小麦	80142.7	888.8	1745.1	1215.0	2105.0	2350.6
玉米	632740.0	6347.0	28643.6	21298.0	9292.0	36017.2
其它谷物	79758.7	461.3	3592.6	749.9	543.9	1616.6
(二)豆类	87019.8	879.5	3113.4	1322.7	1420.8	1925.2
#蚕豆	38777.3	223.9	1053.6	249.3	525.5	193.3
(三)薯类(折粮)	191980.0	918.3	8264.3	1177.3	603.5	26787.1
#马铃薯	175324.0	918.3	8264.3	1177.3	603.5	14846.8
二、油料合计	**14574.3**	**91.0**	**2.4**	**36.6**	**209.1**	**1260.2**
#油菜籽	11873.5	74.6	2.4	23.0	189.1	513.6
三、甘蔗	**1195.6**					**9.6**
四、麻类合计						
五、烟叶合计	**71882.0**	**271.5**	**3480.1**			**1.2**
#烤烟	71446.3	271.5	3480.1			
六、药材类合计	**29400.2**		**3.5**	**13.6**	**208.8**	**3918.3**
七、蔬菜、瓜果类	**2838774.0**	**26893.8**	**89037.2**	**42750.5**	**55962.5**	**141963.2**
#蔬菜(含菜用瓜)	2814363.0	25874.8	89037.2	42750.5	54963.6	137272.5
瓜果类	24410.6	1019.0			998.9	4690.7
八、其它作物						
#鲜切花	507154.5		4619.9	19550.1	3920.9	159.5
青饲料						

农作物产量

单位：吨、万枝

呈贡区	晋宁区	富民县	宜良县	石林县	嵩明县	禄劝县	寻甸县	安宁市
3701.0	**40615.8**	**74991.9**	**178586.0**	**154115.0**	**92005.9**	**234715.0**	**246391.0**	**44502.6**
42.0	4224.7	17750.9	35021.0	32381.7	27425.9	43700.0	49162.7	3340.2
3659.0	36391.1	57241.0	143565.0	121733.3	64580.0	191015.0	197228.3	41162.4
3591.6	34013.0	61527.9	153777.0	135955.3	70413.3	186121.6	150574.5	41062.3
	1954.0	13226.3	33884.0	21043.0	18653.6	23745.8	46368.7	1883.8
	1313.9	8383.4	15227.0	15264.7	5098.3	18138.6	7559.9	852.4
3591.6	30420.3	38199.3	101065.0	90474.9	40020.2	124965.0	65392.4	37013.5
	324.8	1686.9	3601.0	9172.7	6641.2	18801.7	31253.5	1312.6
83.3	2773.3	9658.5	16307.0	7070.7	15038.4	10702.2	14709.6	2015.2
	1173.1	2329.7	7797.0	4205.6	11991.0	3767.3	4606.3	661.7
26.1	3829.5	3805.5	8502.0	11089.0	6554.2	37891.2	81106.9	1425.1
24.4	3794.2	2512.2	8028.0	10669.0	6554.2	36230.0	80441.7	1260.1
26.8	**1147.6**	**1080.1**	**649.5**	**585.1**	**14.5**	**2945.0**	**3984.1**	**2542.3**
	830.8	858.1	246.0	401.0	4.4	2479.8	3773.2	2477.5
						1186.0		
	2078.0	**2257.8**	**10060.0**	**15641.2**	**3375.6**	**13235.3**	**20232.6**	**1248.7**
	1901.7	2232.8	10017.0	15641.2	3355.6	13075.3	20222.4	1248.7
		5873.0	**82.0**	**2783.3**		**11552.2**	**4843.9**	**121.6**
170015.8	**450996.9**	**76449.1**	**432773.0**	**302840.0**	**422085.8**	**151300.4**	**167609.8**	**308096.2**
170015.8	450780.9	76174.3	431694.0	298950.0	422085.8	150952.9	165809.8	298001.5
	216.0	274.8	1079.0	3890.0		347.5	1800.0	10094.7
11482.6	305782.0	6466.4	51955.0	28188.9	41075.5	599.3	3695.5	29658.9

9-9 分县(市)区油、

（2016年）

指　　标	单位	全市	五华区	盘龙区	官渡区	西山区
一、油菜籽生产						
播种面积	公顷	6785.2	47.3	2.0	19.4	69.8
总产量	吨	11873.5	74.6	2.4	23.0	189.1
二、蔬菜生产						
播种面积	公顷	100384.0	1633.4	3225.3	1593.5	1664.1
总产量	吨	2814363.0	25874.8	89037.2	42750.5	54963.6
三、花卉生产						
鲜切花面积	公顷	7833.8		361.0	343.9	189.6
总产量	万枝	507154.5		4619.9	19550.1	3920.9
四、茶叶生产						
播种面积	公顷	325.2				
总产量	吨	63.6				
五、水果生产						
播种面积	公顷	25897.5	983.3	863.5	995.4	1042.7
#苹果园	公顷	2085.3	52.5	258.5	96.7	426.8
柑桔园	公顷	456.5				
梨园	公顷	6276.3	474.5	398.6	162.4	399.8
葡萄园	公顷	1946.0		1.2	163.7	2.8
水果产量	吨	207125.8	3249.9	2466.8	4150.5	10846.0
#苹果	吨	17167.1	239.8	469.3	255.0	5327.4
柑桔	吨	3166.7				
梨	吨	63690.7	1727.1	866.8	804.0	3417.1
葡萄	吨	25827.8		2.7	1188.0	84.0

菜、茶、果生产情况

东川区	呈贡区	晋宁区	富民县	宜良县	石林县	嵩明县	禄劝县	寻甸县	安宁市
353.8		355.3	327.5	156.0	309.0	3.8	1425.9	2768.2	947.2
513.6		830.8	858.1	246.0	401.0	4.4	2479.8	3773.2	2477.5
4657.0	6191.9	15368.9	3999.4	14346.0	8634.8	14113.2	7310.3	8512.5	9133.7
137272.5	170015.8	450780.9	76174.3	431694.0	298950.0	422085.8	150952.9	165809.8	298001.5
17.1	286.7	2822.1	186.9	1026.0	405.9	936.9	71.2	255.4	931.1
159.5	11482.6	305782.0	6466.4	51955.0	28188.9	41075.5	599.3	3695.5	29658.9
				121.0	117.0			6.0	81.2
				25.9	11.0		0.5		26.2
1825.1	673.0	871.6	6488.7	2016.0	4129.0	1538.8	1283.3	638.3	2548.8
60.8		28.2	364.5	27.0	230.2	79.6	132.0	227.4	101.1
41.0			191.9	86.0	3.1	1.8	132.2		0.5
110.9	396.1	352.9	551.7	408.0	1093.6	91.8	248.4	171.8	1415.8
378.8	67.3	51.9	322.3	229.0	348.2	54.0		18.7	308.1
7512.5	8053.5	4099.4	31944.2	10127.0	61797.3	15185.7	10476.2	4342.9	32873.9
283.9		51.4	5301.4	101.0	1588.8	931.8	1170.2	1112.5	334.6
372.2			1526.7	801.0	62.0		398.4	0.4	6.0
665.8	6113.4	1393.6	1852.3	2541.0	16527.1	755.6	3816.1	1301.3	21909.5
1685.3	1093.7	608.7	7154.4	2298.0	5172.8	132.4	1.0	501.7	5905.1

9-10 分县(市)区畜牧

（2016年）

指　　标	单位	全市	五华区	盘龙区	官渡区	西山区	东川区
一、生猪饲养							
年末存栏头数	头	2768877	77263	26578	72857	78858	288547
年内出栏头数	头	4659167	129959	41251	162577	110620	436508
二、牛							
年末存栏头数	头	624790	5371	5333	4096	4088	64552
年内出栏头数	头	331879	1228	2575	776	1756	16147
三、羊							
年末存栏只数	只	1564880	15486	21264	14052	37765	239780
年内出栏只数	只	961791	5134	6410	4578	13002	117498
四、马							
年末存栏头数	头	68739	438	815	1182	269	2490
年内出栏头数	头	2517				23	
五、骡							
年末存栏头数	头	58533	619	93	45	81	7829
年内出栏头数	头	1062				5	
六、驴							
年末存栏头数	头	21402	211	127		191	5393
年内出栏头数	头	718	53				
七、家禽							
年末家禽存栏	只	28155793	324360	245167	1470310	207500	1082092
年内家禽出栏	只	68557164	133356	114808	493511	499621	2239237

业、渔业生产情况

呈贡区	晋宁区	富民县	宜良县	石林县	嵩明县	禄劝县	寻甸县	安宁市
4815	110643	169724	303905	181646	153706	493351	547472	259512
4877	258620	214731	654061	263120	302468	797427	795049	487899
1112	21959	21474	52076	42443	24973	156554	210288	10471
185	6498	6682	20099	17563	18130	100611	131751	7878
5643	39021	68585	130503	185377	30357	430503	303025	43519
981	21005	24416	69875	105879	25045	305464	221201	41303
6	499	2772	5666	3870	9812	7311	33119	490
		379	151	1456	248	7	242	11
	51	4268	7881	3573	1503	16974	15548	68
		230	133	306	47	270	71	
6	205	4233	2153	43	63	8384	311	82
		374	221		1	60	2	7
188574	2550360	968354	5070096	6725935	913072	1169510	2377249	4863214
274686	3519356	1054279	22190475	20053068	1414408	2396073	2437690	11736596

9-10 续表

（2016年）

指　　标	单位	全市	五华区	盘龙区	官渡区	西山区
八、产量						
(一)肉类总产量	吨	521280.7	10452.6	4032.2	18080.6	10739.7
其中：1.猪肉	吨	369448.0	10022.0	3389.0	17075.0	9239.0
2.牛肉	吨	34180.1	108.7	294.2	103.6	243.9
3.羊肉	吨	17694.0	112.0	165.0	106.0	322.0
4.禽肉	吨	99125.0	206.0	184.0	796.0	888.0
(二)禽蛋产量	吨	95896.3	2936.6	1449.8	14340.4	364.6
(三)奶类产量	吨	121325.2	163.0			116.0
#牛奶	吨	105375.5	163.0			116.0
九、渔业生产						
(一)淡水养殖面积	公顷	6574.0	13.6	41.3		47.3
(二)淡水产品产量总计	吨	41521.0	105.0	250.0	1290.0	1250.0
1.鱼类	吨	41132.0	102.0	250.0	1200.0	1150.0
2.虾蟹类	吨	389.0	3.0		90.0	100.0
3.贝类	吨					

东川区	呈贡区	晋宁区	富民县	宜良县	石林县	嵩明县	禄劝县	寻甸县	安宁市
44076.1	817.6	27283.1	23184.4	83826.2	49879.5	29492.3	75364.4	88975.9	55076.1
36893.0	318.0	19361.0	19317.0	47999.0	19610.0	24026.0	57264.0	69579.0	35356.0
1553.1	23.3	875.7	719.5	3101.8	2075.9	2158.9	9064.9	12892.6	964.0
1794.0	23.0	463.0	776.0	1544.0	2261.0	563.0	5406.0	3036.0	1123.0
3836.0	438.0	6582.0	2251.0	31076.2	25719.8	2694.0	3398.0	3440.0	17616.0
2321.6	2155.2	18903.1	6745.1	7215.6	4092.6	4058.9	1890.8	8554.2	20867.8
40.0	1081.8	31133.8	74.1	45219.6	24434.4	17618.0		1012.0	432.5
40.0	961.8	31133.8	41.7	44651.0	9289.7	17534.0		1012.0	432.5
122.5	129.4	118.8	120.7	2133.3	637.8	478.1	649.1	1469.8	585.3
1411.0	1051.0	3206.0	700.0	14860.0	2015.0	1794.0	1105.0	10551.0	1933.0
1411.0	1051.0	3050.0	700.0	14820.0	2015.0	1794.0	1105.0	10551.0	1933.0
		156.0		40.0					

9-11 分县(市)区林

（2016年）

指　　标	单位	全市	五华区	盘龙区	官渡区	西山区
一、林产品产量						
1.生漆	吨					
2.油桐籽	吨	7.0				
3.油茶籽	吨	4.0				
4.乌桕籽	吨					
5.棕片	吨	60.7		0.4		10.5
6.松脂	吨	19.0				
7.竹笋干	吨	0.6				0.3
8.核桃	吨	7163.6	148.8	49.1	110.6	76.9
9.板栗	吨	23872.7	215.0	676.8	201.0	20.5
二、全社会竹木采伐量						
1.木材	m3	122907.0	83.0	8459.0	2827.0	264.0
2.竹材	万根	3986.4		15.0	1.8	65.6

业生产情况

东川区	呈贡区	晋宁区	富民县	宜良县	石林县	嵩明县	禄劝县	寻甸县	安宁市
							7.0		
									4.0
			1.0				46.4	0.3	2.1
				19.0					
						0.3			
865.2	1.0	167.5	1212.6	511.6	483.2	53.9	2277.6	1018.3	187.3
74.8	8.6	226.9	3325.9	5682.8	2221.2	186.3	6633.5	3955.0	444.4
4950.0	801.0	9393.0	8872.0	20254.0	5861.0	3339.0	22308.0	10910.0	24586.0
		5.6	346.1	2007.0	49.0	774.7	191.6	510.5	19.5

主要统计指标解释

农林牧渔业总产值　指以货币表现的农林牧渔业全部产品总量和对农林牧渔业生产活动进行的各种支持性服务活动的价值。它用价值量形式综合反映一定时期内农林牧渔业生产的总成果和总规模。

农、林、牧、渔业总产值的核算范围是：

(1)农业产值：包括种植业和其他农业。种植业包括谷物、豆类、油料、棉花、麻类、糖料、烟叶、药材、薯类、蔬菜、瓜类、花卉、盆景、园艺、饲料作物等种植业，茶、桑、果、中草药种植业。

其他农业包括野生植物的果实、纤维、油料和野生药材、菌类、柴草等的采集。

(2)林业产值：包括人工植树造林、森林抚育、迹地更新，村及村以下竹、木材采伐。油桐籽、油茶籽等林产品的采集。

(3)牧业产值：包括猪、牛、羊等的饲养和放牧业，鸡、鸭、鹅等的家畜养殖业以及兔、蚕、蜂多种小动物饲养，野生动物的狩猎、诱捕、猎物饲养，野生动物产品的采集。

(4)渔业产值：包括利用海水进行鱼、虾、贝、藻类等水生动、植物的养殖和对海洋水生动、植物的捕捞；还包括在内陆水域进行鱼、虾、蟹、贝类、珍珠等水生动物的养殖和捕捞。

(5)农林牧渔服务业产值：农林牧渔服务业现价产值等于农林牧渔服务业营业收入。

农业林牧渔业总产值的计算方法，一般采用“产品法”进行计算，即凡是有产品产量的，都按产品产量乘以其产品单价求得每一种农产品的产值。

粮食产量　指全社会的产量。粮食包括稻谷、小麦、玉米、高粱、谷子、薯类和豆类。其产量计算方法，豆类按去豆荚后的干豆计算，薯类按5公斤鲜薯折1公斤粮食计算，其他粮食一律按脱粒后的原粮计算。

猪、牛、羊肉产量　指当年出栏并已屠宰的猪、牛、羊的肉产量。即屠宰后除去头蹄下水后带骨的(即胴体重)重量。

水产品产量　指本年度内捕捞的水产品产量(包括人工养殖和天然生长)。它可分为海水产品和淡水产品两大类。海水产品包括海水的鱼类、虾蟹类、贝类和藻类；淡水产品包括淡水的鱼类、虾蟹类和贝类，不包括淡水水生植物。

农用化肥施用量　指在本年度内实际用于农业生产的化肥数量。包括氮肥、磷肥、钾肥及复合肥。施用量按标准量及折纯量两种方法计算。按折纯量计算化肥数量，即把氮肥、磷肥、钾肥分别按含氮、含五氧化二磷、含氧化钾百分之百计算。

农村用电量　指本年度内扣除在农村中的全民所有制工业、交通、基建单位的用电量以后的农村生产上和生活上的全年用电总度数(全年累计数)，包括国家电网的供电量，也包括农村自办电站的供电量。

十、工业和能源

GONGYEHENENGYUAN

10-1 年主营业务收入2000万元及以上独立核算工业企业工业增加值

（2016年）　　　　单位：万元

指　　标	工业增加值(现价)	增速(%)(可比价)
合　计	**9862985**	**4.5**
一、按登记注册类型分		
国有企业	978276	9.9
集体企业	23480	73.5
股份合作企业	886	-22.5
股份制企业	8140355	4.3
外商及港澳台商投资企业	683302	-0.5
其他经济类型企业	36687	1.4
二、在总计中：国有控股企业	**7251355**	**1.9**
在总计中：大中型工业企业	7170564	2.2
其中：国有企业	948380	8.1
三、按轻重工业分		
轻工业	4845468	3.5
重工业	5017518	5.5
四、按国民经济工业行业分		
采矿业	**546194**	**7.3**
煤炭开采和洗选业	58208	-2.1
黑色金属矿采选业	29996	130.8
有色金属矿采选业	85499	48.8

10-1 续表 1

（2016年） 单位：万元

指　　标	工业增加值(现价)	增速(%)(可比价)
非金属矿采选业	372491	-1.7
制造业	**8089327**	**3.5**
农副食品加工业	311317	36.0
食品制造业	172111	44.0
酒、饮料和精制茶制造业	144308	4.5
烟草制品业	2982538	-4.2
纺织业	3198	9.7
纺织服装、服饰业	8102	19.2
皮革、毛皮、羽毛及其制品和制鞋业	1531	-46.2
木材加工和木、竹、藤、棕、草制品业	17840	45.5
家具制造业	1832	32.4
造纸和纸制品业	45307	30.8
印刷和记录媒介复制业	109122	-5.0
文教、工美、体育和娱乐用品制造业	7032	-0.8
石油加工、炼焦和核燃料加工业	18837	-16.8
化学原料和化学制品制造业	820340	1.0
医药制造业	590315	18.6
化学纤维制造业	54927	-1.1
橡胶和塑料制品业	97926	-5.0

10-1 续表 2

（2016年） 单位：万元

指　　标	工业增加值(现价)	增速(%)(可比价)
非金属矿物制品业	321090	8.9
黑色金属冶炼和压延加工业	138345	0.0
有色金属冶炼和压延加工业	1519056	3.6
金属制品业	149242	35.9
通用设备制造业	99544	-19.6
专用设备制造业	84484	12.1
汽车制造业	103953	55.7
铁路、船舶、航空航天和其他运输设备制造业	119421	10.7
电气机械和器材制造业	131846	1.5
计算机、通信和其他电子设备制造业	12841	0.7
仪器仪表制造业	11070	3.2
其他制造业	972	-7.8
废弃资源综合利用业	10339	73.0
金属制品、机械和设备修理业	543	25.8
电力、热力、燃气及水生产和供应业	**1227465**	**10.1**
电力、热力生产和供应业	940014	14.7
燃气生产和供应业	185332	-5.4
水的生产和供应业	102118	2.0

10-2 年主营业务收入2000万元及

（2016年）

指　　标	企业单位数(个)	亏损企业	工业总产值(当年价格)	工业销售产值(当年价格)	出口交货值
总　计	**1006**	**223**	**29027776**	**28070017**	**622789**
一、按登记注册类型分组:					
内资企业	**922**	**203**	**26610225**	**25738391**	**575986**
国有企业	25	5	2338255	2352665	3653
中央企业	7	2	2110176	2130868	1
地方企业	18	3	228079	221797	3652
集体企业	11	3	68561	65863	
股份合作企业	2	1	3509	3504	6
有限责任公司	367	97	11532417	11016525	143614
国有独资公司	35	10	2411044	2180357	25849
其他有限责任公司	332	87	9121374	8836168	117765
股份有限公司	61	13	7216574	6988301	68175
私营企业	456	84	5450909	5311533	360537
私营独资企业	14	2	105902	104040	
私营合伙企业	2		9041	9459	
私营有限责任公司	410	81	4936226	4825227	359313
私营股份有限公司	30	1	399740	372807	1224
港、澳、台商投资企业	**40**	**7**	**1061541**	**1028753**	**20130**
合资经营企业(港或澳、台资)	20	5	645059	636405	
合作经营企业(港或澳、台资)	2		18849	17698	2541
港澳台商独资经营企业	15	1	193578	184504	11380
港澳台商投资股份有限公司	2	1	161536	157829	6209
其他港澳台商投资企业	1		42519	32319	
外商投资企业	**44**	**13**	**1356010**	**1302873**	**26674**
中外合资经营企业	22	4	735899	688721	21274
中外合作经营企业	3	2	299983	298149	
外资企业	18	7	309762	304918	5011
其他外商投资企业	1		10366	11086	390
二、按经济组织类型分组					
独资企业	**83**	**18**	**3016058**	**3011991**	**20043**
国有企业	25	5	2338255	2352665	3653
集体企业	11	3	68561	65863	
私营独资企业	14	2	105902	104040	
港澳台商独资经营企业	15	1	193578	184504	11380
外资企业	18	7	309762	304918	5011
合作、合伙企业	**11**	**3**	**384267**	**372214**	**2937**
股份合作企业	2	1	3509	3504	6
私营合伙企业	2		9041	9459	
合作经营企业(港或澳、台资)	2		18849	17698	2541
中外合作经营企业	3	2	299983	298149	
其他港澳台商投资企业	1		42519	32319	
其他外商投资企业	1		10366	11086	390

以上独立核算工业企业主要经济指标

单位：万元、万人

年初存货	产成品	资产总计	流动资产合计	应收账款	存货	产成品
5903475	**1442035**	**51531102**	**24175551**	**4364834**	**6465116**	**1740399**
5515008	**1299209**	**47766626**	**22416757**	**3893968**	**6055018**	**1605834**
209749	155114	3702583	1371853	143537	262056	198088
173794	142065	3153908	1058208	77902	215337	186229
35955	13049	548675	313645	65635	46719	11858
6208	2683	65710	47123	9605	5443	2173
609	544	10551	3685	868	607	434
3260961	678537	25603863	11136721	2207843	3641417	729243
270412	94511	7448523	2188620	445022	228320	73010
2990549	584026	18155341	8948101	1762821	3413096	656232
1488256	250478	13945371	7138398	723166	1530460	397474
549224	211852	4438548	2718976	808949	615035	278422
11096	3913	83726	68315	9967	10995	4101
108	31	4834	4486	4004	47	20
486815	191197	3919168	2404908	724160	550303	250277
51206	16712	430821	241267	70819	53691	24024
207019	**76964**	**1849920**	**909420**	**213910**	**205959**	**66884**
54674	19706	1080197	467936	77899	66093	23383
11873	8895	54168	44840	7253	11261	7741
50646	14457	341288	158888	39484	47103	12484
81607	27414	350005	215884	83117	75909	19249
8219	6491	24263	21873	6157	5592	4026
181448	**65863**	**1914555**	**849375**	**256956**	**204139**	**67681**
112554	45155	1172983	576012	218941	139899	47676
22323	4213	215768	59134	5207	23692	4027
43189	14185	515236	207856	31618	38038	14256
3383	2309	10568	6372	1191	2510	1722
320887	**190352**	**4708542**	**1854035**	**234211**	**363635**	**231103**
209749	155114	3702583	1371853	143537	262056	198088
6208	2683	65710	47123	9605	5443	2173
11096	3913	83726	68315	9967	10995	4101
50646	14457	341288	158888	39484	47103	12484
43189	14185	515236	207856	31618	38038	14256
46515	**22483**	**320152**	**140390**	**24679**	**43710**	**17970**
609	544	10551	3685	868	607	434
108	31	4834	4486	4004	47	20
11873	8895	54168	44840	7253	11261	7741
22323	4213	215768	59134	5207	23692	4027
8219	6491	24263	21873	6157	5592	4026
3383	2309	10568	6372	1191	2510	1722

10-2 续表 1

（2016年）

指　　标	企业单位数(个)	亏损企业	工业总产值(当年价格)	工业销售产值(当年价格)	出口交货值
股份有限公司	**93**	**15**	**7777850**	**7518936**	**75608**
股份有限公司(内资)	61	13	7216574	6988301	68175
私营股份有限公司	30	1	399740	372807	1224
港澳台商投资股份有限公司	2	1	161536	157829	6209
有限责任公司	**819**	**187**	**17849601**	**17166877**	**524201**
国有独资公司	35	10	2411044	2180357	25849
私营有限责任公司	410	81	4936226	4825227	359313
合资经营企业(港或澳、台资)	20	5	645059	636405	
中外合资经营企业	22	4	735899	688721	21274
其他有限责任公司	332	87	9121374	8836168	117765
三、在总计中					
亏损企业	223	223	6272003	5876071	57541
国有控股企业	182	47	17715976	17125328	118798
农村工业	4	1	19377	17370	
按轻重工业：轻工业	380	63	10061408	9923569	403079
重工业	626	160	18966368	18146448	219710
按企业规模：大型企业	31	6	13114735	12614413	124940
中型企业	107	31	6119824	6025090	160281
小型企业	823	177	9522486	9167716	336723
微型企业	45	9	270731	262799	845
四、按国民经济工业行业分(GB/T4754-2011)					
采矿业	**46**	**23**	**1306587**	**1156022**	
煤炭开采和洗选业	6	1	67421	66982	
黑色金属矿采选业	3	2	305967	304476	
有色金属矿采选业	13	10	127370	124238	
非金属矿采选业	24	10	805830	660325	
制造业	**907**	**187**	**24984565**	**24194210**	**622789**
农副食品加工业	133	22	1842490	1765297	272760
食品制造业	36	3	678293	672347	22338
酒、饮料和精制茶制造业	29	7	443755	425155	10455
烟草制品业	5		3883629	3909981	18304
纺织业	3	1	21586	20787	
纺织服装、服饰业	4	1	21842	22744	
皮革、毛皮、羽毛及其制品和制鞋业	1		2877	2830	
木材加工和木、竹、藤、棕、草制品业	10		57476	57082	135
家具制造业	3		7514	7760	
造纸和纸制品业	20	5	142598	139146	
印刷和记录媒介复制业	35	7	330244	328283	
文教、工美、体育和娱乐用品制造业	8		36727	34287	
石油加工、炼焦和核燃料加工业	6		199933	181364	
化学原料和化学制品制造业	109	44	3686489	3360574	122001
医药制造业	47	7	1677621	1640356	22760
化学纤维制造业	2		136699	136695	
橡胶和塑料制品业	54	12	631991	614590	

单位：万元、万人

年初存货	产成品	资产总计	流动资产合计	应收账款	存货	产成品
1621069	**294604**	**14726198**	**7595549**	**877102**	**1660060**	**440748**
1488256	250478	13945371	7138398	723166	1530460	397474
51206	16712	430821	241267	70819	53691	24024
81607	27414	350005	215884	83117	75909	19249
3915004	**934595**	**31776211**	**14585578**	**3228843**	**4397710**	**1050578**
270412	94511	7448523	2188620	445022	228320	73010
486815	191197	3919168	2404908	724160	550303	250277
54674	19706	1080197	467936	77899	66093	23383
112554	45155	1172983	576012	218941	139899	47676
2990549	584026	18155341	8948101	1762821	3413096	656232
1331721	368159	15091851	5865926	1006611	1393675	438084
4489734	896725	38765874	16813043	2575884	4914410	1098654
1975	412	6815	5032	1049	2285	965
2938994	593876	15369807	8796618	1533304	3335305	665778
2964481	848159	36161295	15378933	2831530	3129812	1074621
3756296	491285	27810692	12696514	1795752	4066335	584327
861070	400530	10101378	5565045	993676	1026096	490757
1265915	543564	12943386	5743180	1523379	1349617	655973
20194	6656	675647	170813	52027	23068	9342
324232	**102093**	**4452471**	**2040541**	**401998**	**416681**	**153194**
2515	310	178505	119516	26242	4537	417
13367	2786	1486875	763398	117872	10217	2092
5739	1575	256290	61452	7410	6597	1992
302610	97422	2530801	1096174	250474	395330	148694
5527553	**1339184**	**35560580**	**20320945**	**3796276**	**6004075**	**1586439**
114248	38036	1077963	575213	196573	142937	54379
80464	38490	573718	307338	41591	85878	45444
77512	17788	631642	241210	55652	72846	22899
2120453	342512	6479975	3866259	419796	2446862	347264
3538	3170	18435	8000	3700	2831	2482
9453	7358	119098	94798	5177	12178	7157
774	134	2503	2009	354	815	496
11105	4386	67453	31439	4606	13208	8381
1325	670	8291	5226	1369	3015	1195
11160	2664	137168	81748	22163	19722	7536
51303	21746	470249	273642	75294	50936	24229
7693	4431	63572	25003	4874	7546	5085
8017	1335	296170	252231	39908	14277	1551
539513	228940	5165930	2885425	656348	547449	222671
378404	78740	3879665	2472300	297097	393113	103682
12907	2408	101291	82988	1333	13773	2746
57667	36706	427846	250723	90077	67557	38631

10-2 续表 2

（2016年）

指　　标	企业单位数(个)	亏损企业	工业总产值(当年价格)	工业销售产值(当年价格)	出口交货值
非金属矿物制品业	110	16	1307594	1290314	1885
黑色金属冶炼和压延加工业	14	3	1418286	1408316	6451
有色金属冶炼和压延加工业	43	10	4515940	4456691	18965
金属制品业	67	13	808381	791116	13358
通用设备制造业	25	5	161118	149191	1779
专用设备制造业	33	9	390365	385436	44541
汽车制造业	14	4	761419	555919	3527
铁路、船舶、航空航天和其他运输设备制造业	5		443113	485609	
电气机械和器材制造业	58	11	901337	885794	15169
计算机、通信和其他电子设备制造业	5		66290	68789	5961
仪器仪表制造业	20	4	358467	347538	39355
其他制造业	3		10365	10317	3047
废弃资源综合利用业	5	3	40126	39902	
电力、热力、燃气及水生产和供应业	**53**	**13**	**2736623**	**2719786**	
电力、热力生产和供应业	39	11	2258903	2242066	
燃气生产和供应业	7	1	283082	283082	
水的生产和供应业	7	1	194638	194638	
五、按隶属关系分组					
中央属企业	50	11	10465250	10384861	35971
省属企业	93	26	5624022	5378214	72952
市(直)属企业	53	14	1342727	1324250	28001
县属企业	67	17	893884	747249	8353
街道企业	30	10	483460	485000	
镇属企业	4		121242	118324	
乡办企业	1		3860	3627	
居委会	2	1	89311	86139	
村委会	3	1	15516	13743	
其他企业	703	143	9988504	9528611	477512
六、按企业所在地分组					
五华区	84	9	7228063	7158129	97834
盘龙区	32	7	1013135	1010428	8034
官渡区	133	29	5177332	4985036	25706
西山区	60	18	1404184	1343679	34388
东川区	34	16	806268	797395	
呈贡区	117	23	3686482	3614485	133463
晋宁区	102	31	1394810	1221133	167977
富民县	47	10	539059	526509	15212
宜良县	85	17	1176023	1139765	4540
石林县	42	4	358486	350241	619
嵩明县	85	10	1384762	1351687	40752
禄劝县	27	6	251666	239876	6540
寻甸县	40	12	619076	585977	4806
安宁市	118	31	3988427	3745680	82919

单位：万元、万人

年初存货		资产总计				
	产成品		流动资产合计			
				应收账款	存货	
						产成品
116850	59616	1810825	955961	314026	167827	88223
332952	47012	2867175	1171877	131811	406238	103018
695705	88952	5697687	3072963	227962	711522	151631
149329	56825	890742	594158	231612	135922	60161
112709	39961	476316	334073	110065	103307	31380
125088	39404	675072	471651	152040	131419	61960
104386	37080	1159420	796280	125320	169261	63472
102862	12821	696629	218673	105756	15049	14122
195467	93180	1001443	724842	242908	168478	84964
31535	6721	291876	171964	44838	29320	5947
69791	26387	428263	323596	177482	65661	24774
2898		10112	8138	3137	3127	
2446	1712	34054	21217	13406	2002	960
51690	**758**	**11518051**	**1814065**	**166560**	**44360**	**766**
19528		6506112	908245	121254	12406	
29200	758	3564744	626389	24516	28838	766
2962		1447195	279431	20791	3116	
3007340	377432	20390031	7291428	891366	3288489	439977
1256721	403287	15508076	8329144	1244206	1361480	468824
228163	80792	3198376	1384030	303352	192399	68848
142425	91025	1484298	1015920	131016	203486	140342
38989	15622	417701	189195	53294	37295	16216
18794	8910	107291	59822	6527	24412	11957
218		1060	430	41	313	10
3043	1196	87162	51664	1590	3797	957
1757	412	5755	4601	1008	1972	954
1206025	463359	10331352	5849317	1732435	1351473	592315
2643637	307443	12399089	6184595	887516	2918173	275053
236618	70159	2748556	1570350	244229	255094	82293
656476	290176	10561253	3972631	1009143	686175	400464
254007	117332	2627339	1257418	290914	273865	103689
72654	20744	654812	265876	45082	72539	24758
614295	211996	6549046	3891168	613374	623729	260103
413458	146187	2272352	1001510	181338	474468	199519
54125	18041	679691	283625	57651	60061	25988
70784	25159	1020894	360777	91692	88569	29267
29530	10950	726760	197057	36086	37234	16905
163779	61887	1058266	621665	219027	166509	78759
16933	4783	1112402	388890	37566	25831	12277
81447	23624	1434389	712584	64232	97589	30636
595731	133554	7686253	3467407	586984	685281	200689

10-2 续表 3

（2016年）

指　　标	资产总计			
	固定资产合计	固定资产原价	累计折旧	本年折旧
总　计	**15876747**	**23255448**	**8507561**	**1105304**
一、按登记注册类型分组:				
内资企业	**14489076**	**20939045**	**7477216**	**983527**
国有企业	1562662	2896518	1401708	132633
中央企业	1447838	2720193	1329642	123537
地方企业	114824	176325	72067	9096
集体企业	12675	31241	18249	1376
股份合作企业	2404	5254	2850	168
有限责任公司	8489523	12043126	3881580	558299
国有独资公司	3406211	4317890	1041431	174400
其他有限责任公司	5083312	7725236	2840149	383899
股份有限公司	3233563	4403546	1661474	193478
私营企业	1188249	1559361	511354	97573
私营独资企业	7287	14652	6712	998
私营合伙企业	310	660	350	36
私营有限责任公司	1058844	1400546	469044	88923
私营股份有限公司	121808	143503	35248	7616
港、澳、台商投资企业	**744308**	**1133936**	**447862**	**46278**
合资经营企业(港或澳、台资)	516722	801825	330917	29460
合作经营企业(港或澳、台资)	3399	7429	4050	392
港澳台商独资经营企业	138852	195496	69042	9987
港澳台商投资股份有限公司	84396	127878	43482	6239
其他港澳台商投资企业	938	1309	371	201
外商投资企业	**643364**	**1182467**	**582483**	**75498**
中外合资经营企业	297887	601043	344451	34420
中外合作经营企业	88732	139791	54123	20071
外资企业	252951	432741	178813	20518
其他外商投资企业	3794	8891	5097	490
二、按经济组织类型分组				
独资企业	**1974426**	**3570647**	**1674524**	**165512**
国有企业	1562662	2896518	1401708	132633
集体企业	12675	31241	18249	1376
私营独资企业	7287	14652	6712	998
港澳台商独资经营企业	138852	195496	69042	9987
外资企业	252951	432741	178813	20518
合作、合伙企业	**99577**	**163335**	**66842**	**21357**
股份合作企业	2404	5254	2850	168
私营合伙企业	310	660	350	36
合作经营企业(港或澳、台资)	3399	7429	4050	392
中外合作经营企业	88732	139791	54123	20071
其他港澳台商投资企业	938	1309	371	201
其他外商投资企业	3794	8891	5097	490

单位：万元、万人

负债合计	流动负债合计	应付账款	非流动负债合计	所有者权益合计	实收资本	国家资本	集体资本
28988460	**22101419**	**5821264**	**6879623**	**22536513**	**11962468**	**3487427**	**411274**
26943315	**20377519**	**5261986**	**6558379**	**20817182**	**10716671**	**3318820**	**403035**
3128468	1637493	301963	1490975	574115	148701	144948	
2839806	1386857	244383	1452949	314102	65759	62006	
288662	250636	57580	38026	260013	82942	82942	
30667	24216	10099	6451	35043	14870	155	5047
6800	6072	2700	728	3752	2224		1237
12881791	9519214	2999146	3355159	12715944	7617839	2632452	91450
3353579	2486286	486049	867293	4094943	4244738	1159535	850
9528211	7032927	2513097	2487866	8621001	3373101	1472917	90600
8336529	6809914	1292818	1526615	5608843	2038000	539877	293113
2559061	2380611	655260	178450	1879487	895038	1389	12187
43247	40759	13129	2488	40479	5720		
2816	2774	549	42	2018	350		
2329152	2170104	613070	159048	1590015	788362	178	11687
183846	166974	28512	16872	246975	100606	1211	500
942981	**831454**	**211270**	**111527**	**906940**	**625188**	**158686**	**7654**
525044	499352	125323	25693	555153	424127	139488	1651
24339	23651	12119	688	29829	6730		
185728	144019	32620	41709	155560	99223		1003
193799	150864	38227	42935	156206	90108	19199	
14071	13568	2981	502	10193	5000		5000
1102164	**892447**	**348008**	**209717**	**812391**	**620609**	**9920**	**586**
667898	551509	241040	116389	505084	406660	9920	586
153396	150148	33872	3247	62372	46740		
278973	188892	71784	90081	236263	143311		
1897	1897	1313		8671	23899		
3667083	**2035379**	**429595**	**1631704**	**1041459**	**411825**	**145103**	**6050**
3128468	1637493	301963	1490975	574115	148701	144948	
30667	24216	10099	6451	35043	14870	155	5047
43247	40759	13129	2488	40479	5720		
185728	144019	32620	41709	155560	99223		1003
278973	188892	71784	90081	236263	143311		
203317	**198110**	**53533**	**5207**	**116834**	**84943**		**6237**
6800	6072	2700	728	3752	2224		1237
2816	2774	549	42	2018	350		
24339	23651	12119	688	29829	6730		
153396	150148	33872	3247	62372	46740		
14071	13568	2981	502	10193	5000		5000
1897	1897	1313		8671	23899		

10-2 续表 4

（2016年）

指 标	资产总计 固定资产合计	固定资产原价	累计折旧	本年折旧
股份有限公司	**3439767**	**4674927**	**1740204**	**207333**
股份有限公司(内资)	3233563	4403546	1661474	193478
私营股份有限公司	121808	143503	35248	7616
港澳台商投资股份有限公司	84396	127878	43482	6239
有限责任公司	**10362977**	**14846539**	**5025991**	**711102**
国有独资公司	3406211	4317890	1041431	174400
私营有限责任公司	1058844	1400546	469044	88923
合资经营企业(港或澳、台资)	516722	801825	330917	29460
中外合资经营企业	297887	601043	344451	34420
其他有限责任公司	5083312	7725236	2840149	383899
三、在总计中				
亏损企业	6647937	8923869	3010552	418933
国有控股企业	12553378	18103540	6462204	786498
农村工业	1180	5281	4332	290
按轻重工业：轻工业	3267844	4905666	1972159	235145
重工业	12608903	18349782	6535402	870158
按企业规模：大型企业	7710318	11593932	4525838	503507
中型企业	2601657	4398647	1917995	265331
小型企业	5155448	6810071	2013890	323397
微型企业	409324	452799	49837	13069
四、按国民经济工业行业分(GB/T4754-2011)				
采矿业	**676832**	**1198688**	**591730**	**62539**
煤炭开采和洗选业	27658	71260	44981	3843
黑色金属矿采选业	83365	191531	108175	7975
有色金属矿采选业	119047	193409	96121	11603
非金属矿采选业	446761	742486	342452	39118
制造业	**7743459**	**12068947**	**5129328**	**646011**
农副食品加工业	316906	393302	108695	20642
食品制造业	200961	270495	107969	20330
酒、饮料和精制茶制造业	317119	463773	148034	27655
烟草制品业	653413	1392075	836657	59882
纺织业	8032	8637	653	308
纺织服装、服饰业	20098	21344	7373	1131
皮革、毛皮、羽毛及其制品和制鞋业	371	371		
木材加工和木、竹、藤、棕、草制品业	28200	37671	7175	2942
家具制造业	1876	3418	1542	162
造纸和纸制品业	44692	60341	25092	3942
印刷和记录媒介复制业	128794	275951	146033	15833
文教、工美、体育和娱乐用品制造业	34510	41447	8833	1469
石油加工、炼焦和核燃料加工业	40293	64934	30853	2665
化学原料和化学制品制造业	1525262	2849669	1342114	196393
医药制造业	620902	797369	240031	41795
化学纤维制造业	16507	67452	50945	1946
橡胶和塑料制品业	104258	152123	60243	10759

单位：万元、万人

负债合计	流动负债合计	应付账款	非流动负债合计	所有者权益合计	实收资本	国家资本	集体资本
8714174	**7127752**	**1359557**	**1586423**	**6012024**	**2228714**	**560287**	**293613**
8336529	6809914	1292818	1526615	5608843	2038000	539877	293113
183846	166974	28512	16872	246975	100606	1211	500
193799	150864	38227	42935	156206	90108	19199	
16403886	**12740179**	**3978579**	**3656290**	**15366196**	**9236987**	**2782037**	**105374**
3353579	2486286	486049	867293	4094943	4244738	1159535	850
2329152	2170104	613070	159048	1590015	788362	178	11687
525044	499352	125323	25693	555153	424127	139488	1651
667898	551509	241040	116389	505084	406660	9920	586
9528211	7032927	2513097	2487866	8621001	3373101	1472917	90600
12529042	9193772	2083870	3332004	2560150	2912779	1609945	28401
21562907	15429045	3851565	6130597	17200308	9192568	3440334	312906
4797	3954	2332	843	2019	1781		
6308840	5207456	1967188	1101384	9060967	2592799	818571	21542
22679620	16893963	3854076	5778239	13475546	9369669	2668856	389732
13392289	10684271	2581085	2708019	14418403	6891420	2121719	271383
7024590	5576839	1546637	1447751	3076788	1842177	806938	83150
8088982	5585236	1642526	2503746	4854403	3062002	509910	56045
482598	255074	51016	220107	186920	166869	48860	696
2520053	**2006907**	**308619**	**513147**	**1932417**	**1221993**	**942547**	**1594**
91057	87200	9948	3858	87448	36050	26557	33
761507	656153	87726	105354	725369	659816	658649	
196939	184822	9666	12117	59352	56357	15884	
1470551	1078732	201279	391819	1060250	469770	241457	1561
19486118	**17239700**	**5066310**	**2239000**	**16068334**	**6426990**	**2074724**	**389949**
636594	601793	103761	34801	441368	244233	4712	4091
269569	239893	66991	29677	304148	160126	9796	
350116	332280	153505	17836	281526	153994	3667	
1353882	1268952	929885	84930	5126093	1033075	554073	
13294	7795	3823	5500	5141	2500		
76077	41775	5598	34302	43020	26800	6000	
1200	1200	316		1303	1100		1100
38201	30435	5044	7767	29252	23361		
5262	5262	2179		3029	4130		
93471	86545	24416	6926	43698	29283	5000	1000
227163	214522	64477	12641	243086	117069	31183	
8569	7889	2356	680	55003	19305		
86339	85878	25970	460	209832	2580		
3924858	3630511	970808	294347	1241072	1079363	570430	22538
1901782	1521603	406579	380179	1977883	469409	70231	5351
16285	16285	9412		85006	41015		
240165	212982	51080	27183	187681	97336	6620	2219

10-2 续表 5

（2016年）

指　　标	资产总计			
	固定资产合计	固定资产原价	累计折旧	本年折旧
非金属矿物制品业	556182	861766	335867	46035
黑色金属冶炼和压延加工业	1662794	1670506	593887	53684
有色金属冶炼和压延加工业	715256	1290114	640918	66892
金属制品业	142576	242673	68741	17566
通用设备制造业	97493	137791	55795	7328
专用设备制造业	88119	103361	44672	4486
汽车制造业	55644	342662	59935	14626
铁路、船舶、航空航天和其他运输设备制造业	143617	151241	51564	6013
电气机械和器材制造业	141015	223384	84460	11926
计算机、通信和其他电子设备制造业	27412	45327	18758	2175
仪器仪表制造业	41885	85683	46940	6524
其他制造业	1971	5295	3558	408
废弃资源综合利用业	7303	8770	1994	499
电力、热力、燃气及水生产和供应业	**7456456**	**9987814**	**2786504**	**396754**
电力、热力生产和供应业	4413238	6676753	2282689	267674
燃气生产和供应业	2058433	2237824	256265	83662
水的生产和供应业	984786	1073237	247550	45418
五、按隶属关系分组				
中央属企业	8275202	11196858	3630780	450765
省属企业	2924651	5087359	2289696	260647
市(直)属企业	1419302	1600562	452695	77166
县属企业	297541	591356	342500	51200
街道企业	134098	200202	70289	25524
镇属企业	29938	44491	14440	3240
乡办企业	630	2213	1583	
居委会	23863	39216	15149	2427
村委会	551	3068	2749	290
其他企业	2770972	4490123	1687680	234045
六、按企业所在地分组				
五华区	2806479	4363209	1741272	171650
盘龙区	649582	790599	326213	32624
官渡区	3865350	6114972	2044989	270968
西山区	701687	1185859	551130	76425
东川区	258119	417857	170221	28057
呈贡区	1381441	1917627	623337	85668
晋宁区	566466	828846	302974	40043
富民县	252387	322993	105872	19913
宜良县	491893	855623	383155	53600
石林县	394816	456040	78384	18999
嵩明县	343667	487318	163153	31179
禄劝县	652158	773082	147280	28174
寻甸县	534030	910073	386081	72988
安宁市	2978672	3831352	1483499	175015

单位：万元、万人

负债合计	流动负债合计		非流动负债合计	所有者权益合计	实收资本		
		应付账款				国家资本	集体资本
1181495	1019772	328439	161724	629330	410039	86210	46060
2478946	2222275	417426	256671	388229	269476	13657	600
3471368	2880044	370009	588059	2223660	806994	293865	28181
550791	495270	170362	55521	339951	223574	120199	11536
254974	214091	58164	40883	221342	99106	25019	946
419770	402575	133043	17195	255302	115288	36976	44
680456	558462	202538	121994	478963	440824	144294	256406
129500	125096	73094	4404	567130	187241	25000	
560705	531773	233170	24781	437268	250957	5401	7920
106568	101205	37684	5363	185308	53545	44661	
374080	349405	209907	24675	54183	60703	16651	1750
4118	4118	2092		5993	1760	1080	
30519	30017	4181	502	3535	2802		206
6982288	**2854812**	**446335**	**4127476**	**4535762**	**4313485**	**470156**	**19732**
5716572	2172158	371620	3544414	789540	910870	286220	18659
216672	211208	48744	5465	3348071	3147272	81752	1074
1049044	471447	25971	577598	398151	255343	102184	
10942918	7103839	2047802	3839079	9447113	4788186	463242	40040
8968326	7322121	1661517	1646205	6539750	3638685	2581682	18476
2101694	1404987	248071	696707	1096682	638357	199084	2795
1124129	1058384	281076	65745	360168	192254	70447	233
250141	228838	61451	21303	167560	84175	4080	12700
25938	19022	8897	6916	81354	23999	173	128
720	263	201	457	340	300		
20037	12829	4726	7208	67125	41050		1000
4077	3691	2131	386	1678	1481		
5550481	4947445	1505392	595618	4774742	2553983	168720	335903
5028677	3637648	1453767	1391029	7370411	2100689	723886	45001
1677944	1377435	233955	300509	1070612	592031	211897	1493
4852691	3184944	936056	1667746	5708563	4136812	306893	269463
1703548	1327053	340651	376495	923792	697472	195768	758
341666	288513	56372	53153	313145	119549	23933	850
4016065	3116782	750580	899283	2532981	878504	246093	3510
1522458	1228633	276026	290560	747235	408900	248682	6034
461141	313033	54751	148109	218549	139865	35006	350
633248	489256	124322	143992	387646	242738	95735	44921
457975	270488	34685	187487	268785	166869	67379	
599518	555235	242575	40130	455279	309624	61491	4020
1004433	569056	100550	435378	107969	183116	69682	17809
1401200	1306118	316383	95082	33189	343205	172826	
5287896	4437226	900591	850671	2398357	1643093	1028157	17067

10-2 续表 6

（2016年）

指　　标	所有者权益合计			
	实收资本			
	法人资本	个人资本	港澳台资本	外商资本
总　计	**6190525**	**1215971**	**254095**	**403176**
一、按登记注册类型分组:				
内资企业	**5824584**	**1145457**	**4263**	**20513**
国有企业	3753			
中央企业	3753			
地方企业				
集体企业	1268	8400		
股份合作企业		987		
有限责任公司	4643548	250390		
国有独资公司	3083453	900		
其他有限责任公司	1560094	249490		
股份有限公司	783791	396443	4263	20513
私营企业	392225	489238		
私营独资企业	2186	3534		
私营合伙企业		350		
私营有限责任公司	362232	414265		
私营股份有限公司	27807	71088		
港、澳、台商投资企业	**111503**	**43842**	**226080**	**77424**
合资经营企业(港或澳、台资)	83236	17302	113571	68880
合作经营企业(港或澳、台资)	6730			
港澳台商独资经营企业	2667	6720	80289	8544
港澳台商投资股份有限公司	18870	19820	32220	
其他港澳台商投资企业				
外商投资企业	**254438**	**26672**	**23753**	**305240**
中外合资经营企业	221184	18032	23753	133185
中外合作经营企业	356	8640		37743
外资企业	9000			134311
其他外商投资企业	23899			
二、按经济组织类型分组				
独资企业	**18874**	**18655**	**80289**	**142855**
国有企业	3753			
集体企业	1268	8400		
私营独资企业	2186	3534		
港澳台商独资经营企业	2667	6720	80289	8544
外资企业	9000			134311
合作、合伙企业	**30985**	**9977**		**37743**
股份合作企业		987		
私营合伙企业		350		
合作经营企业(港或澳、台资)	6730			
中外合作经营企业	356	8640		37743
其他港澳台商投资企业				
其他外商投资企业	23899			

单位：万元、万人

营业收入	主营业务收入	营业成本	主营业务成本	营业税金及附加	主营业务税金及附加	其他业务收入	其他业务利润
33234105	**31090734**	**27110610**	**25146258**	**1794628**	**1768011**	**2143371**	**89183**
30556496	**28652251**	**24995098**	**23241840**	**1748773**	**1723187**	**1904245**	**78973**
2438003	2404616	2237826	2211722	10418	9638	33388	4045
2152985	2138907	2005060	1991947	7279	7235	14079	360
285018	265709	232766	219775	3139	2403	19309	3686
68156	66906	44932	44344	2167	2167	1250	401
4524	4258	3890	3760	9	9	267	137
12467087	10908490	8962935	7523355	1678846	1657349	1558597	56472
3127970	2202681	2871789	1983515	9919	7466	925290	9226
9339117	8705809	6091146	5539840	1668927	1649882	633308	47246
10228549	9958206	9004652	8757136	27819	25690	270343	14738
5350176	5309775	4740865	4701523	29514	28334	40401	3179
104900	104900	95359	95359	416	416		
9396	9396	8725	8725	16	16		
4865049	4827670	4339389	4301097	27520	26406	37379	2991
370831	367809	297392	296342	1561	1496	3022	188
1072330	**1041515**	**760239**	**746314**	**34860**	**33945**	**30815**	**6565**
660564	647692	505038	498614	27355	26680	12872	5744
18769	18769	13547	12540	87	87		
192005	175175	142081	136356	5605	5365	16831	601
166955	165969	91591	90825	1324	1324	986	220
34036	33911	7981	7980	489	489	126	
1605280	**1396968**	**1355273**	**1158104**	**10994**	**10879**	**208311**	**3645**
983750	779368	855128	659871	6788	6673	204382	2734
279783	278921	253047	252773	20	20	862	758
329921	326854	237984	236346	4124	4124	3068	153
11826	11826	9114	9114	62	62		
3132987	**3078451**	**2758183**	**2724127**	**22729**	**21709**	**54536**	**5201**
2438003	2404616	2237826	2211722	10418	9638	33388	4045
68156	66906	44932	44344	2167	2167	1250	401
104900	104900	95359	95359	416	416		
192005	175175	142081	136356	5605	5365	16831	601
329921	326854	237984	236346	4124	4124	3068	153
358334	**357080**	**296303**	**294892**	**684**	**684**	**1254**	**896**
4524	4258	3890	3760	9	9	267	137
9396	9396	8725	8725	16	16		
18769	18769	13547	12540	87	87		
279783	278921	253047	252773	20	20	862	758
34036	33911	7981	7980	489	489	126	
11826	11826	9114	9114	62	62		

10-2 续表 7

（2016年）

指标	所有者权益合计			
	实收资本			
	法人资本	个人资本	港澳台资本	外商资本
股份有限公司	**830468**	**487351**	**36483**	**20513**
股份有限公司(内资)	783791	396443	4263	20513
私营股份有限公司	27807	71088		
港澳台商投资股份有限公司	18870	19820	32220	
有限责任公司	**5310199**	**699989**	**137323**	**202065**
国有独资公司	3083453	900		
私营有限责任公司	362232	414265		
合资经营企业(港或澳、台资)	83236	17302	113571	68880
中外合资经营企业	221184	18032	23753	133185
其他有限责任公司	1560094	249490		
三、在总计中				
亏损企业	951243	227358	15903	79928
国有控股企业	5040066	245770	81631	71861
农村工业	1163	618		
按轻重工业：轻工业	1036485	415167	161470	139565
重工业	5154040	800805	92625	263611
按企业规模：大型企业	4035280	322396	133340	7302
中型企业	600635	174887	18539	158027
小型企业	1505265	686737	66199	237846
微型企业	49344	31952	36017	
四、按国民经济工业行业分(GB/T4754-2011)				
采矿业	**148675**	**33497**		**95681**
煤炭开采和洗选业		9461		
黑色金属矿采选业	600	567		
有色金属矿采选业	2792	7000		30681
非金属矿采选业	145283	16469		65000
制造业	**2383865**	**1178227**	**116730**	**283495**
农副食品加工业	107246	107850	2279	18056
食品制造业	70552	49187	23753	6839
酒、饮料和精制茶制造业	51394	34854	7953	56127
烟草制品业	479002			
纺织业	2300	200		
纺织服装、服饰业	20355	446		
皮革、毛皮、羽毛及其制品和制鞋业				
木材加工和木、竹、藤、棕、草制品业	1700	21661		
家具制造业	3799	332		
造纸和纸制品业	9059	5118	9106	
印刷和记录媒介复制业	44787	25128	11632	4340
文教、工美、体育和娱乐用品制造业	14226	2164		2915
石油加工、炼焦和核燃料加工业	1000	1580		
化学原料和化学制品制造业	327287	112137	3687	43284
医药制造业	169173	171424	27580	25649
化学纤维制造业	28641	100		12275
橡胶和塑料制品业	36331	39395	2768	10004

单位：万元、万人

营业收入	主营业务收入	营业成本	主营业务成本	营业税金及附加	主营业务税金及附加	其他业务收入	其他业务利润
10766335	**10491984**	**9393634**	**9144303**	**30705**	**28510**	**274351**	**15145**
10228549	9958206	9004652	8757136	27819	25690	270343	14738
370831	367809	297392	296342	1561	1496	3022	188
166955	165969	91591	90825	1324	1324	986	220
18976449	**17163219**	**14662490**	**12982937**	**1740510**	**1717108**	**1813231**	**67941**
3127970	2202681	2871789	1983515	9919	7466	925290	9226
4865049	4827670	4339389	4301097	27520	26406	37379	2991
660564	647692	505038	498614	27355	26680	12872	5744
983750	779368	855128	659871	6788	6673	204382	2734
9339117	8705809	6091146	5539840	1668927	1649882	633308	47246
6559166	6388165	6083701	5936594	43980	42130	171002	10345
21934202	20128102	17622346	15953460	1721776	1697653	1806100	76345
17127	17127	15820	15820	34	34		
10570624	9927034	6555579	5989860	1691564	1672648	643590	50582
22663481	21163700	20555032	19156398	103063	95363	1499781	38601
16255970	15547110	12594805	11969130	1695253	1674139	708860	52890
6687063	6196842	5588584	5155894	50864	48237	490222	26582
10038871	9097378	8715355	7811277	47416	44595	941493	9468
252201	249405	211866	209957	1095	1040	2796	242
1402423	**1160388**	**1096173**	**864463**	**34979**	**34405**	**242036**	**7093**
69996	67631	48720	47468	3808	3439	2366	855
317722	297502	310356	285443	761	688	20220	1935
114155	109194	105141	101569	3113	3113	4961	1221
900550	686061	631957	429984	27298	27164	214489	3083
29102182	**27280797**	**23651534**	**21949292**	**1717670**	**1694209**	**1821385**	**69283**
1812273	1800539	1623681	1620578	1900	1785	11734	799
660652	654317	501915	495886	2793	2135	6335	1087
523102	504139	390010	373101	14198	13957	18963	329
4401699	3877545	2068687	1583061	1623500	1606451	524154	32915
21608	21548	20064	20060	204	204	60	
24631	23445	15691	15574	227	205	1186	531
2830	2830	2420	2420	10	10		
55577	55532	49880	49866	151	139	45	
7724	7724	6307	5902	95	95		
141333	139034	126862	124884	380	378	2299	87
333481	321314	250856	241604	2239	1986	12167	1951
30714	30658	24047	24047	112	112	56	
185372	180288	157893	154676	550	529	5083	211
3529004	3424900	3077791	2996712	19322	18002	104105	6251
1633585	1617334	822014	810561	15681	15645	16252	3838
136695	136695	89026	89026	917	917		
620530	619560	572007	571446	2092	1391	969	216

10–2 续表 8

（2016年）

指标	所有者权益合计			
	实收资本			
	法人资本	个人资本	港澳台资本	外商资本
非金属矿物制品业	93021	102198	5399	77150
黑色金属冶炼和压延加工业	242516	12703		
有色金属冶炼和压延加工业	303812	181135		
金属制品业	47920	43919		
通用设备制造业	9934	42553	14090	6565
专用设备制造业	47470	29162	1511	125
汽车制造业	20359	12792	6974	
铁路、船舶、航空航天和其他运输设备制造业	108861	53380		
电气机械和器材制造业	119188	118448		
计算机、通信和其他电子设备制造业	8754	131		
仪器仪表制造业	13499	8635		20169
其他制造业	680			
废弃资源综合利用业	1000	1596		
电力、热力、燃气及水生产和供应业	**3657985**	**4247**	**137365**	**24000**
电力、热力生产和供应业	555338	456	50197	
燃气生产和供应业	3030647		9800	24000
水的生产和供应业	72000	3791	77368	
五、按隶属关系分组				
中央属企业	4211148	61481		12275
省属企业	535603	314706	36483	151736
市(直)属企业	245529	73882	103700	13366
县属企业	79868	39020		2686
街道企业	42087	21948		3360
镇属企业		23699		
乡办企业		300		
居委会	20580	10020	9450	
村委会	1163	318		
其他企业	1054547	670598	104462	219753
六、按企业所在地分组				
五华区	1086911	126721	38157	80013
盘龙区	239417	34792	92158	12275
官渡区	3317715	168435	23427	50879
西山区	340180	79793	10250	70725
东川区	28534	35552		30681
呈贡区	225288	324152	34237	45224
晋宁区	48087	75587	1087	29423
富民县	35197	54447	1500	13366
宜良县	49436	47573	2159	2915
石林县	76220	16239	7031	
嵩明县	177727	52062	7953	6372
禄劝县	48285	25960	21380	
寻甸县	105463	50279	14637	
安宁市	412065	124381	120	61303

单位：万元、万人

营业收入	主营业务收入	营业成本	主营业务成本	营业税金及附加	主营业务税金及附加	其他业务收入	其他业务利润
1236194	1215964	1034173	1019957	7498	7273	20231	1002
2639371	1805240	2543344	1706545	1836	1732	834131	-7249
7312261	7137419	6991037	6829863	6957	4949	174842	11676
781094	774653	669970	668169	4659	4539	6441	3849
170244	165660	137754	135869	748	741	4585	357
379743	373791	305853	303773	2647	2460	5952	1484
539306	492939	477156	440244	2403	2386	46367	8091
405344	401091	335192	332801	2015	1705	4253	1265
932663	919070	825827	806491	3259	3213	13593	340
171950	171950	150388	150388	513	513		
365151	357581	338082	332187	688	678	7571	249
11805	11805	10365	10365	10	10		
36248	36236	33245	33237	68	68	12	3
2729500	**2649549**	**2362903**	**2332503**	**41978**	**39398**	**79951**	**12807**
2196550	2182342	2006994	2003798	11090	10376	14208	4590
322082	280566	223516	208017	3471	2023	41516	-25
210868	186641	132394	120688	27417	26999	24227	8242
13414160	12024518	10593084	9249705	1637588	1618838	1389643	37062
7233162	6777058	5898100	5489270	53484	50464	456103	25397
1373940	1289218	1049357	1010668	33817	31732	84722	9852
732970	726576	678612	673419	4775	4631	6394	74
452776	451331	373177	371989	2473	2419	1446	473
119121	118025	80063	79085	2405	1798	1096	117
4108	4108	3580	3580				
87268	86459	68175	67587	433	433	809	
13019	13019	12239	12239	34	34		
9803581	9600422	8354223	8188717	59620	57663	203159	16207
9173696	8479757	6194044	5557651	1602570	1585355	693939	45890
1124057	1052397	868850	835359	60467	58457	71660	6825
5003877	4896055	4208222	4126747	26370	25424	107822	16727
1595282	1351160	1352326	1124881	10330	9745	244122	5536
776166	770765	698438	694310	6536	6028	5402	1340
5035086	5005856	4375328	4345912	16939	14001	29229	7560
1355061	1327542	1193143	1173279	18985	18536	27518	-5
525444	513098	435512	434718	2197	1973	12346	69
1176431	1158519	1072041	1064130	3827	3746	17912	2586
321074	320346	259160	258051	1380	1378	729	95
1308438	1294406	1158876	1147278	14075	14055	14032	1282
233062	231778	201737	201409	1486	1486	1284	15
547040	540542	486603	481164	5639	4891	6498	168
5059393	4148513	4606331	3701368	23727	22935	910880	1095

10-2 续表 9

（2016年）

指标	销售费用	管理费用	税金	财务费用
总计	**1265935**	**1377849**	**87351**	**528090**
一、按登记注册类型分组:				
内资企业	**996420**	**1203781**	**79281**	**510154**
国有企业	35736	78077	2467	4161
中央企业	29219	43561	1316	504
地方企业	6518	34516	1152	3658
集体企业	4446	11971	7771	310
股份合作企业	285	677	96	34
有限责任公司	367819	595778	33330	262959
国有独资公司	99273	96202	3887	65578
其他有限责任公司	268546	499577	29443	197381
股份有限公司	420483	316183	24332	203549
私营企业	167651	201096	11285	39141
私营独资企业	1005	1526	100	526
私营合伙企业	154	420	1	23
私营有限责任公司	153698	180351	8242	33693
私营股份有限公司	12795	18799	2942	4899
港、澳、台商投资企业	**104472**	**96013**	**3184**	**15017**
合资经营企业(港或澳、台资)	24868	40292	1918	2802
合作经营企业(港或澳、台资)	1704	1500	53	651
港澳台商独资经营企业	5285	17614	226	3779
港澳台商投资股份有限公司	53251	30984	980	7267
其他港澳台商投资企业	19366	5624	7	518
外商投资企业	**165042**	**78054**	**4886**	**2919**
中外合资经营企业	98436	40776	2868	9818
中外合作经营企业	20146	5762	428	1498
外资企业	45255	30686	1521	-8393
其他外商投资企业	1206	830	68	-5
二、按经济组织类型分组				
独资企业	**91726**	**139874**	**12086**	**383**
国有企业	35736	78077	2467	4161
集体企业	4446	11971	7771	310
私营独资企业	1005	1526	100	526
港澳台商独资经营企业	5285	17614	226	3779
外资企业	45255	30686	1521	-8393
合作、合伙企业	**42860**	**14812**	**653**	**2720**
股份合作企业	285	677	96	34
私营合伙企业	154	420	1	23
合作经营企业(港或澳、台资)	1704	1500	53	651
中外合作经营企业	20146	5762	428	1498
其他港澳台商投资企业	19366	5624	7	518
其他外商投资企业	1206	830	68	-5

单位：万元、万人

利息收入	利息支出	营业利润	资产减值损失	公允价值变动收益	投资收益	营业外收入	政府补助
133067	**634496**	**934506**	**397862**	**-6263**	**180120**	**236834**	**142745**
116058	**606226**	**885299**	**390641**	**-6263**	**178417**	**177243**	**119034**
3114	6600	70400	4096		1192	5452	2439
2208	2692	64976	3962		56	2437	1235
907	3908	5424	134		1136	3015	1204
104	417	4331			1	246	10
2	36	-371				30	30
48320	306458	351159	336595	66	88937	82772	53852
13302	87654	-22281	7305		-186	32727	19012
35018	218804	373440	329290	66	89123	50045	34840
60089	244082	278107	48624	-6329	77196	70360	50659
4428	48633	181673	1326		11092	18384	12044
11	497	6070			2	9	2
1	24	59				71	
4260	43299	133520	1232		4358	16039	11098
157	4814	42025	94		6732	2264	944
3432	**13405**	**55759**	**8038**		**2070**	**48149**	**19591**
2727	5522	60809	1503		2103	21724	14652
1	467	1280				104	
434	3852	17503	138			166	-143
256	3037	-23893	6397		-34	25874	4878
14	528	59				281	204
13578	**14865**	**-6553**	**-817**		**-367**	**11442**	**4120**
1930	10900	-28510	694		-619	5206	2447
84	1536	-742	53			1420	41
11545	2411	22071	-1552		252	4808	1626
19	18	629	-11			8	7
15209	**13777**	**120375**	**2682**		**1447**	**10681**	**3934**
3114	6600	70400	4096		1192	5452	2439
104	417	4331			1	246	10
11	497	6070			2	9	2
434	3852	17503	138			166	-143
11545	2411	22071	-1552		252	4808	1626
119	**2608**	**914**	**42**			**1914**	**282**
2	36	-371				30	30
1	24	59				71	
1	467	1280				104	
84	1536	-742	53			1420	41
14	528	59				281	204
19	18	629	-11			8	7

10-2 续表 10

（2016年）

指　　标	销售费用	管理费用	税金	财务费用
股份有限公司	**486528**	**365966**	**28254**	**215714**
股份有限公司(内资)	420483	316183	24332	203549
私营股份有限公司	12795	18799	2942	4899
港澳台商投资股份有限公司	53251	30984	980	7267
有限责任公司	**644821**	**857197**	**46358**	**309272**
国有独资公司	99273	96202	3887	65578
私营有限责任公司	153698	180351	8242	33693
合资经营企业(港或澳、台资)	24868	40292	1918	2802
中外合资经营企业	98436	40776	2868	9818
其他有限责任公司	268546	499577	29443	197381
三、**在总计中**				
亏损企业	308962	319677	24420	330631
国有控股企业	555569	808235	52980	424727
农村工业	430	731	17	151
按轻重工业：轻工业	726170	592281	32313	37135
重工业	539765	785568	55039	490955
按企业规模：大型企业	589757	573688	40792	208157
中型企业	393169	362559	13457	123305
小型企业	277095	432777	32839	185243
微型企业	5914	8824	263	11385
四、按国民经济工业行业分(GB/T4754-2011)				
采矿业	**49595**	**128956**	**16434**	**50886**
煤炭开采和洗选业	2433	12938	7618	602
黑色金属矿采选业	1053	11761	555	4862
有色金属矿采选业	1389	12530	172	2814
非金属矿采选业	44719	91726	8090	42607
制造业	**1196037**	**1203762**	**67394**	**346952**
农副食品加工业	56403	55850	2071	8162
食品制造业	87790	32286	1594	4458
酒、饮料和精制茶制造业	70765	24873	2252	4156
烟草制品业	54787	209727	14423	-17091
纺织业	191	703	81	251
纺织服装、服饰业	1466	5211	43	11
皮革、毛皮、羽毛及其制品和制鞋业	164	150	1	29
木材加工和木、竹、藤、棕、草制品业	1297	2988	98	1495
家具制造业	510	341	87	3
造纸和纸制品业	4199	6069	214	1110
印刷和记录媒介复制业	8007	33159	1389	2791
文教、工美、体育和娱乐用品制造业	1391	2405	40	391
石油加工、炼焦和核燃料加工业	1472	5261	103	1341
化学原料和化学制品制造业	256584	192102	6117	90732
医药制造业	399541	162511	8603	16651
化学纤维制造业	421	7502	132	-665
橡胶和塑料制品业	12779	17289	1081	4959

单位：万元、万人

利息收入	利息支出	营业利润	资产减值损失	公允价值变动收益	投资收益	营业外收入	政府补助
60502	**251932**	**296239**	**55114**	**-6329**	**83894**	**98499**	**56481**
60089	244082	278107	48624	-6329	77196	70360	50659
157	4814	42025	94		6732	2264	944
256	3037	-23893	6397		-34	25874	4878
57237	**366178**	**516978**	**340024**	**66**	**94779**	**125740**	**82049**
13302	87654	-22281	7305		-186	32727	19012
4260	43299	133520	1232		4358	16039	11098
2727	5522	60809	1503		2103	21724	14652
1930	10900	-28510	694		-619	5206	2447
35018	218804	373440	329290	66	89123	50045	34840
35726	356053	-916588	359921	8	-28891	79779	32307
108712	512961	562891	382474	-6270	148567	137950	92460
3	156	-39				186	85
34010	78436	1106929	7720		146756	67117	29976
99057	556061	-172423	390142	-6263	33364	169717	112770
70352	255795	690930	45467	-6274	146842	107995	58558
39497	172253	-152972	338409	-3	16859	71427	42771
22959	195541	383460	13993	15	16456	56656	40858
260	10908	13087	-7		-37	755	558
8747	**57313**	**-9931**	**22556**		**-29210**	**10966**	**5669**
76	675	-19030	20525			1135	
3842	8059	-11203	132			2028	16
144	2924	-10738	47		142	1270	96
4686	45655	31040	1852		-29352	6533	5557
108566	**424438**	**811615**	**371511**	**-6263**	**203164**	**177628**	**108043**
683	10244	72112	1200		7035	5148	4650
717	5224	33491	-1331		751	4733	3070
1794	5079	19066	188		154	5478	2146
19958	2882	572940	-506		110344	5549	751
1	236	196				45	45
61	71	2348	15		337	199	137
2	31	57					
1	1440	1809	-2000		43	269	91
1	4	470			2		
65	1150	2715			3	593	350
795	3371	36242	249		64	2675	1614
42	368	2383			15	75	70
40	1296	18898	-36		8	462	357
6031	95022	-394247	300609	15	13874	13188	8269
6372	19261	234672	7200		24685	24829	12903
700	22	39872			378	85	49
90	4522	10815	703		113	1842	937

10-2 续表 11

（2016年）

指　　标	销售费用	管理费用	税金	财务费用
非金属矿物制品业	36185	65459	2500	13000
黑色金属冶炼和压延加工业	43803	33379	8423	68460
有色金属冶炼和压延加工业	51101	92516	6917	105477
金属制品业	18186	38729	1921	10821
通用设备制造业	10897	28222	913	6017
专用设备制造业	11548	37222	1715	3614
汽车制造业	20547	35715	2587	9884
铁路、船舶、航空航天和其他运输设备制造业	4691	35205	686	-2105
电气机械和器材制造业	28647	43036	1885	9040
计算机、通信和其他电子设备制造业	4236	10875	422	1028
仪器仪表制造业	7627	22756	1046	2450
其他制造业	254	1141	13	20
废弃资源综合利用业	550	1082	38	463
电力、热力、燃气及水生产和供应业	**20304**	**45131**	**3524**	**130252**
电力、热力生产和供应业	384	12141	970	126254
燃气生产和供应业	9760	12462	206	-8169
水的生产和供应业	10159	20528	2347	12167
五、按隶属关系分组				
中央属企业	167564	339553	22948	229560
省属企业	521588	449506	26606	175694
市(直)属企业	132155	83698	4990	22741
县属企业	12899	28915	1018	19635
街道企业	30613	20735	622	1369
镇属企业	14309	12955	7755	1007
乡办企业	273	139		92
居委会	6366	4979	234	46
村委会	157	592	17	59
其他企业	380011	436776	23162	77887
六、按企业所在地分组				
五华区	292081	393265	20490	101734
盘龙区	28765	72946	2969	15110
官渡区	164182	212098	9577	27387
西山区	139848	99404	5830	43993
东川区	20491	29172	1201	5277
呈贡区	284952	160562	12258	58894
晋宁区	32704	76369	5290	37953
富民县	16234	29669	724	-490
宜良县	32280	34897	1043	20473
石林县	5789	10873	1058	14289
嵩明县	34986	44433	2547	7955
禄劝县	2184	7383	206	31405
寻甸县	17696	48306	8505	42150
安宁市	193743	158471	15654	121959

单位：万元、万人

利息收入	利息支出	营业利润	资产减值损失	公允价值变动收益	投资收益	营业外收入	政府补助
12938	21700	75383	4872		376	6497	4730
18326	80183	-70480	20288		1259	19349	13782
29082	128411	64662	23609	-6336	29433	12044	9339
341	10701	37093	2351		714	2704	1427
181	3172	-19719	6535		209	27861	4592
679	4231	19164	568	51	821	2973	2348
4595	8901	463	1439		8299	30335	29086
2230	8	32931	462		3048	1539	1473
1142	9132	20561	4033	8	1732	3936	2521
522	1916	5144	920		1154	1527	1284
1174	5749	-6677	156		-70	3450	1934
3	23	27	-11			124	85
1	91	-775			-1615	119	4
15754	**152745**	**132822**	**3795**		**6166**	**48240**	**29033**
2851	124483	43576	3782		6150	13027	8292
8829	634	81045	8		11	15241	14058
4074	27629	8201	6		5	19971	6684
38304	254629	539362	40968	-6274	138274	61158	42800
60887	224035	-204803	340176	-3095	3677	62933	28711
5443	38949	43788	7664	23	-743	28663	12785
2333	14147	-11423	186		629	5053	2893
138	1299	23978	858		428	961	412
51	1502	8411	52		82	789	617
	92	24				11	
242	285	7730	1		461	589	579
3	64	-63				175	85
25666	99493	527502	7958	3084	37312	76502	53863
30144	127410	716892	22996	-3124	153010	56243	35090
27074	38499	64156	13791	-3146	3173	35668	6996
16173	36950	380585	5378		18827	45380	38800
5410	43815	-60992	13440		3067	15668	12045
1593	7268	13711	2671		230	3127	1811
9320	78247	159474	423	8	21480	24671	12293
4589	40892	-36255	1367		-30794	8212	6406
10208	8863	44441	-1979		140	2433	1987
2247	21678	11211	163		-1539	6261	4600
95	12180	28897	687		2	971	812
447	6756	46029	2627		543	2092	1488
96	30519	-12584	2200		749	517	60
1264	40792	-361394	308171		132	3162	1276
24407	140629	-59664	25926		11100	32430	19083

10-2 续表 12

（2016年）

指标	营业外支出	利润总额	所得税费用	亏损企业亏损总额
总　计	**62553**	**1108785**	**324784**	**851862**
一、按登记注册类型分组:				
内资企业	**57440**	**1005101**	**292731**	**778279**
国有企业	2614	73238	15539	9023
中央企业	1602	65811	13318	2940
地方企业	1012	7427	2221	6083
集体企业	1356	3221	584	431
股份合作企业	1	-341	4	357
有限责任公司	29676	404254	207697	676307
国有独资公司	5992	4454	18469	124985
其他有限责任公司	23684	399800	189228	551322
股份有限公司	17151	331316	41174	70113
私营企业	6643	193414	27732	22049
私营独资企业	82	5997	290	434
私营合伙企业	9	121	0.3	
私营有限责任公司	5390	144170	23163	21254
私营股份有限公司	1162	43127	4279	361
港、澳、台商投资企业	**2150**	**101758**	**20576**	**6377**
合资经营企业(港或澳、台资)	794	81739	16455	1222
合作经营企业(港或澳、台资)	100	1284	313	
港澳台商独资经营企业	887	16783	2643	2845
港澳台商投资股份有限公司	261	1721	1130	2311
其他港澳台商投资企业	109	231	35	
外商投资企业	**2963**	**1926**	**11477**	**67206**
中外合资经营企业	1657	-24962	5605	58058
中外合作经营企业	329	350	576	5296
外资企业	976	25902	5281	3852
其他外商投资企业	1	636	16	
二、按经济组织类型分组				
独资企业	**5914**	**125141**	**24337**	**16584**
国有企业	2614	73238	15539	9023
集体企业	1356	3221	584	431
私营独资企业	82	5997	290	434
港澳台商独资经营企业	887	16783	2643	2845
外资企业	976	25902	5281	3852
合作、合伙企业	**548**	**2280**	**943**	**5652**
股份合作企业	1	-341	4	357
私营合伙企业	9	121	0.3	
合作经营企业(港或澳、台资)	100	1284	313	
中外合作经营企业	329	350	576	5296
其他港澳台商投资企业	109	231	35	
其他外商投资企业	1	636	16	

单位：万元、万人

利税总额	应交税金及附加	本年应付职工薪酬	本年应交增值税	总资产贡献率(%)	资产负债率(%)	流动资产周转率(次/年)
4011456	**3314805**	**1756221**	**1108043**	**8.8**	**56.3**	**1.4**
3766279	**3133190**	**1539580**	**1012405**	**8.9**	**56.4**	**1.4**
168801	113570	162648	85145	4.7	84.5	1.8
141336	90159	114829	68246	4.5	90.0	2.0
27465	23411	47819	16899	5.6	52.6	0.9
8192	13326	4868	2804	12.9	46.7	1.5
-237	204	752	95	-1.9	64.4	1.2
2724196	2560969	730306	641096	11.7	50.3	1.1
66156	84059	123839	51783	1.9	45.0	1.4
2658040	2476910	606467	589313	15.7	52.5	1.0
551185	285376	381792	192050	5.3	59.8	1.4
314142	159745	259214	91215	8.1	57.7	2.0
7771	2164	2698	1358	9.9	51.7	1.5
270	151	876	134	6.1	58.3	2.1
251832	139067	237805	80142	7.4	59.4	2.0
54269	18364	17835	9582	13.7	42.7	1.5
182979	**104980**	**105113**	**46361**	**10.4**	**51.0**	**1.2**
130523	67157	54332	21429	12.3	48.6	1.4
2091	1173	2124	720	4.7	44.9	0.4
29371	15457	11963	6984	9.6	54.4	1.2
15888	16277	28808	12842	5.3	55.4	0.8
5106	4916	7888	4386	23.2	58.0	1.6
62198	**76635**	**111528**	**49278**	**3.3**	**57.6**	**1.9**
8316	41752	67079	26490	1.5	56.9	1.7
5794	6449	10520	5425	3.4	71.1	4.7
46613	27513	32083	16587	7.3	54.1	1.6
1474	922	1845	776	13.9	18.0	1.9
260749	**172030**	**214260**	**112878**	**5.5**	**77.9**	**1.7**
168801	113570	162648	85145	4.7	84.5	1.8
8192	13326	4868	2804	12.9	46.7	1.5
7771	2164	2698	1358	9.9	51.7	1.5
29371	15457	11963	6984	9.6	54.4	1.2
46613	27513	32083	16587	7.3	54.1	1.6
14498	**13814**	**24005**	**11534**	**5.3**	**63.5**	**2.6**
-237	204	752	95	-1.9	64.4	1.2
270	151	876	134	6.1	58.3	2.1
2091	1173	2124	720	4.7	44.9	0.4
5794	6449	10520	5425	3.4	71.1	4.7
5106	4916	7888	4386	23.2	58.0	1.6
1474	922	1845	776	13.9	18.0	1.9

10-2 续表 13

（2016年）

指标	营业外支出	利润总额	所得税费用	亏损企业亏损总额
股份有限公司	**18574**	**376164**	**46584**	**72785**
股份有限公司(内资)	17151	331316	41174	70113
私营股份有限公司	1162	43127	4279	361
港澳台商投资股份有限公司	261	1721	1130	2311
有限责任公司	**37516**	**605200**	**252921**	**756841**
国有独资公司	5992	4454	18469	124985
私营有限责任公司	5390	144170	23163	21254
合资经营企业(港或澳、台资)	794	81739	16455	1222
中外合资经营企业	1657	-24962	5605	58058
其他有限责任公司	23684	399800	189228	551322
三、在总计中				
亏损企业	15053	-851862	23334	851862
国有控股企业	36696	664145	249097	703401
农村工业	70	78	11	81
按轻重工业：轻工业	31221	1142824	205137	46681
重工业	31332	-34039	119647	805181
按企业规模：大型企业	24789	774137	191570	231186
中型企业	21410	-102954	60240	496786
小型企业	16027	424088	71314	119457
微型企业	327	13515	1660	4433
四、按国民经济工业行业分(GB/T4754-2011)				
采矿业	**4350**	**-3316**	**33917**	**89893**
煤炭开采和洗选业	178	-18073	119	22338
黑色金属矿采选业	1075	-10250	22	11012
有色金属矿采选业	1034	-10503	134	11575
非金属矿采选业	2063	35509	33642	44968
制造业	**48038**	**941204**	**259199**	**690862**
农副食品加工业	534	76726	7704	5772
食品制造业	800	37424	6724	690
酒、饮料和精制茶制造业	1102	23441	7475	6245
烟草制品业	13658	564831	116283	
纺织业	8	233	25	1
纺织服装、服饰业	299	2248	180	464
皮革、毛皮、羽毛及其制品和制鞋业		57	14	
木材加工和木、竹、藤、棕、草制品业	47	2031	99	
家具制造业	0.1	470	102	
造纸和纸制品业	229	3079	418	1739
印刷和记录媒介复制业	184	38733	6009	515
文教、工美、体育和娱乐用品制造业	28	2430	305	
石油加工、炼焦和核燃料加工业	195	19165	993	
化学原料和化学制品制造业	6169	-387227	26143	545230
医药制造业	12669	246831	29215	6937
化学纤维制造业	144	39813	9953	
橡胶和塑料制品业	1019	11637	2230	2454

单位：万元、万人

利税总额	应交税金及附加	本年应付职工薪酬	本年应交增值税	总资产贡献率(%)	资产负债率(%)	流动资产周转率(次/年)
621342	**320017**	**428435**	**214474**	**5.5**	**59.2**	**1.4**
551185	285376	381792	192050	5.3	59.8	1.4
54269	18364	17835	9582	13.7	42.7	1.5
15888	16277	28808	12842	5.3	55.4	0.8
3114866	**2808945**	**1089521**	**769156**	**10.8**	**51.6**	**1.3**
66156	84059	123839	51783	1.9	45.0	1.4
251832	139067	237805	80142	7.4	59.4	2.0
130523	67157	54332	21429	12.3	48.6	1.4
8316	41752	67079	26490	1.5	56.9	1.7
2658040	2476910	606467	589313	15.7	52.5	1.0
-698562	201055	360541	109320	-2.5	83.0	1.1
3212813	2850744	1048278	826892	9.3	55.6	1.3
437	386	1325	325	8.7	70.4	3.4
3498887	2593513	679522	664499	23.1	41.1	1.2
512568	721293	1076699	443544	2.7	62.7	1.5
3142904	2601128	737210	673514	12.0	48.2	1.3
175587	352239	516212	227678	3.1	69.5	1.2
685759	365824	498002	214255	6.6	62.5	1.8
7206	-4386	4798	-7404	2.6	71.4	1.5
110756	**164423**	**149269**	**79093**	**3.6**	**56.6**	**0.7**
-9685	16125	9049	4581	-5.1	51.0	0.6
-6303	4524	19233	3186	-0.1	51.2	0.4
97	10905	22402	7487	1.1	76.8	1.9
126647	132869	98586	63840	6.6	58.1	0.8
3568580	**2953969**	**1422420**	**909705**	**10.9**	**54.8**	**1.4**
85030	18079	58014	6405	8.8	59.1	3.2
57245	28139	60343	17028	10.8	47.0	2.2
58479	44765	45537	20841	9.8	55.4	2.2
2622796	2188671	197324	434464	40.2	20.9	1.1
591	463	1433	154	4.5	72.1	2.7
3391	1366	3620	916	2.9	63.9	0.3
94	52	176	27	4.9	47.9	1.4
2518	684	4023	337	5.9	56.6	1.8
671	390	671	106	8.1	63.5	1.5
6320	3873	7441	2861	5.4	68.1	1.7
57823	26488	43804	16851	12.8	48.3	1.2
2957	872	3444	415	5.2	13.5	1.2
24873	6803	8815	5157	8.8	29.2	0.7
-302715	116772	197083	65190	-4.1	76.0	1.2
390150	181136	181464	127637	10.4	49.0	0.7
48323	18595	5605	7594	47.0	16.1	1.7
22020	13695	26503	8292	6.2	56.1	2.5

10-2 续表 14

（2016年）

指标	营业外支出	利润总额	所得税费用	亏损企业亏损总额
非金属矿物制品业	1604	80276	11602	5742
黑色金属冶炼和压延加工业	605	-51736	-208	55531
有色金属冶炼和压延加工业	4230	72476	7894	15141
金属制品业	2024	37774	5555	7206
通用设备制造业	560	7583	898	3027
专用设备制造业	300	21837	3522	4863
汽车制造业	506	30292	5034	1383
铁路、船舶、航空航天和其他运输设备制造业	35	34435	4336	
电气机械和器材制造业	895	23602	5375	17347
计算机、通信和其他电子设备制造业	38	6633	447	
仪器仪表制造业	89	-3317	861	9898
其他制造业	63	88	10	
废弃资源综合利用业	4	-660	1	677
电力、热力、燃气及水生产和供应业	**10165**	**170897**	**31668**	**71107**
电力、热力生产和供应业	6538	50065	12317	58847
燃气生产和供应业	2083	94204	14077	264
水的生产和供应业	1543	26629	5274	11996
五、按隶属关系分组				
中央属企业	22402	578118	122960	122040
省属企业	13015	-154886	85954	595617
市(直)属企业	4468	67984	14938	31291
县属企业	585	-6956	3703	30980
街道企业	783	24157	7770	8890
镇属企业	105	9095	1156	
乡办企业	2	33	8	
居委会	100	8218	1257	243
村委会	68	45	2	81
其他企业	21025	582978	87034	62721
六、按企业所在地分组				
五华区	26103	747032	131088	18405
盘龙区	1351	98472	18131	6836
官渡区	9503	416461	61930	15225
西山区	3494	-48819	9074	117408
东川区	2271	14567	4255	16293
呈贡区	5245	178900	32372	35898
晋宁区	1401	-29443	23969	48232
富民县	534	46340	4577	3970
宜良县	1110	16361	5011	18716
石林县	320	29548	3137	874
嵩明县	702	47419	6852	4373
禄劝县	3077	-15144	2264	31069
寻甸县	1450	-359682	1786	381780
安宁市	5993	-33228	20338	152783

单位：万元、万人

利税总额	应交税金及附加	本年应付职工薪酬	本年应交增值税	总资产贡献率(%)	资产负债率(%)	流动资产周转率(次/年)
131365	65191	91488	43591	7.7	65.3	1.3
-28637	31314	24437	21263	1.2	86.5	2.3
118461	60796	151411	39028	3.8	60.9	2.4
60731	30434	59204	18299	8.0	61.8	1.3
14835	9064	29653	6505	3.7	53.5	0.5
37537	20938	39517	13053	6.1	62.2	0.8
49684	27013	43857	16989	4.7	58.7	0.7
42497	13083	35116	6047	5.8	18.6	1.9
49487	33145	63125	22625	5.7	56.0	1.3
10096	4333	10930	2950	3.9	36.5	1.0
593	5817	24485	3222	1.2	87.4	1.1
224	159	1877	126	2.4	40.7	1.5
1142	1840	2021	1733	3.6	89.6	1.7
332119	**196413**	**184531**	**119244**	**4.1**	**60.6**	**1.5**
150558	113781	130524	89404	4.2	87.9	2.4
116177	36256	23297	18502	3.0	6.1	0.5
65384	46377	30711	11338	6.2	72.5	0.8
2739599	2307389	410237	523892	14.5	53.7	1.8
152522	419968	576049	253924	2.0	57.8	0.9
152244	104189	124670	50444	5.8	65.7	1.0
17933	29610	52243	20114	2.0	75.7	0.7
42586	26822	24546	15956	10.5	59.9	2.4
12206	12022	7700	707	12.7	24.2	2.0
33	8	301		11.8	67.9	9.6
12145	5419	3190	3495	14.0	23.0	1.7
404	378	1024	325	8.1	70.8	2.8
881784	409002	556262	239186	9.3	53.7	1.7
2849355	2253902	378148	499754	23.8	40.6	1.5
192134	114762	113089	33195	7.4	61.1	0.7
641802	296848	329150	198971	6.3	46.0	1.3
7570	71293	108402	46060	1.8	64.8	1.3
44010	34898	58942	22808	7.6	52.2	2.9
311752	177483	229013	115914	5.8	61.3	1.3
25745	84447	98433	36202	2.7	67.0	1.4
61067	20028	38446	12531	8.8	67.9	1.9
40132	29823	67443	19943	5.8	62.0	3.3
36454	11101	23692	5526	6.7	63.0	1.6
84912	46892	76134	23417	8.6	56.7	2.1
-5350	12263	18133	8308	2.3	90.3	0.6
-347327	22646	47413	6716	-21.5	97.7	0.8
69200	138419	169784	78700	2.4	68.8	1.5

10-2 续表 15

（2016年）

指　　标	成本费用利润率(%)	产品销售率(%)	从业人员平均人数	从业人员期末人数
总　计	**3.66**	**96.70**	**21.20**	**20.97**
一、按登记注册类型分组:				
内资企业	**3.63**	**96.72**	**18.88**	**18.65**
国有企业	3.11	100.62	1.27	1.29
中央企业	3.17	100.98	0.58	0.61
地方企业	2.68	97.25	0.69	0.68
集体企业	5.22	96.07	0.12	0.12
股份合作企业	-6.98	99.86	0.03	0.03
有限责任公司	3.97	95.53	8.12	7.99
国有独资公司	0.14	90.43	1.41	1.36
其他有限责任公司	5.67	96.87	6.71	6.63
股份有限公司	3.33	96.84	4.04	3.86
私营企业	3.76	97.44	5.29	5.36
私营独资企业	6.09	98.24	0.09	0.09
私营合伙企业	1.30	104.62	0.03	0.03
私营有限责任公司	3.06	97.75	4.80	4.86
私营股份有限公司	12.92	93.26	0.38	0.38
港、澳、台商投资企业	**10.43**	**96.91**	**1.17**	**1.18**
合资经营企业(港或澳、台资)	14.27	98.66	0.56	0.56
合作经营企业(港或澳、台资)	7.38	93.89	0.04	0.04
港澳台商独资经营企业	9.95	95.31	0.17	0.17
港澳台商投资股份有限公司	0.94	97.71	0.31	0.30
其他港澳台商投资企业	0.69	76.01	0.09	0.11
外商投资企业	**0.12**	**96.08**	**1.16**	**1.15**
中外合资经营企业	-2.49	93.59	0.67	0.66
中外合作经营企业	0.12	99.39	0.09	0.09
外资企业	8.48	98.44	0.38	0.37
其他外商投资企业	5.71	106.94	0.02	0.02
二、按经济组织类型分组				
独资企业	**4.19**	**99.87**	**2.03**	**2.05**
国有企业	3.11	100.62	1.27	1.29
集体企业	5.22	96.07	0.12	0.12
私营独资企业	6.09	98.24	0.09	0.09
港澳台商独资经营企业	9.95	95.31	0.17	0.17
外资企业	8.48	98.44	0.38	0.37
合作、合伙企业	**0.64**	**96.86**	**0.29**	**0.32**
股份合作企业	-6.98	99.86	0.03	0.03
私营合伙企业	1.30	104.62	0.03	0.03
合作经营企业(港或澳、台资)	7.38	93.89	0.04	0.04
中外合作经营企业	0.12	99.39	0.09	0.09
其他港澳台商投资企业	0.69	76.01	0.09	0.11
其他外商投资企业	5.71	106.94	0.02	0.02

单位：万元、万人

平均用工人数	期末用工人数	主营业务收入利润率(%)	每百元资产实现的主营业务收入(元)	产成品存货周转天数(天)	应收账款平均回收期(天)
21.34	**20.92**	**3.57**	**60.33**	**25**	**51**
19.03	**18.60**	**3.51**	**59.98**	**25**	**49**
1.32	1.32	3.05	64.94	32	21
0.58	0.58	3.08	67.82	34	13
0.74	0.74	2.80	48.43	19	89
0.12	0.13	4.81	101.82	18	52
0.03	0.03	-8.01	40.35	42	73
8.08	7.84	3.71	42.60	35	73
1.44	1.37	0.20	29.57	13	73
6.64	6.47	4.59	47.95	43	73
4.14	4.00	3.33	71.41	16	26
5.33	5.29	3.64	119.63	21	55
0.09	0.09	5.72	125.29	15	34
0.02	0.02	1.29	194.39	1	153
4.84	4.79	2.99	123.18	21	54
0.38	0.40	11.73	85.37	29	69
1.15	**1.16**	**9.77**	**56.30**	**32**	**74**
0.56	0.56	12.62	59.96	17	43
0.04	0.04	6.84	34.65	222	139
0.17	0.17	9.58	51.33	33	81
0.31	0.30	1.04	47.42	76	180
0.07	0.09	0.68	139.76	182	65
1.16	**1.15**	**0.14**	**72.97**	**21**	**66**
0.67	0.66	-3.20	66.44	26	101
0.09	0.09	0.13	129.27	6	7
0.38	0.38	7.92	63.44	22	35
0.02	0.02	5.38	111.90	68	36
2.09	**2.09**	**4.07**	**65.38**	**31**	**27**
1.32	1.32	3.05	64.94	32	21
0.12	0.13	4.81	101.82	18	52
0.09	0.09	5.72	125.29	15	34
0.17	0.17	9.58	51.33	33	81
0.38	0.38	7.92	63.44	22	35
0.26	**0.29**	**0.64**	**111.53**	**22**	**25**
0.03	0.03	-8.01	40.35	42	73
0.02	0.02	1.29	194.39	1	153
0.04	0.04	6.84	34.65	222	139
0.09	0.09	0.13	129.27	6	7
0.07	0.09	0.68	139.76	182	65
0.02	0.02	5.38	111.90	68	36

10-2 续表 16

（2016年）

指　　标	成本费用利润率(%)	产品销售率(%)	从业人员平均人数	从业人员期末人数
股份有限公司	**3.60**	**96.67**	**4.73**	**4.54**
股份有限公司(内资)	3.33	96.84	4.04	3.86
私营股份有限公司	12.92	93.26	0.38	0.38
港澳台商投资股份有限公司	0.94	97.71	0.31	0.30
有限责任公司	**3.67**	**96.18**	**14.15**	**14.06**
国有独资公司	0.14	90.43	1.41	1.36
私营有限责任公司	3.06	97.75	4.80	4.86
合资经营企业(港或澳、台资)	14.27	98.66	0.56	0.56
中外合资经营企业	-2.49	93.59	0.67	0.66
其他有限责任公司	5.67	96.87	6.71	6.63
三、**在总计中**				
亏损企业	-12.10	93.69	5.73	5.46
国有控股企业	3.42	96.67	9.74	9.48
农村工业	0.46	89.64	0.05	0.05
按轻重工业：轻工业	14.45	98.63	7.68	7.65
重工业	-0.15	95.68	13.52	13.32
按企业规模：大型企业	5.54	96.19	7.02	6.75
中型企业	-1.59	98.45	6.01	6.00
小型企业	4.41	96.27	8.10	8.17
微型企业	5.68	97.07	0.06	0.06
四、按国民经济工业行业分(GB/T4754-2011)				
采矿业	**-0.25**	**88.48**	**1.64**	**1.58**
煤炭开采和洗选业	-27.94	99.35	0.15	0.15
黑色金属矿采选业	-3.12	99.51	0.17	0.14
有色金属矿采选业	-8.62	97.54	0.31	0.33
非金属矿采选业	4.38	81.94	1.01	0.96
制造业	**3.57**	**96.84**	**18.15**	**17.97**
农副食品加工业	4.40	95.81	1.26	1.24
食品制造业	5.97	99.12	0.94	0.94
酒、饮料和精制茶制造业	4.79	95.81	0.79	0.76
烟草制品业	24.39	100.68	0.97	0.95
纺织业	1.10	96.30	0.02	0.02
纺织服装、服饰业	10.04	104.13	0.16	0.16
皮革、毛皮、羽毛及其制品和制鞋业	2.06	98.35	0.01	0.01
木材加工和木、竹、藤、棕、草制品业	3.65	99.31	0.06	0.06
家具制造业	6.56	103.27	0.02	0.02
造纸和纸制品业	2.23	97.58	0.24	0.25
印刷和记录媒介复制业	13.14	99.41	0.60	0.60
文教、工美、体育和娱乐用品制造业	8.61	93.36	0.08	0.08
石油加工、炼焦和核燃料加工业	11.55	90.71	0.12	0.11
化学原料和化学制品制造业	-10.71	91.16	2.68	2.65
医药制造业	17.62	97.78	1.66	1.67
化学纤维制造业	41.35	100.00	0.04	0.04
橡胶和塑料制品业	1.92	97.25	0.61	0.62

单位：万元、万人

平均用工人数	期末用工人数	主营业务收入利润率(%)	每百元资产实现的主营业务收入(元)	产成品存货周转天数(天)	应收账款平均回收期(天)
4.83	**4.69**	**3.59**	**71.25**	**17**	**30**
4.14	4.00	3.33	71.41	16	26
0.38	0.40	11.73	85.37	29	69
0.31	0.30	1.04	47.42	76	180
14.16	**13.85**	**3.53**	**54.01**	**29**	**68**
1.44	1.37	0.20	29.57	13	73
4.84	4.79	2.99	123.18	21	54
0.56	0.56	12.62	59.96	17	43
0.67	0.66	-3.20	66.44	26	101
6.64	6.47	4.59	47.95	43	73
5.75	5.41	-13.34	42.33	27	57
9.83	9.50	3.30	51.92	25	46
0.05	0.05	0.46	251.31	22	22
7.61	7.56	11.51	54.59	40	56
13.72	13.35	-0.16	58.53	20	48
6.85	6.46	4.98	55.90	18	42
6.11	6.06	-1.66	61.35	34	58
8.25	8.27	4.66	70.29	30	60
0.13	0.12	5.42	36.91	16	75
1.59	**1.47**	**-0.29**	**26.06**	**64**	**125**
0.15	0.15	-26.72	37.89	3	140
0.18	0.15	-3.45	20.01	3	143
0.31	0.33	-9.62	42.61	7	24
0.95	0.85	5.18	27.11	124	131
18.27	**17.97**	**3.45**	**76.72**	**26**	**50**
1.27	1.23	4.26	167.03	12	39
0.97	0.96	5.72	114.05	33	23
0.78	0.77	4.65	79.81	22	40
0.96	0.94	14.57	59.84	79	39
0.02	0.02	1.08	116.88	45	62
0.16	0.16	9.59	19.69	165	79
0.01	0.01	2.01	113.06	74	45
0.08	0.08	3.66	82.33	61	30
0.02	0.02	6.09	93.16	73	64
0.24	0.25	2.21	101.36	22	57
0.61	0.61	12.05	68.33	36	84
0.08	0.08	7.93	48.23	76	57
0.11	0.11	10.63	60.87	4	80
2.53	2.50	-11.31	66.30	27	69
1.69	1.70	15.26	41.69	46	66
0.04	0.04	29.13	134.95	11	4
0.60	0.61	1.88	144.81	24	52

10–2 续表 17

（2016年）

指　　标	成本费用利润率(%)	产品销售率(%)	从业人员平均人数	从业人员期末人数
非金属矿物制品业	6.99	98.68	1.33	1.35
黑色金属冶炼和压延加工业	-1.92	99.30	1.06	0.90
有色金属冶炼和压延加工业	1.00	98.69	1.47	1.54
金属制品业	5.12	97.86	0.94	0.92
通用设备制造业	4.15	92.60	0.62	0.60
专用设备制造业	6.10	98.74	0.61	0.60
汽车制造业	5.58	73.01	0.42	0.43
铁路、船舶、航空航天和其他运输设备制造业	9.23	109.59	0.16	0.16
电气机械和器材制造业	2.60	98.28	0.82	0.82
计算机、通信和其他电子设备制造业	3.98	103.77	0.13	0.13
仪器仪表制造业	-0.89	96.95	0.30	0.30
其他制造业	0.74	99.53	0.03	0.03
废弃资源综合利用业	-1.87	99.44	0.03	0.03
电力、热力、燃气及水生产和供应业	**6.68**	**99.38**	**1.41**	**1.42**
电力、热力生产和供应业	2.33	99.25	0.92	0.90
燃气生产和供应业	39.65	100.00	0.26	0.28
水的生产和供应业	15.19	100.00	0.23	0.23
五、按隶属关系分组				
中央属企业	5.10	99.23	3.42	3.25
省属企业	-2.20	95.63	5.59	5.46
市(直)属企业	5.28	98.62	1.54	1.54
县属企业	-0.94	83.60	0.82	0.82
街道企业	5.67	100.32	0.36	0.37
镇属企业	8.40	97.59	0.14	0.14
乡办企业	0.81	93.96	0.01	0.01
居委会	10.33	96.45	0.05	0.06
村委会	0.34	88.57	0.04	0.04
其他企业	6.30	95.40	9.21	9.28
六、按企业所在地分组				
五华区	10.70	99.03	3.17	3.20
盘龙区	9.99	99.73	1.09	1.11
官渡区	9.03	96.29	3.10	3.06
西山区	-2.98	95.69	1.24	1.24
东川区	1.93	98.90	0.88	0.96
呈贡区	3.67	98.05	2.84	2.78
晋宁区	-2.20	87.55	1.48	1.47
富民县	9.64	97.67	0.58	0.59
宜良县	1.41	96.92	1.05	1.05
石林县	10.18	97.70	0.42	0.41
嵩明县	3.80	97.61	1.25	1.23
禄劝县	-6.24	95.32	0.25	0.24
寻甸县	-60.48	94.65	0.71	0.69
安宁市	-0.65	93.91	3.14	2.94

单位：万元、万人

平均用工人数	期末用工人数	主营业务收入利润率(%)	每百元资产实现的主营业务收入(元)	产成品存货周转天数(天)	应收账款平均回收期(天)
1.38	1.39	6.60	67.15	31	93
1.06	0.91	-2.87	62.96	22	26
1.52	1.50	1.02	125.27	8	12
0.98	0.96	4.88	86.97	32	108
0.61	0.60	4.58	34.78	83	239
0.60	0.58	5.84	55.37	73	146
0.43	0.44	6.15	42.52	52	92
0.15	0.19	8.59	57.58	15	95
0.83	0.82	2.57	91.77	38	95
0.13	0.13	3.86	58.91	14	94
0.33	0.32	-0.93	83.50	27	179
0.03	0.03	0.74	116.75		96
0.03	0.03	-1.82	106.41	10	133
1.48	**1.48**	**6.45**	**23.00**	**0**	**23**
0.95	0.94	2.29	33.54		20
0.27	0.28	33.58	7.87	1	31
0.26	0.26	14.27	12.90		40
3.43	3.26	4.81	58.97	17	27
5.71	5.52	-2.29	43.70	31	66
1.58	1.57	5.27	40.31	25	85
0.82	0.82	-0.96	48.95	75	65
0.36	0.36	5.35	108.05	16	43
0.14	0.14	7.71	110.00	54	20
0.01	0.01	0.81	387.64	1	4
0.06	0.06	9.51	99.19	5	7
0.04	0.04	0.35	226.21	28	28
9.20	9.13	6.07	92.93	26	65
3.28	3.29	8.81	68.39	18	38
1.11	1.11	9.36	38.29	35	84
3.01	2.99	8.51	46.36	35	74
1.29	1.29	-3.61	51.43	33	78
0.88	0.86	1.89	117.71	13	21
2.85	2.81	3.57	76.44	22	44
1.45	1.36	-2.22	58.42	61	49
0.59	0.60	9.03	75.49	22	40
1.06	1.04	1.41	113.48	10	28
0.42	0.42	9.22	44.08	24	41
1.29	1.27	3.66	122.31	25	61
0.24	0.25	-6.53	20.84	22	58
0.71	0.68	-66.54	37.68	23	43
3.15	2.94	-0.80	53.97	20	51

10-3 全市主要工业产品产量

指　　标	单位	2016年	2015年	增速(±%)
铁矿石原矿	吨	2282576	1634067	39.7
铁矿石成品矿	吨	887309	312622	183.8
铜金属含量	吨	71766	47861	50.0
铅金属含量	吨		28	-100.0
锌金属含量	吨		89	-100.0
石灰石	吨	56352	7784	624.0
磷矿石(折含五氧化二磷30%)	吨	22535336	26353864	-14.5
原盐	吨	1060774	1015806	4.4
小麦粉	吨	62488	19304	223.7
大米	吨		4460	-100.0
饲料	吨	2268572	1985610	14.3
精制食用植物油	吨	209025	34644	503.4
鲜、冷藏肉	吨	53480	34578	54.7
冻肉	吨	6980		100.0
熟肉制品	吨	34955	10504	232.8
冷冻蔬菜	吨	24592	20666	19.0
糖果	吨	29	58	-49.3
速冻食品	吨	885	717	23.5
方便面	吨	44494	39203	13.5
乳制品	吨	230445	187492	22.9
罐头	吨	8944	7607	17.6
酱油	吨	27679	23643	17.1
营养、保健食品	吨	157	193	-18.7
冷冻饮品	吨	3484	3955	-11.9
食品添加剂	吨	22563	22495	0.3
饲料添加剂	吨	327122	295541	10.7
饮料酒	千升	507561	476300	6.6
软饮料	吨	2359340	2402414	-1.8
精制茶	吨	5429	4591	18.2
复烤烟叶	吨	351184	366461	-4.2
卷烟	万支	8460433	8837928	-4.3
纱	吨	988	1268	-22.1
蚕丝	吨	312	222	40.7
服装	万件	358	368	-2.6
鞋	万双	370	562	-34.3
人造板	立方米	306781	200263	53.2

10–3 续表 1

指　　标	单位	2016年	2015年	增速(±%)
人造板表面装饰板	平方米	5664229	3065929	84.8
复合木地板	平方米	72196	77254	-6.6
家具	件	92894	91017	2.1
机制纸及纸板(外购原纸加工除外	吨	283018	200688	41.0
纸制品	吨	229881	223387	2.9
单色印刷品	令	1114522	997746	11.7
多色印刷品	对开色令	5863353	5616056	4.4
硫酸(折100%)	吨	8323551	8952833	-7.0
盐酸(氯化氢，含量31%)	吨	139243	128021	8.8
磷酸(含量85%)	吨	2078695	1947881	6.7
烧碱(折100%)	吨	202187	200408	0.9
碳化钙(电石，折300升/千克)	吨	141495	110734	27.8
纯苯	吨	3455	17971	-80.8
精甲醇	吨	264523	366779	-27.9
黄磷	吨	122950	140744	-12.6
合成氨(无水氨)	吨	591013	655191	-9.8
农用氮、磷、钾化学肥料(折纯)	吨	1545034	1753151	-11.9
磷酸一铵(实物量)	吨	1601558	1538906	4.1
磷酸二铵(实物量)	吨	4387367	4549882	-3.6
涂料	吨	25684	18970	35.4
初级形态塑料	吨	181779	191748	-5.2
合成橡胶	吨	200154	159144	25.8
化学试剂	吨	13093	6935	88.8
合成洗涤剂	吨	106887	23969	345.9
化学药品原药	吨	182	136	33.8
中成药	吨	30392	27953	8.7
化学纤维	吨	38970	43396	-10.2
橡胶轮胎外胎	条	98020	74722	31.2
塑料制品	吨	215374	215812	-0.2
硅酸盐水泥熟料	吨	13472447	12653499	6.5
水泥	吨	18893692	18226538	3.7
商品混凝土	立方米	15658406	12835716	22.0
水泥混凝土排水管	千米	98	248	-60.6
水泥混凝土压力管	千米	24	21	13.3
水泥混凝土电杆	根	802	899	-10.8

10–3 续表 2

指　　标	单位	2016年	2015年	增速(±%)
预应力混凝土桩	米	1723793	1665977	3.5
石膏板	万平方米	781	895	-12.7
砖	万块	120386	124199	-3.1
瓦	万片	562	634	-11.4
天然大理石建筑板材	平方米	5105121	5339120	-4.4
沥青和改性沥青防水卷材	平方米	6655337	981435	578.1
平板玻璃	重量箱	23321		100.0
钢化玻璃	平方米	904582	882103	2.6
夹层玻璃	平方米	102732	111793	-8.1
中空玻璃	平方米	372322	459615	-19.0
日用玻璃制品	吨	16550	19934	-17.0
纤维增强塑料制品	吨	5354	5132	4.3
耐火材料制品	吨	193525	216257	-10.5
石墨及炭素制品	吨	272519	279980	-2.7
生铁	吨	3908226	4542251	-14.0
粗钢	吨	3917602	4624181	-15.3
铸铁件	吨	28725	35878	-19.9
铸钢件	吨	5811	5312	9.4
钢材	吨	4428338	4924983	-10.1
用外购钢材再加工生产钢材	吨	437917	438914	-0.2
铁合金	吨	2693	3335	-19.3
十种有色金属	吨	856569	827188	3.6
精炼铜(电解铜)	吨	447065	417023	7.2
原铝(电解铝)	吨	303516	307876	-1.4
黄金	千克	56925	59683	-4.6
白银(银锭)	千克	696347	627254	11.0
单一稀土金属	千克	207078	200945	3.1
铜材	吨	173426	189914	-8.7
铝材	吨	341232	340476	0.2
钢结构	吨	346114	272708	26.9
金属门窗及类似制品	吨	1508	1018	48.1
金属包装容器	吨	5927	3752	57.9
锻件	吨	1509	3132	-51.8
发动机	千瓦	28209520	19607818	43.9
金属切削机床	台	11545	24887	-53.6

10-3 续表 3

指　　标	单位	2016年	2015年	增速(±%)
铸造机械	台	17325	18237	-5.0
起重机	吨	13961	13716	1.8
电梯、自动扶梯及升降机	台	448	260	72.3
泵	台	4301	5464	-21.3
液压元件	件	3569	3689	-3.3
风机	台	4599	4530	1.5
衡器(秤)	台	9303	9053	2.8
减速机	台	1	2	-50.0
矿山专用设备	吨	9473	9044	4.8
建筑工程用机械	台	84	63	33.3
混凝土机械	台	28	48	-41.7
金属冶炼设备	吨	640	93	588.2
金属轧制设备	吨	550	1503	-63.4
炼油、化工生产专用设备	吨	1728	1240	39.3
农产品初加工机械	台	52375	93745	-44.1
饲料生产专用设备	台	18714	11134	68.1
小型拖拉机	台	16109	17353	-7.2
汽车	辆	1945	2486	-21.8
改装汽车	辆	172		100.0
发电机组(发电设备)	千瓦	591920	939850	-37.0
电动机	千瓦	718655	933423	-23.0
变压器	千伏安	13209004	14537520	-9.1
高压开关板	面	1467	2428	-39.6
低压开关板	面	197179	38672	409.9
高压开关设备(11万伏以上)	台	872	905	-3.7
安全、自动化监控设备	台(套)	35634	35597	0.1
电力电缆	千米	151354	114878	31.8
绝缘制品	吨	5806		100.0
太阳能热水器	平方米	307024	361387	-15.0
灯具及照明装置	套(台、个)	529500	567750	-6.7
打印机	台	53586	62051	-13.6
程控交换机	线	50749	57749	-12.1
工业自动调节仪表与控制系统	台(套)	53	51	3.9
光学仪器	台(个)	13481683	13574674	-0.7
自来水生产量	万立方米	34802	33253	4.7

10-4 年主营业务收入2000万元及以上

（2016年）

能源名称	单位	年初库存量	购进量	购自省外
原煤	吨	1180945.71	10466766.18	1005738.45
无烟煤	吨	374091.46	1997981.84	311868.45
炼焦烟煤	吨	1818.00	114416.12	57002.00
一般烟煤	吨	709423.60	4695177.73	636868.00
褐煤	吨	95612.65	3659190.49	
洗精煤(用于炼焦)	吨	81796.66	1922453.90	121373.00
其他洗煤	吨	2255.41	16110.24	4747.90
煤制品	吨	289.54	9971.80	124.82
焦炭	吨	65501.59	2085752.19	
其他焦化产品	吨	23280.04	28652.13	
焦炉煤气	万立方米		17316.15	
高炉煤气	万立方米		379430.33	
转炉煤气	万立方米		6939.56	
发生炉煤气	万立方米			
天然气	万立方米	0.70	6860.13	
液化天然气	吨	1.26	1290.46	
汽油	吨	292.37	16679.45	3842.74
煤油	吨	25.87	165.89	
柴油	吨	6158.69	106077.15	
燃料油	吨	234.47	6730.08	3311.38
液化石油气	吨	12.00	829.94	
润滑油	吨	281.32	1576.08	130.34
石蜡	吨		5.50	
溶剂油	吨	130.10	3248.22	3202.22
石油焦	吨	28917.30	285278.88	285278.88
石油沥青	吨	5499.94	59192.10	20058.18
其他石油制品	吨	90.00	142.00	142.00
热力	百万千焦		1567936.88	130583.92
电力	万千瓦时		1843406.04	
城市生活垃圾(用于燃料)	吨			
生物燃料	吨标准煤	1219.59	28448.10	
余热余压	百万千焦		1044900.69	
工业废料(用于燃料)	吨	300.00	3373.71	
其他燃料	吨标准煤	301.48	13392.61	

独立核算工业企业能源购进、消费与库存

能源消费量	工业生产消费量	用于原材料	加工转换投入	火力发电	供热	原煤入洗
10955823.21	10952237.86	1090791.40	4596818.10	3129200.29	82241.63	588065.85
2206413.46	2206334.46	757666.40				
112941.74	112941.74		111541.00			
5087913.32	5085871.68	333125.00	2189951.51	1561436.66	40449.00	588065.85
3548554.69	3547089.98		2295325.59	1567763.63	41792.63	
1928203.15	1928203.15		1928203.15			
15616.99	15616.99	4759.51				
10189.11	10189.11					
2072561.04	2071365.29	237343.47				
51564.61	51564.61	3784.31	41861.70			
36230.21	36220.02					
774036.54	774036.54		320224.57	320224.57		
46692.94	46692.94		6939.56	6939.56		
45696.60	45696.60		45696.60			
12317.23	12277.59		5457.60			
1830.14	1817.12					
16786.72	8316.43	3896.78				
174.82	174.81	129.72				
106549.03	95683.43	1074.61	342.00	326.00	16.00	
6793.97	6793.97	1053.16				
1408.41	1350.24					
1680.91	1680.79	662.06				
1.50	1.50					
3187.06	3187.06	3150.36				
300401.75	300401.75	286115.25				
60228.00	60228.00	59700.65				
780.03	780.03	170.00				
1567936.88	1567936.88					
2083818.74	2061685.28					
1439386.02	1439386.02		1439386.02	1439386.02		
28669.13	27994.82					
13062051.20	13062051.20		13062051.20	13062051.20		
3203.71	3203.71					
13478.07	13476.12					

10-4 续表

（2016年）

能源名称	单位	能源		
		工业生产消费量		
		加工转换投入		
		炼焦	炼油及煤制油	制气
原煤	吨	111541.00		685769.33
无烟煤	吨			
炼焦烟煤	吨	111541.00		
一般烟煤	吨			
褐煤	吨			685769.33
洗精煤(用于炼焦)	吨	1928203.15		
其他洗煤	吨			
煤制品	吨			
焦炭	吨			
其他焦化产品	吨		41861.70	
焦炉煤气	万立方米			
高炉煤气	万立方米			
转炉煤气	万立方米			
发生炉煤气	万立方米		45696.60	
天然气	万立方米			
液化天然气	吨			
汽油	吨			
煤油	吨			
柴油	吨			
燃料油	吨			
液化石油气	吨			
润滑油	吨			
石蜡	吨			
溶剂油	吨			
石油焦	吨			
石油沥青	吨			
其他石油制品	吨			
热力	百万千焦			
电力	万千瓦时			
城市生活垃圾(用于燃料)	吨			
生物燃料	吨标准煤			
余热余压	百万千焦			
工业废料(用于燃料)	吨			
其他燃料	吨标准煤			

消费量			期末库存量	能源加工转换产出	回收利用
天然气液化	非工业生产消费	运输工具消费			
	3585.34		692037.19		
	79.00		164686.22		
			3292.38		
	2041.63		316688.02		
	1464.71		207370.57		
			76047.41	265548.88	
			2748.66	212259.59	
			72.23		
	1195.75		78692.74	1518797.00	
			367.56	100554.19	
	10.19			46359.00	
					641316.29
					44408.33
				45696.60	
5457.60	39.64	1.49	1.20	5457.60	
	13.02		1.59	38510.56	
	8470.29	12367.16	155.80	2758.43	
	0.01		16.94		
	10865.60	60981.62	5658.40		
			170.58		
	58.18	101.00	14.17	989.68	
	0.12		176.49		
			4.00		
			191.26		
			13794.43		
			4464.04		
			62.00	196189.41	
				1028209.00	
	22133.45			693474.09	
	674.31		998.55		
					13250165.06
			470.00		
	1.95		216.02		

10-5 年主营业务收入2000万元及以上独立核算

（2016年）

指标	原煤(万吨)	无烟煤(万吨)	炼焦烟煤(万吨)	一般烟煤(万吨)	褐煤(万吨)	洗精煤（用于炼焦）(万吨)
全部工业企业	**1095.58**	**220.64**	**11.29**	**508.79**	**354.86**	**192.82**
一、按轻重工业分						
轻工业	37.62	3.99	0.04	28.53	5.06	
重工业	1057.96	216.65	11.25	480.26	349.80	192.82
二、按国民经济工业行业分(GB/T4754-2011)						
采矿业	**90.12**	**1.44**		**86.55**	**2.13**	
煤炭开采和洗选业	59.15			59.04	0.11	
黑色金属矿采选业	5.37	1.07		2.88	1.42	
有色金属矿采选业	0.37	0.37				
非金属矿采选业	25.23			24.63	0.60	
制造业	**724.77**	**219.20**	**11.29**	**266.22**	**228.06**	**150.34**
农副食品加工业	2.92	0.64	0.04	2.20	0.04	
食品制造业	7.95	0.30		7.08	0.58	
酒、饮料和精制茶制造业	3.22			2.05	1.17	
烟草制品业	5.16			5.16		
纺织业						
纺织服装、服饰业	0.09			0.09		
皮革、毛皮、羽毛及其制品和制鞋业						
木材加工和木、竹、藤、棕、草制品业	0.18	0.18				
家具制造业						
造纸和纸制品业	5.71			3.48	2.23	
印刷和记录媒介复制业	0.34			0.34		
文教、工美、体育和娱乐用品制造业						
石油加工、炼焦和核燃料加工业	11.15		11.15			150.34
化学原料和化学制品制造业	353.50	119.70		18.83	214.95	
医药制造业	3.56	2.87		0.69		
化学纤维制造业	4.57			4.57		
橡胶和塑料制品业	2.78	0.57		1.30	0.92	
非金属矿物制品业	219.32	0.22		216.17	2.93	
黑色金属冶炼和压延加工业	90.00	89.72	0.10	0.18		
有色金属冶炼和压延加工业	12.88	4.97		3.50	4.41	
金属制品业	0.50	0.03		0.46	0.01	
通用设备制造业	0.08			0.08		
专用设备制造业	0.01			0.01		
汽车制造业						
铁路、船舶、航空航天和其他运输设备制造业						
电气机械和器材制造业	0.03			0.03		
计算机、通信和其他电子设备制造业						
仪器仪表制造业						
其他制造业	0.82				0.82	
废弃资源综合利用业						
电力、热力、燃气及水生产和供应业	**280.69**			**156.02**	**124.67**	**42.48**
电力、热力生产和供应业	279.18			154.51	124.67	
燃气生产和供应业	1.51			1.51		42.48
水的生产和供应业						

工业企业能源分行业分品种能源消费量

其它洗煤(万吨)	煤制品(万吨)	焦炭(万吨)	其它焦化产品(万吨)	焦炉煤气(亿立方米)	高炉煤气(亿立方米)	转炉煤气(亿立方米)	发生炉煤气(亿立方米)	天然气(亿立方米)	液化天然气(万吨)	汽油(万吨)
1.56	**1.02**	**207.26**	**5.16**	**3.62**	**77.40**	**4.67**	**4.57**	**1.23**	**0.18**	**1.68**
0.61		0.04	0.01	0.07				0.26	0.09	0.47
0.95	1.02	207.22	5.15	3.55	77.40	4.67	4.57	0.97	0.09	1.21
		0.68		**0.34**	**37.35**	**0.69**				**0.03**
				0.34	37.35	0.69				
		0.68								
										0.03
1.56	**1.02**	**206.58**	**0.69**	**3.28**	**40.05**	**3.98**	**4.57**	**1.23**	**0.18**	**1.44**
			0.01					0.02		0.11
				0.06				0.02		0.04
				0.01				0.10		0.02
0.57								0.01		0.05
										0.01
										0.01
										0.03
0.04								0.01		0.07
										0.03
				1.89	0.12					0.01
		34.25	0.49				4.57	0.56	0.14	0.49
								0.08		0.05
										0.05
0.46		1.54		0.15	0.47				0.03	0.08
		160.73		1.10	39.45	3.98				0.01
0.47	1.01	9.75	0.19					0.40		0.05
		0.01		0.07	0.01			0.01	0.01	0.09
	0.01	0.11								0.05
0.02		0.14								0.07
								0.02		0.01
		0.01								0.01
		0.04								0.08
										0.01
										0.01
			4.47							**0.21**
										0.10
			4.47							0.09
										0.02

10-5 续表

（2016年）

指标	煤油(万吨)	柴油(万吨)	燃料油(万吨)	液化石油气(万吨)	润滑油(万吨)	溶剂油(万吨)
全部工业企业	**0.02**	**10.65**	**0.68**	**0.14**	**0.17**	**0.32**
一、按轻重工业分						
轻工业		1.36	0.02	0.03		0.32
重工业	0.02	9.29	0.66	0.11	0.17	
二、按国民经济工业行业分(GB/T4754-2011)						
采矿业		**4.91**				
煤炭开采和洗选业		0.72				
黑色金属矿采选业		0.06				
有色金属矿采选业		0.12				
非金属矿采选业		4.01				
制造业	**0.02**	**5.55**	**0.68**	**0.14**	**0.17**	**0.32**
农副食品加工业		0.11				
食品制造业		0.57				
酒、饮料和精制茶制造业		0.27				
烟草制品业		0.07		0.02		
纺织业						
纺织服装、服饰业						
皮革、毛皮、羽毛及其制品和制鞋业						
木材加工和木、竹、藤、棕、草制品业		0.05				
家具制造业						
造纸和纸制品业		0.12				
印刷和记录媒介复制业		0.06				
文教、工美、体育和娱乐用品制造业		0.01				
石油加工、炼焦和核燃料加工业		0.02				
化学原料和化学制品制造业		0.97	0.17	0.07	0.01	0.32
医药制造业		0.11	0.01			
化学纤维制造业						
橡胶和塑料制品业		0.16				
非金属矿物制品业		2.10			0.01	
黑色金属冶炼和压延加工业		0.09			0.02	
有色金属冶炼和压延加工业		0.30	0.34		0.05	
金属制品业		0.11		0.01		
通用设备制造业		0.01				
专用设备制造业		0.11				
汽车制造业	0.02	0.20			0.05	
铁路、船舶、航空航天和其他运输设备制造业		0.04			0.02	
电气机械和器材制造业		0.06		0.04	0.01	
计算机、通信和其他电子设备制造业						
仪器仪表制造业						
其他制造业						
废弃资源综合利用业		0.01	0.16			
电力、热力、燃气及水生产和供应业		**0.19**				
电力、热力生产和供应业		0.17				
燃气生产和供应业		0.01				
水的生产和供应业		0.01				

石油焦(万吨)	石油沥青(万吨)	其它石油制品(万吨)	热力(万百万千焦)	电力(亿千瓦时)	城市生活垃圾（用于燃料）(万吨)	生物燃料(万吨标准煤)	余热余压(万百万千焦)	工业废料（用于燃料）(万吨)	其他燃料(万吨标准煤)
30.04	**6.02**	**0.08**	**156.79**	**208.38**	**143.94**	**2.87**	**1306.21**	**0.32**	**1.35**
		0.02	108.21	12.14		2.47	22.74	0.01	0.71
30.04	6.02	0.06	48.58	196.24	143.94	0.40	1283.47	0.31	0.64
				11.92					
				0.12					
				3.57					
				3.08					
				5.15					
30.04	**6.02**	**0.08**	**156.79**	**167.10**		**2.87**	**1290.97**	**0.32**	**1.35**
			1.53	1.18		0.41			0.16
			8.30	2.01		0.45	8.33	0.01	0.08
				1.44					0.01
			80.06	2.09		0.79			
				0.07					
			0.36	0.06					
				0.02					
				0.61		0.21		0.29	
				0.01					
				1.31		0.04			
				0.63					
				0.06					
				0.65			104.03		
8.99		0.08	33.31	54.73		0.06	675.29		0.86
			17.97	1.43		0.73			
				0.47			14.40		
				1.82					
	2.03		8.75	20.57		0.18	443.18	0.02	0.24
				17.47					
21.05	3.99		6.51	55.75			45.74		
				1.39					
				0.38					
				0.32					
				1.25					
				0.14					
				0.91					
				0.01					
				0.13					
				0.02					
				0.17					
				29.36	**143.94**		**15.24**		
				25.02	143.94				
				1.32			15.24		
				3.02					

10-6 年主营业务收入2000万元及以上独立核算工业企业用水情况

（2016年）

指　　标	单位	取水量	外供水量
合　计	立方米	**628927512.06**	**357456389.70**
地表淡水	立方米	553977810.85	11629878.40
地下淡水	立方米	32373296.98	921464.00
自来水	立方米	35864287.19	343704450.00
矿井水	立方米	2909860.00	
雨水	立方米	1075205.54	
再生水(中水)	立方米	1826029.00	
其他水	立方米	901022.49	1200597.30

注：重复用水量:264723.48万立方米；外排水量:3144.78万立方米；直流冷却水量(河湖水):4497.58万立方米；污水处理企业污水处理量: 44599.37万立方米

主要统计指标解释

工业　指从事自然资源的开采，对采掘品和农产品进行加工和再加工的物质生产部门。具体包括：(1)对自然资源的开采，如采矿、晒盐、森林采伐等(但不包括禽兽捕猎和水产捕捞)；(2)对农副产品的加工、再加工，如粮油加工、食品加工、轧花、缫丝、纺织、制革等；(3)对采掘品的加工、再加工，如炼铁、炼钢、化工生产、石油加工、机器制造、木材加工等，以及电力、自来水、煤气的生产和供应等；(4)对工业品的修理、翻新，如机器设备的修理、交通运输工具(包括小卧车)的修理等。

国有企业　是指企业全部资产归国家所有，并按《中华人民共和国企业法人登记管理条例》规定登记注册的非公司制的经济组织。包括国有企业、国有独资公司和国有联营企业。

集体企业　指企业资产归集体所有，并按《中华人民共和国企业法人登记管理条例》规定登记注册的经济组织。是社会主义公有制经济的组成部分。包括城乡所有使用集体投资举办的企业，以及部分个人通过集资自愿放弃所有权并依法经工商行政管理机关认定为集体所有制的企业。

股份有限公司　指根据《中华人民共和国企业法人登记管理条例》规定登记注册，其全部注册资本由等额股份构成并通过发行股票筹集资本，股东以其认购的股份对公司承担有限责任，公司以其全部资产对其债务承担责任的经济组织。

港、澳、台商投资企业　指企业注册登记类型中的港、澳、台资合资、合作、独资经营企业和股份有限公司之和。

外商投资企业　指企业注册登记类型中的中外合资、合作经营企业、外资企业和外商投资股份有限公司之和。

其他　指除国有企业、集体企业、股份有限公司、港、澳、台投资企业及外商投资企业以外的其他企业。

轻工业　指主要提供生活消费品和制作手工工具的工业。按其所使用的原料不同，可分为两大类：(1)以农产品为原料的轻工业，是指直接或间接以农产品为基本原料的轻工业。主要包括食品制造、饮料制造、烟草加工、纺织、缝纫、皮革和毛皮制作、造纸以及印刷等工业；(2)以非农产品为原料的轻工业，是指以工业品为原料的轻工业。主要包括文教体育用品、化学药品制造、合成纤维制造、日用化学制品、日用玻璃制品、日用金属制品、手工工具制造、医疗器械制造、文化和办公用机械制造等工业。

重工业　是指为国民经济各部门提供物质技术基础的主要生产资料的工业。按其生产性质和产品用途，可以分为下列三类：(1)采掘(伐)工业，是指对自然资源的开采，包括石油开采、煤炭开采、金属矿开采、非金属矿开采和木材采伐等工业；(2)原材料工业，指向国民经济各部门提供基本材料、动力和燃料的工业。包括金属冶炼及加工、炼焦及焦炭、化学、化工原料、水泥、人造板以及电力、石油和煤炭加工等工业；(3)加工工业，是指对工业原材料进行再加工制造的工业。包括装备国民经济各部门的机械设备制造工业、金属结构、水泥制品等工业，以及为农业提供的生产资料如化肥、农药等工业。根据上述划分原则，修理业中以重工业产品为修理作业对象的划为重工业，反之划为轻工业。

工业总产值　是以货币形式表现的，工业企业在一定时期内生产的工业最终产品和提供工业劳务活动的总价值量。工业总产值包括三个部分：即生产的成品价值、对外加工费收入、自制半成品在制品期末期初差额价值。工业总产值计算应遵循的原则:（1）工业生产的原则。即凡是企业在本年内生产的最终产品和提供的劳务，均应包括在内。其中的最终产品，不管是否在本年内销售，只要是本年内生产的，就应包括在内。凡不是工业生产的产品，均不得计入工业总产值。（2）最终产品的原则。即企业生产的成品价值必须是本企业生产的，经检验合格不需再进行任何加工的最终产品。企业对外销售的半成品也应视为最终产品计入工业总产值。而在本企业内各车间转移的半成品和在制品只能计算其期末期初差额价值。（3）“工厂法”原则。即以法人工业企业作为一个整体计算工业总产值，是其本年内生产的最终产品和提供劳务的总价值量。

工业销售产值　是以货币表现的工业企业在一定时期内销售的本企业生产的工业产品或对外加工费收入总量。

出口交货值　是指工业企业交给外贸部门或自营（委托）出口（包括销往香港、澳门和台湾），用外汇价格结算的在国内批量销售或在边境批量出口的产品价值，以及外商来样、来料、加工、来件装配和补偿贸易等生产的产品价值。

工业增加值　是指工业行业在报告期内以货币表现的工业生产活动的最终成果。

实收资本　指企业实际收到的投资人投入的资本。按投资主体可分为国家资本、集体资本、法人资本、个人资本、港澳台资本和外商资本等。

资产合计　指企业拥有或控制的能以货币计量的经济资源。包括各种财产、债权和其他权利。资产按其流动性划分为流动资产、长期投资、固定资产、无形及递延资产和其他资产。

负债合计　指企业承担的能以货币计量，将以资产或劳务偿付的债务。负债一般按偿还期长短分为流动负债、长期负债和递延税项等。

所有者权益　指企业投资人对企业净资产的所有权。企业净资产等于企业全部资产减去全部负债后的余额，其中包括实收资本、资本公积、盈余公积和未分配利润，对股份制企业即为股东权益。

固定资产原价　指企业在建造、购置、安装、改建、扩建、技术改造某项固定资产时所支出的全部货币总额。它一般包括买价、包装费、运杂费和安装费等。

固定资产净值　是指固定资产原价减去历年已提折旧额后的净额。

流动资产　是指可以在一年或者超过一年的一个营业周期内变现或者耗用的资产，包括现金及各种存款、短期投资、应收及预付货款、存货等。

主营业务收入　指企业销售产品和提供劳务等主要经营业务取得的业务收入总额，包括企业销售产品、自制半成品、代制品、代修品、对外提供的工业性劳务等收入。

主营业务成本　指企业经营主要业务发生的实际成本。

主营业务税金及附加　指企业销售产品、提供劳务等主要经营业务应负担的消费税、城建税、资源税和教育费附加。

营业利润　指企业从事生产经营活动所产生的利润，即主营业务利润加其他业务利润扣除营业费用、管理费用、财务费用后的净额。

利润总额　指企业实现的利润。

应交增值税　指企业按税法规定，从事货物销售或提供加工、修理修配劳务等增加货物价值的活动本期应交纳的税金。指企业在报告期应交纳的增值税额。

总资产贡献率　反映企业全部资产的获利能力，是企业经营业绩和管理水平的集中体现，是评价和考核企业盈利能力的核心指标。计算公式为：

$$\text{总资产贡献率}(\%)=\frac{\text{利润总额}+\text{税金总额}+\text{利息支出}}{\text{平均资产总额}}\times\frac{12}{\text{累计月数}}\times 100\%$$

资产负债率　该指标既反映企业经营风险的大小，也反映企业利用债权人提供的资金从事经营活动的能力。计算公式为：

$$\text{资产负债率}(\%)=\frac{\text{负债总额}}{\text{资产总额}}\times 100\%$$

工业成本费用利润率　指在一定时期内实现的利润与成本费用之比，是反映工业生产成本及费用投入的经济效益指标，同时也是反映降低成本的经济效益的指标。计算公式为：

$$\text{工业成本费用利润率}(\%)=\frac{\text{利润总额}}{\text{成本费用总额}}\times 100\%$$

流动资产周转率　指在一定时期内流动资产完成的周转次数，反映流动资产的周转速度。

计算公式为：

$$\text{流动资产周转率}(\%)=\frac{\text{产品销售收入}}{\text{全部流动资产平均余额}}\times\frac{12}{\text{累计月数}}$$

产品销售率　指报告期工业销售产值与同期全部工业总产值之比，反映工业产品已实现销售的程度，分析工业产销衔接情况，研究工业产品满足社会需求程度的指标。计算公式为：

$$\text{产品销售率}(\%)=\frac{\text{工业销售产值}}{\text{工业总产值}}\times 100\%$$

平均用工人数　指报告期企业平均实际拥有的、参与本企业生产经营活动的人员数。

期末用工人数　指报告期末最后一日 24 时企业实际拥有的、参与本企业生产经营活动的人员数，无论是否从本企业领取劳动报酬均视为用工人数。该指标为时点指标，不包括最后一日当天及以前已经不再参与本企业生产经营活动的人员。包括企业的正式人员、劳务派遣人员和其他临时人员。具体包括直接参与加工、组装、维修、保养等本企业生产活动的人员；包括企业管理人员；包括对外安装本企业产品、保管、清洁、销售等与生产行为直接相关活动的人员；对于未参与本企业生产经营活动，但主要为本企业生产经营活动提供服务的人员，也视为参与生产经营活动人员，如利用本单位的车辆、仓储等设施进行运输、仓储活动的人员。不包括在本企业领取工资、股息、红利但未参加本企业生产经营活动的人员；不包括医疗、教育等部门的人员；不包括参加本企业建筑施工但所从事的工作与生产经营活动无关的人员，如参与企业厂房建筑施工的人员。

能源库存量　指能源使用企业（单位）在报告期的某时间点所拥有的、用于企业（单位）消费的或转卖（不包括本企业自生产的）的各种能源的库存量。

能源购进量　指能源使用企业（单位）在报告期购进的各种能源数量。

工业企业能源消费量　指工业企业在工业生产活动和非工业生产活动中消费的能源，包括工业生产活动中作为燃料、动力、原料、辅助材料使用的能源，生产工艺中使用的能源，用于能源加工转换的能源；非工业生产活动中使用的能源。

工业生产能源消费量　指工业企业为进行工业生产活动所消费的能源。

用于原材料的能源消费量　指能源产品不作能源使用，即不作燃料、动力使用，而作为生产另外一种产品（非能源产品）的原料或作为辅助材料使用，作原料使用时通常构成这种产品的实体。

非工业生产能源消费量　指在工业企业能源消费中，非工业生产用能和工业企业附属的不从事工业生产活动的非独立核算单位用能。

运输工具能源消费量　指在厂区内、外进行交通运输活动的交通运输工具所消费的能源。

能源加工转换投入　能源加工转换，指为了特定的用途，将一种能源（一般为一次能源），经过一定的工艺，加工或转换成另外一种能源（二次能源）。

火力发电的加工转换投入　指火力发电企业为发电而投入发电锅炉燃烧室的燃料数量。

供热的加工转换投入　指热力生产企业为生产热力而投入供热锅炉燃烧室的燃料数量，以及热电联产机组按照热电产出比例分摊的用于供热的燃料投入量。

原煤入洗的加工转换投入　指洗煤企业为生产洗煤而投入煤炭洗选生产装置的原煤数量。

炼焦的加工转换投入　指焦化企业为生产焦化产品而投入炼焦生产设备的煤炭（原煤、洗煤）数量。

炼油及煤制油的加工转换投入　指炼油厂为生产成品油和其他石油制品而投入炼油生产装置的原油或其他原料油数量。煤制油加工转换投入是指煤化工企业以生产成品油为目的而投入煤制油化工生产装置的煤炭（原煤、洗煤）数量。

制气的加工转换投入　指煤气生产企业为生产煤气而投入煤气生产装置的煤炭、焦炭、燃料油等能源产品数量。

能源加工转换产出量　指一次能源经过加工转换产出的二次能源产品（包括不作能源使用的其他副产品和联产品）的数量。

工业企业回收能利用　指企业将废气、废液、废渣及其余热，产品和工艺生产介质余热，工艺温差、压差，以及其他非直接投入的能量形态和能量物质，作为能源进行使用的数量。

取水量　指企业从各种水源直接提取或者从市场购买的用于厂区、办公区内工业生产活动的水量，以实际获得的新水量为准。

外供水量　指企业外供给其他单位的水或水产品的量，以离厂水量为准。

地表淡水　指陆地表面形成的径流及地表贮存的淡水。

地下淡水　指地下径流或埋藏于地下的，经过提取可被利用的淡水。

自来水　指自来水厂将地表淡水、地下淡水经过“混凝、沉淀、过滤、消毒”等净水工序，达到国家饮用水标准，通过城镇自来水管网供给工业生产、居民生活使用的水。

矿井水　指在采矿过程中，由于矿床开采破坏了地下水原始赋存状态而产生导水裂隙，使周围水沿着原有的和新的裂隙渗入井下采掘空间进而形成的矿井涌水。

雨水　指通过集雨工程积蓄处理后被工业利用的雨水。

再生水（中水）　指以污（废）水为水源，经再生工艺净化处理后水质达到再利用标准的水。

其他水　指上述水资源品种没有涵盖的，或者界定不清的水及水的产品。

重复用水量　指在确定的用水单元或系统内，所有未经处理和处理后又重复使用的水量总和。

外排水量　指完成生产过程和生产活动之后，经过企业厂区、办公区所有排水口排到企业外部的水量。

直流冷却水量　指企业取自河流、水库、湖泊、海洋，经一次使用后，直接排放回河流、水库、湖泊、海洋的冷却水量，多见于火（核）电企业。

污水处理企业污水处理量　指污水处理企业取自企业外部并实际处理的污（废）水量。

十一、交通运输

JIAOTONGYUNSHU

11-1 主要年份客运量

单位：万人次

年 份	全市	铁路	公路	水路	民航
1978	641	512	92	30	7
1980	821	595	181	35	10
1985	2010	659	1289	43	19
1990	1872	436	1347	58	31
1995	2920	520	2210	21	169
1996	3173	455	2499	17	202
1997	3354	482	2636	14	222
1998	6073	511	5299	16	247
1999	5604	736	4464	18	386
2000	6276	768	5211	14	283
2001	6437	764	5329	16	328
2002	6602	738	5480	15	369
2003	5125	656	4081	12	376
2004	5316	754	4083	15	464
2005	8229	826	6907	1	495
2006	9227	961	7372	295	599
2007	9515	1101	7512	230	672
2008	10059	1127	8085	248	599
2009	9346	1399	7159	67	721
2010	10107	1274	7996	83	754
2011	10804	1445	8516	85	758
2012	11742	1432	9341	120	849
2013	10881	1590	8169	122	1000
2014	11119	1671	8173	170	1105
2015	11190	1817	8025	138	1210
2016	10505	1818	7376	128	1183

注：公路数据2013年以后按云南省交通厅新方案统计。

11-2 主要年份货运量

单位：万吨

年份	全市	铁路	公路	水路	民航
1978	1179	628	527	24	0.13
1980	1401	670	714	17	0.17
1985	2329	568	1743	18	0.34
1990	11626	1014	10585	27	0.40
1995	11441	1217	10215	7	2.11
1996	14798	1249	13539	7	2.78
1997	14898	1265	13624	5	3.88
1998	18048	1399	16637	7	4.78
1999	12042	1474	10555	7	5.88
2000	12655	1563	11086		5.94
2001	12084	1692	10385		6.78
2002	11108	1912	9188		8.25
2003	12334	2076	10252		6.00
2004	11646	2105	9534		7.46
2005	11225	2196	9021		7.93
2006	12146	2370	9717	50	8.60
2007	12854	2576	10201	68	8.70
2008	12782	2727	9928	119	7.60
2009	13660	2046	11606		7.70
2010	14691	2272	12410		8.70
2011	15787	2337	13443		6.80
2012	16725	2300	14418		7.00
2013	27224	2361	24817	37	8.80
2014	27677	2141	25467	60	9.37
2015	28491	1903	26528	51	9.20
2016	28504	1893	26565	37	9.03

注：公路数据2013年以后按云南省交通厅新方案统计。

11-3 全市运输情况

指　　标	单位	2015年	2016年	2016年比2015年 ± %
全市机动车拥有量	**辆**	**2150716**	**2268010**	**5.5**
#汽车	辆	1728667	1937726	12.1
摩托车	辆	419478	327672	-21.9
货物运输量	**万吨**	**28491.20**	**28504.03**	**0.0**
#铁路	万吨	1903	1893	-0.5
公路	万吨	26528	26565	0.1
水运	万吨	51	37	-27.5
民航	万吨	9.20	9.03	-1.8
旅客运输量	**万人次**	**11190**	**10505**	**-6.1**
#铁路	万人次	1817	1818	0.1
公路	万人次	8025	7376	-8.1
水运	万人次	138	128	-7.2
民航	万人次	1210	1183	-2.2
货物周转量	**万吨公里**	**3075073**	**3137562**	**2.0**
#铁路	万吨公里	1488314	1518790	2.0
公路	万吨公里	1571516	1603701	2.0
水运	万吨公里	102	74	-27.5
民航	万吨公里	15141	14997	-1.0
旅客周转量	**万人公里**	**2779412**	**2651243**	**-4.6**
#铁路	万人公里	399740	394707	-1.3
公路	万人公里	824769	736898	-10.7
水运	万人公里	818	645	-21.1
民航	万人公里	1554085	1518993	-2.3

注：公路数据按云南省交通厅新方案统计。

11-4 民用车辆拥有量

（2016年）　　单位：辆

指　　标	总计			总计中			报废
		营运	非营运	进口	个人	新注册	
合　计	**2268010**	**157173**	**2110837**	**127409**	**2079397**	**268764**	**51286**
一、汽车	**1937726**	**153098**	**1784628**	**126311**	**1752026**	**251962**	**19045**
1.载客汽车	1784508	31204	1753304	125827	1631734	238271	14251
#大型	12232	9415	2817	94	132	1391	572
中型	5349	1677	3672	332	999	199	898
小型	1734279	20100	1714179	122807	1600733	236125	8951
微型	32648	12	32636	2594	29870	556	3830
#轿车	1061902	19133	1042769	48246	991031	121198	5963
2.载货汽车	144823	121017	23806	411	117233	12879	4609
#重型	23551	22395	1156	165	13489	1106	558
中型	11196	10731	465	13	9589	167	1549
轻型	109998	87860	22138	233	94107	11606	2475
微型	78	31	47		48		27
#普通载货	39631	21947	17684	224	31095	5055	1135
3.其它汽车	8395	877	7518	73	3059	812	185
#三轮汽车	28	10	18		28		13
低速货车	19	16	3		19		77
二、摩托车	**327672**	**1559**	**326113**	**1096**	**326509**	**16620**	**32207**
1.普通	322220	1559	320661	1096	321063	16448	30781
2.轻便	5452		5452		5446	172	1426
三、挂车	**2590**	**2516**	**74**	**2**	**859**	**182**	**34**
四、其它类型车	**22**		**22**		**3**		
补充资料:							
一、拖拉机(农机部门数据)	49484		49484		49484		
1.大中型(农机部门数据)	17026		17026		17026		
2.小型式(农机部门数据)	32458		32458		32458		
二、机动车驾驶员(人)	2708135						
#汽车驾驶员(人)	2508273						

主要统计指标解释

货（客）运量　指在一定时期内，各种运输工具实际运送的货物（旅客）数量。是反映运输业为国民经济和人民生活服务的数量指标，也是制定和检查运输生产计划，研究运输发展规模和速度的重要指标。货运按吨计算，客运按人计算。货物不论运输距离长短，货物类别，均按实际重量统计；旅客不论行程远近或票价多少，均按一人一次作为客运量统计。半价票、小孩票也按一人统计。

货物（旅客）周转量　指在一定时期内，由各种运输工具运送的货物（旅客）数量与其相应运输距离的乘积之总和，是反映运输业生产总成果的重要指标，也是编制和检查运输生产计划，计算运输效率、劳动生产率以及核算运输单位成本的主要基础资料。通常以吨公里和人公里为计算单位。计算货物周转量通常按发出站与到达站之间的最短距离，也就是计费距离计算。

十二、建筑业

JIANZHUYE

12-1 主要年份建筑业总产值

单位：万元

年 份	总计	国有经济	集体经济	其他经济
1991	191846	173793	18053	
1992	256427	225755	30672	
1993	440651	367940	72711	
1994	611703	502497	109206	
1995	676470	563473	112997	
1996	962300	676166	278833	7801
1997	1184765	792648	351993	40124
1998	1351242	830942	374028	146272
1999	1826106	1068424	504051	253631
2000	1852377	1028066	504161	320150
2001	1917808	1013703	421465	452640
2002	1993642	959679	385784	648179
2003	2334370	1127688	322777	883905
2004	2651715	1521902	307522	822291
2005	3490749	1839412	265472	1385865
2006	4418535	1720165	302053	2396317
2007	5044571	1891376	273849	2879346
2008	6005685	2938703	373262	2693720
2009	8310772	4315608	319765	3675399
2010	11209189	5271482	348480	5589227
2011	11999411	5996579	298543	5704289
2012	15069574	6637097	639714	7792763
2013	18464728	8585617	1454718	8424393
2014	18853152	8770379	1406053	8676720
2015	20719305	11185469	1428249	8105587
2016	24464438	14366312	1327720	8770406

注：本表按年报数据汇总。

12-2 主要年份建筑施工企业数

单位：个

年 份	总计	国有经济	集体经济	其他经济
1991	90	45	45	
1992	96	45	51	
1993	170	63	107	
1994	181	61	120	
1995	150	51	99	
1996	254	54	195	5
1997	397	67	296	34
1998	388	68	275	45
1999	477	99	283	95
2000	489	90	257	142
2001	514	84	222	208
2002	455	66	158	231
2003	465	65	124	276
2004	733	89	120	524
2005	713	77	105	531
2006	877	85	107	685
2007	940	68	107	765
2008	1062	108	102	852
2009	2031	110	118	1803
2010	2048	121	92	1835
2011	1031	75	66	890
2012	1107	80	65	962
2013	1182	85	86	1011
2014	1209	86	81	1042
2015	1254	89	82	1083
2016	1370	97	78	1195

注：本表按年报数据汇总。

12-3 主要年份建筑施工企业平均人数

单位：人

年 份	总计	国有经济	集体经济	其他经济
1991	127800	114700	13100	
1992	243100	122600	120500	
1993	153916	126501	27415	
1994	151692	119447	32245	
1995	149974	116791	33183	
1996	192157	114820	72507	4830
1997	223282	111543	98155	13584
1998	235164	123991	84493	26680
1999	271156	132790	94791	43575
2000	244497	116111	80435	47951
2001	254919	110227	76768	67924
2002	235553	95258	66513	73782
2003	292859	131027	52822	109010
2004	240184	114170	41083	84931
2005	290663	116181	36778	137704
2006	341410	93012	38941	209457
2007	376285	106130	27880	242275
2008	354805	130330	31029	193446
2009	446778	190660	64470	191648
2010	479754	175415	20794	283545
2011	542880	114203	17672	411005
2012	569519	229816	29632	310071
2013	609493	230948	61165	317380
2014	623873	205307	56351	362215
2015	681588	228365	61265	391958
2016	772152	336442	53867	381843

注：本表按年报数据汇总。

12-4 总承包和专业承包

（2016年）

指　　标	建筑业企业个数(个)	合同情况(千元) 签订合同额	上年结转合同额	本年新签合同额
总计	**1298**	**592630504**	**266096062**	**326534442**
一、按登记注册类型分组				
其中：国有及国有控股企业	97	432787572	201417718	231369854
内资企业	1297	592605504	266091062	326514442
国有企业	32	47666162	21104799	26561363
集体企业	46	7074424	1499041	5575383
股份合作企业	2	1196757	1136361	60396
联营企业	2	547	227	320
集体联营企业	1	547	227	320
其他联营企业	1			
有限责任公司	251	381846043	174631161	207214882
国有独资公司	20	177934345	79650420	98283925
其他有限责任公司	231	203911698	94980741	108930957
股份有限公司	52	55822269	26619395	29202874
私营企业	912	98999302	41100078	57899224
私营独资企业				
私营有限责任公司	865	91369193	39397052	51972141
私营股份有限公司	47	7630109	1703026	5927083
其他企业				
港、澳、台商投资企业				
港、澳、台商独资经营企业				
外商投资企业	1	25000	5000	20000
中外合资经营企业	1	25000	5000	20000
二、按国民经济行业分组				
房屋建筑业	450	335264731	144086387	191178344

注：本表按年报数据汇总。

企业生产完成情况

承包工程完成情况(千元)				建筑业总产值(千元)		
直接从建设单位承揽工程完成的产值	自行完成施工产值	分包出去工程的产值	从建设单位以外承揽工程完成的产值		装饰装修产值	在外省完成的产值
240645358	**238696516**	**1948842**	**5947867**	**244644383**	**10424082**	**26907628**
142456671	141788564	668107	1874559	143663123	5362828	23996342
240639067	238690225	1948842	5937225	244627450	10424082	26903335
22024308	22024308		11306	22035614	50382	3516317
5829097	5818720	10377	25655	5844375	239961	
540553	540553			540553		
320	320			320		
320	320			320		
127783804	127040347	743457	1157553	128197900	6074095	17796848
41618640	41166126	452514	799351	41965477	523331	5042794
86165164	85874221	290943	358202	86232423	5550764	12754054
23359706	23313127	46579	2120594	25433721	690436	4436192
61101279	59952850	1148429	2622117	62574967	3369208	1153978
56865356	56232419	632937	1986185	58218604	3346594	1153878
4235923	3720431	515492	635932	4356363	22614	100
6291	6291		10642	16933		4293
6291	6291		10642	16933		4293
127370208	126520395	849813	1591013	128111408	6664634	8936367

12-4 续表 1

（2016年）

指　　标	建筑业企业个数(个)	合同情况(千元)		
		签订合同额	上年结转合同额	本年新签合同额
土木工程建筑业	290	230348336	114787011	115561325
铁路、道路、隧道和桥梁工程建筑	146	124291532	53117210	71174322
铁路工程建筑	20	21036821	11501098	9535723
公路工程建筑	54	69775532	30685665	39089867
市政道路工程建筑	61	16280629	7647531	8633098
其他道路、隧道和桥梁工程建筑	11	17198550	3282916	13915634
水利和内河港口工程建筑	36	16060917	6600366	9460551
水源及供水设施工程建筑	32	15850628	6427027	9423601
河湖治理及防洪设施工程建筑	3	41150	4200	36950
港口及航运设施工程建筑	1	169139	169139	
工矿工程建筑	21	82492006	53193675	29298331
架线和管道工程建筑	51	5106755	1370797	3735958
架线及设备工程建筑	49	4890998	1282578	3608420
管道工程建筑	2	215757	88219	127538
其他土木工程建筑	36	2397126	504963	1892163
建筑安装业	269	16674618	5069899	11604719
电气安装	109	9215678	2273480	6942198
管道和设备安装	28	1339083	660731	678352
其他建筑安装业	132	6119857	2135688	3984169
建筑装饰和其他建筑业	289	10342819	2152765	8190054
建筑装饰业	225	6030687	1508701	4521986
工程准备活动	29	3223400	453389	2770011
建筑物拆除活动	7	70363	8521	61842
其他工程准备活动	22	3153037	444868	2708169

注：本表按年报数据汇总。

承包工程完成情况(千元)				建筑业总产值(千元)		
直接从建设单位承揽工程完成的产值	自行完成施工产值	分包出去工程的产值	从建设单位以外承揽工程完成的产值		装饰装修产值	在外省完成的产值
94749086	94096533	652553	2575062	96671595	306309	16687309
59557372	59497842	59530	1877038	61374880	77552	5311211
7993450	7993450		203350	8196800	1500	1074872
38142438	38116952	25486	191206	38308158		897884
7186719	7152675	34044	124999	7277674	76052	20685
6234765	6234765		1357483	7592248		3317770
7301351	6796551	504800	527452	7324003	50004	455265
7204591	6699791	504800	527452	7227243	50004	455265
36760	36760			36760		
60000	60000			60000		
23035950	23035950		48898	23084848		10751542
3775547	3722709	52838	20070	3742779	177113	118044
3615688	3562850	52838	20070	3582920	177113	118044
159859	159859			159859		
1078866	1043481	35385	101604	1145085	1640	51247
10565430	10398648	166782	1307507	11706155	151225	902725
5656962	5516744	140218	1009120	6525864	47475	500791
798490	789321	9169	82490	871811	6512	4905
4109978	4092583	17395	215897	4308480	97238	397029
7960634	7680940	279694	474285	8155225	3301914	381227
4482161	4215895	266266	441054	4656949	3290818	84088
2605042	2599142	5900	7895	2607037		297139
61730	61730		2695	64425		
2543312	2537412	5900	5200	2542612		297139

12-4 续表 2

（2016年）

指标	建筑业企业个数(个)	合同情况(千元)		
		签订合同额	上年结转合同额	本年新签合同额
提供施工设备服务	4	148559	15970	132589
其他未列明建筑业	31	940173	174705	765468
三、按隶属关系分组				
中央	11	161811814	105043398	56768416
省(自治区、直辖市)	80	258329771	88524614	169805157
地(区、市、州、盟)	49	25233488	11491282	13742206
县(区、市、旗)	53	9290830	2118335	7172495
街道	10	1314805	350235	964570
镇	17	2501712	261541	2240171
乡	4	541506	41598	499908
(社区)居委会	1	23865	16560	7305
其他	1073	133582713	58248499	75334214
四、按企业资质等级分组				
施工总承包	662	560934885	257368905	303565980
特级	3	98759076	60194958	38564118
一级	70	351125530	157626223	193499307
二级	215	74058904	29420853	44638051
三级及以下	374	36991375	10126871	26864504
专业承包	636	31695619	8727157	22968462
一级	80	16889078	3969801	12919277
二级	261	6931015	1992364	4938651
三级及以下	295	7875526	2764992	5110534
五、按地区分				
五华区	303	101992777	41229185	60763592
盘龙区	270	55293550	24019821	31273729
官渡区	252	253765949	143724364	110041585

注：本表按年报数据汇总。

承包工程完成情况(千元)						
直接从建设单位承揽工程完成的产值	自行完成施工产值	分包出去工程的产值	从建设单位以外承揽工程完成的产值	建筑业总产值(千元)	装饰装修产值	在外省完成的产值
126770	126770			126770		
746661	739133	7528	25336	764469	11096	
34354041	34354041		397227	34751268	458325	16735314
106069083	105428743	640340	1478762	106907505	4999409	7867821
10755343	10711052	44291	1100499	11811551	20599	928486
7025589	6970284	55305	92723	7063007	369436	
981441	973963	7478	7478	981441	11096	
2233320	2225026	8294	23572	2248598	56	
513258	511175	2083	2083	513258	51255	
23865	23865			23865		
78689418	77498367	1191051	2845523	80343890	4513906	1376007
219241675	217754530	1487145	4847155	222601685	6885215	24816575
28188961	28188961		1074630	29263591		11125106
124355931	123716795	639136	1706862	125423657	5683341	8956307
42489506	42377162	112344	895257	43272419	445924	4566194
24207277	23471612	735665	1170406	24642018	755950	168968
21403683	20941986	461697	1100712	22042698	3538867	2091053
11371511	11218969	152542	322482	11541451	1919149	1885863
4795653	4673018	122635	460649	5133667	1252608	95411
5236519	5049999	186520	317581	5367580	367110	109779
53990457	53668992	321465	1296726	54965718	5140829	4065764
33800077	33559587	240490	782299	34341886	2261195	1002438
81974083	81388243	585840	2623392	84011635	1107805	19797226

12-4 续表 3

（2016年）

指　　标	建筑业企业个数(个)	合同情况(千元) 签订合同额	上年结转合同额	本年新签合同额
西山区	178	46738854	20132602	26606252
东川区	24	6143719	1122035	5021684
呈贡区	54	98405229	27832775	70572454
晋宁区	29	1313586	370235	943351
富民县	32	5745389	1617513	4127876
宜良县	29	6361344	841311	5520033
石林彝族自治县	15	2852322	266138	2586184
嵩明县	28	5826331	1853338	3972993
禄劝彝族苗族自治县	16	1882049	314315	1567734
寻甸回族彝族自治县	25	1118419	315101	803318
安宁市	43	5190986	2457329	2733657
六、按营业状态分				
营业	1283	591238340	265980553	325257787
停业(歇业)	8	220867	31877	188990
当年关闭	3	1044186	16810	1027376
当年破产				
其他	4	127111	66822	60289
七、按控股情况分				
国有控股	97	432787572	201417718	231369854
集体控股	75	17019249	5399692	11619557
私人控股	1073	133117797	55307444	77810353
港澳台商控股				
外商控股	1	25000	5000	20000
其他	52	9680886	3966208	5714678

注：本表按年报数据汇总。

承包工程完成情况(千元)				建筑业总产值(千元)		
直接从建设单位承揽工程完成的产值	自行完成施工产值	分包出去工程的产值	从建设单位以外承揽工程完成的产值		装饰装修产值	在外省完成的产值
19694219	19556428	137791	277278	19833706	963680	23157
4987228	4820256	166972	385881	5206137		
22962880	22505592	457288	194624	22700216	158640	1118979
1028520	1020226	8294	24016	1044242	3073	1129
4594074	4594074		25870	4619944	134728	
5111766	5111766			5111766	610	
2762987	2762987			2762987	332730	
3211493	3210993	500	82777	3293770	98329	884533
1695099	1695099		123476	1818575	60190	
869885	862549	7336	61000	923549	132450	41
3962590	3939724	22866	70528	4010252	29823	14361
239732920	237784402	1948518	5935183	243719585	10422780	26907628
180286	180262	24	44	180306	102	
634276	633976	300	1150	635126	1200	
97876	97876		11490	109366		
142456671	141788564	668107	1874559	143663123	5362828	23996342
11365490	11319991	45499	25655	11345646	440511	74097
80945862	79716570	1229292	4008196	83724766	4547262	2807196
6291	6291		10642	16933		4293
5871044	5865100	5944	28815	5893915	73481	25700

12-4 续表 4

（2016年）

指　　标	建筑业总产值(千元)			竣工产值(千元)
	建筑工程产值	安装工程产值	其他产值	
总计	**218626801**	**19378134**	**6639448**	**112235056**
一、按登记注册类型分组				
其中：国有及国有控股企业	133108301	8245705	2309117	50494536
内资企业	218610085	19377917	6639448	112224896
国有企业	18857643	2370380	807591	11244896
集体企业	5448346	96087	299942	4846635
股份合作企业	540553			1000554
联营企业		320		
集体联营企业		320		
其他联营企业				
有限责任公司	120211943	5975758	2010199	49147008
国有独资公司	40368272	1179599	417606	12778227
其他有限责任公司	79843671	4796159	1592593	36368781
股份有限公司	22519310	2520412	393999	7674575
私营企业	51032290	8414960	3127717	38311228
私营独资企业				
私营有限责任公司	48182890	7147577	2888137	36509373
私营股份有限公司	2849400	1267383	239580	1801855
其他企业				
港、澳、台商投资企业				
港、澳、台商独资经营企业				
外商投资企业	16716	217		10160
中外合资经营企业	16716	217		10160
二、按国民经济行业分组				
房屋建筑业	120098706	3868069	4144633	64696523

注：本表按年报数据汇总。

房屋建筑施工面积(平方米)	本年新开工	实行投标承包面积	从业人员情况(人) 从事建筑业活动的平均人数	建筑业企业期末人数	工程技术人员	一级建造师
101603856	**41112228**	**70258804**	**772152**	**643662**	**105861**	**4778**
65566685	21516712	52421109	336442	250952	53386	2461
101603856	41112228	70258804	772090	643601	105852	4775
16194224	5297299	16005457	50539	20055	5219	504
2041281	1741104	973389	22751	22627	4710	5
412993	5234		2208	2398	422	12
			4	4	2	
			4	4	2	
54769399	20878475	37970421	350773	278299	36929	2146
16166552	4155584	10959785	100640	97234	4698	561
38602847	16722891	27010636	250133	181065	32231	1585
3070023	1522078	2601189	75506	82621	25364	494
25115936	11668038	12708348	270309	237597	33206	1614
24273542	11464250	12212587	257202	223689	30664	1525
842394	203788	495761	13107	13908	2542	89
			62	61	9	3
			62	61	9	3
98287073	40176771	68290574	464752	344422	41593	2285

12-4 续表 5

（2016年）

指　　标	建筑业总产值(千元)			竣工产值(千元)
	建筑工程产值	安装工程产值	其他产值	
土木工程建筑业	89634892	5448098	1588605	35247057
铁路、道路、隧道和桥梁工程建筑	60320093	330572	724215	26785592
铁路工程建筑	8163885	10805	22110	5920260
公路工程建筑	37932356	20398	355404	15402872
市政道路工程建筑	6648988	299369	329317	4096861
其他道路、隧道和桥梁工程建筑	7574864		17384	1365599
水利和内河港口工程建筑	5868110	1083562	372331	2871729
水源及供水设施工程建筑	5787000	1083562	356681	2843529
河湖治理及防洪设施工程建筑	24110		12650	28200
港口及航运设施工程建筑	57000		3000	
工矿工程建筑	21357464	1590157	137227	1546646
架线和管道工程建筑	1056381	2424582	261816	3419662
架线及设备工程建筑	1056381	2264723	261816	3298806
管道工程建筑		159859		120856
其他土木工程建筑	1032844	19225	93016	623428
建筑安装业	2329601	9121250	255304	7790165
电气安装	506762	5943260	75842	4347457
管道和设备安装	184148	687663		593716
其他建筑安装业	1638691	2490327	179462	2848992
建筑装饰和其他建筑业	6563602	940717	650906	4501311
建筑装饰业	3419427	809221	428301	2864001
工程准备活动	2542716		64321	1018015
建筑物拆除活动	60302		4123	23348
其他工程准备活动	2482414		60198	994667

注：本表按年报数据汇总。

房屋建筑施工面积(平方米)			从业人员情况(人)			
	本年新开工	实行投标承包面积	从事建筑业活动的平均人数	建筑业企业期末人数		
					工程技术人员	一级建造师
2403658	521479	1518284	233383	237506	52619	1596
1626097	374450	1361784	164807	170514	43425	963
519519		519519	11847	11844	2541	161
671467	223684	655249	105413	115612	35061	468
426780	150766	178685	29915	20154	4090	214
8331		8331	17632	22904	1733	120
184831	14900	14400	11498	11171	2635	122
184831	14900	14400	10751	10440	2392	116
			222	231	73	6
			525	500	170	
471844	67625	90637	39407	39448	4325	343
113756	60002	51463	12559	12054	1552	125
113756	60002	51463	11811	11311	1318	112
			748	743	234	13
7130	4502		5112	4319	682	43
715041	239435	357412	40871	33682	6482	567
350387	60000	115200	18177	12363	3448	318
25478	11256		4417	4374	379	36
339176	168179	242212	18277	16945	2655	213
198084	174543	92534	33146	28052	5167	330
11944	661	11894	19947	15945	2394	217
315	315	315	9384	8665	1856	59
			368	329	124	2
315	315	315	9016	8336	1732	57

12-4 续表 6

（2016年）

指　　标	建筑业总产值(千元)			竣工产值(千元)
	建筑工程产值	安装工程产值	其他产值	
提供施工设备服务	8539		118231	120370
其他未列明建筑业	592920	131496	40053	498925
三、按隶属关系分组				
中央	34259705	383443	108120	5009919
省(自治区、直辖市)	98580877	6608475	1718153	44175452
地(区、市、州、盟)	10919987	860914	30650	7606523
县(区、市、旗)	6104095	788009	170903	4701960
街道	978291	150	3000	1010337
镇	2195614	26843	26141	1975195
乡	333390	52655	127213	513258
(社区)居委会	2965	11524	9376	16960
其他	65251877	10646121	4445892	47225452
四、按企业资质等级分组				
施工总承包	205733625	11066736	5801324	99927431
特级	28899440	256031	108120	4461989
一级	118100744	5640306	1682607	54074458
二级	38768619	2756104	1747696	25411859
三级及以下	19964822	2414295	2262901	15979125
专业承包	12893176	8311398	838124	12307625
一级	7365961	4046110	129380	5779755
二级	2859955	1848452	425260	3457318
三级及以下	2667260	2416836	283484	3070552
五、按地区分				
五华区	47395790	6269608	1300320	26205533
盘龙区	28072380	5278352	991154	18552291
官渡区	79301111	3764416	946108	26458160

注：本表按年报数据汇总。

房屋建筑施工面积(平方米)			从业人员情况(人)			
	本年新开工	实行投标承包面积	从事建筑业活动的平均人数	建筑业企业期末人数	工程技术人员	一级建造师
			536	498	166	1
185825	173567	80325	3279	2944	751	53
8938950	4500240	8160714	49527	37368	7193	610
53251426	16325181	40868974	278306	206981	46543	1734
3171701	1164185	2434545	40304	44086	2892	238
3073522	2678199	1335036	31878	29626	3652	52
177806	159634	117876	4647	3776	1376	
993565	758433	743792	9881	10635	2109	
178242	175692	174035	1872	1806	222	
52403	8065		122	15	9	
31766241	15342599	16423832	355615	309369	41865	2144
99752861	40094496	69266233	684855	570981	93386	3827
8459803	1352451	8085023	41588	51486	4545	457
67526200	25597959	47234897	369280	284394	54754	2243
16047979	8083925	11010844	151898	125425	21661	833
7718879	5060161	2935469	122089	109676	12426	294
1850995	1017732	992571	87297	72681	12475	951
716379	519612	302099	38973	29571	4309	489
704151	392015	306483	24345	22333	4468	296
430465	106105	383989	23979	20777	3698	166
33923407	10646767	24426005	187180	135097	35891	1145
15421363	8171875	11762931	146410	90767	12506	910
29050947	9779420	21515333	150751	154557	20794	1680

12-4 续表 7

（2016年）

指标	建筑业总产值(千元)			竣工产值(千元)
	建筑工程产值	安装工程产值	其他产值	
西山区	18702607	872627	258472	14690449
东川区	4337237	193267	675633	2646193
呈贡区	21771233	319202	609781	5940520
晋宁区	852854	87100	104288	934606
富民县	4146604	423495	49845	2910976
宜良县	4995620	114536	1610	4773616
石林彝族自治县	2402772	228553	131662	1958714
嵩明县	2333145	926478	34147	2076775
禄劝彝族苗族自治县	1013293	163310	641972	1451840
寻甸回族彝族自治县	477762	196387	249400	761127
安宁市	2824393	540803	645056	2874256
六、按营业状态分				
营业	217716786	19363373	6639426	111398391
停业(歇业)	180158	126	22	172110
当年关闭	632426	2700		607676
当年破产				
其他	97431	11935		56879
七、按控股情况分				
国有控股	133108301	8245705	2309117	50494536
集体控股	10119081	909967	316598	7940101
私人控股	70584027	9560483	3580256	50205676
港澳台商控股				
外商控股	16716	217		10160
其他	4798676	661762	433477	3584583

注：本表按年报数据汇总。

房屋建筑施工面积(平方米)			从业人员情况(人)			
	本年新开工	实行投标承包面积	从事建筑业活动的平均人数	建筑业企业期末人数		
					工程技术人员	一级建造师
4755127	3162923	2006552	90303	87499	16030	476
1734947	1410926	286963	32745	29328	691	27
8443378	2223848	5018805	70933	61473	3957	259
390990	188154	85504	4958	3544	717	15
1570497	1204883	762005	18461	14782	3167	73
1973338	1805748	1848758	21872	23506	5511	14
690918	591053	289836	8358	7353	628	2
1040168	632692	962738	13514	12691	2869	56
732270	590207	433169	4751	4565	645	3
202237	119516	63370	6162	5972	352	15
1674269	584216	796835	15754	12528	2103	103
101247057	40808747	69997941	763886	639645	105536	4775
22702	6887	28	623	544	8	1
268120	259120	259120	6768	2823	281	2
65977	37474	1715	875	650	36	
65566685	21516712	52421109	336442	250952	53386	2461
3543270	3173933	2008028	51975	44666	6671	79
30204764	14966356	15540585	357193	325456	42911	2073
			62	61	9	3
2289137	1455227	289082	26480	22527	2884	162

12-4 续表 8

（2016年）

指标	从业人员情况(人) 建筑业企业期末人数 现场施工人员	持证上岗人员	房屋建筑竣工面积(平方米)	住宅房屋
总计	**294831**	**163963**	**32237727**	**21040053**
一、按登记注册类型分组				
其中：国有及国有控股企业	145081	67287	15172449	10218226
内资企业	294782	163933	32237727	21040053
国有企业	8365	6220	3446487	2733081
集体企业	12985	12387	1680246	952721
股份合作企业	2066	2066	413021	413021
联营企业		2		
集体联营企业		2		
其他联营企业				
有限责任公司	158732	72702	13995004	9007515
国有独资公司	57237	25296	5218716	3180020
其他有限责任公司	101495	47406	8776288	5827495
股份有限公司	34365	19600	1171523	719831
私营企业	78269	50956	11531446	7213884
私营独资企业				
私营有限责任公司	71688	46967	10993596	6994766
私营股份有限公司	6581	3989	537850	219118
其他企业				
港、澳、台商投资企业				
港、澳、台商独资经营企业				
外商投资企业	49	30		
中外合资经营企业	49	30		
二、按国民经济行业分组				
房屋建筑业	139560	78666	29553170	20192263

注：本表按年报数据汇总。

商业及服务用房屋	办公用房屋	科研、教育、医疗用房屋	文化、体育、娱乐用房屋	厂房及建筑物	仓库
2946528	**1727812**	**1638466**	**442071**	**3221022**	**301419**
1336796	517972	764488	164824	1549920	217930
2946528	1727812	1638466	442071	3221022	301419
56687	220958	309695		125721	
182437	62322	50349	10082	345782	
1483878	440063	327481	242151	1749313	227650
812761	142632	93112	42132	948059	
671117	297431	234369	200019	801254	227650
5510	64114	238475	7350	109243	
1218016	940355	712466	182488	890963	73769
1169455	786899	683486	175620	823601	73769
48561	153456	28980	6868	67362	
2778395	1509895	1436555	441054	2029470	293710

12-4 续表 9

（2016年）

指　　标	从业人员情况(人) 建筑业企业期末人数 现场施工人员	持证上岗人员	房屋建筑竣工面积(平方米)	住宅房屋
土木工程建筑业	132445	66657	1169635	718067
铁路、道路、隧道和桥梁工程建筑	87992	48164	989229	713989
铁路工程建筑	5378	2793	217685	148396
公路工程建筑	65516	28923	407796	296590
市政道路工程建筑	6566	5994	363748	269003
其他道路、隧道和桥梁工程建筑	10532	10454		
水利和内河港口工程建筑	2144	1859	58353	
水源及供水设施工程建筑	1976	1639	58353	
河湖治理及防洪设施工程建筑	168	220		
港口及航运设施工程建筑				
工矿工程建筑	35155	9882	9535	
架线和管道工程建筑	6042	5713	97001	
架线及设备工程建筑	5369	5028	97001	
管道工程建筑	673	685		
其他土木工程建筑	1112	1039	15517	4078
建筑安装业	10433	8888	1354313	129713
电气安装	5463	5252	1024958	
管道和设备安装	1214	560		
其他建筑安装业	3756	3076	329355	129713
建筑装饰和其他建筑业	12393	9752	160609	10
建筑装饰业	5471	3908	61999	10
工程准备活动	5036	4782		
建筑物拆除活动	101	81		
其他工程准备活动	4935	4701		

注：本表按年报数据汇总。

商业及服务用房屋	办公用房屋	科研、教育、医疗用房屋	文化、体育、娱乐用房屋	厂房及建筑物	仓库
53007	28000	138734	959	192595	550
47619	24580	78381	640	85747	550
				69289	
30893	900	64713	640	13510	550
16726	23680	13668		2948	
	300	58053			
	300	58053			
				9535	
				97001	
				97001	
5388	3120	2300	319	312	
112811	189907	523	48	913157	7154
18000	188187	120		813051	5600
94811	1720	403	48	100106	1554
2315	10	62654	10	85800	5
15	10	58934	10	10	5

12-4 续表 10

（2016年）

指标	从业人员情况(人) 建筑业企业期末人数 现场施工人员	持证上岗人员	房屋建筑竣工面积(平方米)	住宅房屋
提供施工设备服务	359	36		
其他未列明建筑业	1527	1026	98610	
三、按隶属关系分组				
中央	33211	10016	693043	517977
省(自治区、直辖市)	102973	50558	12764665	9025670
地(区、市、州、盟)	28397	16827	1767197	645531
县(区、市、旗)	10988	8130	1831021	1442726
街道	2095	2996	154158	101742
镇	6200	5633	879051	353268
乡	1373	1277	157148	34000
(社区)居委会			19680	19680
其他	109594	68526	13971764	8899459
四、按企业资质等级分组				
施工总承包	267059	141755	30314478	20722047
特级	40713	18136	1614872	1231290
一级	140706	65705	16051813	11404546
二级	55205	36695	8102365	5300351
三级及以下	30435	21219	4545428	2785860
专业承包	27772	22208	1923249	318006
一级	12769	10046	1080599	141103
二级	8034	6446	488070	167528
三级及以下	6969	5716	354580	9375
五、按地区分				
五华区	44999	26393	8825480	6222546
盘龙区	23812	15656	5922135	3836186
官渡区	100104	60057	6733906	4429230

注：本表按年报数据汇总。

商业及服务用房屋	办公用房屋	科研、教育、医疗用房屋	文化、体育、娱乐用房屋	厂房及建筑物	仓库
2300		3720		85790	
53456				121610	
910344	414631	618435	164824	1412831	217930
386536	138323	58745		134768	1973
10734	101886	1150	77212	88858	550
10240	5066	2468	1558	3000	
169599	8036	46978	3604	248059	
	10000		1210	108051	
1405619	1049870	910690	193663	1103845	80966
2792610	1411356	1577397	442013	2165244	294260
21950	21465	294996		45171	
1604903	567928	629747	249923	923389	270401
875232	579553	329186	137412	807062	17167
290525	242410	323468	54678	389622	6692
153918	316456	61069	58	1055778	7159
35276	6497	40000		857723	
111931	3855	135	10	198001	5605
6711	306104	20934	48	54	1554
242791	372585	202618	165234	1361631	218102
701512	452221	354037	130244	386212	54498
732214	487085	400993		274786	5622

12-4 续表 11

（2016年）

指标	从业人员情况(人) 建筑业企业期末人数 现场施工人员	持证上岗人员	房屋建筑竣工面积(平方米)	住宅房屋
西山区	51376	20484	2283097	1877838
东川区	826	797	772942	600098
呈贡区	29849	6622	2141482	1160914
晋宁区	1186	881	210942	24634
富民县	4251	3302	995493	540267
宜良县	18341	14596	1745383	899866
石林彝族自治县	2545	2173	419275	304011
嵩明县	7791	5317	446518	122552
禄劝彝族苗族自治县	2162	1406	536803	106469
寻甸回族彝族自治县	1257	1050	170229	34900
安宁市	6332	5229	1034042	880542
六、按营业状态分				
营业	292575	163700	31931115	20762155
停业(歇业)			9778	9778
当年关闭	2245	250	268120	268120
当年破产				
其他	11	13	28714	
七、按控股情况分				
国有控股	145081	67287	15172449	10218226
集体控股	17657	15131	2626703	1797764
私人控股	119374	76092	13646874	8435215
港澳台商控股				
外商控股	49	30		
其他	12670	5423	791701	588848

注：本表按年报数据汇总。

	商业及服务用房屋	办公用房屋	科研、教育、医疗用房屋	文化、体育、娱乐用房屋	厂房及建筑物	仓库
	122150	700	144705		104704	200
	23516		81777		67551	
	636235	79339	154195	5615	103632	125
	20072	18075	67735	13579	24902	10553
	43283	67748	51501	27196	247898	2940
	172164	4613	37408	74880	409413	
		99566			15698	
	147082	62868	35793	6368	70102	1229
	36314	27721	85740	7520	38896	700
	39922	45800	19469	11435	16853	1850
	29273	9491	2495		98744	5600
	2946528	1699098	1638466	442071	3221022	301419
		28714				
	1336796	517972	764488	164824	1549920	217930
	217713	112762	50349	10082	361480	
	1386494	1088209	823614	267155	1229496	81511
	5525	8869	15	10	80126	1978

12-4 续表 12

（2016年）

指标	房屋建筑竣工面积(平方米)	竣工房屋价值(千元)		
	其他未列明的房屋建筑物		住宅房屋	商业及服务用房屋
总计	**920356**	**52019896**	**34217817**	**4631089**
一、按登记注册类型分组				
其中：国有及国有控股企业	402293	24578262	16678252	2407231
内资企业	920356	52019896	34217817	4631089
国有企业	345	6279068	4938800	123482
集体企业	76553	2809281	1354400	332056
股份合作企业		1000554	1000554	
联营企业				
集体联营企业				
其他联营企业				
有限责任公司	516953	22574697	14653012	2676964
国有独资公司		7714165	5085964	1549625
其他有限责任公司	516953	14860532	9567048	1127339
股份有限公司	27000	1823709	1092478	7769
私营企业	299505	17532587	11178573	1490818
私营独资企业				
私营有限责任公司	286000	16495077	10919348	1397510
私营股份有限公司	13505	1037510	259225	93308
其他企业				
港、澳、台商投资企业				
港、澳、台商独资经营企业				
外商投资企业				
中外合资经营企业				
二、按国民经济行业分组				
房屋建筑业	871828	48749724	32598096	4403690

注：本表按年报数据汇总。

办公用房屋	科研、教育、医疗用房屋	文化、体育、娱乐用房屋	厂房及建筑物	仓库	其他未列明的房屋建筑物
2288450	**3367551**	**595503**	**4816941**	**473363**	**1629182**
699772	1468928	226416	1875981	335870	885812
2288450	3367551	595503	4816941	473363	1629182
134733	752331		328972		750
169260	93588	15699	693836		150442
871365	536485	373120	2099090	350716	1013945
321000	128687	12786	616103		
550365	407798	360334	1482987	350716	1013945
82228	400795	11280	175159		54000
1030864	1584352	195404	1519884	122647	410045
823693	1238598	186295	1419618	122647	387368
207171	345754	9109	100266		22677
2186752	2929691	591543	4004555	464917	1570480

12-4 续表 13

（2016年）

指　　标	房屋建筑竣工面积(平方米)	竣工房屋价值(千元)		
	其他未列明的房屋建筑物		住宅房屋	商业及服务用房屋
土木工程建筑业	37723	2206171	1383075	150290
铁路、道路、隧道和桥梁工程建筑	37723	1893370	1378047	148433
铁路工程建筑		468450	403450	
公路工程建筑		891311	565750	123015
市政道路工程建筑	37723	533609	408847	25418
其他道路、隧道和桥梁工程建筑				
水利和内河港口工程建筑		126010		
水源及供水设施工程建筑		126010		
河湖治理及防洪设施工程建筑				
港口及航运设施工程建筑				
工矿工程建筑		16149		
架线和管道工程建筑		161678		
架线及设备工程建筑		161678		
管道工程建筑				
其他土木工程建筑		8964	5028	1857
建筑安装业	1000	896680	236636	74794
电气安装		491929		28500
管道和设备安装				
其他建筑安装业	1000	404751	236636	46294
建筑装饰和其他建筑业	9805	167321	10	2315
建筑装饰业	3005	102651	10	15
工程准备活动				
建筑物拆除活动				
其他工程准备活动				

注：本表按年报数据汇总。

办公用房屋	科研、教育、医疗用房屋	文化、体育、娱乐用房屋	厂房及建筑物	仓库	其他未列明的房屋建筑物
38501	325465	2669	262827	2200	41144
37641	198473	2560	84872	2200	41144
			65000		
3430	178316	2560	16040	2200	
34211	20157		3832		41144
510	125500				
510	125500				
			16149		
			161678		
			161678		
350	1492	109	128		
63187	11172	1281	503049	6241	320
56456	420		403753	2800	
6731	10752	1281	99296	3441	320
10	101223	10	46510	5	17238
10	97503	10	10	5	5088

12-4 续表 14

（2016年）

指标	房屋建筑竣工面积(平方米) 其他未列明的房屋建筑物	竣工房屋价值(千元)	住宅房屋	商业及服务用房屋
提供施工设备服务				
其他未列明建筑业	6800	64670		2300
三、按隶属关系分组				
中央		1381518	1031738	43000
省(自治区、直辖市)		20361451	14641260	1741812
地(区、市、州、盟)	401321	3117697	990636	648103
县(区、市、旗)	107905	3014174	2273004	15031
街道	30084	225235	109636	16600
镇	49507	1675719	719705	311895
乡	3887	333390	61384	
(社区)居委会		13592	13592	
其他	327652	21897120	14376862	1854648
四、按企业资质等级分组				
施工总承包	909551	50410710	33576879	4453687
特级		3225791	2257338	28060
一级	400976	27212138	18561681	2678514
二级	56402	12131331	7882316	1285083
三级及以下	452173	7841450	4875544	462030
专业承包	10805	1609186	640938	177402
一级		1035045	409200	102300
二级	1005	497615	225055	68567
三级及以下	9800	76526	6683	6535
五、按地区分				
五华区	39973	11945831	9023674	174882
盘龙区	7225	9608426	6283794	930344
官渡区	403976	10993486	7227377	1079124

注：本表按年报数据汇总。

办公用房屋	科研、教育、医疗用房屋	文化、体育、娱乐用房屋	厂房及建筑物	仓库	其他未列明的房屋建筑物
	3720		46500		12150
			306780		
544931	1334859	226416	1536303	335870	
239241	96613		257741	2466	882897
298072	2150	146442	162755	2200	114520
15197	4075	3023	1140		75564
7536	88159	4854	463507		80063
18500		2628	242113		8765
1164973	1841695	212140	1846602	132827	467373
2258958	3264502	594212	4183731	467117	1611624
53669	721463		165261		
1097743	1482275	383056	1718354	408368	882147
626159	444274	130510	1637675	43737	81577
481387	616490	80646	662441	15012	647900
29492	103049	1291	633210	6246	17558
13090	75650		434805		
3454	435	10	196964	2805	325
12948	26964	1281	1441	3441	17233
241181	405540	226747	1474320	340750	58737
709861	922062	119049	553142	76405	13769
299670	915571		577114	7400	887230

12-4 续表 15

（2016年）

指　　标	房屋建筑竣工面积(平方米) 其他未列明的房屋建筑物	竣工房屋价值(千元)	住宅房屋	商业及服务用房屋
西山区	32800	2900179	2376021	128714
东川区		1615608	1158638	45473
呈贡区	1427	4494626	2279022	1483980
晋宁区	31392	333239	26425	16428
富民县	14660	1920015	1056555	73128
宜良县	147039	3159405	1651540	325803
石林彝族自治县		1005487	671064	
嵩明县	524	679618	198411	184990
禄劝彝族苗族自治县	233443	830630	208996	67294
寻甸回族彝族自治县		264918	52550	75633
安宁市	7897	2268428	2003750	45296
六、按营业状态分				
营业	920356	51487624	33722873	4631089
停业(歇业)		25734	25734	
当年关闭		469210	469210	
当年破产				
其他		37328		
七、按控股情况分				
国有控股	402293	24578262	16678252	2407231
集体控股	76553	4461206	2715970	434356
私人控股	335180	21340075	13452222	1781718
港澳台商控股				
外商控股				
其他	106330	1640353	1371373	7784

注：本表按年报数据汇总。

办公用房屋	科研、教育、医疗用房屋	文化、体育、娱乐用房屋	厂房及建筑物	仓库	其他未列明的房屋建筑物
420	144746		223078	120	27080
	173466		238031		
349144	263074	7635	108930	300	2541
27676	113627	16692	37057	26777	68557
101614	124466	45379	490379	4490	24004
10612	76275	142155	732012		221008
292228			42195		
124475	58511	8359	94157	6921	3794
40690	134340	13838	56875	3000	305597
65980	31203	15649	19503	4400	
24899	4670		170148	2800	16865
2251122	3367551	595503	4816941	473363	1629182
37328					
699772	1468928	226416	1875981	335870	885812
315120	93588	15699	736031		150442
1245199	1805020	353378	2086993	135022	480523
28359	15	10	117936	2471	112405

12-5 总承包和专业

（2016年）

指　　标	年初存货(千元)	年末资产		
		流动资产合计	应收工程款	存货
总计	**32270151**	**255815455**	**96515644**	**40682356**
其中：国有及国有控股企业	16922186	173489897	70497885	25176904
一、按登记注册类型分组				
内资企业	32269550	255776688	96498612	40680344
国有企业	1136646	26854274	13701175	1146969
集体企业	174436	2105379	1544057	153554
股份合作企业	4872	524646	19700	7187
联营企业		1624	961	
集体联营企业		1624	961	
其他联营企业				
有限责任公司	15090981	139965426	56235014	15471950
国有独资公司	1905665	54400268	18029888	4337389
其他有限责任公司	13185316	85565158	38205126	11134561
股份有限公司	7764962	41074676	11432332	15529276
私营企业	8097653	45250663	13565373	8371408
私营独资企业				
私营有限责任公司	7782500	41550225	13016714	7014204
私营股份有限公司	315153	3700438	548659	1357204
其他企业				
港、澳、台商投资企业				
港、澳、台商独资经营企业				
外商投资企业	601	38767	17032	2012
中外合资经营企业	601	38767	17032	2012
二、按国民经济行业分组				
房屋建筑业	14690323	139396443	62120350	14135333

注：本表按年报数据汇总。

承包企业财务情况

负债(千元)

固定资产合计	固定资产减值准备	固定资产原价	累计折旧	本年折旧	在建工程	资产合计
24134271	**289579**	**32578794**	**13828426**	**2418598**	**3272813**	**354278606**
12576221	8237	16645519	6340011	1327872	1210137	251016619
24129220	289579	32576019	13826516	2418393	3268627	354230084
1067532	30	1909675	933657	62384	18873	31525849
578344	44659	833284	319398	30739	9223	2774601
42407		59674	17267	1146		571714
64		659	595			1714
64		659	595			1714
12053696	110340	15833035	6021371	1239111	1571658	212707609
3458225	717	3164859	934038	209884	979753	105070966
8595471	109623	12668176	5087333	1029227	591905	107636643
3652143	15673	5441131	2549277	465253	139060	50379117
6735034	118877	8498561	3984951	619760	1529813	56269480
6282142	114746	7827940	3741040	587949	1511264	51696930
452892	4131	670621	243911	31811	18549	4572550
5051		2775	1910	205	4186	48522
5051		2775	1910	205	4186	48522
8980119	220586	10933180	4612200	676261	1583361	202576427

12-5 续表 1

（2016年）

指　　标	年初存货(千元)	年末资产		
		流动资产合计	应收工程款	存货
土木工程建筑业	14677168	96354940	28501847	23428274
铁路、道路、隧道和桥梁工程建筑	7304576	63579759	18697972	17473535
铁路工程建筑	1403499	7959860	2181428	1232726
公路工程建筑	3960506	42734456	10485264	14462470
市政道路工程建筑	598812	6025364	2398249	626609
其他道路、隧道和桥梁工程建筑	1341759	6860079	3633031	1151730
水利和内河港口工程建筑	204660	6234159	4173838	-43883
水源及供水设施工程建筑	201623	6070795	4129508	-50931
河湖治理及防洪设施工程建筑	512	65041	25980	4074
港口及航运设施工程建筑	2525	98323	18350	2974
工矿工程建筑	4586428	17922014	3681208	3269359
架线和管道工程建筑	906243	4837079	1157931	770788
架线及设备工程建筑	641294	4296528	1052328	511363
管道工程建筑	264949	540551	105603	259425
其他土木工程建筑	1675261	3781929	790898	1958475
建筑安装业	2117205	12816264	3961119	1976025
电气安装	624741	5260605	2172337	583782
管道和设备安装	452535	2753010	233214	458957
其他建筑安装业	1039929	4802649	1555568	933286
建筑装饰和其他建筑业	785455	7247808	1932328	1142724
建筑装饰业	441885	5001989	1112769	757608
工程准备活动	95521	1407474	586852	293779
建筑物拆除活动	4979	67137	11086	122
其他工程准备活动	90542	1340337	575766	293657

注：本表按年报数据汇总。

负债(千元)

固定资产合计	固定资产减值准备	固定资产原价	累计折旧	本年折旧	在建工程	资产合计
11270931	44995	16680592	7640914	1371195	1401865	125372980
5956672	16283	8218377	3658036	539708	780868	75290960
923154	6389	1354215	515336	27010	29546	9393357
2851004	9839	3769775	1582991	242541	205826	50314252
1037518	55	903683	362774	55238	395296	7346465
1144996		2190704	1196935	214919	150200	8236886
884160	3411	638262	286298	20123	501461	9616348
772176	3411	587148	274121	19212	428414	9314205
71444		10883	2646	287	63207	144683
40540		40231	9531	624	9840	157460
3171756	13116	6084106	2965303	719805	51348	28480371
1014513		1299672	522768	67175	64008	7478300
820815		1244871	495206	63957	64008	6743550
193698		54801	27562	3218		734750
243830	12185	440175	208509	24384	4180	4507001
3121546	19620	3764520	1001727	254509	202939	17014631
556741	19620	859962	444291	146969	68080	6341516
1876491		1837099	75397	34936	68977	4782743
688314		1067459	482039	72604	65882	5890372
761675	4378	1200502	573585	116633	84648	9314568
322837	4367	400088	179737	28758	70310	6429357
243229		496697	257285	69103	3400	1730058
21267		46062	25210	1050		117576
221962		450635	232075	68053	3400	1612482

12-5 续表 2

（2016年）

指　　标	年初存货(千元)	年末资产		
		流动资产合计	应收工程款	存货
提供施工设备服务	1742	82135	28836	1680
其他未列明建筑业	246307	756210	203871	89657
三、按隶属关系分组				
中央	7606142	29178077	7819462	5895079
省(自治区、直辖市)	6909493	133922856	58560595	17248145
地(区、市、州、盟)	2008689	17100910	4766972	2254853
县(区、市、旗)	660507	3364689	1699051	496852
街道	45383	277093	98450	48340
镇	45758	1138677	948834	93261
乡	12440	122147	89468	106
(社区)居委会	6826	6826	606	6220
其他	14974913	70704180	22532206	14639500
四、按企业资质等级分组				
施工总承包	29561753	235244969	89537223	37873761
特级	5005511	24641182	9037022	3831092
一级	14948001	155615451	60022059	25355782
二级	5990271	35320034	14526077	5039856
三级及以下	3617970	19668302	5952065	3647031
专业承包	2708398	20570486	6978421	2808595
一级	1033946	9276630	3884931	1279821
二级	807151	6737959	1794323	885372
三级及以下	867301	4555897	1299167	643402
施工或专业承包	32270151	255815455	96515644	40682356
五、按地区分				
五华区	5510131	71911260	29938821	12826158

注：本表按年报数据汇总。

负债(千元)

固定资产合计	固定资产减值准备	固定资产原价	累计折旧	本年折旧	在建工程	资产合计
36004		39648	14663	2376		127627
159605	11	264069	121900	16396	10938	1027526
4018110	2749	7408685	3686092	822126	77156	41388113
6305096	92398	7674309	2881984	489491	788821	194677473
3462573		4315120	1266550	163469	120324	21866329
657817	7015	908286	406891	118585	87506	4242074
134282		252804	127051	11801	8529	450524
296776	2980	395646	117327	12886	7568	1455652
69861	2116	73814	11699	3755	1180	192008
2440		2660	220	220		9266
9187316	182321	11547470	5330612	796265	2181729	89997167
21490457	277246	28435257	11820536	2017114	2927515	329052304
3579802		7063208	3590595	798350	38739	35306393
8159529	139872	9841023	4298794	610215	1438905	221274250
5075847	33669	6587593	2775496	374450	830630	45083547
4675279	103705	4943433	1155651	234099	619241	27388114
2643814	12333	4143537	2007890	401484	345298	25226302
915143		1358474	622152	133786	128651	10584420
773066	11367	1408648	798067	131067	104639	8147221
955605	966	1376415	587671	136631	112008	6494661
24134271	289579	32578794	13828426	2418598	3272813	354278606
3707127	2154	4422274	1803191	357089	385845	81284874

12-5 续表 3

（2016年）

指标	年初存货(千元)	年末资产		
		流动资产合计	应收工程款	存货
盘龙区	3793821	25727144	10013874	3664404
官渡区	15357333	77967743	26708346	15197159
西山区	1903558	21624735	8247764	3692667
东川区	319036	1501534	692968	335581
呈贡区	487430	39681722	14675060	951944
晋宁区	162115	870406	420278	64575
富民县	282715	1657578	504732	129180
宜良县	149727	1786833	1293318	132777
石林彝族自治县	147233	1057463	597580	181546
嵩明县	294071	3831390	1319232	393792
禄劝彝族苗族自治县	66179	578570	130464	65613
寻甸回族彝族自治县	48556	469644	156505	54726
安宁市	3748246	7149433	1816702	2992234
六、按营业状态分				
营业	32252564	255466295	96389690	40637802
停业(歇业)	9935	118448	75827	30848
当年关闭	5470	66022	30176	11514
其他	2182	164690	19951	2192
七、按控股情况分				
国有控股	16922186	173489897	70497885	25176904
集体控股	990588	5994414	3170678	947102
私人控股	12191085	65542592	19188931	12129399
外商控股	601	38767	17032	2012
其他	2165691	10749785	3641118	2426939

注：本表按年报数据汇总。

负债(千元)

固定资产合计	固定资产减值准备	固定资产原价	累计折旧	本年折旧	在建工程	资产合计
4347670	45896	5213579	1751345	233713	658170	32442698
8625928	134077	14120759	6859840	1221367	602635	101986394
2143482	17097	2402085	1110886	200143	770706	27489546
171311	3795	195612	64596	6192	29409	1780401
2501259	23958	2527312	673263	159661	622362	87658427
272688	32578	383386	204436	22169	8042	1302067
585188	3488	641802	223863	40279	81585	2939103
438099	6510	773980	347088	38426	47	2280260
219106	7015	272836	83582	11169	9645	1374299
351655	55	520118	265144	31621	52633	4512851
95289	2116	135964	53095	17148	9368	740936
243512		274512	68538	23540	20046	743101
431957	10840	694575	319559	56081	22320	7743649
24043180	287373	32439909	13775637	2412605	3272719	353758028
53338		60148	11435	1299	94	235061
20497	360	30074	9947	2752		86519
17256	1846	48663	31407	1942		198998
12576221	8237	16645519	6340011	1327872	1210137	251016619
1313287	135795	1909431	786591	77630	121793	8219860
9429818	133133	12935211	6229230	962401	1788728	81721837
5051		2775	1910	205	4186	48522
809894	12414	1085858	470684	50490	147969	13271768

12-5 续表 4

（2016年）

指标	年末资产			
	流动负债合计	应付账款	非流动负债合计	负债合计
总计	**212609235**	**92431402**	**34742299**	**249415803**
其中：国有及国有控股企业	157844052	74824880	31259095	189142804
一、按登记注册类型分组				
内资企业	212581436	92406386	34742299	249388004
国有企业	25422076	13212706	1105950	26567677
集体企业	914865	186487	304453	1269641
股份合作企业	442519	266150		442519
联营企业	1214			1214
集体联营企业	1214			1214
其他联营企业				
有限责任公司	130006276	59928591	19750580	150421734
国有独资公司	58080043	20056104	11035954	69115997
其他有限责任公司	71926233	39872487	8714626	81305737
股份有限公司	27761858	9856754	11930584	39732984
私营企业	28032628	8955698	1650732	30952235
私营独资企业				
私营有限责任公司	25235421	7053187	1589410	27962233
私营股份有限公司	2797207	1902511	61322	2990002
其他企业				
港、澳、台商投资企业				
港、澳、台商独资经营企业				
外商投资企业	27799	25016		27799
中外合资经营企业	27799	25016		27799
二、按国民经济行业分组				
房屋建筑业	126500723	57469311	14541875	142534145

注：本表按年报数据汇总。

负债(千元)		损益及分配 (千元)			
所有者权益合计	实收资本	营业收入	主营业务收入	营业成本	主营业务成本
104862803	**65014723**	**225141308**	**220908717**	**201185397**	**197116757**
61873815	41663380	140779145	137707703	129114480	127474652
104842080	64994723	225070134	220838467	201116959	197048319
4958172	1879016	20075373	19971932	18681060	18638893
1504960	570153	5107023	5066700	4140915	4127821
129195	80095	655248	651208	593055	592069
500	500	311	311	285	285
500	500	311	311	285	285
62285875	43132502	122623939	119685206	111259485	109649913
35954969	29788352	43196003	41692221	39131217	38773344
26330906	13344150	79427936	77992985	72128268	70876569
10646133	4089318	27460251	27104337	24881355	24705850
25317245	15243139	49147989	48358773	41560804	39333488
23734697	14128460	47399174	46639134	40059219	37839111
1582548	1114679	1748815	1719639	1501585	1494377
20723	20000	71174	70250	68438	68438
20723	20000	71174	70250	68438	68438
60042282	41862147	113297007	111273217	102078375	100136521

12-5 续表 5

（2016年）

指标	年末资产			
	流动负债合计	应付账款	非流动负债合计	负债合计
土木工程建筑业	72209746	31098335	18831815	91300037
铁路、道路、隧道和桥梁工程建筑	42057109	18977958	12482555	54653233
铁路工程建筑	7203679	3406243	106482	7333958
公路工程建筑	26408145	11500286	11370040	37844697
市政道路工程建筑	3910592	1750478	584077	4511921
其他道路、隧道和桥梁工程建筑	4534693	2320951	421956	4962657
水利和内河港口工程建筑	6851306	3111900	244179	7129502
水源及供水设施工程建筑	6738549	3103530	239517	6995591
河湖治理及防洪设施工程建筑	4832	189		21324
港口及航运设施工程建筑	107925	8181	4662	112587
工矿工程建筑	16220676	7317449	5922200	22142877
架线和管道工程建筑	4391187	1101327	119266	4518572
架线及设备工程建筑	3948042	1024978	19266	3975425
管道工程建筑	443145	76349	100000	543147
其他土木工程建筑	2689468	589701	63615	2855853
建筑安装业	8321396	2654470	1300649	9726302
电气安装	3887372	1371604	61621	3986468
管道和设备安装	1078577	146993	978670	2092439
其他建筑安装业	3355447	1135873	260358	3647395
建筑装饰和其他建筑业	5577370	1209286	67960	5855319
建筑装饰业	4069467	702574	34335	4229462
工程准备活动	1000828	359507	24296	1042138
建筑物拆除活动	22067	2327	10000	32599
其他工程准备活动	978761	357180	14296	1009539

注：本表按年报数据汇总。

负债(千元)		损益及分配 (千元)			
所有者权益合计	实收资本	营业收入	主营业务收入	营业成本	主营业务成本
34072943	16700648	92941266	91198080	82900380	81270431
20637727	11117215	57813117	56342870	51965294	50727627
2059399	1363994	7727718	7691606	7159708	7149574
12469555	7071126	37417158	36047909	33626999	32485980
2834544	1773059	6322228	6284179	5518343	5453859
3274229	909036	6346013	6319176	5660244	5638214
2486846	1434156	5729067	5698413	5102397	5096299
2318614	1287072	5637856	5607202	5028827	5022729
123359	116000	41669	41669	30359	30359
44873	31084	49542	49542	43211	43211
6337494	2452361	23282686	23171144	20752464	20642061
2959728	1150605	4589899	4470772	3889922	3794913
2768125	1010605	4241196	4172921	3602771	3546822
191603	140000	348703	297851	287151	248091
1651148	546311	1526497	1514881	1190303	1009531
7288329	3996200	12171410	11779359	10519046	10198256
2355048	1509357	6375309	6049514	5604874	5399243
2690304	829862	803192	802049	602810	599424
2242977	1656981	4992909	4927796	4311362	4199589
3459249	2455728	6731625	6658061	5687596	5511549
2199895	1562038	3861805	3851391	3209112	3177088
687920	434472	2045513	2035648	1748854	1735935
84977	66055	30626	30626	23696	19745
602943	368417	2014887	2005022	1725158	1716190

12-5 续表 6

（2016年）

指　　标	年末资产			
	流动负债合计	应付账款	非流动负债合计	负债合计
提供施工设备服务	44306	26197		71810
其他未列明建筑业	462769	121008	9329	511909
三、按隶属关系分组				
中央	27744905	14422045	6227853	33972760
省(自治区、直辖市)	119237464	55977668	23656451	142919121
地(区、市、州、盟)	13598282	4658540	1606027	15279087
县(区、市、旗)	2022893	651119	7850	2417688
街道	147588	29805	16000	190392
镇	504814	86430	260358	769009
乡	31329	20688		31329
(社区)居委会	765	765		3126
其他	49321195	16584342	2967760	53833291
四、按企业资质等级分组				
施工总承包	198282161	87866898	34475735	234399278
特级	21895805	11817918	5848388	27749194
一级	138643019	62846862	25696712	164787870
二级	25560763	11017340	1626269	27618289
三级及以下	12182574	2184778	1304366	14243925
专业承包	14327074	4564504	266564	15016525
一级	6642059	2279027	153977	6918764
二级	4845620	1242446	39871	5041294
三级及以下	2839395	1043031	72716	3056467
施工或专业承包	212609235	92431402	34742299	249415803
五、按地区分				
五华区	55769466	27398473	10435144	66444033

注：本表按年报数据汇总。

负债(千元)		损益及分配 (千元)			
所有者权益合计	实收资本	营业收入	主营业务收入	营业成本	主营业务成本
55817	40231	125149	125149	114886	114886
515617	418987	699158	645873	614744	483640
7415353	3477018	32577466	32488036	29512175	29436344
51758352	37338374	104885547	101991041	96560510	95072843
6587242	2531953	11600177	11329520	10505852	10366447
1824386	1055197	6015745	5995387	5011370	4997848
260132	156113	982148	981139	848699	847713
686643	220700	1969621	1953685	1572759	1561239
160679	69950	482165	473505	415648	415648
6140	6140	7850	6885	6885	6000
36163876	20159278	66620589	65689519	56751499	54412675
94653026	57903730	204718216	200987284	183821502	180304201
7557199	2354196	29733287	29637636	26918530	26863177
56486380	39945084	122236552	119102672	112058004	109427456
17465258	8961202	33856723	33650938	29179339	28843535
13144189	6643248	18891654	18596038	15665629	15170033
10209777	7110993	20423092	19921433	17363895	16812556
3665656	2258252	10149468	10088983	8862751	8757587
3105927	2307161	5140456	4991211	4320550	4160304
3438194	2545580	5133168	4841239	4180594	3894665
104862803	65014723	225141308	220908717	201185397	197116757
14840841	8229928	50530066	50167706	46048369	45369409

12-5 续表 7

（2016年）

指　　标	年末资产			
	流动负债合计	应付账款	非流动负债合计	负债合计
盘龙区	18902498	8458983	1844702	20917830
官渡区	64945105	31723422	9969395	75164676
西山区	16665260	7544888	1102469	18328336
东川区	698600	173387	19105	1275621
呈贡区	44352404	13369479	10306358	54663746
晋宁区	341264	152194	69060	451706
富民县	941095	193380	57190	1010432
宜良县	687249	171226	264290	977131
石林彝族自治县	627229	236326	37199	668084
嵩明县	2018232	1125952	572272	2699975
禄劝彝族苗族自治县	272752	52528	16852	322545
寻甸回族彝族自治县	160412	112230	32263	228697
安宁市	6227669	1718934	16000	6262991
六、按营业状态分				
营业	212505217	92386881	34742234	249311200
停业(歇业)	45695	37057	35	45742
当年关闭	15915	3683	30	15965
其他	42408	3781		42896
七、按控股情况分				
国有控股	157844052	74824880	31259095	189142804
集体控股	3939036	1538657	574353	5051830
私人控股	41827357	12225535	2376575	45637097
外商控股	27799	25016		27799
其他	8970991	3817314	532276	9556273

注：本表按年报数据汇总。

负债(千元)		损益及分配 (千元)			
所有者权益合计	实收资本	营业收入	主营业务收入	营业成本	主营业务成本
11524868	6279107	29623225	29083348	26542231	25871116
26821718	12735801	78610796	78273828	70843727	70637384
9161210	5276439	18937746	17733001	16417130	14757347
504780	321819	1963132	1938265	1754499	1750702
32994681	27552115	25870926	24357913	23244830	22901786
850361	444142	1089063	960182	901604	792643
1928671	666638	2795163	2765504	2128326	1963112
1303129	452754	5038389	5026376	4283864	4213107
706215	238800	1823031	1816900	1437811	1437002
1812876	1160695	2867904	2865987	2445847	2445116
418391	262262	1376004	1374319	1221455	1076045
514404	380778	477254	474253	375359	368615
1480658	1013445	4138609	4071135	3540345	3533373
104446828	64748788	224169769	219939816	200335052	196266432
189319	72681	182854	180276	128509	128489
70554	40850	634036	633976	574295	574295
156102	152404	154649	154649	147541	147541
61873815	41663380	140779145	137707703	129114480	127474652
3168030	1250675	10061125	9960028	8650191	8602638
36084740	20115917	68291913	67257591	58312789	55950772
20723	20000	71174	70250	68438	68438
3715495	1964751	5937951	5913145	5039499	5020257

12-5 续表 8

（2016年）

指　　标	损益及			
	营业税金及附加	主营业务税金及附加	其他业务利润	销售费用
总计	**3497221**	**3281626**	**281842**	**1043085**
其中：国有及国有控股企业	1019203	845810	123276	113829
一、按登记注册类型分组				
内资企业	3495778	3280183	280918	1043084
国有企业	200007	170073	60055	35420
集体企业	274759	274215	39264	92690
股份合作企业	25630	25331	4038	156
联营企业	1	1		150
集体联营企业	1	1		150
其他联营企业				
有限责任公司	1135073	1069411	57341	247153
国有独资公司	206185	197270	8100	10290
其他有限责任公司	928888	872141	49241	236863
股份有限公司	385158	302487	55534	99339
私营企业	1475150	1438665	64686	568176
私营独资企业				
私营有限责任公司	1429888	1396465	45851	556711
私营股份有限公司	45262	42200	18835	11465
其他企业				
港、澳、台商投资企业				
港、澳、台商独资经营企业				
外商投资企业	1443	1443	924	1
中外合资经营企业	1443	1443	924	1
二、按国民经济行业分组				
房屋建筑业	2022754	1935246	138393	563170

注：本表按年报数据汇总。

分配(千元)					
管理费用	税金	财务费用	利息收入	利息支出	资产减值损失
7723517	**295674**	**2552399**	**764591**	**2619758**	**89382**
4049510	82033	1594090	650387	1801038	58396
7722516	295536	2552398	764591	2619758	89382
719655	12055	143880	403463	528631	-2973
213429	12972	40535	461	34659	
4812	172	11154	864	12003	
6	1	-7	-7		
6	1	-7	-7		
3597893	91949	1340652	249825	1201663	48276
725663	16299	532988	87016	502842	14672
2872230	75650	807664	162809	698821	33604
886214	27311	564906	82138	465182	15739
2300507	151076	451278	27847	377620	28340
2202451	146419	434176	27790	366105	25905
98056	4657	17102	57	11515	2435
1001	138	1			
1001	138	1			
3054187	154358	1288120	569590	1499456	68126

12-5 续表 9

（2016年）

指　　标	损益及			
	营业税金及附加	主营业务税金及附加	其他业务利润	销售费用
土木工程建筑业	1142783	1034791	99364	212833
铁路、道路、隧道和桥梁工程建筑	847926	759718	47008	92958
铁路工程建筑	142928	140026	17204	12005
公路工程建筑	487408	405583	23901	44774
市政道路工程建筑	139309	135903	2330	22701
其他道路、隧道和桥梁工程建筑	78281	78206	3573	13478
水利和内河港口工程建筑	90976	90903	20278	8932
水源及供水设施工程建筑	89086	89013	20278	8931
河湖治理及防洪设施工程建筑	1369	1369		1
港口及航运设施工程建筑	521	521		
工矿工程建筑	112537	108950	-1922	1499
架线和管道工程建筑	74254	64531	31031	63950
架线及设备工程建筑	71340	62032	19924	54132
管道工程建筑	2914	2499	11107	9818
其他土木工程建筑	17090	10689	2969	45494
建筑安装业	192776	187097	40984	160097
电气安装	84276	79185	35097	56946
管道和设备安装	24872	24758	1143	33910
其他建筑安装业	83628	83154	4744	69241
建筑装饰和其他建筑业	138908	124492	3101	106985
建筑装饰业	81772	80365	2257	48025
工程准备活动	42050	29350	844	46993
建筑物拆除活动	910	668		82
其他工程准备活动	41140	28682	844	46911

注：本表按年报数据汇总。

分配(千元)

管理费用	税金	财务费用	利息收入	利息支出	资产减值损失
3406149	97533	1101646	185379	995257	-6125
1443511	68347	608844	113882	495717	-20575
244862	35601	38323	25387	50989	-3943
864659	18589	432323	50424	292991	-5283
244900	11427	26212	24254	34461	-2203
89090	2730	111986	13817	117276	-9146
218399	5953	55205	8715	47960	-29392
204635	5738	53450	8662	46668	-29392
6474	200	1242	53	1292	
7290	15	513			
1154621	8887	359563	29677	344487	31773
488904	11463	26947	31644	49782	8394
443583	10977	21974	31644	49779	2686
45321	486	4973		3	5708
100714	2883	51087	1461	57311	3675
823711	30465	106780	2897	74076	15094
343565	15040	41722	2620	36854	7575
97459	3066	8414	608	4365	70
382687	12359	56644	-331	32857	7449
439470	13318	55853	6725	50969	12287
233730	8862	49875	5678	45430	4214
133070	3270	4617	1010	3948	6500
8031	524	1121	7	972	
125039	2746	3496	1003	2976	6500

12-5 续表 10

（2016年）

指　　标	损益及			
	营业税金及附加	主营业务税金及附加	其他业务利润	销售费用
提供施工设备服务	1345	1345		5
其他未列明建筑业	13741	13432		11962
三、按隶属关系分组				
中央	132600	119142	4955	13726
省(自治区、直辖市)	921724	772410	108779	105262
地(区、市、州、盟)	200955	200404	36454	23650
县(区、市、旗)	279749	276630	1456	69320
街道	27311	27069	1007	23296
镇	101257	101178	15636	65598
乡	24067	23567		12151
(社区)居委会	247	247	718	2
其他	1809311	1760979	112837	730080
四、按企业资质等级分组				
施工总承包	3138294	2944386	241622	731922
特级	203942	202774	39893	
一级	1464533	1304896	89920	129903
二级	893929	883363	46938	241954
三级及以下	575890	553353	64871	360065
专业承包	358927	337240	40220	311163
一级	162803	149894	8402	84682
二级	85730	83583	14537	72614
三级及以下	110394	103763	17281	153867
施工或专业承包	3497221	3281626	281842	1043085
五、按地区分				
五华区	793883	701019	57972	276344

注：本表按年报数据汇总。

分配(千元)

管理费用	税金	财务费用	利息收入	利息支出	资产减值损失
6472	52	151	1	148	
66198	1134	1210	36	1443	1573
1278200	14022	473742	96000	489006	55050
2589207	63737	1011476	501063	1199560	-6147
399915	11890	250946	78303	252068	-1465
275673	8253	23611	5372	19598	
39151	1237	6330	81	5794	-37
76430	3287	30341	42	27579	
14289	10933	3793	41	1358	
213	47	2	3	2	
3050439	182268	752158	83686	624793	41981
6251366	237427	2391954	743144	2488949	72163
1140896	5887	438168	35033	413967	26141
2756669	77415	1354942	606023	1528888	33411
1351035	82255	399595	75874	371658	8812
1002766	71870	199249	26214	174436	3799
1472151	58247	160445	21447	130809	17219
518084	26994	84594	789	69295	11644
465865	18102	52219	12641	39595	1695
488202	13151	23632	8017	21919	3880
7723517	295674	2552399	764591	2619758	89382
1854776	79671	568490	464482	899248	-28414

12-5 续表 11

（2016年）

指标	损益及			
	营业税金及附加	主营业务税金及附加	其他业务利润	销售费用
盘龙区	546715	470934	35640	120767
官渡区	763714	753404	93395	221871
西山区	427760	421909	5512	62827
东川区	58898	58877	2563	11886
呈贡区	178621	165527	20643	49762
晋宁区	22097	21328	38296	8837
富民县	94134	87330	2733	56286
宜良县	231733	231733		122023
石林彝族自治县	89513	89046	5481	42158
嵩明县	93098	90285	517	40559
禄劝彝族苗族自治县	40511	40511		12376
寻甸回族彝族自治县	15190	15004	46	5708
安宁市	141354	134719	19044	11681
六、按营业状态分				
营业	3454954	3241931	279224	1040067
停业(歇业)	6010	6003	2558	704
当年关闭	32206	29641	60	2083
其他	4051	4051		231
七、按控股情况分				
国有控股	1019203	845810	123276	113829
集体控股	417887	417200	43618	123638
私人控股	1945128	1904431	99502	718198
外商控股	1443	1443	924	1
其他	113560	112742	14522	87419

注：本表按年报数据汇总。

分配(千元)

管理费用	税金	财务费用	利息收入	利息支出	资产减值损失
1255210	23541	162408	19303	144058	35158
2510056	64646	1060102	234310	973493	45535
644125	28212	159410	17282	64457	9279
95423	6677	4880	1302	3534	907
678205	32743	351845	21958	327467	23371
57796	4677	12335	157	8041	-2497
110285	15522	54420	2223	44874	510
159988	17342	50625	227	47794	
51150	1590	6049	28	6097	
120209	10282	37448	1225	27910	2929
37561	1853	10881	127	5604	
29685	2841	7040	73	6638	
119048	6077	66466	1894	60543	2604
7697011	292568	2550167	764564	2619256	89380
1627	55	490	2	489	2
12857	2629	1760	6	12	
12022	422	-18	19	1	
4049510	82033	1594090	650387	1801038	58396
447866	22568	68221	12918	47501	347
2936495	184767	728267	78727	662491	27531
1001	138	1			
288645	6168	161820	22559	108728	3108

12-5 续表 12

（2016年）

指　　标	损益及			
	公允价值变动收益	投资收益	营业利润	营业外收入
总计	**-1598**	**542102**	**9470931**	**193729**
其中：国有及国有控股企业		311449	5146746	74019
一、按登记注册类型分组				
内资企业	-1598	542102	9470641	193727
国有企业		64143	362461	1704
集体企业			344671	18262
股份合作企业		97	21545	9001
联营企业			-124	
集体联营企业			-124	
其他联营企业				
有限责任公司	3283	371720	5361363	95839
国有独资公司		186766	2767311	10767
其他有限责任公司	3283	184954	2594052	85072
股份有限公司	-240	45041	672271	32012
私营企业	-4641	61101	2708454	36909
私营独资企业				
私营有限责任公司	-4641	59125	2631465	35355
私营股份有限公司		1976	76989	1554
其他企业				
港、澳、台商投资企业				
港、澳、台商独资经营企业				
外商投资企业			290	2
中外合资经营企业			290	2
二、按国民经济行业分组				
房屋建筑业	786	251154	4465114	73577

注：本表按年报数据汇总。

分配 (千元)					
政府补助	营业外支出	利润总额	应交所得税	应付职工薪酬(本年贷方累计发生额)	建筑业企业在境外完成的营业收入
13428	**221426**	**9488364**	**1691323**	**18988303**	**10032768**
4710	141858	5078644	880943	9295825	8250872
13428	221426	9488072	1689918	18985572	10032768
-3576	10182	353716	68473	1309334	177817
	3042	359891	86855	777321	
	3789	27483	17410	58677	
		-124	32	170	
		-124	32	170	
6993	126902	5331503	893445	9072221	8073055
3077	66114	2711964	490095	3302292	2743683
3916	60788	2619539	403350	5769929	5329372
4704	34955	669328	140368	2001216	413037
5307	42556	2746275	483335	5766633	1368859
5157	38606	2671681	464698	5481451	1368819
150	3950	74594	18637	285182	40
		292	1405	2731	
		292	1405	2731	
9278	117928	4421997	888054	10724859	3016445

12-5 续表 13

（2016年）

指　　标	损益及			
	公允价值变动收益	投资收益	营业利润	营业外收入
土木工程建筑业	897	268405	4340132	99497
铁路、道路、隧道和桥梁工程建筑		83448	2848186	42386
铁路工程建筑		29973	163808	14868
公路工程建筑		6406	1973628	24076
市政道路工程建筑		45279	306880	2595
其他道路、隧道和桥梁工程建筑		1790	403870	847
水利和内河港口工程建筑	897	58	283765	2746
水源及供水设施工程建筑	897	1	283477	2741
河湖治理及防洪设施工程建筑			2224	
港口及航运设施工程建筑		57	-1936	5
工矿工程建筑		31942	902171	8835
架线和管道工程建筑		153361	188281	36916
架线及设备工程建筑		153361	195463	36802
管道工程建筑			-7182	114
其他土木工程建筑		-404	117729	8614
建筑安装业	-3281	18608	364959	7126
电气安装	-3281	3810	240485	9580
管道和设备安装		150	35829	1336
其他建筑安装业		14648	88645	-3790
建筑装饰和其他建筑业		3935	300726	13529
建筑装饰业		2156	237181	3398
工程准备活动		384	64076	2802
建筑物拆除活动			-3214	
其他工程准备活动		384	67290	2802

注：本表按年报数据汇总。

分配 (千元)					
政府补助	营业外支出	利润总额	应交所得税	应付职工薪酬(本年贷方累计发生额)	建筑业企业在境外完成的营业收入
6189	74349	4438619	662239	6326327	6996870
3830	35249	2927325	461460	3233507	1763392
1450	7688	170988	17658	438502	202993
1542	19975	1977715	353485	1629061	1350498
485	6958	374533	48473	450037	
353	628	404089	41844	715907	209901
117	8642	277603	26112	488538	21900
117	8428	277524	25367	474327	21900
	2	2222	745	7007	
	212	-2143		7204	
-108	10042	900964	127001	1753280	5177392
730	17115	209685	25300	697480	34186
730	6946	226922	24723	665242	34186
	10169	-17237	577	32238	
1620	3301	123042	22366	153522	
-7013	11019	357095	74496	1289511	19397
1704	7909	238620	37405	702428	14077
	306	36455	12882	131608	4776
-8717	2804	82020	24209	455475	544
4974	18130	270653	66534	647606	56
5	3488	236613	42360	340374	56
1842	10995	30889	18629	199961	
	1	-3215	140	7464	
1842	10994	34104	18489	192497	

12-5 续表 14

（2016年）

指　　标	损益及			
	公允价值变动收益	投资收益	营业利润	营业外收入
提供施工设备服务			2290	
其他未列明建筑业		1395	-2821	7329
三、按隶属关系分组				
中央		32824	1144904	19307
省(自治区、直辖市)		290922	3992157	39326
地(区、市、州、盟)	897	62986	289757	33298
县(区、市、旗)		966	357104	2082
街道			38405	23
镇			123236	18241
乡			12217	
(社区)居委会			501	
其他	-2495	154404	3512650	81452
四、按企业资质等级分组				
施工总承包	786	517614	8718857	173977
特级		32071	1037681	5437
一级	-243	251006	4690544	76839
二级		231503	1944808	49432
三级及以下	1029	3034	1045824	42269
专业承包	-2384	24488	752074	19752
一级		7734	423595	-2835
二级	2386	14694	155784	11157
三级及以下	-4770	2060	172695	11430
施工或专业承包	-1598	542102	9470931	193729
五、按地区分				
五华区		34435	1051058	33098

注：本表按年报数据汇总。

分配 (千元)					
政府补助	营业外支出	利润总额	应交所得税	应付职工薪酬(本年贷方累计发生额)	建筑业企业在境外完成的营业收入
	2	2288	2365	3143	
3127	3645	863	3180	104128	
448	18092	1146123	141762	4022000	6061095
801	116753	3916332	719106	4986128	2341482
340	22671	300384	53354	942296	209901
559	2923	355593	78446	736429	
2	1794	37360	14366	124858	
	2968	138509	28508	409676	
		12217	7998	53230	
	3	498	96	399	
11278	56222	3581348	647687	7713287	1420290
18427	190889	8774769	1548157	17068474	10020825
-176	8941	1034177	141940	2226249	5336005
6946	143706	4623679	849715	9215070	3177623
6140	23454	2042899	316669	3439072	1500636
5517	14788	1074014	239833	2188083	6561
-4999	30537	713595	143166	1919829	11943
-7370	5624	415110	70721	680217	430
396	16041	150630	30209	557292	8507
1975	8872	147855	42236	682320	3006
13428	221426	9488364	1691323	18988303	10032768
7466	52864	1031279	234003	3088403	287581

12–5 续表 15

（2016年）

指　　标	损益及			
	公允价值变动收益	投资收益	营业利润	营业外收入
盘龙区	-3	62031	953443	8644
官渡区	-5010	230555	3393023	84925
西山区	756	23615	1241772	6714
东川区		1619	35967	1341
呈贡区		182130	1528237	5144
晋宁区		2856	88331	1710
富民县		220	312168	61
宜良县		1326	191482	115
石林彝族自治县			196350	5286
嵩明县		1879	129693	1301
禄劝彝族苗族自治县	232		53452	450
寻甸回族彝族自治县	6		34965	18575
安宁市	2421	1436	260990	26365
六、按营业状态分				
营业	-1595	542097	9423763	193406
停业(歇业)	-3	5	45513	12
当年关闭			10835	30
其他			-9180	281
七、按控股情况分				
国有控股		311449	5146746	74019
集体控股		66446	418120	48468
私人控股	-1598	87532	3598722	52572
外商控股			290	2
其他		76675	307053	18668

注：本表按年报数据汇总。

分配 (千元)					
政府补助	营业外支出	利润总额	应交所得税	应付职工薪酬(本年贷方累计发生额)	建筑业企业在境外完成的营业收入
-6501	24407	1009758	182595	2727551	27679
4934	60086	3415002	534305	7358180	6644200
1313	10077	1237938	184068	2044215	1401786
	2954	35965	8675	457713	
2299	52326	1456061	291271	790547	1671408
10	3687	86627	11832	130733	114
50	291	311848	41883	459328	
	2726	188871	60937	890838	
	780	200856	34873	212169	
88	1011	129983	24810	334620	
	310	53592	14253	61331	
380	2267	51273	6843	90129	
3389	7640	279311	60975	342546	
13428	220782	9441517	1682799	18792229	10032768
	507	45018	3620	20395	
	6	10859	3159	101867	
	131	-9030	1745	73812	
4710	141858	5078644	880943	9295825	8250872
117	15886	453031	99932	1339259	
6976	58607	3636155	651815	7861081	1781896
		292	1405	2731	
1625	5075	320242	57228	489407	

12-6 劳务分包企业

（2016年）

指　　标	企业个数（个）	建筑业总产值(千元)		从业	
			装饰装修产值(千元)	从事建筑业活动的平均人数	建筑业企业期末人数
总计	**72**	**2304835**	**117514**	**33432**	**30597**
一、按登记注册类型分组					
内资企业	72	2304835	117514	33432	30597
国有企业					
集体企业					
股份合作企业					
联营企业					
有限责任公司	13	517603	85487	10624	6135
其他有限责任公司	13	517603	85487	10624	6135
私营企业	59	1787232	32027	22808	24462
私营有限责任公司	59	1787232	32027	22808	24462
其他企业					
二、按国民经济行业分组					
房屋建筑业	13	144072	1645	874	881
土木工程建筑业	7	448139		8012	4529
铁路、道路、隧道和桥梁工程建筑	7	448139		8012	4529
公路工程建筑	1	6000		32	32
建筑安装业	2	93771		81	81
管道和设备安装	1	295		6	6
其他建筑安装业	1	93476		75	75
建筑装饰和其他建筑业	50	1618853	115869	24465	25106
建筑装饰业	20	82056	22422	1114	1042
工程准备活动	1	45828		1160	1159
提供施工设备服务	1	526		40	40
其他未列明建筑业	28	1490443	93447	22151	22865

注：本表按年报数据汇总。

生产经营情况

人员(人)		资产负债(千元)					损益及分配(千元)
工程技术人员	现场施工工人	固定资产原价	本年折旧	资产总计	负债合计	实收资本	营业收入合计
1635	**24444**	**103144**	**4649**	**724548**	**451577**	**210513**	**2118631**
1635	24444	103144	4649	724548	451577	210513	2118631
653	4604	67919	396	284307	197539	67262	519834
653	4604	67919	396	284307	197539	67262	519834
982	19840	35225	4253	440241	254038	143251	1598797
982	19840	35225	4253	440241	254038	143251	1598797
366	660	42940	752	138751	48277	36680	149939
46	4472	13428	276	132495	93444	34942	448139
46	4472	13428	276	132495	93444	34942	448139
5	27	2000	50	2610	1101	500	6000
15	42	2845	202	71355	103791	6227	93771
2	4	434	3	1224	224	1000	295
13	38	2411	199	70131	103567	5227	93476
1208	19270	43931	3419	381947	206065	132664	1426782
247	727	6924	2055	128246	67818	46533	153165
316	125	26000		17626	1626	16000	45456
20	20	107	58	563	563		526
625	18398	10900	1306	235512	136058	70131	1227635

12-6 续表 1

（2016年）

指　　标	企业个数（个）	建筑业总产值(千元)	装饰装修产值(千元)	从事建筑业活动的平均人数	从业 建筑业企业期末人数
三、按隶属关系分组					
省(自治区、直辖市)	1	6533		30	30
地(区、市、州、盟)	5	148453	1340	1601	1580
县(区、市、旗)	2	31840		214	226
其他	64	2118009	116174	31587	28761
四、按企业资质等级分组					
施工总承包	72				
专业承包	72				
劳务分包	72	2304835	117514	33432	30597
一级					
二级	3	6000		32	32
三级及以下	69	2298835	117514	33400	30565
施工或专业承包	72				
五、按地区分					
五华区	16	929668	84147	20434	15852
盘龙区	11	770081	8940	4527	4505
官渡区	6	402509	23582	4988	5466
西山区	35	190784	845	3322	4612
呈贡区	1	911			
寻甸回族彝族自治县	1	6000		32	32
安宁市	2	4882		129	130
六、按营业状态分					
营业	70	2303155	116534	33428	30593
停业(歇业)	2	1680	980	4	4
七、按控股情况分					
私人控股	69	2114178	117514	29123	30406
其他	3	190657		4309	191

注：本表按年报数据汇总。

人员(人)		资产负债(千元)					损益及分配(千元)
工程技术人员	现场施工工人	固定资产原价	本年折旧	资产总计	负债合计	实收资本	营业收入合计
	1	10		6466	4404	2000	6533
496	340	67109	288	156207	105376	47902	146181
12	141	67	7	23450	6960	10000	36343
1127	23962	35958	4354	538425	334837	150611	1929574
1635	24444	103144	4649	724548	451577	210513	2118631
5	27	2000	50	2610	1101	500	6000
1630	24417	101144	4599	721938	450476	210013	2112631
555	15490	3517	151	151189	81315	43463	929360
144	1193	4600	612	121504	91320	17288	452843
382	5052	55232	2520	270726	224239	43099	400608
529	2657	37276	1305	173070	51404	105145	324027
				1286	626	660	911
5	27	2000	50	2610	1101	500	6000
20	25	519	11	4163	1572	358	4882
1633	24444	67930	4560	677356	451577	205013	2116951
2		35214	89	47192		5500	1680
1605	24334	102561	4644	678880	412158	204326	1927974
30	110	583	5	45668	39419	6187	190657

12-6 续表 2

（2016年）

指标	营业收入合计			损益及	
	主营业务收入(工程结算收入)	营业成本	主营业务成本(工程结算成本)	营业税金及附加	主营业务税金及附加(工程结算税金及附加)
总计	**2051320**	**1931076**	**1871246**	**27193**	**26384**
一、按登记注册类型分组					
内资企业	2051320	1931076	1871246	27193	26384
国有企业					
集体企业					
股份合作企业					
联营企业					
有限责任公司	519834	492263	489263	10715	10665
其他有限责任公司	519834	492263	489263	10715	10665
私营企业	1531486	1438813	1381983	16478	15719
私营有限责任公司	1531486	1438813	1381983	16478	15719
其他企业					
二、按国民经济行业分组					
房屋建筑业	149939	122425	88940	2315	1556
土木工程建筑业	448139	428231	428231	8902	8902
铁路、道路、隧道和桥梁工程建筑	448139	428231	428231	8902	8902
公路工程建筑	6000	5280	5280	501	501
建筑安装业	93771	97932	94932	748	748
管道和设备安装	295			1	1
其他建筑安装业	93476	97932	94932	747	747
建筑装饰和其他建筑业	1359471	1282488	1259143	15228	15178
建筑装饰业	85864	45352	25957	2819	2819
工程准备活动	45456	43807	43807	1146	1146
提供施工设备服务	526	285	285	18	18
其他未列明建筑业	1227625	1193044	1189094	11245	11195

注：本表按年报数据汇总。

分配(千元)						
销售费用	管理费用	税金	财务费用	营业利润	利润总额	应付职工薪酬(千元)
3553	**55016**	**1538**	**445**	**109997**	**65540**	**435053**
3553	55016	1538	445	109997	65540	435053
1622	12245	426	145	3257	2694	41611
1622	12245	426	145	3257	2694	41611
1931	42771	1112	300	106740	62846	393442
1931	42771	1112	300	106740	62846	393442
114	6579	82	179	18430	17726	13744
973	7435	265	69	2529	1937	185298
973	7435	265	69	2529	1937	185298
	188		2	29	29	
	1053	12	1	-130	-130	2362
	425	1		-130	-130	202
	628	11	1			2160
2466	39949	1179	196	89168	46007	233649
1486	17889	619	18	87456	44819	51123
	1026	13		503	377	
	201		1	22	22	185
980	20833	547	177	1187	789	182341

12-6 续表 3

（2016年）

指　　标	营业收入合计			损益及	
	主营业务收入(工程结算收入)	营业成本	主营业务成本(工程结算成本)	营业税金及附加	主营业务税金及附加(工程结算税金及附加)
三、按隶属关系分组					
省(自治区、直辖市)	6533	5769	5769	104	104
地(区、市、州、盟)	146181	147822	144822	2050	2000
县(区、市、旗)	36343	30238	30238	755	755
其他	1862263	1747247	1690417	24284	23525
四、按企业资质等级分组					
施工总承包					
专业承包					
劳务分包	2051320	1931076	1871246	27193	26384
一级					
二级	6000	5280	5280	501	501
三级及以下	2045320	1925796	1865966	26692	25883
施工或专业承包					
五、按地区分					
五华区	929360	887705	854220	14187	13431
盘龙区	452833	430127	430127	3603	3603
官渡区	400608	362975	359975	4315	4265
西山区	256726	240049	220654	4343	4340
呈贡区	911	693	693	13	13
寻甸回族彝族自治县	6000	5280	5280	501	501
安宁市	4882	4247	297	231	231
六、按营业状态分					
营业	2049640	1929732	1869902	27103	26294
停业(歇业)	1680	1344	1344	90	90
七、按控股情况分					
私人控股	1860663	1755017	1695187	20916	20107
其他	190657	176059	176059	6277	6277

注：本表按年报数据汇总。

分配(千元)						应付职工薪酬(千元)
销售费用	管理费用	税金	财务费用	营业利润	利润总额	
	651		5	4	4	300
355	1828	73	146	1161	1035	7719
	3094		3	2253	2253	5400
3198	49443	1465	291	106579	62248	421634
3553	55016	1538	445	109997	65540	435053
	188		2	29	29	
3553	54828	1538	443	109968	65511	435053
1404	10795	390	-8	15323	14784	20229
226	16332	326	80	1948	1748	70738
355	12199	435	199	26720	26647	212693
1568	15139	386	146	65757	22119	130147
	16	1		189	182	
	188		2	29	29	
	347		26	31	31	1246
3521	54951	1535	369	109924	65467	434913
32	65	3	76	73	73	140
2580	53879	1255	450	103781	59561	430971
973	1137	283	-5	6216	5979	4082

主要统计指标解释

建筑施工企业　是指从事：1.各种房屋、建筑物和构筑物的建造；2.各种线路、管道和机械设备的安装；3.原有房屋、建筑物的修理；4.部分非标准设备的制造；5.原有房屋、建筑和构筑物的装饰装修等。建筑施工企业同时还应具备下述条件：①依法成立、有自己的名称、组织机构和场所，能够独立承担民事责任；②独立拥有和使用(或授权使用)资产，承担负债，有权与其他单位签订合同；③会计上独立核算，能够编制资产负债表；④具有新的建筑业资质等级的总承包、专业承包、劳务分包的建筑业企业(包括各地区建设行政主管部门按照新的建筑业资质管理规定自行批准的资质企业)。

国有企业　指企业全部资产归国家所有，并按《中华人民共和国企业法人登记管理条例》规定登记注册的非公司制的经济组织。不包括有限责任公司中的国有独资公司。

集体企业　指企业资产归集体所有，并按《中华人民共和国企业法人登记管理条例》规定登记注册的经济组织。

股份合作企业　指以合作制为基础，由企业职工共同出资入股，吸收一定比例的社会资产投资组建，实行自主经营，自负盈亏，共同劳动，民主管理，按劳分配与按股分红相结合的一种集体经济组织。

联营企业　指两个及两个以上相同或不同所有制性质的企业法人或事业单位法人，按自愿、平等、互利的原则，共同投资组成的经济组织。联营企业包括国有联营企业、集体联营企业、国有与集体联营企业和其他联营企业。

国有联营企业　指所有联营单位均为国有。

集体联营企业　指所有联营单位均为集体。

国有与集体联营企业　指联营单位既有国有也有集体。

其他联营企业　指上述三种联营企业之外的其他联营形式的企业。

有限责任公司　指根据《中华人民共和国公司登记管理条例》规定登记注册，由两个以上，五十个以下的股东共同出资，每个股东以其所认缴的出资额对公司承担有限责任，公司以其全部资产对其债务承担责任的经济组织。有限责任公司包括国有独资公司以及其他有限责任公司。

国有独资公司　指国家授权的投资机构或者国家授权的部门单独投资设立的有限责任公司。

其他有限责任公司　指国有独资公司以外的其他有限责任公司。

股份有限公司　指根据《中华人民共和国公司登记管理条例》规定登记注册，其全部注册资本由等额股份构成并通过发行股票筹集资本，股东以其认购的股份对公司承担有限责任，公司以其全部资产对其债务承担责任的经济组织。

私营企业　指由自然人投资设立或由自然人控股，以雇佣劳动为基础的营利性经济组织。包括按照《公司法》、《合伙企业法》、《私营企业暂行条例》以及《个人独资企业法》规定登记注册的私营独资企业、私营有限责任公司、私营股份有限公司、私营合伙企业和个人独资企业。

私营独资企业　指按《私营企业暂行条例》的规定，由一名自然人投资经营，以雇佣劳动为基础，投资者对企业债务承担无限责任的企业。

私营有限责任公司　指按《公司法》、《私营企业暂行条例》的规定，由两个以上自然人投资或由单个自然人控股的有限责任公司。

私营股份有限公司　指按《公司法》的规定，由五个以上自然人投资，或由单个自然人控股的股份有限公司。

私营合伙企业　指按《合伙企业法》或《私营企业暂行条例》的规定，由两个以上自然人按照协议共同投资、共同经营、共负盈亏，以雇佣劳动为基础，对债务承担无限责任的企业。

个人独资企业　指按《个人独资企业法》、《个人独资企业登记管理办法》的规定，由一个自然人投资，财产为投资人个人所有，投资人以其个人财产对企业债务承担无限责任的经营实体。个人独资企业填表时归入私营独资企业。

其他内资企业　指上述第（1）条至第（7）条之外的其他内资经济组织。

与港澳台商合资经营企业　指港澳台地区投资者与内地的企业依照《中华人民共和国中外合资经营企业法》及有关法律的规定，按合同规定的比例投资设立，分享利润和分担风险的企业。

与港澳台商合作经营企业　指港澳台地区投资者与内地企业依照《中华人民共和国中外合作经营企业法》及有关法律的规定，依照合作合同的约定进行投资或提供条件设立，分配利润、分担风险和亏损的企业。

港澳台商独资经营企业　指依照《中华人民共和国外资企业法》及有关法律的规定，在内地由港澳台地区投资者全额投资设立的企业。

港澳台商投资股份有限公司　指根据国家有关规定，经商务部（原外经贸部）批准设立，并且其中港、澳、台商的股本占公司注册资本的比例达25%以上的股份有限公司。凡其中港、澳、台商的股本占公司注册资本的比例小于25%的，属于内资中的股份有限公司。

其他港、澳、台商投资企业　指在中国境内参照《外国企业或个人在中国境内设立合伙企业管理办法》和《外商投资合伙企业登记管理规定》，依法设立的港、澳、台商投资合伙企业。

中外合资经营企业　指外国企业或外国人与中国内地企业依照《中华人民共和国中外合资经营企业法》及有关法律的规定，按合同规定的比例投资设立，分享利润和分担风险的企业。

中外合作经营企业　指外国企业或外国人与中国内地企业依照《中华人民共和国中外合作经营企业法》及有关法律的规定，依照合作合同的约定进行投资或提供条件设立，分配利润、分担风险和亏损的企业。

外资企业　指依照《中华人民共和国外资企业法》及有关法律的规定，在中国内地由外国投资者全额投资设立的企业。

外商投资股份有限公司 指根据国家有关规定，经商务部（原外经贸部）批准设立，并且其中外资的股本占公司注册资本的比例达25%以上的股份有限公司。凡其中外资股本占公司注册资本的比例小于25%的，属于内资中的股份有限公司。

其他外商投资企业 指在中国境内依照《外国企业或个人在中国境内设立合伙企业管理办法》和《外商投资合伙企业登记管理规定》，依法设立的外商投资合伙企业。

1–本季平均人数 季报基层表中应填报的平均人数是“1–本季平均人数”，以年初至报告季内各月平均人数之和除以报告季内月数求得。计算公式为：

一季度：$1\text{–本季平均人数}=\dfrac{1\text{月平均人数}+2\text{月平均人数}+3\text{月平均人数}}{3}$

二季度：$1\text{–本季平均人数}=\dfrac{1\text{月平均人数}+\ldots+6\text{月平均人数}}{6}$

三季度：$1\text{–本季平均人数}=\dfrac{1\text{月平均人数}+\ldots+9\text{月平均人数}}{9}$

或（用本季平均人数计算）

一季度：1–本季平均人数=1 季度本季平均人数

二季度：$1\text{–本季平均人数}=\dfrac{1\text{季度本季平均人数}+2\text{季度本季平均人数}}{2}$

三季度：1–本季平均人数

$$=\frac{1\text{季度本季平均人数}+2\text{季度本季平均人数}+3\text{季度本季平均人数}}{3}$$

本季平均人数以报告季内三个月的平均人数之和除以 3 求得。计算公式为：

$$\text{本季平均人数}=\frac{\text{报告季内3个月平均人数之和}}{3}$$

年平均人数 是以 12 个月的平均人数相加之和除以 12 求得，或以 4 个季度的平均人数之和除以 4 求得。计算公式为：

$$\text{年平均人数}=\frac{\text{报告年内12个月平均人数之和}}{12}$$

或：

$$\text{年平均人数}=\frac{\text{报告年内4个季度平均人数之和}}{4}$$

在年内新成立的单位年平均人数计算方法为：从实际开工之月起到年底的月平均人数相加除以 12 个月。

资产总计 指企业过去的交易或者事项形成的、由企业拥有或者控制的、预期会给企业带来经济利益的资源。资产一般按流动性分为流动资产和非流动资产。其中流动资产可分为货币资金、交易性金融资产、应收票据、应收账款、预付款项、其他应收款、存货等；非流动资产可分为长期股权投资、固定资产、无形资产及其他非流动资产等。根据会计“资产负债表”中“资产总计”项目的期末余额数填报。

营业利润 指企业从事生产经营活动所取得的利润。执行2006年《企业会计准则》的企业，营业利润为营业收入减去营业成本、营业税金及附加、销售费用、管理费用、财务费用、资产减值损失，再加上公允价值变动收益和投资收益。未执行2006年《企业会计准则》的企业，营业利润为主营业务收入减去主营业务成本、主营业务税金及附加，加上其他业务利润后，再减去销售费用、管理费用、财务费用后的金额。根据会计“利润表”中“营业利润”项目的本期金额数填报。

利润总额 指企业在一定会计期间的经营成果，是生产经营过程中各种收入扣除各种耗费后的盈余，反映企业在报告期内实现的亏盈总额。根据会计“利润表”中“利润总额”项目的本期金额数填报。执行2006年《企业会计准则》的企业，利润总额为营业利润加上营业外收入，减去营业外支出后的金额；未执行2006年《企业会计准则》的企业，利润总额为营业利润加上投资收益、补贴收入、营业外收入，再减去营业外支出后的金额。

建筑业总产值 建筑业总产值是以货币表现的建筑业企业在一定时期内生产的建筑业产品和服务的总和。建筑业总产值包括建筑工程产值、安装工程产值和其他产值三部分内容。

劳务分包企业建筑业总产值指劳务分包企业与总承包企业或专业承包企业签定劳务分包合同后，从事建筑安装工程取得的所有劳务收入。

装饰装修产值 包括装饰、装修两部分产值。装修装饰指对新旧房屋及建筑物进行的内外装修装饰；对新建房屋及建筑物经过施工后，尚未完全达到使用标准，而进行的二次装修装饰；以及对原有房屋经使用若干年后进行的二次内外装饰。包括抹灰、门窗、玻璃、吊顶、隔断、饰面板(砖)、涂料、裱糊、刷浆、花饰等。

在外省完成的产值 指建筑业企业在其他省份施工所完成的建筑业产值。

房屋施工面积 指报告期内施过工的全部房屋建筑面积，它包括本期新开工的面积、上期跨入本期继续施工的房屋面积、上期停缓建在本期恢复施工的房屋面积、本期竣工的房屋面积以及本期施工后又停缓建的房屋面积。

房屋新开工面积 指在报告期内新开工的各个房屋单位工程的建筑面积之和。它不包括在上期开工跨入报告期继续施工的房屋建筑面积和上期停缓建而在本期复工的建筑面积。新开工面积用于反映报告期内投入施工的房屋建筑规模，为科学组织施工提供依据。

房屋竣工面积 指在报告期内房屋建筑按照设计要求已全部完工，达到了使用条件，经检查验收鉴定合格的房屋建筑面积。计算房屋竣工面积，必须严格执行房屋竣工验收标准。对民用建筑来讲，一般应按设计要求在土建工程和房屋本身附属的水、卫、气、暖等工程已经完工，通风、电梯等设备已安装完毕，做到水通、灯亮、经验收鉴定合格，并正式交付给使用单位后，才能计算竣工面积。对于工业及科研等生产性房屋建筑：一般应按设计要求在土建工程(包括水、暖、电、卫、通风)及属于房屋组成部分的生活间、操作间等已经完成，经验收合格后才计算竣工面积。只差安装工艺设备、管线工程的亦可以计算竣工面积。

房屋竣工价值　指在报告期内按规定已经上报竣工的房屋本身的建造价值。一般按房屋设计和预算规定的内容计算。可按“竣工结算价”或“中标价”填报。

十三、国内贸易

GUONEIMAOYI

13-1 主要年份按经营单位所在地分社会消费品零售总额

单位：万元

年 份	全市总计	按经营单位所在地分	
		城 镇	乡 村
1978	71986	52899	19087
1980	99672	76970	22702
1985	217923	170927	46996
1990	422370	331990	90380
1995	1262560	1054386	208174
1996	1404006	1166152	237854
1997	1696451	1344511	351940
1998	1918559	1544734	373825
1999	2174606	1871049	303557
2000	2395307	2082940	312367
2001	2652760	2317259	335501
2002	2929955	2570436	359519
2003	3284109	2883317	400792
2004	3704629	3259611	445018
2005	4154883	3660443	494440
2006	4842035	4275157	566878
2007	5694232	5030913	663319
2008	7007415	6148691	858724
2009	8646103	8030068	616035
2010	10601922	10071408	530514
2011	12717298	12203291	514007
2012	14937990	14347657	590333
2013	17022979	16328885	694094
2014	19058927	18306373	752554
2015	20616550	19783845	832705
2016	23100867	22014246	1086621

13-2 分县(市)区社会消费品零售总额

（2016年）

地区	社会消费品零售总额 (万元)	2016年比2015年增长 (±%)
昆明市	**23100867**	**12.1**
五华区	4966758	11.7
盘龙区	4437654	11.8
官渡区	4451255	11.7
西山区	5326389	11.1
东川区	225871	14.3
呈贡区	442583	15.6
晋宁区	364446	14.8
富民县	168115	14.1
宜良县	426672	14.8
石林县	395914	15.0
嵩明县	302184	14.7
禄劝县	319135	14.2
寻甸县	315495	14.3
安宁市	958396	14.7

13-3 限额以上商品零售额分类情况

指　　标	单位	2016年
总计	**万元**	**11794752**
#粮油、食品类	万元	809619
饮料类	万元	185308
烟酒类	万元	182313
服装、鞋帽、针纺织品类	万元	680039
化妆品类	万元	195291
金银珠宝类	万元	881700
日用品类	万元	549547
家用电器和音像器材类	万元	483501
中西药品类	万元	949199
家具类	万元	84669
通讯器材类	万元	174500
石油及制品类	万元	1961474
建筑及装潢材料类	万元	140715
汽车类	万元	4107330

13-4 限额以上批发零售法人

（2016年）

指标	法人企业数(个)	从业人员期末人数(人)	商品购进额	进口	商品销售额	通过公共网络实现的销售额
总计	**841**	**97565**	**42480262**	**646960**	**50109169**	**6043867**
一、批发业	**395**	**27194**	**31761091**	**384491**	**36377511**	**5534431**
1.按行业分						
农、林、牧产品批发	12	563	46846	6023	58834	1117
谷物、豆及薯类批发	4	205	13356		17158	
种子批发	1	82	15957		16617	
饲料批发	1	7	4871		4550	
棉、麻批发						
林业产品批发	2	43	2231		4571	
牲畜批发	2	66	3794		6102	623
其他农牧产品批发	2	160	6637	6023	9837	494
食品、饮料及烟草制品批发	56	3119	2505948	2497	3826340	192109
米、面制品及食用油批发	17	948	286900	495	263953	24940
糕点、糖果及糖批发	7	219	1002756	2002	1046684	165381
果品、蔬菜批发	13	751	91585		449354	1707
肉、禽、蛋、奶及水产品批发	1	18	1830		2023	
盐及调味品批发						
营养和保健品批发	2	157	35250		35450	
酒、饮料及茶叶批发	7	438	82658		98103	82
烟草制品批发	2	331	911463		1836592	
其他食品批发	7	257	93507		94182	
纺织、服装及家庭用品批发	16	2381	613420		1156933	110
纺织品、针织品及原料批发	2	29	6203		6570	
服装批发	3	91	23828		26296	
鞋帽批发	1	25	6689		6860	
化妆品及卫生用品批发	3	1286	7895		510454	
厨房、卫生间用具及日用杂货批发						
灯具、装饰物品批发						
家用电器批发	6	908	563914		601314	110
其他家庭用品批发	1	42	4891		5440	
文化、体育用品及器材批发	12	712	382722		382041	331
文具用品批发	3	108	59787		62189	300
体育用品及器材批发	1	25	4348		4639	
图书批发	4	487	269106		260945	31
报刊批发						
音像制品及电子出版物批发						
首饰、工艺品及收藏品批发						
其他文化用品批发	4	92	49481		54269	
医药及医疗器材批发	80	10322	3910103	23165	4157109	1548422
西药批发	59	8848	3708240	23165	3889480	1537169
中药批发	16	1332	168419		221889	6067
医疗用品及器材批发	5	142	33443		45740	5186
矿产品、建材及化工产品批发	162	6876	20135769	192952	21435034	2378926
煤炭及制品批发	8	368	97382		107604	
石油及制品批发	13	1059	361032		445770	
非金属矿及制品批发	4	58	39513		47143	
金属及金属矿批发	63	2207	14980462	165722	15125733	846313
建材批发	22	662	1484912		1525176	

企业商品购进、销售和库存

单位：万元

通过非自营平台实现的商品销售额	使用银行卡支付的商品销售额	批发额	出口	零售额	通过公共网络实现的零售额	通过非自营平台实现的零售额	期末商品库存额	年末零售营业面积(平方米)
464916	**2322930**	**39728626**	**572090**	**10380543**	**454008**	**74226**	**3146935**	**3989497**
386441	**205894**	**35656197**	**568851**	**721315**	**19512**	**52**	**2171330**	**451882**
494	9828	56457	9599	2377			11690	151613
		15140	3677	2018			4560	1700
		16617					1472	1024
		4550					334	
		4247		324			550	133379
		6102					4291	15260
494	9828	9802	5922	35			483	250
151125	50647	3666596	175608	159745	103	21	623584	65776
24940	6964	250408		13545	21	21	265607	17443
126186		1046684					13715	859
	7635	308589	18223	140765			1782	40264
		1388		635			1	60
		35450					1201	800
	2048	93902	760	4201	82		23335	2350
		1836592	156625				273007	
	34000	93583		599			44936	4000
	9237	1149412		7522			135161	1740
		5737		833			175	380
		24122		2174			3901	360
		6660		200			608	60
		506531		3923			31526	200
	9237	600922		392			97111	740
		5440					1841	
31		322722		59319	231	31	65073	1115
		4818		57370	200		9457	
		4639					441	730
31		259615		1330	31	31	48779	280
		53650		619			6396	105
	27659	3953627		203482	18874		348975	103119
	1360	3703033		186447	12602		329054	80101
		212930		8959	6067		14942	17105
	26299	37663		8076	204		4979	5913
234791	49845	21256316	54662	178718	305		586542	105436
		96225		11380			11767	2652
	18343	423905		21865			21227	9159
		47133		11			1297	656
234791	24692	14994517	3165	131216	305		217151	19719
		1517470		7706			76448	14865

13-4 续表 1

（2016年）

指标	法人企业数（个）	从业人员期末人数（人）	商品购进额	进口	商品销售额	通过公共网络实现的销售额
化肥批发	18	1302	1533052	24486	2510313	982766
农药批发	4	444	49793		67842	
农用薄膜批发						
其他化工产品批发	30	776	1589625	2744	1605453	549848
机械设备、五金产品及电子产品批发	47	2589	711892	23882	763194	619
农业机械批发	1	224	36049		42145	
汽车批发	1	60	65327		68200	
汽车零配件批发	1	25	3180		3397	
摩托车及零配件批发	3	123	104736		93467	
五金产品批发	3	100	15216	3671	17830	
电气设备批发	1	20	3288		3401	
计算机、软件及辅助设备批发	9	254	110472	30	116766	
通讯及广播电视设备批发	1	76	55052		53931	
其他机械设备及电子产品批发	27	1707	318572	20181	364058	619
贸易经纪与代理	2	125	1607089	133729	2653108	
贸易代理	2	125	1607089	133729	2653108	
拍卖						
其他贸易经纪与代理						
其他批发业	8	507	1847302	2243	1944918	1412797
再生物资回收与批发						
其他未列明批发业	8	507	1847302	2243	1944918	1412797
2.按登记注册类型分						
内资企业	388	26254	31336640	381166	35856363	5426273
国有企业	15	1045	2037956	1526	2913443	
集体企业	2	21	10554		10621	
股份合作企业						
联营企业						
国有联营企业						
集体联营企业						
国有与集体联营企业						
其他联营企业						
有限责任公司	156	11845	24039057	326863	27004248	5380019
国有独资公司	16	1765	10891769	125867	11115277	613889
其他有限责任公司	140	10080	13147288	200996	15888970	4766130
股份有限公司	21	2573	2052982	24444	2130112	604
私营企业	192	10747	3146702	28333	3742400	45651
私营独资企业	1	85	8978		9981	
私营合伙企业						
私营有限责任公司	187	9971	2985455	28333	3563305	45028
私营股份有限公司	4	691	152269		169115	623
其他企业	2	23	49390		55539	
港、澳、台商投资企业	4	632	301815	2002	341878	108157
与港澳台商合资经营企业	1	433	28073		35999	
与港澳台商合作经营企业						
港澳台商独资企业	2	161	273106	2002	304426	108157
港澳台商投资股份有限公司						
其他港澳台投资企业	1	38	636		1452	

单位：万元

通过非自营平台实现的商品销售额	使用银行卡支付的商品销售额	批发额	出口	零售额	通过公共网络实现的零售额	通过非自营平台实现的零售额	期末商品库存额	年末零售营业面积(平方米)
		2508392	32585	1921			187271	16524
		66414		1428			7362	4160
	6810	1602261	18912	3192			64018	37701
	44178	673138	117799	90056			124493	18883
				42145			18	178
		68200					11379	
		3397					890	
	33883	93025		442			21490	1100
		16985	230	845			1365	
		3401					82	400
	4	106056	2575	10710			9542	900
		53931					2564	
	10292	328144	114995	35913			77164	16305
		2653108	21027				63715	
		2653108	21027				63715	
	14500	1924822	190156	20096			212098	4200
	14500	1924822	190156	20096			212098	4200
278284	195602	35149743	566660	706620	19512	52	2153032	436151
	1961	2854422	21000	59021			503809	2292
		9773		848			657	12485
247630	119576	26778529	389139	225719	7451	52	1281281	91358
63959		11071115	347463	44163	82		381196	32831
183671	119576	15707414	41676	181556	7369	52	900085	58527
494	15873	2111086	132647	19027			103262	7608
30160	58192	3358195	23874	384205	12061		263968	321808
		7503		2477			205	8000
30160	58192	3200959	23874	362345	12061		255145	288868
		149733		19383			8619	24940
		37739		17800			55	600
108157		327182	2191	14695			285	3531
		21304		14695			164	2331
108157		304426	1671				5	1000
		1452	520				115	200

13-4 续表 2

（2016年）

指　　标	法人企业数(个)	从业人员期末人数(人)	商品购进额	进口	商品销售额	通过公共网络实现的销售额
外商投资企业	3	308	122635	1324	179271	
中外合资经营企业						
中外合作经营企业						
外资企业	3	308	122635	1324	179271	
外商投资股份有限公司						
其他外商投资企业						
3.按控股情况分						
国有控股	76	9024	24330428	305628	28062532	5102917
集体控股	10	769	416763	24444	452313	271298
私人控股	260	14420	4147829	51094	4779892	52059
港澳台商控股	3	594	301179	2002	340426	108157
外商控股	3	308	122635	1324	179271	
其他	43	2079	2442257		2563077	
4.按经营形式分						
独立门店	185	11553	11253936	159026	11538819	1619329
连锁总店	9	2478	840577		1846641	982766
连锁门店	1	24	3825		4053	
其他	200	13139	19662752	225466	22987998	2932337
5.按单位规模分						
大型	16	8174	9630882	1324	11101362	1540237
中型	192	15561	18696792	371194	21592035	3897390
小型	158	3165	3039051	11573	3238938	95564
微型	29	294	394365	401	445176	1241
二、零售业	**446**	**70371**	**10719171**	**262468**	**13731658**	**509437**
1.按行业分						
综合零售	80	16839	1457054	477	1769447	2312
百货零售	47	5630	731462	471	972387	2312
超级市场零售	26	11089	716020	6	787534	
其他综合零售	7	120	9572		9527	
食品、饮料及烟草制品专门零售	43	2165	159989	274	198076	37424
粮油零售	11	400	26610	60	27640	4304
糕点、面包零售						
果品、蔬菜零售	10	755	31316		50358	
肉、禽、蛋、奶及水产品零售	6	108	32310		34117	1501
营养和保健品零售	3	276	36743	214	41693	26511
酒、饮料及茶叶零售	8	304	20160		26986	2955
烟草制品零售	2	178	9256		13297	
其他食品零售	3	144	3595		3985	2153
纺织、服装及日用品专门零售	27	4677	260163	7822	358977	2861
纺织品及针织品零售						
服装零售	14	3015	216663		288050	2806
鞋帽零售	2	1031	21907		37338	54
化妆品及卫生用品零售	3	276	9270	7822	17191	
钟表、眼镜零售	2	165	1430		1848	
箱、包零售	1	57	1732		2111	
厨房用具及日用杂品零售	2	51	4777		7423	
自行车零售						
其他日用品零售	3	82	4384		5016	

单位：万元

	通过非自营平台实现的商品销售额	使用银行卡支付的商品销售额	批发额	出口	零售额	通过公共网络实现的零售额	通过非自营平台实现的零售额	期末商品库存额	年末零售营业面积(平方米)
		10292	179271					18013	12200
		10292	179271					18013	12200
	247630	25383	27857426	401695	205106	439	52	1468516	47495
			444502	21368	7811	6808		50647	25515
	30654	112876	4365488	37605	414404	12265		407961	345578
	108157		325730	1671	14695			170	3331
		10292	179271					18013	12200
		57343	2483779	106511	79298			226023	17763
	76616	77482	11196930	34534	341889	11037	31	796942	150578
			1743162	3308	103479			153281	55191
			2459		1594			2201	400
	309825	128412	22713645	531009	274353	8475	21	1218906	245713
		10292	10904231	3308	197131	16670		682638	87248
	336393	148484	21129511	518314	462524	622	31	1217216	128706
	50049	37888	3178423	44356	60515	2221	21	204417	213850
		9230	444031	2873	1145			67058	22078
	78475	**2117037**	**4072430**	**3239**	**9659228**	**434496**	**74174**	**975605**	**3537615**
	697	542053	199561		1569887	2312	328	176808	826836
	697	285369	194778		777609	2312	328	67064	460573
		256227	1515		786019			104836	361499
		456	3268		6259			4908	4764
	2741	12258	32236		165840	30637	2415	27681	101279
	2620	2185	8884		18756	3625	2365	6278	10544
		1869	7868		42490			1739	56168
	80		2155		31962	86	9	500	2364
		4920	3247		38446	24734		4856	20736
	40	3275	9298		17688	824	40	10700	7461
					13297			3047	2856
	1	10	784		3201	1368	1	561	1150
	67	193056	67697		291280	2848	54	68989	78792
	12	176374	63875		224175	2794		50168	62367
	54	15361			37338	54	54	15678	2420
		1321	870		16321			1709	6103
					1848			226	175
					2111			57	55
					7423			403	4318
			2952		2064			748	3354

13-4 续表 3

（2016年）

指　　标	法人企业数（个）	从业人员期末人数（人）	商品购进额	进口	商品销售额	通过公共网络实现的销售额
文化、体育用品及器材专门零售	28	2073	3123340		3289496	4239
文具用品零售	2	72	2323		2781	7
体育用品及器材零售	1	12	429		966	269
图书、报刊零售	7	1278	105798		100996	
音像制品及电子出版物零售						
珠宝首饰零售	13	628	3008816		3175989	594
工艺美术品及收藏品零售	2	38	3470		4188	1
乐器零售						
照相器材零售	2	17	1544		2563	1593
其他文化用品零售	1	28	961		2013	1776
医药及医疗器材专门零售	27	25489	586064	3384	861260	19409
药品零售	21	25310	566542	680	836273	19409
医疗用品及器材零售	6	179	19522	2704	24986	
汽车、摩托车、燃料及零配件专门零售	159	13980	4650788	250352	6460523	340198
汽车零售	114	8890	3137754	247707	3440098	338616
汽车零配件零售	14	1166	365444	2645	380062	1582
摩托车及零配件零售	5	99	10523		14504	
机动车燃料零售	26	3825	1137067		2625859	
家用电器及电子产品专门零售	37	3653	320181		593721	72098
家用视听设备零售	10	2266	179987		447012	65939
日用家电设备零售	8	154	8503		9190	1
计算机、软件及辅助设备零售	15	579	47862		56786	6158
通信设备零售	2	246	62277		59186	
其他电子产品零售	2	408	21552		21547	
五金、家具及室内装饰材料专门零售	27	1101	128478	159	149142	4519
五金零售	4	92	9787		10857	1640
灯具零售	4	129	5964		7097	
家具零售	5	197	40418		48754	
涂料零售						
卫生洁具零售	2	80	10108		10475	
木质装饰材料零售						
陶瓷、石材装饰材料零售	10	518	52472	159	59280	2879
其他室内装饰材料零售	2	85	9730		12679	
货摊、无店铺及其他零售业	18	394	33114		51016	26377
货摊食品零售						
货摊纺织、服装及鞋零售						
货摊日用品零售						
互联网零售	7	148	13568		25697	25687
邮购及电视、电话零售						
旧货零售	1	29	4798		4770	
生活用燃料零售	4	98	11477		15523	
其他未列明零售业	6	119	3271		5025	691
2.按登记注册类型分						
内资企业	416	56944	9136487	166172	11779140	459786
国有企业	5	124	27399		28804	
集体企业	10	212	31312		31643	
股份合作企业	1	42	6896		6890	

单位：万元

通过非自营平台实现的商品销售额	使用银行卡支付的商品销售额	批发额	出口	零售额	通过公共网络实现的零售额	通过非自营平台实现的零售额	期末商品库存额	年末零售营业面积(平方米)
2727	146171	2648899	3239	640598	1603	881	74286	134150
	950			2781	7		1061	1721
269		429		537	269	269	534	800
	990	12501	46	88495			27077	111014
594	142158	2629307		546682	594	594	43775	19859
	61	3807	2615	381	1		1241	480
1593		1593		971			296	155
272	2013	1262	578	751	732	19	302	121
12642	45850	131154		730106	17414	12642	106953	449916
12642	45850	124659		711614	17414	12642	103132	448991
		6495		18491			3822	925
44646	1104533	883198		5577325	286858	42899	462037	1606480
43478	763403	74545		3365553	285276	42899	379493	412749
1168	226338	591		379470	1582		56359	44328
	2248			14504			1455	3641
	112544	808062		1817798			24731	1145762
9076	66224	51699		542022	72098	9076	36722	202472
6963	59458	14050		432961	65939	6963	15512	185184
		2373		6818	1		2014	3792
2113	3147	25825		30962	6158	2113	6044	2885
	3619	9451		49735			12475	6860
				21547			678	3751
	6266	49230		99912	1724		18271	127931
				10857	1640		906	3990
	1367	2180		4917			1608	6033
		1451		47303			3936	85610
	2652	4517		5958			2999	4107
	2248	41082		18198	85		7431	21191
				12679			1391	7000
5879	626	8757		42258	19003	5879	3859	9759
5879		7320		18377	18377	5879	2530	1565
				4770			34	900
				15523			168	3312
	626	1438		3587	626		1126	3982
78144	1406343	4030912	3239	7748229	384846	73844	819123	2934064
				28804			4443	3699
		2372		29272			4969	15268
		330		6560			705	1400

13-4 续表 4

（2016年）

指标	法人企业数(个)	从业人员期末人数(人)	商品购进额	进口	商品销售额	通过公共网络实现的销售额
联营企业						
国有联营企业						
集体联营企业						
国有与集体联营企业						
其他联营企业						
有限责任公司	169	21658	5935163	130123	8114902	270426
国有独资公司	3	1477	3700937		3751928	
其他有限责任公司	166	20181	2234227	130123	4362974	270426
股份有限公司	9	484	126162	1190	134757	46258
私营企业	220	34343	3002336	34859	3454586	143102
私营独资企业	12	356	28808	680	35034	
私营合伙企业	3	167	12424		16665	
私营有限责任公司	197	13311	2526003	34119	2774454	135901
私营股份有限公司	8	20509	435101	60	628434	7201
其他企业	2	81	7219		7559	
港、澳、台商投资企业	17	3830	815069	58991	1026437	28179
与港澳台商合资经营企业	4	647	198679		206482	
与港澳台商合作经营企业						
港澳台商独资企业	13	3183	616390	58991	819956	28179
港澳台商投资股份有限公司						
其他港澳台投资企业						
外商投资企业	13	9597	767615	37305	926080	21472
中外合资经营企业	5	2543	333668	37305	405408	
中外合作经营企业						
外资企业	7	6932	433872		520568	21472
外商投资股份有限公司						
其他外商投资企业	1	122	75		104	
3.按控股情况分						
国有控股	27	6011	4140829	25461	5650009	32192
集体控股	24	960	149677	2645	160784	76
私人控股	334	45386	4106230	125029	4972054	315706
港澳台商控股	17	3830	815069	58991	1026437	28179
外商控股	10	9310	703812		808878	21472
其他	34	4874	803554	50342	1113496	111813
4.按经营形式分						
独立门店	341	27305	7832100	258531	8446939	357580
连锁总店	33	17314	1640027	680	3708699	62367
连锁门店	7	21481	441589		668733	27892
其他	65	4271	805456	3257	907286	61597
5.按单位规模分						
大型	23	44276	2967455		5127786	85305
中型	169	20229	3932682	206155	4587406	289600
小型	222	5644	3750086	56314	3934890	132927
微型	32	222	68948		81576	1605
6.按零售业态分						
有店铺零售	415	69151	10557344	259490	13542347	469867
食杂店	5	59	3982		3597	

单位：万元

通过非自营平台实现的商品销售额	使用银行卡支付的商品销售额	批发额	出口	零售额	通过公共网络实现的零售额	通过非自营平台实现的零售额	期末商品库存额	年末零售营业面积(平方米)
24610	931894	3523827	2615	4591075	233929	22044	339522	1888845
	112488	2782516		969412			18218	165696
24610	819406	741311	2615	3621663	233929	22044	321303	1723149
3313	10248	10310		124447	46258	2145	16366	180373
50221	464201	494073	624	2960514	104659	49655	452500	839029
	564	320		34714			1685	12914
				16665			977	6744
48300	431444	442936	624	2331517	97525	47783	357038	510188
1922	32193	50816		577618	7134	1872	92800	309183
				7559			618	5450
328	387979	41518		984919	28179	328	71867	196193
	173372	1577		204905			16782	80622
328	214607	39941		780015	28179	328	55085	115571
2	322715			926080	21472	2	84615	407358
	144757			405408			23395	180285
2	177957			520568	21472	2	61213	224213
				104			7	2860
13156	121788	3365236		2284773	30599	11563	58587	1209290
	38995	3038		157746	76		8997	53098
58027	921156	628779	3239	4343275	242760	55320	654805	1333419
328	387979	41518		984919	28179	328	71867	196193
2	279724			808878	21472	2	88486	311985
6961	367395	33859		1079637	111411	6961	92863	433630
43986	1130277	3085602	3193	5361338	293095	41329	601449	1343690
10972	596583	690192	46	3018507	60372	10972	165492	1540859
1672	27932	49036		619697	27892	1672	89964	324111
21845	362245	247600		659686	53137	20202	118700	328955
19603	920360	1033834		4093952	83309	19603	280554	1977835
42352	1062297	235821	46	4351585	234333	41983	579183	1183032
14915	132138	2756576	3193	1178314	116854	12588	109552	353898
1605	2243	46199		35377			6316	22850
67221	2106914	3964436	2661	9577911	405902	63983	958154	3499347
		390		3207			649	4600

13-4 续表 5

（2016年）

指　　标	法人企业数(个)	从业人员期末人数(人)	商品购进额	进口	商品销售额	通过公共网络实现的销售额
便利店	7	1105	30367		46923	32
折扣店	1	47	1660		2291	54
超市	49	2215	130301	477	150508	542
大型超市	12	10270	644734		715160	669
仓储会员店						
百货店	27	3687	694153	7822	926678	1069
专业店	139	36862	6134412	94605	8396176	163068
专卖店	143	11463	2716269	153783	3061922	298759
家居建材商店	14	579	65088	159	80105	2879
购物中心	10	2568	116371		135765	2794
厂家直销中心	8	296	20008	2645	23221	
无店铺零售	31	1220	161827	2978	189311	39569
电视购物	1	260	14694		14777	
邮购						
网上商店	13	275	17793	60	32747	32000
自动售货亭						
电话购物						
三、批发业按地区分	**395**	**27194**	**31761091**	**384491**	**36377511**	**5534431**
五华区	79	8350	10695771	43064	11484197	1738337
盘龙区	35	2545	4266221	28516	5274208	568495
官渡区	109	5607	4465378	21347	4923048	42628
西山区	70	5773	4277385	161421	6382944	1443640
东川区	4	122	18018		20455	
呈贡区	24	2205	2376691	6518	2415437	1285724
晋宁区	13	534	86769		108245	
富民县	6	239	32548		42047	494
宜良县	8	336	101790		115257	
石林彝族自治县	4	228	21872		27388	
嵩明县	8	365	17013		21917	
禄劝彝族苗族自治县	2	33	6041		7739	
寻甸回族彝族自治县	7	149	22854		24046	623
安宁市	26	708	5372740	123624	5530584	454491
四、零售业按地区分	**446**	**70371**	**10719171**	**262468**	**13731658**	**509437**
五华区	81	19569	5002855	46121	5690847	135498
盘龙区	75	12178	1870949	19568	2135267	176820
官渡区	78	7538	1308172	88763	2853606	65608
西山区	67	4894	1797770	105966	2074793	120704
东川区	8	296	12063		13851	
呈贡区	9	21052	413158		609854	8219
晋宁区	15	458	18343		26658	
富民县	11	294	12887	2049	14804	1501
宜良县	22	587	71471		82344	12
石林彝族自治县	15	455	32380		38322	20
嵩明县	12	854	57643		63791	
禄劝彝族苗族自治县	20	395	41801		44755	710
寻甸回族彝族自治县	10	374	18019		19558	269
安宁市	23	1427	61660		63208	76

单位：万元

通过非自营平台实现的商品销售额	使用银行卡支付的商品销售额	批发额	出口	零售额	通过公共网络实现的零售额	通过非自营平台实现的零售额	期末商品库存额	年末零售营业面积(平方米)
	2615			46923	32		3149	20276
54				2291	54	54	949	120
369	13038	17585		132923	542		43366	98706
328	261725			715160	669	328	74409	404115
	263193	192149		734530	1069		59541	282122
13982	865142	3561558	46	4834618	129437	13898	327901	2094193
52488	585157	155119	2615	2906803	271220	49702	406570	389115
	4899	7213		72892	85		9195	96549
	104031	30180		105584	2794		29216	96737
	7113	241		22979			3209	12814
11253	10123	107994	578	81317	28594	10192	17451	38268
				14777			2690	8500
8746	2693	9049	578	23698	23380	8263	4819	3730
386441	**205894**	**35656197**	**568851**	**721315**	**19512**	**52**	**2171330**	**451882**
	33607	11352431	189804	131766	16874		510787	54176
18028	6813	5226445	179278	47764			374957	15920
31	114142	4746608	129870	176441	313	31	539800	42340
108157	13477	6205447	42809	177497	2000		403645	59831
		19378		1078			789	3300
24940	10826	2390680	12457	24757	21	21	174672	38942
	18343	98142		10103			4820	6750
494	3915	37159	11668	4887			1870	16450
	2048	92105		23153			15601	139320
		24910		2477			1879	17996
	2721	19028	298	2889			23481	5648
		5566		2173			3116	1800
		16304		7742			7778	26920
234791		5421995	2668	108589	305		108138	22489
78475	**2117037**	**4072430**	**3239**	**9659228**	**434496**	**74174**	**975605**	**3537615**
442	1075125	2776033	46	2914815	103347	262	295584	1011928
56047	375209	91422		2043845	171214	55603	260809	373969
15160	227101	707366		2146241	61893	13413	172367	1084316
4521	387390	415180	2615	1659613	89706	2929	102653	428546
		241		13609			1780	10790
1944	27501	50598	578	559256	7176	1691	90672	323790
	1346	252		26405			2484	20880
80	272	5468		9336	86	9	866	13241
12	41	9549		72796			9140	37873
		1158		37165	20		1285	24745
	16385	2144		61647			27211	93106
	10			44755	710		3396	13475
269	1241	4991		14568	269	269	3202	10200
	5416	8029		55179	76		4157	90756

13-5 限额以上批发和零售

（2016年）

指标	法人企业数(个)	执行《2006年企业会计准则》企业数	年初存货	期末资 流动资产合计	应收帐款
总计	**841**	**643**	**3090045**	**18554649**	**3743920**
一、批发业	**395**	**318**	**2207617**	**14340035**	**3354620**
1.按批发行业分					
农、林、牧产品批发	12	8	12399	29325	4974
谷物、豆及薯类批发	4	3	6899	12911	2556
种子批发	1	1	951	6094	848
饲料批发	1	1	280	3036	102
棉、麻批发					
林业产品批发	2		1352	2641	1109
牲畜批发	2	1	2230	3376	
其他农牧产品批发	2	2	687	1267	359
食品、饮料及烟草制品批发	56	46	531126	1851850	111345
米、面制品及食用油批发	17	13	223942	381568	39009
糕点、糖果及糖批发	7	7	15182	288180	19684
果品、蔬菜批发	13	10	3614	83849	11134
肉、禽、蛋、奶及水产品批发	1	1	1	401	70
盐及调味品批发					
营养和保健品批发	2	1	6860	8404	3568
酒、饮料及茶叶批发	7	7	8970	64505	3252
烟草制品批发	2	2	267163	1009507	30878
其他食品批发	7	5	5395	15438	3751
纺织、服装及家庭用品批发	16	15	176470	966587	28082
纺织品、针织品及原料批发	2	2	371	2632	1051
服装批发	3	3	6786	20426	11220
鞋帽批发	1	1	633	2508	1680
化妆品及卫生用品批发	3	3	3250	405887	5737
厨房、卫生间用具及日用杂货批发					
灯具、装饰物品批发					
家用电器批发	6	5	164120	532752	8295
其他家庭用品批发	1	1	1311	2383	98
文化、体育用品及器材批发	12	9	90549	207060	40998
文具用品批发	3	2	9406	18060	4866
体育用品及器材批发	1		524	1056	114
图书批发	4	3	23873	102439	21034
报刊批发					
音像制品及电子出版物批发					
首饰、工艺品及收藏品批发					
其他文化用品批发	4	4	56746	85505	14983
医药及医疗器材批发	80	64	361827	1797909	507420
西药批发	59	49	319591	1638650	461841
中药批发	16	12	35161	134338	32694
医疗用品及器材批发	5	3	7075	24921	12885
矿产品、建材及化工产品批发	162	127	613690	7533827	1826977
煤炭及制品批发	8	6	18726	91252	30536
石油及制品批发	13	9	42349	295530	38663
非金属矿及制品批发	4	4	2449	9142	2525
金属及金属矿批发	63	53	318993	3081408	972279
建材批发	22	17	34821	719175	293230
化肥批发	18	11	132450	2847585	358729

业法人企业财务状况

单位：万元

产负债

存货	固定资产合计	固定资产原价	累计折旧	本年折旧	在建工程	资产总计	流动负债合计
3137203	**1201109**	**1872568**	**690534**	**171679**	**336101**	**28140944**	**16670263**
2209716	**539646**	**839450**	**318677**	**41065**	**110824**	**21630202**	**12764934**
10517	9631	13324	3693	713	17	44435	28994
4596	3355	4641	1286	257		18616	18557
1472	1633	2389	756	153		10122	6228
290		3	3			3036	45
550	474	547	73	37		3115	1539
3127	3175	3567	393	98		6551	1716
483	996	2178	1183	164	17	2995	908
552097	182720	284490	119402	4542	65712	2317001	1012052
268642	91994	119686	27692	3067	19554	552986	401784
13251	3455	5801	2346	318		373059	206584
2879	30818	17882	4695	646	34055	137664	129964
1						401	379
1746	704	1047	343	11		9269	7381
20420	911	1529	618	186		68524	53812
236336	37750	120442	82692	33	3103	1136313	182202
8823	17089	18104	1015	280	9001	38785	29947
104278	3997	7508	3512	370	-914	1166182	917884
175	1341	1478	137	3		3973	2551
3901	29	414	385	35		21319	17910
608	775	946	171	54		3282	3106
1811	385	1644	1259	153	-914	600505	371808
96210	1451	2955	1504	120		534702	520852
1573	17	72	55	5		2402	1658
39842	10504	21323	10818	1196	407	341616	192099
9497	1794	2979	1185	146		20084	17009
441	4	9	6	2		1100	883
23405	6244	14912	8668	870	407	231433	88743
6499	2464	3423	960	178		88999	85464
509369	55374	91044	36709	5703	14402	1945056	1420254
490454	51149	81484	31375	4300	13577	1777513	1314984
13917	1941	6598	4656	996	824	140074	91991
4997	2284	2962	678	407		27468	13279
557822	223177	323444	100469	22655	25050	13564302	7741252
10639	3161	10666	7505	2023	3529	448357	319773
22769	6827	14846	8208	3863	104	357789	220547
1153	40	229	189	32		9188	7199
208286	130465	176780	46330	11844	11290	4297445	2624637
67620	13448	16643	3195	513	218	756172	679817
183551	50349	72076	21727	2560	2430	6993874	3427739

13-5 续表1

（2016年）

指　标	法人企业数(个)	执行《2006年企业会计准则》企业数	年初存货	期末资	
				流动资产合计	应收帐款
农药批发	4	3	1964	20066	15684
农用薄膜批发					
其他化工产品批发	30	24	61938	469669	115333
机械设备、五金产品及电子产品批发	47	40	108613	691590	183876
农业机械批发	1	1	852	7194	5578
汽车批发	1	1	8425	38665	10603
汽车零配件批发	1		780	2938	1422
摩托车及零配件批发	3	3	17140	37333	3628
五金产品批发	3	2	1361	18661	10225
电气设备批发	1	1	104	689	531
计算机、软件及辅助设备批发	9	8	8720	52776	18619
通讯及广播电视设备批发	1	1	2564	52014	23162
其他机械设备及电子产品批发	27	23	68666	481322	110108
贸易经纪与代理	2	1	76775	561855	367949
贸易代理	2	1	76775	561855	367949
拍卖					
其他贸易经纪与代理					
其他批发业	8	8	236169	700032	283000
再生物资回收与批发					
其他未列明批发业	8	8	236169	700032	283000
2.按登记注册类型分					
内资企业	388	311	2154374	14128260	3311720
国有企业	15	15	442170	1627072	98943
集体企业	2	1	460	1405	254
股份合作企业					
联营企业					
国有联营企业					
集体联营企业					
国有与集体联营企业					
其他联营企业					
有限责任公司	156	132	1277430	9731867	2532371
国有独资公司	16	13	365584	1619321	614611
其他有限责任公司	140	119	911846	8112545	1917759
股份有限公司	21	19	118353	742927	178670
私营企业	192	143	315876	2024729	501394
私营独资企业	1	1	78	1350	299
私营合伙企业					
私营有限责任公司	187	139	286682	1941864	475137
私营股份有限公司	4	3	29117	81516	25958
其他企业	2	1	86	261	88
港、澳、台商投资企业	4	4	2399	95657	8219
合资经营企业(港或澳、台资)	1	1	2277	9849	348
合作经营企业(港或澳、台资)					
港、澳、台商独资经营企业	2	2	6	83065	6783
港、澳、台商投资股份有限公司					
其他港澳台投资企业	1	1	115	2743	1088
外商投资企业	3	3	50845	116118	34681
中外合资经营企业					

单位：万元

产负债

存货	固定资产合计	固定资产原价	累计折旧	本年折旧	在建工程	资产总计	流动负债合计
1799	2427	4543	2116	12		24036	15862
62005	16460	27659	11199	1808	7479	677441	445678
139023	15157	31965	16808	4136	4821	852499	618359
254					2983	10508	12177
7514	1319	2621	1303	161		65211	42627
890	51	145	94			2989	2533
18321	4449	7109	2661	423	1634	43774	35795
1825	381	931	551	96		19041	17313
82	18	155	137	2		719	498
8762	381	990	609	92		55693	43765
22570	32	74	42			52519	40350
78806	8528	19940	11413	3362	204	602045	423302
66043	518	1249	732	108		572568	545285
66043	518	1249	732	108		572568	545285
230726	38568	65102	26534	1643	1330	826542	288755
230726	38568	65102	26534	1643	1330	826542	288755
2188963	532147	825186	311911	36001	110258	21330417	12571960
459316	74190	177936	103746	3711	6549	2028792	809557
269	934	1372	438	438		2518	1474
1351018	299774	428598	129027	20122	44131	15709814	8947032
357516	118078	153267	35189	9355	16539	2175547	1173700
993503	181696	275332	93838	10768	27591	13534267	7773332
89472	45542	66273	20731	2492	26758	957050	750845
288833	111432	150637	57876	9214	32815	2631686	2062921
205	386	586	200	60		1735	711
259822	107782	145528	56416	8991	32814	2522700	1991574
28806	3264	4523	1259	163	1	107251	70637
55	275	369	94	24	6	557	131
2832	3253	7288	4035	2495	75	174476	78462
2711	2020	4193	2174	2174	75	13054	3340
6	1132	2695	1563	305		158578	69820
115	101	399	298	17		2844	5302
17921	4246	6977	2731	2569	491	125309	114512

13-5 续表 2

（2016年）

指　　标	法人企业数（个）	执行《2006年企业会计准则》企业数	年初存货	期末资	
				流动资产合计	应收帐款
中外合作经营企业					
外资企业	3	3	50845	116118	34681
外商投资股份有限公司					
其他外商投资企业					
3.按控股情况分					
国有控股	76	71	1410135	9924391	2392395
集体控股	10	8	40471	180933	53010
私人控股	260	198	463532	2738431	632253
港澳台商控股	3	3	2283	92914	7131
外商控股	3	3	50845	116118	34681
其他	43	35	240351	1287248	235150
4.按经营形式分					
独立门店	185	145	670463	3805679	1057501
连锁总店	9	8	121337	2597216	325092
连锁门店	1	1	2429	4443	841
其他	200	164	1413389	7932698	1971186
5.按单位规模分					
大型	16	16	556993	3132303	502415
中型	192	165	1302685	9220312	2420864
小型	158	116	304849	1666188	329274
微型	29	21	43091	321233	102067
二、零售业	**446**	**325**	**882427**	**4214614**	**389300**
1.按零售行业分					
综合零售	80	59	111852	851190	112814
百货零售	47	32	36664	539098	48086
超级市场零售	26	21	70174	303782	61739
其他综合零售	7	6	5014	8310	2988
食品、饮料及烟草制品专门零售	43	28	23630	112471	6939
粮油零售	11	7	4792	34889	-45
糕点、面包零售					
果品、蔬菜零售	10	7	3043	8941	1289
肉、禽、蛋、奶及水产品零售	6	3	222	3114	124
营养和保健品零售	3	2	2489	18753	836
酒、饮料及茶叶零售	8	5	8760	37633	3713
烟草制品零售	2	2	3435	5411	374
其他食品零售	3	2	888	3731	650
纺织、服装及日用品专门零售	27	24	74860	180440	33755
纺织品及针织品零售					
服装零售	14	14	53894	133251	30580
鞋帽零售	2	1	16446	17626	748
化妆品及卫生用品零售	3	3	2887	7716	59
钟表、眼镜零售	2	2	527	1920	480
箱、包零售	1	1	232	502	29
厨房用具及日用杂品零售	2	1	443	3406	1259
自行车零售					
其他日用品零售	3	2	431	16020	601
文化、体育用品及器材专门零售	28	23	57119	376330	21817
文具用品零售	2	1	1209	1872	61
体育用品及器材零售	1		499	513	

单位：万元

产负债

存货	固定资产合计	固定资产原价	累计折旧	本年折旧	在建工程	资产总计	流动负债合计
17921	4246	6977	2731	2569	491	125309	114512
1575253	360925	568475	207550	20143	31860	16234285	8413160
51298	4758	15546	10788	811	1780	199077	160629
436130	135765	194768	77861	12309	66963	3463917	2790367
2717	3152	6889	3737	2478	75	171632	73160
17921	4246	6977	2731	2569	491	125309	114512
126397	30801	46796	16009	2755	9656	1435982	1213106
872873	132228	198712	85154	12786	63172	4330209	3216880
154252	37900	57505	19605	3753	463	3903910	2624475
2201	294	662	368			5296	4335
1180390	369224	582571	213549	24525	47189	13390787	6919244
801775	131557	246933	115376	12023	16183	3614081	2070348
1191685	353226	507704	173148	21061	56207	15464368	8530192
195508	36178	63766	27776	7539	28693	2187264	1801134
20748	18684	21048	2377	442	9742	364488	363259
927487	**661464**	**1033119**	**371857**	**130614**	**225276**	**6510743**	**3905330**
125957	167967	290166	122316	19067	7300	1313341	564637
44900	118979	176723	57862	10238	1046	920636	332545
77212	46607	110390	63783	8753	1754	380079	222675
3846	2382	3053	671	75	4500	12626	9417
26904	25469	34253	8784	2754	1411	160333	101274
5058	5958	8288	2330	780	839	46172	30224
1739	13919	17243	3324	1132	110	26857	6092
484	1781	1950	169	39	70	4976	3367
4804	603	876	273	164		22262	11792
10764	2504	4259	1755	254	382	49888	44693
3047	519	1250	731	359		6171	2742
1008	185	387	201	26	10	4008	2365
75714	5269	17778	12509	3477	45246	262987	149308
56901	3168	13323	10155	2945	43694	195886	91123
15678	886	1659	773	56		19102	18532
1709	169	313	145	55		8150	8573
340	273	735	462	65		2285	1234
57	0	46	46	46		502	785
436	79	849	770	183		3534	1995
593	695	853	158	127	1552	33528	27066
64829	23816	39014	15197	1535	13845	696834	588798
1470	63	284	221	31		1995	1906
499						513	420

13-5 续表 3

（2016年）

指标	法人企业数(个)	执行《2006年企业会计准则》企业数	年初存货	期末资	
				流动资产合计	应收帐款
图书、报刊零售	7	6	20381	59246	10127
音像制品及电子出版物零售					
珠宝首饰零售	13	12	32964	309964	10818
工艺美术品及收藏品零售	2	1	1662	2503	247
乐器零售					
照相器材零售	2	2	397	1068	100
其他文化用品零售	1	1	6	1165	464
医药及医疗器材专门零售	27	18	103064	472700	86955
药品零售	21	14	99203	448588	75958
医疗用品及器材零售	6	4	3861	24112	10997
汽车、摩托车、燃料及零配件专门零售	159	114	454021	1956898	83828
汽车零售	114	86	320255	1652283	68655
汽车零配件零售	14	9	51477	136309	8940
摩托车及零配件零售	5	3	1524	3082	699
机动车燃料零售	26	16	80766	165224	5534
家用电器及电子产品专门零售	37	25	26734	162165	19766
家用视听设备零售	10	9	13550	89345	9450
日用家电设备零售	8	6	1649	6957	808
计算机、软件及辅助设备零售	15	6	5534	35626	8801
通信设备零售	2	2	5617	25093	64
其他电子产品零售	2	2	384	5145	644
五金、家具及室内装饰材料专门零售	27	22	26017	81055	17241
五金零售	4	4	881	4682	157
灯具零售	4	3	1491	2888	719
家具零售	5	5	3528	20082	101
涂料零售					
卫生洁具零售	2	1	2522	7834	521
木质装饰材料零售					
陶瓷、石材装饰材料零售	10	8	15921	35583	15105
其他室内装饰材料零售	2	1	1674	9986	639
货摊、无店铺及其他零售业	18	12	5131	21365	6185
货摊食品零售					
货摊纺织、服装及鞋零售					
货摊日用品零售					
互联网零售	7	5	1851	4574	907
邮购及电视、电话零售					
旧货零售	1	1	7	293	42
生活用燃料零售	4	3	877	5754	1482
其他未列明零售业	6	3	2396	10744	3754
2.按登记注册类型分					
内资企业	416	297	704586	3212225	259819
国有企业	5	4	4887	6838	-1578
集体企业	10	7	1996	7069	100
股份合作企业	1	1	699	872	87
联营企业					
国有联营企业					
集体联营企业					
国有与集体联营企业					
其他联营企业					

单位：万元

产负债

存货	固定资产合计	固定资产原价	累计折旧	本年折旧	在建工程	资产总计	流动负债合计
24615	18820	31066	12246	1284	13845	104617	71382
36086	4814	7372	2558	177		584828	512978
1918	101	225	124	32		2630	583
240	18	67	49	12		1086	620
3						1165	909
112692	47849	71503	23654	4407	1138	681325	354515
109058	47677	70951	23275	4340	1138	657041	338686
3634	172	551	379	67		24284	15830
459845	361418	535021	173604	95652	154104	3062146	1943797
326499	133294	190156	56862	15647	1044	2054836	1546212
59325	6989	12032	5043	696	1190	149246	145282
1265	575	750	176	145		4088	1971
72756	220561	332084	111523	79164	151871	853976	250332
39663	12731	19735	7004	2465	41	205838	142945
20396	8588	12470	3882	1855		125357	74577
1933	2408	2912	504	37		9479	7846
5982	1243	2694	1451	403	41	38982	27207
10670	301	981	680	101		25697	24362
682	192	679	487	65		6323	8953
18034	11606	15108	3577	613	20	95832	42417
884	68	125	57	12	11	4845	841
1462	65	357	293	21		3392	3063
3392	3235	4474	1239	326		24852	4093
2999	352	575	223	33		8186	7193
8041	7715	8639	1001	165		43387	23217
1257	172	937	765	58	9	11171	4011
3849	5338	10542	5212	645	2171	32107	17639
1800	695	895	199	122		5390	2680
34	96	718	622	30		1291	774
904	4318	8311	3994	433	2171	14039	7867
1111	229	618	398	60		11388	6317
763189	549702	825283	275783	110994	179211	5105621	3221365
4677	2758	6033	3275	447	836	12523	8204
2021	2089	3109	1020	131		9195	6150
705	84	370	287	11		1261	177

13-5 续表 4

（2016年）

指标	法人企业数(个)	执行《2006年企业会计准则》企业数	年初存货	期末资	
				流动资产合计	应收帐款
有限责任公司	169	133	305996	1351414	82202
国有独资公司	3	2	2044	68561	2592
其他有限责任公司	166	131	303951	1282853	79610
股份有限公司	9	8	8167	37092	8509
私营企业	220	144	381953	1806520	169606
私营独资企业	12	6	1721	2930	45
私营合伙企业	3	2	987	2302	1383
私营有限责任公司	197	130	288292	1414882	105007
私营股份有限公司	8	6	90953	386406	63171
其他企业	2		888	2419	894
港、澳、台商投资企业	17	16	106272	662910	65323
合资经营企业(港或澳、台资)	4	4	24932	92297	6948
合作经营企业(港或澳、台资)					
港、澳、台商独资经营企业	13	12	81340	570613	58374
港、澳、台商投资股份有限公司					
其他港澳台投资企业					
外商投资企业	13	12	71570	339479	64158
中外合资经营企业	5	4	24883	155997	3009
中外合作经营企业					
外资企业	7	7	46687	167905	60817
外商投资股份有限公司					
其他外商投资企业	1	1		15577	332
3.按控股情况分					
国有控股	27	23	93565	281366	26895
集体控股	24	17	6519	80298	3030
私人控股	334	228	511741	2362163	216812
港澳台商控股	17	16	106272	662910	65323
外商控股	10	10	69944	288451	61847
其他	34	31	94387	539427	15393
4.按经营形式分					
独立门店	341	247	498126	2566946	141601
连锁总店	33	26	182058	739205	120204
连锁门店	7	6	86633	373402	62472
其他	65	46	115610	535061	65023
5.按单位规模分					
大型	23	21	317364	1198200	174518
中型	169	134	462701	2431790	140702
小型	222	150	99078	543182	56075
微型	32	20	3284	41442	18006
6.按零售业态分					
有店铺零售	415	306	867811	4112332	358195
食杂店	5	3	532	1620	77
便利店	7	4	2865	11265	2289
折扣店	1		769	1355	233
超市	49	31	17270	45681	5762

单位：万元

产负债

存货	固定资产合计	固定资产原价	累计折旧	本年折旧	在建工程	资产总计	流动负债合计
349415	342143	509861	167807	91623	153988	2545988	1535897
9907	24776	42539	17764	2281	35703	360627	74562
339508	317368	467322	150043	89342	118285	2185361	1461335
11567	5734	13491	7757	619	22	49564	15191
393726	195984	291147	95276	17988	24364	2483760	1654227
1558	1368	1823	455	121		4533	2294
477	1493	1747	359	87		3795	2328
294433	148034	223774	75749	13869	23788	1894034	1356431
97258	45089	63802	18713	3911	576	581398	293175
1077	911	1272	361	175		3330	1519
87970	53405	80417	27012	9312	719	913532	468744
21688	28037	37770	9733	4228	541	134626	96285
66282	25368	42647	17279	5084	179	778906	372459
76329	58356	127419	69063	10308	45347	491590	215221
21704	25686	47875	22189	3744	115	213088	81372
54625	32564	79381	46817	6539	1537	218947	126779
	106	163	56	25	43694	59555	7070
90268	225407	341519	116112	79570	151771	978171	325334
6234	5951	12732	6782	715	206	94113	73806
556915	266885	389272	122589	25515	26592	3464952	2380182
87970	53405	80417	27012	9312	719	913532	468744
79269	40818	100287	59468	7955	45231	398793	198880
106832	68998	108892	39894	7546	756	661181	458385
509726	310641	472153	161706	33469	61605	3497071	2260939
190303	242412	404318	161906	85523	160298	1796848	887635
94514	44955	64119	19164	4190	574	568220	282799
132944	63456	92530	29082	7432	2800	648604	473956
344908	320400	528403	208002	95931	157588	2241726	1023670
481180	280338	409494	129337	28383	13555	3479497	2398780
96540	58538	92240	33723	6092	54134	743394	449290
4859	2187	2983	795	209		46127	33589
912145	652207	1017901	365895	129518	223711	6376627	3822193
495	348	544	196	57		2031	1165
2883	1731	2865	1134	140	1	15826	9546
949	22	94	72	4		1414	2194
17064	13421	18857	5554	1647	4665	69482	34823

13-5 续表 5

（2016年）

指　　标	法人企业数（个）	执行《2006年企业会计准则》企业数	年初存货	期末资 流动资产合计	应收帐款
大型超市	12	10	60520	277094	61139
仓储会员店					
百货店	27	25	29729	505369	45928
专业店	139	94	376027	1243448	147236
加油站					
专卖店	143	115	323591	1863289	86599
家居建材商店	14	11	17206	29394	2540
购物中心	10	8	36532	119260	4332
社区购物中心					
市区购物中心					
城郊购物中心					
厂家直销中心	8	5	2770	14558	2059
无店铺零售	31	19	14616	102282	31105
电视购物	1	1	2773	7437	307
邮购					
网上商店	13	8	3405	13505	1843
自动售货亭					
电话购物					
三、批发业按地区分	**395**	**318**	**2207617**	**14340035**	**3354620**
五华区	79	64	602490	2996721	975241
盘龙区	35	30	451947	2185860	201194
官渡区	109	93	452962	2752414	522371
西山区	70	56	388504	3769325	855447
东川区	4	4	6224	8097	126
呈贡区	24	22	167749	1230750	225293
晋宁区	13	4	20469	39300	10434
富民县	6	5	2194	13409	1980
宜良县	8	4	20323	21213	1734
石林彝族自治县	4	2	2017	7481	1616
嵩明县	8	6	2756	82366	12940
禄劝彝族苗族自治县	2	1	4248	3792	110
寻甸回族彝族自治县	7	4	5430	9877	345
安宁市	26	23	80306	1219432	545789
四、零售业按地区分	**446**	**325**	**882427**	**4214614**	**389300**
五华区	81	65	263265	1320180	171362
盘龙区	75	61	193895	1075492	63719
官渡区	78	56	185521	517359	26599
西山区	67	49	115856	780695	50742
东川区	8	3	1762	5726	756
呈贡区	9	5	86857	377370	64299
晋宁区	15	1	2661	9891	2125
富民县	11	7	869	5961	1837
宜良县	22	14	4709	11186	1976
石林彝族自治县	15	13	1276	5083	635
嵩明县	12	11	10629	20325	1545
禄劝彝族苗族自治县	20	16	3040	9464	848
寻甸回族彝族自治县	10	5	6371	6557	1532
安宁市	23	19	5718	69324	1324

单位：万元

产负债

存货	固定资产合计	固定资产原价	累计折旧	本年折旧	在建工程	资产总计	流动负债合计
68701	52634	117957	65323	9637	1688	353902	217646
35776	84204	132180	47976	7220	1056	848294	277044
375708	363714	538476	174771	92553	171487	2652607	1445959
362325	100632	155806	55174	15468	1092	2181875	1686299
9534	10045	12499	2530	410	20	40744	11872
34976	23131	34249	11118	1890	43694	190907	123157
3736	2327	4376	2048	493	9	19545	12489
15342	9256	15218	5962	1096	1565	134116	83136
2690	627	1614	988	182		9128	4745
2670	837	1164	328	128	13	15015	5954
2209716	**539646**	**839450**	**318677**	**41065**	**110824**	**21630202**	**12764934**
470890	108948	170718	61784	14003	16679	4043743	2543357
385574	93098	209542	116444	2795	6975	3356770	1162985
464286	116452	167729	51466	11064	23099	3378380	2430996
400329	115422	164275	49892	6280	13464	7899720	4366599
4940	1186	1885	698	106	988	11197	8215
352330	68485	63498	12645	2995	19834	1389932	942665
5902	2805	6476	3671	1038	8372	58069	40269
2039	1235	3364	2130	201	17	16338	10255
15521	7800	10862	3062	568	1555	35739	25632
2032	1710	2355	645	83		10640	3610
14791	3055	4309	1254	249	16407	114270	121567
3077	1443	1802	359	57		5235	4275
5286	4185	4747	562	175	1153	21552	6805
82721	13823	27887	14064	1453	2282	1288619	1097705
927487	**661464**	**1033119**	**371857**	**130614**	**225276**	**6510743**	**3905330**
288841	142924	261375	118460	17800	17203	2020469	1286531
226609	81150	135056	53906	12200	3110	1442637	875820
176579	269311	384017	114707	83366	117241	1046885	629070
108788	64805	107824	43019	8318	35652	1157366	715331
3105	1521	2732	1211	208		9577	5150
94960	45957	64477	18520	3870	573	573596	288015
2663	5488	7572	2189	738	2219	19007	9888
914	1336	2002	666	138	81	8580	3474
5485	2519	4710	2191	365	1	18455	5385
1146	4806	6089	1283	255		10748	5164
7511	18487	23848	5361	1778	836	40884	16040
3628	4932	6176	1244	334	10	14636	6560
1138	4022	4716	694	254	4500	14557	7997
6122	14208	22527	8407	990	43850	133345	50905

13-5 续表 6

（2016年）

指　　标	期末资			
	流动负债	非流动负债合计	负债合计	所有者权益合计
	应付账款			
总计	**4172949**	**2147042**	**19072470**	**9068474**
一、批发业	**3375568**	**1815096**	**14565039**	**7065163**
1.按批发行业分				
农、林、牧产品批发	3964	492	29486	14949
谷物、豆及薯类批发	2022		18557	58
种子批发	436	402	6630	3492
饲料批发	32		45	2991
棉、麻批发				
林业产品批发	684		1539	1576
牲畜批发			1716	4835
其他农牧产品批发	790	89	997	1997
食品、饮料及烟草制品批发	202800	139731	1151783	1165218
米、面制品及食用油批发	15072	66035	467818	85168
糕点、糖果及糖批发	76971	65839	272423	100636
果品、蔬菜批发	6215	7525	137489	174
肉、禽、蛋、奶及水产品批发			379	22
盐及调味品批发				
营养和保健品批发	206		7381	1889
酒、饮料及茶叶批发	7349	332	54144	14380
烟草制品批发	76644		182202	954112
其他食品批发	20343		29947	8837
纺织、服装及家庭用品批发	360417	1546	919430	246752
纺织品、针织品及原料批发	2482	1546	4097	-124
服装批发	14833		17910	3410
鞋帽批发	2086		3106	176
化妆品及卫生用品批发	298138		371808	228697
厨房、卫生间用具及日用杂货批发				
灯具、装饰物品批发				
家用电器批发	41234		520852	13851
其他家庭用品批发	1645		1658	743
文化、体育用品及器材批发	94472	4791	196890	144726
文具用品批发	9944	68	17077	3007
体育用品及器材批发			883	217
图书批发	67387	3354	92097	139337
报刊批发				
音像制品及电子出版物批发				
首饰、工艺品及收藏品批发				
其他文化用品批发	17141	1370	86834	2165
医药及医疗器材批发	702890	13887	1425435	519621
西药批发	642202	13701	1319979	457534
中药批发	53295	186	92177	47898
医疗用品及器材批发	7394		13279	14189
矿产品、建材及化工产品批发	1482416	1604677	9345929	4218373
煤炭及制品批发	39212	157031	476804	-28446
石油及制品批发	42546	43217	263764	94025
非金属矿及制品批发	535		7199	1989
金属及金属矿批发	449294	199129	2823766	1473679
建材批发	219335	7637	687455	68717
化肥批发	627797	1192098	4619836	2374038

单位：万元

产负债							损益及分配
实收资本	国家资本	集体资本	法人资本	个人资本	港澳台资本	外商资本	营业收入
3256638	**1511954**	**44075**	**1138714**	**342694**	**133812**	**85391**	**44367954**
2278582	**1204812**	**14943**	**857176**	**180453**	**18370**	**2828**	**32199912**
110684	485		106064	4135			58108
1849	339			1510			16408
2500				2500			16617
3000			3000				4440
101				101			4571
319			295	24			6764
102915	146		102769				9308
207135	127302	1358	49023	13009	16444		3434652
53948	24926	668	26068	2287			261602
78710	57376	690		4200	16444		894601
7610			5522	2089			449354
50				50			1897
200				200			35450
9200	5000		3700	500			91222
51577	40000		11577				1610766
5841			2157	3684			89760
12240		800	6619	4821			1014441
1800			800	1000			6709
2100			500	1600			26345
200			200				5864
3400			3000	400			382825
4100		800	1500	1800			588050
640			619	21			4649
17077	12549	500	2600	600		828	270083
1749	449		1200	100			61565
300			300				4639
12599	12099			500			156566
2428		500	1100			828	47314
253757	105220	500	100989	43541	1508	2000	3644824
231191	104980		84094	38610	1508	2000	3402658
18566		500	14000	4066			197709
4000	240		2895	865			44457
1490617	928883	4885	465061	91453	335		19634683
41134	5289	345	32500	3000			96593
27922	9570	2761	8032	7225	335		416146
2067			567	1500			41593
559091	264233	250	250242	44367			13723069
48579	10300		26871	11408			1272546
683222	538814	1328	132868	10212			2488168

13-5 续表 7

（2016年）

指　　标	期末资			
	流动负债	非流动负债合计	负债合计	所有者权益合计
	应付账款			
农药批发	11615		15862	8174
农用薄膜批发				
其他化工产品批发	92083	5566	451243	226197
机械设备、五金产品及电子产品批发	174791	45137	657210	195289
农业机械批发	1446		12177	-1669
汽车批发	6024	3783	46410	18801
汽车零配件批发	928		2533	456
摩托车及零配件批发	8029		35795	7980
五金产品批发	7109		17313	1729
电气设备批发	374		498	221
计算机、软件及辅助设备批发	23876		43765	11928
通讯及广播电视设备批发	14992		40350	12169
其他机械设备及电子产品批发	112015	41354	458370	143675
贸易经纪与代理	134920	36	545321	27247
贸易代理	134920	36	545321	27247
拍卖				
其他贸易经纪与代理				
其他批发业	218897	4800	293555	532988
再生物资回收与批发				
其他未列明批发业	218897	4800	293555	532988
2.按登记注册类型分				
内资企业	3296342	1785096	14342065	6988352
国有企业	168314	72943	882500	1146292
集体企业	546	4	1477	1041
股份合作企业				
联营企业				
国有联营企业				
集体联营企业				
国有与集体联营企业				
其他联营企业				
有限责任公司	2520625	1463035	10403782	5306032
国有独资公司	332603	83529	1257229	918318
其他有限责任公司	2188022	1379507	9146553	4387714
股份有限公司	181757	38628	789473	167578
私营企业	425019	210487	2264702	366983
私营独资企业			711	1025
私营合伙企业				
私营有限责任公司	384060	210416	2193284	329415
私营股份有限公司	40959	71	70707	36543
其他企业	81		131	426
港、澳、台商投资企业	54074	30000	108462	66014
合资经营企业(港或澳、台资)	462		3340	9715
合作经营企业(港或澳、台资)				
港、澳、台商独资经营企业	53526	30000	99820	58758
港、澳、台商投资股份有限公司				
其他港澳台投资企业	86		5302	-2458
外商投资企业	25151		114512	10797
中外合资经营企业				

单位：万元

产负债							损益及分配
实收资本	国家资本	集体资本	法人资本	个人资本	港澳台资本	外商资本	营业收入
2543		202		2341			67826
126059	100677		13982	11400			1528743
56485	7531	6900	22809	19245			772899
1000			1000				42442
5722			5722				59929
200				200			3763
2100				2100			88544
1300				1300			15240
200			200				3401
9700			3120	6580			111034
500			500				94170
35763	7531	6900	12267	9065			354379
11000			10000	1000			1655042
11000			10000	1000			1655042
119586	22843		94011	2650	83		1715180
119586	22843		94011	2650	83		1715180
2232082	1180146	14808	855376	180243	1508		31723674
218907	170122		48785				2568945
553		553					10614
1566070	938119	6781	566978	52685	1508		23632739
288863	275863		13000				9951787
1277208	662256	6781	553978	52685	1508		13680952
123980	71906	7475	39769	4831			2017319
322456			199728	122728			3438519
849				849			9681
320909			199702	121207			3274815
698			26	672			154024
116			116				55539
41991	24666	135	118	210	16862		300717
588		135	118		335		38144
41193	24666				16527		260984
210				210			1589
4509			1681			2828	175521

13-5 续表 8

（2016年）

指标	期末资			
	流动负债	非流动负债合计	负债合计	所有者权益合计
	应付账款			
中外合作经营企业				
外资企业	25151		114512	10797
外商投资股份有限公司				
其他外商投资企业				
3.按控股情况分				
国有控股	2387307	1500114	9913274	6321011
集体控股	66018	431	161060	38017
私人控股	663714	227329	3008990	454926
港澳台商控股	53988	30000	103160	68472
外商控股	25151		114512	10797
其他	179389	57223	1264042	171940
4.按经营形式分				
独立门店	991806	117373	3327967	1002242
连锁总店	624668	301320	2925795	978115
连锁门店	1470	309	4644	652
其他	1757623	1396094	8306633	5084154
5.按单位规模分				
大型	944017	28259	2098607	1515474
中型	2071832	1622220	10143707	5320661
小型	238744	159436	1954284	232980
微型	120974	5181	368441	-3953
二、零售业	**797382**	**331945**	**4507431**	**2003311**
1.按零售行业分				
综合零售	213910	100062	664699	648642
百货零售	127370	87861	420406	500231
超级市场零售	81671	11775	234449	145629
其他综合零售	4869	427	9844	2782
食品、饮料及烟草制品专门零售	7495	5204	106478	53855
粮油零售	1078	993	31216	14956
糕点、面包零售				
果品、蔬菜零售	792	4056	10148	16710
肉、禽、蛋、奶及水产品零售	794		3367	1609
营养和保健品零售	2214		11792	10469
酒、饮料及茶叶零售	2184	27	44720	5168
烟草制品零售	305		2742	3429
其他食品零售	129	128	2493	1515
纺织、服装及日用品专门零售	64183	31946	181254	81733
纺织品及针织品零售				
服装零售	44127	31486	122609	73277
鞋帽零售	16147		18532	570
化妆品及卫生用品零售	755		8573	-423
钟表、眼镜零售	819	460	1694	591
箱、包零售	785		785	-283
厨房用具及日用杂品零售	909		1995	1539
自行车零售				
其他日用品零售	642		27066	6462
文化、体育用品及器材专门零售	151210	6383	596799	100034
文具用品零售	360		1906	88
体育用品及器材零售	224		420	93

单位：万元

产负债							损益及分配
实收资本	国家资本	集体资本	法人资本	个人资本	港澳台资本	外商资本	营业收入
4509			1681			2828	175521
1656857	1168895	992	475594	11377			24590005
17324	4436	1700	9260	1929			403343
428130	476	100	267535	160019			4398844
41781	24666	135	118		16862		299128
4509			1681			2828	175521
129982	6340	12017	102988	7129	1508		2333071
472412	259471	4824	132544	75492	83		10298005
162313	15000	135	135256	11587	335		1820461
320	96			224			4053
1643537	930245	9985	589376	93151	17952	2828	20077394
183735	122500		46858	14378			9678905
1756946	1062455	12716	565721	96939	18287	828	19179968
291653	19366	1953	211414	58838	83		2944684
46248	492	275	33182	10299		2000	396354
978056	**307142**	**29131**	**281538**	**162241**	**115442**	**82563**	**12168042**
145588		3058	52218	23840	12470	54002	1581276
79886		2016	48223	19472	10175		841762
64027		820	2730	4179	2295	54002	731939
1676		222	1265	189			7575
36260	1660	676	19429	14396		100	176181
8031	839	372	952	5868			25077
5852		100	4340	1412			29981
787		204	168	416			30807
10102			9502	500		100	37425
6673			2598	4075			36527
3215	821		1870	525			12378
1600				1600			3985
72939	1020	240	14688	8306	27685	21000	326124
59557		140	5448	5284	27685	21000	261583
2300			2300				32246
3080	1020		1060	1000			16848
251		100		151			1585
200			200				2111
532				532			7383
7020			5680	1340			4369
52187	15181	2212	21480	11672		1643	2847783
240			18	222			2826
10			10				537

13-5 续表 9

（2016年）

指　　标	期末资 流动负债 应付账款	非流动负债合计	负债合计	所有者权益合计
图书、报刊零售	45852	6383	77765	26852
音像制品及电子出版物零售				
珠宝首饰零售	103436		514596	70232
工艺美术品及收藏品零售	52		583	2047
乐器零售				
照相器材零售	582		620	466
其他文化用品零售	703		909	256
医药及医疗器材专门零售	117030	83910	438426	242900
药品零售	109493	83247	421933	235109
医疗用品及器材零售	7537	663	16493	7791
汽车、摩托车、燃料及零配件专门零售	201161	87313	2299690	762456
汽车零售	89308	87103	1633315	421522
汽车零配件零售	63367	60	145342	3903
摩托车及零配件零售	916	150	2121	1967
机动车燃料零售	47570		518912	335064
家用电器及电子产品专门零售	28921	2658	145603	60234
家用视听设备零售	13548	2000	76578	48780
日用家电设备零售	944		7846	1633
计算机、软件及辅助设备零售	6091	658	27865	11117
通信设备零售	181		24362	1335
其他电子产品零售	8157		8953	-2630
五金、家具及室内装饰材料专门零售	8332	14021	56438	39394
五金零售	350		841	4004
灯具零售	1651		3063	329
家具零售	366	13269	17361	7490
涂料零售				
卫生洁具零售	101		7193	993
木质装饰材料零售				
陶瓷、石材装饰材料零售	4253	753	23970	19418
其他室内装饰材料零售	1610		4011	7160
货摊、无店铺及其他零售业	5141	447	18045	14063
货摊食品零售				
货摊纺织、服装及鞋零售				
货摊日用品零售				
互联网零售	1617		2680	2709
邮购及电视、电话零售				
旧货零售	5	297	1072	219
生活用燃料零售	2744	150	8017	6022
其他未列明零售业	775		6275	5113
2.按登记注册类型分				
内资企业	634405	250188	3741709	1363912
国有企业	1615	339	8542	3981
集体企业	2542	11	6161	3034
股份合作企业	74	530	707	554
联营企业				
国有联营企业				
集体联营企业				
国有与集体联营企业				
其他联营企业				

单位：万元

产负债							损益及分配
实收资本	国家资本	集体资本	法人资本	个人资本	港澳台资本	外商资本	营业收入
14698	7114		1872	4070		1643	89618
35460	8000	2212	18980	6268			2746995
1100			100	1000			3885
567	67		500				1864
112				112			2057
75263	4115	19631	5542	40075	5900		737226
70663	4115	19631	4842	36175	5900		713685
4600			700	3900			23541
535895	279762	3014	131622	50427	69387	1683	5828229
226734	726	2800	118594	33943	69387	1283	3133058
9307		112	5801	2994		400	372723
1184			137	1047			14182
298670	279036	102	7090	12443			2308266
28585		1	24025	4559			506323
11974			11874	100			374275
756		1	120	635			9144
11337			7513	3824			52757
3000			3000				50587
1518			1518				19561
21345	5000		6053	6158		4134	116724
3457			2850	607			10857
759				759			6352
2445			1873	572			19031
980				980			9940
8550	5000		1330	2220			58468
5154				1020		4134	12076
9994	404	300	6482	2808			48176
1096			550	546			23428
300		300					4770
5546	404		4800	342			13530
3052			1132	1921			6448
758886	303293	29131	266571	159891			10436485
1285	1285						27029
1225	1	922	283	19			29767
118		118					6890

13-5 续表 10

（2016年）

指　　标	期末资			
	流动负债	非流动负债合计	负债合计	所有者权益合计
	应付账款			
有限责任公司	349085	32256	1838352	707636
国有独资公司	3442		343142	17484
其他有限责任公司	345643	32256	1495210	690152
股份有限公司	4289		15191	34373
私营企业	276104	216682	1870867	612893
私营独资企业	964	335	2628	1905
私营合伙企业	155	41	2368	1427
私营有限责任公司	182154	134364	1490753	403281
私营股份有限公司	92831	81943	375118	206280
其他企业	696	370	1889	1441
港、澳、台商投资企业	78492	41064	509808	403724
合资经营企业(港或澳、台资)	7055	17500	113785	20841
合作经营企业(港或澳、台资)				
港、澳、台商独资经营企业	71437	23564	396023	382883
港、澳、台商投资股份有限公司				
其他港澳台投资企业				
外商投资企业	84484	40693	255915	235676
中外合资经营企业	26253	1998	83370	129718
中外合作经营企业				
外资企业	58070	7211	133990	84957
外商投资股份有限公司				
其他外商投资企业	162	31485	38555	21000
3.按控股情况分				
国有控股	73283	917	594831	383340
集体控股	12106	1872	75678	18435
私人控股	432876	242809	2624567	840385
港澳台商控股	78492	41064	509808	403724
外商控股	79428	40451	239330	159463
其他	121198	4832	463217	197965
4.按经营形式分				
独立门店	298298	213656	2476214	1020857
连锁总店	293176	9844	1166060	630788
连锁门店	92890	80479	363278	204942
其他	113018	27965	501880	146725
5.按单位规模分				
大型	339718	89206	1381456	860270
中型	386358	194048	2592828	886668
小型	62823	48398	497646	245747
微型	8482	293	35501	10626
6.按零售业态分				
有店铺零售	781102	330980	4423330	1953297
食杂店	786	23	1188	843
便利店	2732	1060	10606	5220
折扣店	-21		2194	-779
超市	12662	4421	39243	30239

单位：万元

产负债							损益及分配
实收资本	国家资本	集体资本	法人资本	个人资本	港澳台资本	外商资本	营业收入
475589	301149	8156	137667	28617			7184185
7500	2500		5000				3218212
468089	298649	8156	132667	28617			3965973
12521	802	100	5040	6579			123018
267948	56	19736	123581	124576			3058621
940		113	262	565			34504
1250			1250				14084
210040	56	140	119018	90826			2477204
55719		19483	3051	33185			532829
200		100		100			6975
120442			1817	2350	115442	833	939580
16400			1517	2350	11700	833	201148
104042			300		103742		738432
98728	3849		13150			81730	791977
30208	3849		11150			15210	335053
47520			2000			45520	456820
21000						21000	104
327000	307085		16330	1942		1643	4918282
8977	1	3057	5283	235		400	154297
398182	56	21988	228300	147389		450	4440842
120442			1817	2350	115442	833	939580
82437			3200			79237	721835
41018		4086	26608	10324			993205
460090	25671	7412	199016	103774	74357	49860	7466562
358239	270999	151	38421	7165	8900	32603	3271764
56777		19595	3716	33366		100	575132
102950	10471	1974	40385	17936	32185		854585
434387	270999	19957	20214	47879	27370	47968	4572204
365147	11821	2316	187988	65589	88072	9361	4129100
166398	19197	6603	69402	45962		25234	3406035
12125	5124	255	3934	2811			60703
938653	296738	29031	259460	155419	115442	82563	11995678
671		100	135	436			3622
7220		126	3550	3544			41478
300			300				2291
20228		2458	9492	7243		1035	128312

13-5 续表 11

（2016年）

指　　标	期末资			
	流动负债	非流动负债合计	负债合计	所有者权益合计
	应付账款			
大型超市	84946	11766	229412	124490
仓储会员店				
百货店	116142	65472	342516	505778
专业店	412867	129168	1843665	808942
加油站				
专卖店	130449	69309	1757226	424648
家居建材商店	3474	777	12649	28095
购物中心	14159	48985	172142	18766
社区购物中心				
市区购物中心				
城郊购物中心				
厂家直销中心	2907		12489	7056
无店铺零售	16280	965	84102	50014
电视购物	4004		4745	4383
邮购				
网上商店	2740	107	6061	8954
自动售货亭				
电话购物				
三、批发业按地区分	**3375568**	**1815096**	**14565039**	**7065163**
五华区	921663	230542	2765193	1278550
盘龙区	302652	59935	1222920	2133850
官渡区	404410	257303	2688299	690082
西山区	908554	1196270	5556582	2343138
东川区	558	417	8632	2566
呈贡区	405631	48545	991211	398722
晋宁区	13387	1176	41445	16624
富民县	6199	1195	11450	4889
宜良县	2928	873	26505	9235
石林彝族自治县	547	8	3618	7022
嵩明县	72131	7120	128687	-14418
禄劝彝族苗族自治县	222		4275	960
寻甸回族彝族自治县	16		6805	14746
安宁市	336671	11714	1109419	179200
四、零售业按地区分	**797382**	**331945**	**4507431**	**2003311**
五华区	398400	53700	1340189	680280
盘龙区	135441	95167	972605	470032
官渡区	93591	37823	666893	379992
西山区	56849	13977	997889	159477
东川区	2587	374	5524	4053
呈贡区	92822	81756	369770	203826
晋宁区	3752		9888	9120
富民县	1156	1484	4958	3622
宜良县	2123	3533	8918	9537
石林彝族自治县	800	1335	6498	4250
嵩明县	1441	4117	20156	20728
禄劝彝族苗族自治县	1012	1425	7986	6651
寻甸回族彝族自治县	1844	406	8403	6154
安宁市	5563	36850	87755	45590

单位：万元

产负债							损益及分配
实收资本	国家资本	集体资本	法人资本	个人资本	港澳台资本	外商资本	营业收入
59418		474	1300	3002	1675	52968	657297
63721	1020		42943	13463	6295		808650
502212	288434	21390	107353	76266	5844	2926	7374283
230205	7284	4184	82130	39378	97129	100	2783697
10107			2506	3467		4134	50582
39280			6820	6960	4500	21000	122779
5292		300	2932	1660		400	22687
39403	10404	100	22078	6822			172364
4000			4000				13387
4689			1244	3446			30086
2278582	**1204812**	**14943**	**857176**	**180453**	**18370**	**2828**	**32199912**
453005	162729	1690	244373	40704	1508	2000	10105797
328495	145638		169938	12091		828	4901275
437430	280955	8303	84246	63591	335		4541757
666880	410845	445	208383	30762	16444		5267757
918	314	302	172	130			20455
225786	87666		130556	7481	83		2113113
9559	1286	2626	1307	4340			100611
3755	146		2879	730			40718
1987		520	366	1101			115314
2656	200	600		1856			22251
9025		175	3030	5820			20827
657	339			318			7127
3962	2935	33	295	699			24577
134469	111759	250	11630	10830			4918332
978056	**307142**	**29131**	**281538**	**162241**	**115442**	**82563**	**12168042**
212409	5595	1000	82958	37583	37305	47968	4973254
178365	14613	2206	75123	25393	49219	11812	1896889
393293	279987	2392	74786	33503	1675	950	2563318
77769	6069	1030	25156	17437	27244	833	1875040
1340		300	30	1010			13830
52927	18	19483	281	33145			513766
8664			7055	1609			24973
1693			876	817			14320
5701		1595	1478	2628			63141
3881			2363	1518			38704
5190	821		2269	2100			65276
3222		304	836	2083			44750
1060			195	865			16869
32544	39	822	8133	2550		21000	63912

13-5 续表 12

（2016年）

指标	损益及			
	营业收入	营业成本		营业税金及附加
	主营业务收入		主营业务成本	
总计	**44095209**	**41347737**	**41218636**	**194988**
一、批发业	**32085474**	**30469903**	**30412333**	**167831**
1.按批发行业分				
农、林、牧产品批发	58108	53561	53561	20
谷物、豆及薯类批发	16408	15779	15779	8
种子批发	16617	15535	15535	10
饲料批发	4440	4340	4340	0.1
棉、麻批发				
林业产品批发	4571	4023	4023	
牲畜批发	6764	5767	5767	0
其他农牧产品批发	9308	8117	8117	1
食品、饮料及烟草制品批发	3407975	2798363	2783299	131605
米、面制品及食用油批发	254778	257509	256440	188
糕点、糖果及糖批发	893213	875952	872495	409
果品、蔬菜批发	449354	368688	368688	259
肉、禽、蛋、奶及水产品批发	1897	1821	1821	1
盐及调味品批发				
营养和保健品批发	35450	32398	32398	58
酒、饮料及茶叶批发	90753	75215	74902	231
烟草制品批发	1594031	1104183	1093987	130337
其他食品批发	88499	82597	82566	122
纺织、服装及家庭用品批发	1011601	816637	816510	2997
纺织品、针织品及原料批发	6709	6370	6370	5
服装批发	26345	24204	24204	32
鞋帽批发	5864	5570	5570	7
化妆品及卫生用品批发	382825	212333	212333	2698
厨房、卫生间用具及日用杂货批发				
灯具、装饰物品批发				
家用电器批发	585210	563997	563870	245
其他家庭用品批发	4649	4164	4164	9
文化、体育用品及器材批发	268170	245436	245051	310
文具用品批发	61438	59036	59035	46
体育用品及器材批发	4639	4432	4432	4
图书批发	155220	136965	136582	207
报刊批发				
音像制品及电子出版物批发				
首饰、工艺品及收藏品批发				
其他文化用品批发	46874	45003	45003	53
医药及医疗器材批发	3633221	3305028	3301057	10161
西药批发	3391312	3106383	3102412	8492
中药批发	197490	164491	164491	1439
医疗用品及器材批发	44419	34154	34154	230
矿产品、建材及化工产品批发	19572147	19322513	19285095	11063
煤炭及制品批发	96525	92918	92918	84
石油及制品批发	410003	383968	381601	679
非金属矿及制品批发	41593	39063	39063	212
金属及金属矿批发	13694955	13581247	13564087	4293
建材批发	1270024	1211704	1211704	1050
化肥批发	2478603	2460016	2455734	3099

单位：万元

分配							
主营业务税金及附加	其他业务利润	销售费用	管理费用		财务费用		
				税金		利息收入	利息支出
191700	**132556**	**1301134**	**509946**	**19375**	**255329**	**96299**	**256699**
166424	**64645**	**601872**	**281045**	**12395**	**198072**	**90209**	**225322**
20	72	1418	2433	125	724	2	698
8	72	725	734	73	408	2	400
10		111	809	48	62	1	61
0		82	26	1	0	0	0
		124	237	1			
0			267		242		236
1		377	361	1	12	0	
131476	8993	114262	49144	2051	-3892	27547	24472
95	4690	11502	9454	441	10456	471	10901
409	169	7124	5190	33	5634	2977	7835
259	1348	3512	2436	60	5572	100	4914
1		62	4				
58		969	1371	0	513	0	329
196	156	6444	4213	29	366	27	387
130337	1679	79307	25071	1480	-26601	23921	
122	952	5343	1406	9	168	52	105
2997	843	119700	12467	703	2093	142	2195
5		189	231	3	-12	3	124
32		752	361	9	824	-12	846
7		105	172	8	7	2	
2698		110559	4682	659	1170	70	1178
245	843	7630	7022	24	104	78	48
9		466			1		
165	1464	14754	5320	293	494	356	810
46	61	1118	959	55	11	30	33
4		98	118		0	-1	
62	963	12182	3135	185	460	322	775
53	440	1357	1108	53	24	4	2
10024	12550	178306	57722	1826	15171	2239	10374
8362	12028	157491	46700	1537	14603	2302	9898
1432	522	17932	8391	285	156	-65	204
230		2883	2632	3	412	2	273
10073	25246	102668	108810	5212	165029	52621	169547
64	73	2574	5532	201	16288	201	1522
675	933	17805	4649	98	3100	-97	13
212	24	1384	267	7	352	209	351
3350	12478	29753	42113	2418	50342	10713	38677
1050	2523	10150	9873	157	5184	1776	6383
3076	3886	20529	34338	1680	82103	37995	113981

13-5 续表 13

（2016年）

指　　标	损益及			
	营业收入			
	主营业务收入	营业成本	主营业务成本	营业税金及附加
农药批发	67826	61426	61426	462
农用薄膜批发				
其他化工产品批发	1512620	1492171	1478561	1185
机械设备、五金产品及电子产品批发	769509	697854	697254	1077
农业机械批发	42442	36502	36502	47
汽车批发	59377	55266	55266	116
汽车零配件批发	3758	3397	3392	2
摩托车及零配件批发	88544	84578	84578	58
五金产品批发	15070	13467	13467	75
电气设备批发	3401	3238	3238	4
计算机、软件及辅助设备批发	111034	107081	107081	77
通讯及广播电视设备批发	94104	91896	91878	55
其他机械设备及电子产品批发	351780	302429	301850	643
贸易经纪与代理	1651194	1608273	1608271	9514
贸易代理	1651194	1608273	1608271	9514
拍卖				
其他贸易经纪与代理				
其他批发业	1713547	1622238	1622237	1086
再生物资回收与批发				
其他未列明批发业	1713547	1622238	1622237	1086
2.按登记注册类型分				
内资企业	31612668	30055298	29998110	166563
国有企业	2547984	2075875	2058183	131213
集体企业	10563	10554	9674	24
股份合作企业				
联营企业				
国有联营企业				
集体联营企业				
国有与集体联营企业				
其他联营企业				
有限责任公司	23562049	22816417	22785844	25693
国有独资公司	9927003	9769236	9750978	2590
其他有限责任公司	13635045	13047181	13034866	23103
股份有限公司	2006809	1966168	1960714	1206
私营企业	3429724	3136725	3134136	8421
私营独资企业	9681	8878	8878	80
私营合伙企业				
私营有限责任公司	3270830	2991366	2989461	8030
私营股份有限公司	149213	136481	135797	311
其他企业	55539	49559	49559	5
港、澳、台商投资企业	298025	278519	278137	383
合资经营企业(港或澳、台资)	35999	29992	29992	141
合作经营企业(港或澳、台资)				
港、澳、台商独资经营企业	260436	246958	246575	237
港、澳、台商投资股份有限公司				
其他港澳台投资企业	1589	1569	1569	6
外商投资企业	174782	136087	136087	885
中外合资经营企业				

单位：万元

分配							
主营业务税金及附加	其他业务利润	销售费用	管理费用		财务费用		
				税金		利息收入	利息支出
462		3266	2103	28	225	96	157
1185	5328	17207	9934	624	7435	1728	8463
1069	9384	39801	21645	1343	10869	1006	2681
47		3910	1417		535		
116	552	1600	2051	149	1264	405	1609
2		62	272	2	29		29
58	455	2026	858	8	93	33	7
75		791	607	2	-91	39	4
4		126	29		1		
77	277	1714	1665	43	552	2	265
55		1317	585		318		
636	8101	28256	14163	1138	8169	527	769
9514	3802	10050	2277		10871	1039	11657
9514	3802	10050	2277		10871	1039	11657
1086	2293	20914	21228	843	-3287	5255	2889
1086	2293	20914	21228	843	-3287	5255	2889
165156	63433	565280	269855	12277	191751	89846	220139
131179	3051	84031	33584	2903	-12226	29623	14020
1	103	5	17		4		
24474	33519	328699	154385	5910	152341	51311	178630
2007	7119	61796	27275	1219	22668	4228	20912
22467	26400	266903	127110	4691	129674	47084	157718
1206	11038	26454	17378	823	14743	2212	8945
8291	15721	126025	64444	2641	36889	6699	18545
80		306	198		26		
8021	12317	122135	59674	2606	36037	6652	17995
190	3404	3583	4572	35	826	47	550
5		66	47	1	0.1	0.1	0.2
383	473	10009	5461	9	3462	112	3598
141	308	3809	1360		-38	-38	
237	165	6016	4002	9	3276	150	3379
6		184	99	0.1	225		219
885	739	26583	5729	108	2859	251	1585

13-5 续表 14

（2016年）

指　　标	损益及			
	营业收入			
	主营业务收入	营业成本	主营业务成本	营业税金及附加
中外合作经营企业				
外资企业	174782	136087	136087	885
外商投资股份有限公司				
其他外商投资企业				
3.按控股情况分				
国有控股	24501847	23388617	23339625	153838
集体控股	401134	386756	385850	253
私人控股	4383638	4029115	4023212	10866
港澳台商控股	296436	276950	276567	378
外商控股	174782	136087	136087	885
其他	2327637	2252379	2250994	1612
4.按经营形式分				
独立门店	10280509	9973567	9965610	8751
连锁总店	1808977	1749725	1749679	5127
连锁门店	4035	4033	4033	0.1
其他	19991953	18742579	18693011	153954
5.按单位规模分				
大型	9651277	8773109	8762351	140245
中型	19101768	18485847	18443944	23561
小型	2936640	2844788	2839914	3342
微型	395789	366159	366124	683
二、零售业	**12009735**	**10877834**	**10806302**	**27156**
1.按零售行业分				
综合零售	1533164	1229066	1226749	6194
百货零售	817123	656018	653822	3633
超级市场零售	708466	566640	566519	2391
其他综合零售	7575	6408	6408	170
食品、饮料及烟草制品专门零售	173947	141398	140428	971
粮油零售	24974	21084	21039	165
糕点、面包零售				
果品、蔬菜零售	29981	25881	25881	42
肉、禽、蛋、奶及水产品零售	30807	27518	27518	295
营养和保健品零售	37057	27278	27201	156
酒、饮料及茶叶零售	35077	26837	26157	238
烟草制品零售	12066	9648	9479	56
其他食品零售	3985	3153	3153	20
纺织、服装及日用品专门零售	324698	259097	259027	1680
纺织品及针织品零售				
服装零售	260344	214033	214003	1271
鞋帽零售	32246	23246	23246	183
化妆品及卫生用品零售	16739	9648	9648	167
钟表、眼镜零售	1585	985	985	13
箱、包零售	2111	2263	2263	3
厨房用具及日用杂品零售	7383	5344	5304	9
自行车零售				
其他日用品零售	4291	3578	3578	34
文化、体育用品及器材专门零售	2843775	2780012	2778192	1470
文具用品零售	2781	2168	2168	8
体育用品及器材零售	537	429	429	1

单位：万元

分配

主营业务税金及附加	其他业务利润	销售费用	管理费用	税金	财务费用	利息收入	利息支出
885	739	26583	5729	108	2859	251	1585
152658	32309	356076	156606	8346	137969	79352	193136
230	8129	9031	7027	352	249	322	712
10692	20805	167797	84290	3089	42050	8605	22442
378	473	9825	5362	9	3237	112	3379
885	739	26583	5729	108	2859	251	1585
1581	2191	32560	22032	491	11708	1567	4067
8169	9735	159574	66521	4306	45025	9509	34197
5127	4979	43605	20175	508	51403	22656	66004
0.1		199	105		85	10	95
153128	49931	398495	194244	7580	101559	58033	125026
140123	8809	305719	54953	2890	-4626	28790	17015
22344	43692	235477	191430	8275	172150	56241	191955
3277	4971	39039	30429	1094	26560	4616	13332
680	7174	21637	4234	137	3988	562	3020
25276	**67910**	**699261**	**228901**	**6980**	**57257**	**6091**	**31377**
5455	19986	151613	61096	2161	7537	2575	2686
2895	10367	58866	41169	2032	5978	2533	2329
2390	9613	92341	19650	128	1415	37	271
170	6	405	277		144	4	86
953	1456	16393	9062	140	2327	108	1740
165	437	1457	1459	37	682	7	250
42	3	1550	406	6	600	-0.1	574
295		245	2414	7	49	8	0
139	284	4300	1092	9	504	59	425
238	731	5962	2769	74	191	29	219
56		2245	733	2	110	6	111
20		634	190	6	191	0	161
1680	1955	45091	14205	255	1319	-30	1188
1271	1820	31047	9380	64	812	-72	746
183		7704	2986	91	3	2	2
167		4281	484	7	322	26	291
13	56	265	142	68	0.2	0.2	0.4
3		278	2		38		
9		940	880	1	148	1	148
34	78	575	331	24	-5	13	
1459	2985	20662	13131	280	6787	51	844
8	45	345	197	1	23	0	14
1	109	100	14				

13-5 续表 15

（2016年）

指标	损益及			
	营业收入	营业成本		营业税金及附加
	主营业务收入		主营业务成本	
图书、报刊零售	86694	64081	63524	347
音像制品及电子出版物零售				
珠宝首饰零售	2745966	2707223	2706601	1090
工艺美术品及收藏品零售	3885	2748	2748	6
乐器零售				
照相器材零售	1864	1664	1664	4
其他文化用品零售	2047	1700	1058	15
医药及医疗器材专门零售	727363	490158	488485	4426
药品零售	703899	470899	469226	4305
医疗用品及器材零售	23464	19259	19259	121
汽车、摩托车、燃料及零配件专门零售	5742340	5411048	5348934	9813
汽车零售	3109731	2936042	2925645	4422
汽车零配件零售	365231	348524	346181	407
摩托车及零配件零售	14181	11873	11873	45
机动车燃料零售	2253197	2114609	2065234	4940
家用电器及电子产品专门零售	500898	431167	429051	1447
家用视听设备零售	372023	314596	312993	1158
日用家电设备零售	9093	7988	7983	19
计算机、软件及辅助设备零售	52022	45463	45151	160
通信设备零售	49320	46221	46221	40
其他电子产品零售	18440	16899	16703	69
五金、家具及室内装饰材料专门零售	115929	98768	98759	897
五金零售	10857	9529	9529	436
灯具零售	6038	5127	5127	24
家具零售	18837	12710	12702	282
涂料零售				
卫生洁具零售	9940	8720	8720	14
木质装饰材料零售				
陶瓷、石材装饰材料零售	58438	53024	53024	81
其他室内装饰材料零售	11818	9657	9657	61
货摊、无店铺及其他零售业	47623	37120	36677	257
货摊食品零售				
货摊纺织、服装及鞋零售				
货摊日用品零售				
互联网零售	23428	18654	18654	118
邮购及电视、电话零售				
旧货零售	4770	4144	4144	14
生活用燃料零售	12977	9612	9169	90
其他未列明零售业	6448	4711	4711	35
2.按登记注册类型分				
内资企业	10319845	9442691	9377857	21955
国有企业	26476	23398	22951	35
集体企业	29760	25850	25848	30
股份合作企业	6890	5620	5620	27
联营企业				
国有联营企业				
集体联营企业				
国有与集体联营企业				
其他联营企业				

单位：万元

分配

主营业务税金及附加	其他业务利润	销售费用	管理费用	税金	财务费用	利息收入	利息支出
347	2412	13311	9523	262	313	5	275
1090	328	6418	2853	16	6407	46	517
6		288	502	2	39		38
4	91	199	31		1		
4		2	12		3		
4032	7583	174282	27041	131	4904	881	4576
3911	7583	173254	24717	129	4581	877	4343
121		1028	2324	2	323	4	233
9136	28835	224404	82006	3583	33084	1958	19364
4393	18958	103931	50338	1651	26186	1158	14306
329	4743	18665	4220	255	961	128	698
45		1437	251	2	2		
4369	5134	100372	27198	1674	5935	673	4361
1410	4454	54158	16301	232	826	481	564
1158	2913	43269	10423	156	471	443	399
19	91	698	270	4	110	31	40
160	524	3949	2506	44	174	6	125
34		3090	1917	9	22	0.3	
38	925	3152	1186	20	49	1	1
897	548	5831	4219	179	449	31	393
436		43	183	3	0.3	0.3	0.4
24	314	727	462	0.4	11	0.4	
282	233	1150	795	148	129	8	126
14	1	625	576		21	11	21
81		1832	1519	27	253	8	246
61		1454	683		35	4	
254	110	6827	1840	22	25	36	22
118	1	3334	504	4	31	15	17
14		107	102	7	-0.2	0.2	
89	109	2468	774	5	-5	9	0.1
33	-0.3	918	460	7	-1	12	5
20463	48333	541717	184969	5826	46434	4357	28036
34	543	2345	697	3	135	9	138
30	6	3067	379	21	85	5	52
27		706	441		76		76

13-5 续表 16

（2016年）

指　标	营业收入	营业成本		损益及
	主营业务收入	营业成本	主营业务成本	营业税金及附加
有限责任公司	7090570	6657406	6599101	12261
国有独资公司	3200744	3169852	3155937	1864
其他有限责任公司	3889825	3487554	3443165	10397
股份有限公司	120516	108620	107132	468
私营企业	3038754	2616147	2611553	9130
私营独资企业	34465	30459	30454	133
私营合伙企业	14084	11107	11107	69
私营有限责任公司	2462670	2225768	2221226	5819
私营股份有限公司	527534	348812	348765	3109
其他企业	6879	5652	5652	5
港、澳、台商投资企业	929536	813781	808321	2654
合资经营企业(港或澳、台资)	201148	183470	183470	440
合作经营企业(港或澳、台资)				
港、澳、台商独资经营企业	728388	630311	624851	2213
港、澳、台商投资股份有限公司				
其他港澳台投资企业				
外商投资企业	760354	621363	620124	2548
中外合资经营企业	319921	263846	262684	1000
中外合作经营企业				
外资企业	440329	357435	357359	1548
外商投资股份有限公司				
其他外商投资企业	104	82	82	
3.按控股情况分				
国有控股	4855686	4685013	4633229	5896
集体控股	152526	134553	133435	436
私人控股	4405391	3811607	3802488	12842
港澳台商控股	929536	813781	808321	2654
外商控股	698343	568314	568237	2181
其他	968253	864567	860592	3148
4.按经营形式分				
独立门店	7409004	6927854	6911215	12157
连锁总店	3186703	2817112	2764731	8709
连锁门店	567277	378942	378663	3590
其他	846751	753926	751693	2702
5.按单位规模分				
大型	4474214	3806804	3753796	13374
中型	4074887	3717016	3702461	9892
小型	3400014	3297253	3293289	3746
微型	60620	56763	56757	144
6.按零售业态分				
有店铺零售	11839013	10736706	10666376	26119
食杂店	3622	3096	3096	37
便利店	40103	32956	32761	169
折扣店	2291	1918	1918	6
超市	127895	107003	106882	659

单位：万元

分配

主营业务税金及附加	其他业务利润	销售费用	管理费用		财务费用		
				税金		利息收入	利息支出
10982	30446	287183	89250	3380	19380	1712	10284
1464	3153	25677	2389	487	2303	169	2430
9518	27292	261506	86860	2893	17077	1543	7854
457	793	5879	1735	299	522	13	306
8929	16546	242296	91989	2123	26200	2581	17180
133	6	876	753	4	330	1	45
69	65	1284	238	5	14	0	4
5619	11282	113930	71019	2100	21408	1720	12425
3109	5194	126205	19980	15	4447	860	4705
5		242	477		38	38	1
2636	18831	57507	25290	448	8286	1678	3123
440	4370	6815	8054	225	2003	9	1643
2196	14460	50692	17236	224	6283	1668	1480
2177	747	100037	18642	705	2537	56	219
637	450	34653	6629	613	2020	-8	224
1540	297	65385	11498	92	522	64	
			515		-5		-5
5271	10471	124927	31663	1900	4558	475	3227
432	97	11890	4510	122	1094	150	1161
12231	25803	343829	122870	2935	36899	2936	21259
2636	18831	57507	25290	448	8286	1678	3123
2173	297	88223	16397	184	1266	77	255
2533	12413	72886	28170	1391	5154	775	2353
11354	41185	261471	120882	4419	39691	2884	19523
7761	13589	250287	65546	1924	7936	2185	3765
3512	8385	135600	20223	20	3610	812	3693
2649	4752	51904	22250	617	6020	210	4396
12358	32630	440657	99705	2494	10374	3444	9347
9162	32206	208454	95968	3744	40380	1551	18182
3612	3074	49301	32270	706	5510	1062	2840
144		849	958	36	994	34	1008
24252	66966	683749	220951	6862	56447	6021	30502
37		119	208	4	0		0
102	1221	8625	1039	18	361	8	73
6		521	6		2	0	
658	502	9843	4529	51	873	59	271

13-5 续表 17

（2016年）

指　　标	损益及			
	营业收入			
	主营业务收入	营业成本	主营业务成本	营业税金及附加
大型超市	632303	511039	511039	1971
仓储会员店				
百货店	786236	623110	621110	3815
专业店	7288448	6733552	6675602	13227
加油站				
专卖店	2763947	2561566	2552626	4885
家居建材商店	50325	38762	38762	768
购物中心	122747	103816	103816	510
社区购物中心				
市区购物中心				
城郊购物中心				
厂家直销中心	21098	19888	18765	73
无店铺零售	170722	141128	139927	1038
电视购物	12630	8790	8790	84
邮购				
网上商店	30061	23045	22363	278
自动售货亭				
电话购物				
三、批发业按地区分	**32085474**	**30469903**	**30412333**	**167831**
五华区	10084008	9604243	9584405	8792
盘龙区	4862018	4317808	4300729	132380
官渡区	4510632	4259317	4247929	3628
西山区	5252034	5101955	5100076	17245
东川区	20455	19891	19891	12
呈贡区	2113079	1988465	1988465	2180
晋宁区	100196	89828	89804	1606
富民县	40718	34232	34232	39
宜良县	115207	104620	103740	490
石林彝族自治县	22251	20082	20082	150
嵩明县	20827	18274	18274	2
禄劝彝族苗族自治县	7127	6962	6962	2
寻甸回族彝族自治县	24575	22723	22723	19
安宁市	4912348	4881505	4875022	1287
四、零售业按地区分	**12009735**	**10877834**	**10806302**	**27156**
五华区	4925258	4554297	4550088	7379
盘龙区	1866871	1675533	1669491	5387
官渡区	2512694	2325695	2286256	4957
西山区	1852755	1695567	1676233	4310
东川区	13647	11450	11444	44
呈贡区	508608	329757	329108	3125
晋宁区	24690	20460	20159	147
富民县	14320	12241	12240	12
宜良县	63089	52235	52230	225
石林彝族自治县	38704	34406	34406	213
嵩明县	64952	56977	55635	217
禄劝彝族苗族自治县	44576	41173	41053	532
寻甸回族彝族自治县	16869	14431	14431	202
安宁市	62703	53612	53528	408

单位：万元

分配

主营业务税金及附加	其他业务利润	销售费用	管理费用	税金	财务费用	利息收入	利息支出
1971	1884	88984	16354	104	1211	63	401
3143	18244	50826	38750	1846	4237	2475	937
12146	28453	382413	95520	2963	22571	2465	12767
4842	16369	126086	53967	1502	23167	922	12724
768	48	3227	1805	140	257	2	218
510	32	11627	7549	201	3458	30	2948
70	212	1478	1224	34	311	-2	163
1025	944	15512	7950	118	810	70	875
84	757	3700	990	18	-15	-15	
266	1	3950	887	11	47	17	26
166424	**64645**	**601872**	**281045**	**12395**	**198072**	**90209**	**225322**
8767	10808	245744	78362	2727	42001	10688	31401
131555	16476	109823	57832	3415	-6929	25822	20287
3531	25746	87746	62733	2511	31243	9693	25174
17230	9887	87481	55780	2106	100340	39683	131884
12		502	550	10	331	3	334
2145	570	48781	10916	752	10096	1370	6803
1606	271	4533	2650	13	309	120	353
39		4711	711	14	126	2	127
467	103	1021	1305	80	1251	4	1085
150		730	746	63	236	1	165
2	279	610	557	30	1279	-1	533
2		297	254	0	171	1	172
19	5	349	636	1	398	1	393
901	501	9545	8014	674	17221	2824	6611
25276	**67910**	**699261**	**228901**	**6980**	**57257**	**6091**	**31377**
6952	23004	224088	70783	1698	12071	2729	6681
4666	19021	129391	48971	2116	12893	1211	2923
4713	9433	134939	47142	1682	12365	887	5511
3877	8587	66421	30444	1265	14114	307	11062
15		677	890	7	196	38	111
3114	5141	126945	20084	7	3530	813	3724
136	603	2570	776	15	11	11	22
12		682	602	3	85	2	44
224	6	4452	2008	42	139	4	133
212	1	1380	1379	0	162	15	66
217	748	2400	963	13	845	2	712
532	174	929	706	28	176	35	77
199	116	872	746	33	282	3	2
408	1077	3516	3408	73	391	34	310

13-5 续表 18

（2016年）

指标	损益及			
	资产减值损失	公允价值变动收益	投资收益	营业利润
总计	**95586**	**3623**	**170381**	**844587**
一、批发业	**88231**	**-718**	**141800**	**536374**
1.按批发行业分				
农、林、牧产品批发			7	-41
谷物、豆及薯类批发			4	-1243
种子批发			3	93
饲料批发				-8
棉、麻批发				
林业产品批发				188
牲畜批发				488
其他农牧产品批发				440
食品、饮料及烟草制品批发	1851	122	20055	362200
米、面制品及食用油批发	-87	0	993	-26428
糕点、糖果及糖批发	1896	81	2273	1156
果品、蔬菜批发	0	41	1985	69211
肉、禽、蛋、奶及水产品批发				9
盐及调味品批发				
营养和保健品批发				141
酒、饮料及茶叶批发	35			4719
烟草制品批发	7		14796	313258
其他食品批发	-1		8	134
纺织、服装及家庭用品批发	3		1272	61816
纺织品、针织品及原料批发				-74
服装批发				172
鞋帽批发				3
化妆品及卫生用品批发	16			51367
厨房、卫生间用具及日用杂货批发				
灯具、装饰物品批发				
家用电器批发	-13		1272	10337
其他家庭用品批发				10
文化、体育用品及器材批发	27		16451	20194
文具用品批发	3			392
体育用品及器材批发				-13
图书批发	6		16451	20063
报刊批发				
音像制品及电子出版物批发				
首饰、工艺品及收藏品批发				
其他文化用品批发	17			-248
医药及医疗器材批发	6265	1	556	75867
西药批发	5711	1	556	66973
中药批发	197			5104
医疗用品及器材批发	357			3790
矿产品、建材及化工产品批发	68793	-840	78255	-66278
煤炭及制品批发	19398		4137	-36065
石油及制品批发			522	6753
非金属矿及制品批发				316
金属及金属矿批发	21918	-1256	20204	12572
建材批发	-69		7	34661
化肥批发	1442	416	47837	-65106

单位：万元

分配					人工成本及增值税		从事批发和零售业活动的从业人员平均人数(人)
营业外收入	政府补助	营业外支出	利润总额	应交所得税	应付职工薪酬(本年贷方累计发生额)	应交增值税	
73327	**47069**	**38838**	**834896**	**195184**	**1158383**	**589390**	**108170**
60060	**42811**	**28469**	**511169**	**149993**	**323999**	**366295**	**32546**
862	710	12	820	186	1771	104	516
669	580	9	-583	146	569	12	186
63		3	154	38	279	84	82
2	2		-6		32	1	9
			188	2	129		25
			488		163		66
128	128	0	579		599	7	148
35833	34732	2411	329257	84189	86697	80020	8004
24409	24172	183	-2239	551	7353	735	851
26	12	20	680	218	4150	2300	108
144	44	1099	2398	91	2276	214	797
			9	1	59	9	15
146			288	65	610	344	155
308	179	68	4958	1397	4702	1247	438
10260	10215	1041	322491	81718	66553	74600	5382
540	111	1	673	148	994	572	258
675	286	190	62313	9380	33245	29226	2525
16	16	2	-61	1	258	120	48
			172	30	456	115	92
		0.3	3	1	123	57	27
276	270	34	51609	7750	26941	26917	1271
382		152	10580	1597	5303	1939	1046
		1	9	2	165	78	41
2496	2428	28	22451	1099	8325	662	673
54		0.3	446	104	1042	141	106
			-13		59	25	12
2432	2425	25	22469	984	6705	184	463
10	3	2	-451	11	518	313	92
2281	591	877	79369	13064	72776	159515	11220
2148	546	606	70613	11437	61458	155274	9716
48	40	195	4957	777	9129	2405	1385
85	6	76	3799	850	2188	1836	119
15928	3991	13929	-58236	21509	82506	77785	6382
128		106	-36038	-600	2936	971	358
286	5	1631	5451	1563	6429	3132	1030
		2	339	47	181	298	56
5098	2066	8028	10424	7584	31054	60057	2291
1246	106	52	35704	9008	5899	9011	586
8162	1567	3983	-58529	1169	28273	160	959

13-5 续表 19

（2016年）

指　　标	损益及			
	资产减值损失	公允价值变动收益	投资收益	营业利润
农药批发	7			336
农用薄膜批发				
其他化工产品批发	26097		5547	-19745
机械设备、五金产品及电子产品批发	69		1260	2837
农业机械批发				31
汽车批发			172	-196
汽车零配件批发				0.1
摩托车及零配件批发				931
五金产品批发			-73	319
电气设备批发				3
计算机、软件及辅助设备批发	79			-134
通讯及广播电视设备批发	-96			96
其他机械设备及电子产品批发	86		1161	1787
贸易经纪与代理	11145		10915	13827
贸易代理	11145		10915	13827
拍卖				
其他贸易经纪与代理				
其他批发业	78		13030	65953
再生物资回收与批发				
其他未列明批发业	78		13030	65953
2.按登记注册类型分				
内资企业	87348	-424	139645	529135
国有企业	45640	255	6324	219523
集体企业				10
股份合作企业				
联营企业				
国有联营企业				
集体联营企业				
国有与集体联营企业				
其他联营企业				
有限责任公司	23442	431	126596	260438
国有独资公司	2238	1	44286	110270
其他有限责任公司	21204	430	82311	150168
股份有限公司	16146	-1109	2808	-23079
私营企业	2120		3917	66381
私营独资企业				193
私营合伙企业				
私营有限责任公司	48		3897	59990
私营股份有限公司	2073		20	6197
其他企业				5861
港、澳、台商投资企业	3	-294	1925	4511
合资经营企业(港或澳、台资)				2881
合作经营企业(港或澳、台资)				
港、澳、台商独资经营企业	3	-294	1921	2120
港、澳、台商投资股份有限公司				
其他港澳台投资企业			4	-490
外商投资企业	880		230	2729
中外合资经营企业				

单位：万元

分配					人工成本及增值税		从事批发和零售业活动的从业人员平均人数(人)
营业外收入	政府补助	营业外支出	利润总额	应交所得税	应付职工薪酬(本年贷方累计发生额)	应交增值税	
607		68	875	111	1295	6	436
401	248	59	-16460	2627	6440	4149	666
1268	31	10987	-7121	1186	16847	6599	2596
3		36	-2		1502		223
18	4	73	-250		1606	729	60
			0		134	20	25
1		2	931	239	842	186	123
4		0	321	33	382	274	102
1		0	4		88	37	20
12		2	153	38	1311	668	260
8			104		565	223	76
1221	27	10874	-8380	875	10418	4463	1707
630	28	3	14454	5620	2760	3949	124
630	28	3	14454	5620	2760	3949	124
88	14	34	67861	13761	19072	8435	506
88	14	34	67861	13761	19072	8435	506
59893	42776	26742	505957	149257	314174	362278	31689
23569	23250	1349	244936	75197	81391	78334	6077
		3	4	2	59	2	22
25939	17073	9546	279966	71601	156335	169897	12257
14535	12460	348	127478	23333	25884	12237	1861
11404	4613	9198	152488	48269	130451	157660	10396
6863	2069	14293	-30400	-3250	20906	56622	2612
3506	367	1552	5574	5664	55390	57376	10696
10			204	41	215	300	85
3085	166	1495	-2748	4730	50543	55975	10022
411	201	58	8119	894	4633	1102	589
16	16		5877	42	93	47	25
63	7	1391	3182	232	6702	2352	546
39		1390	1529	232	2948	1096	454
21	7	1	2140		3673	1257	60
3			-486		81		32
104	29	335	2030	505	3123	1665	311

13-5 续表 20

（2016年）

指　　标	损益及			
	资产减值损失	公允价值变动收益	投资收益	营业利润
中外合作经营企业				
外资企业	880		230	2729
外商投资股份有限公司				
其他外商投资企业				
3.按控股情况分				
国有控股	85310	-464	133236	444938
集体控股	489			-462
私人控股	1396	41	4605	69685
港澳台商控股	3	-294	1921	5001
外商控股	880		230	2729
其他	153		1809	14485
4.按经营形式分				
独立门店	3769	-328	17615	56375
连锁总店	645	-735	88	-50866
连锁门店				-369
其他	83816	346	124097	531234
5.按单位规模分				
大型	6686		5829	408649
中型	81169	-669	130164	121844
小型	-488	-89	5577	6771
微型	863	41	230	-890
二、零售业	**7355**	**4341**	**28581**	**308212**
1.按零售行业分				
综合零售	-58	4345	1515	131754
百货零售	24	4345	1515	81998
超级市场零售	-83			49585
其他综合零售				172
食品、饮料及烟草制品专门零售				6030
粮油零售				231
糕点、面包零售				
果品、蔬菜零售				1502
肉、禽、蛋、奶及水产品零售				287
营养和保健品零售				4095
酒、饮料及茶叶零售				531
烟草制品零售				-412
其他食品零售				-203
纺织、服装及日用品专门零售	168		1195	5759
纺织品及针织品零售				
服装零售	-9		1186	6234
鞋帽零售				-1875
化妆品及卫生用品零售	177		9	1777
钟表、眼镜零售				180
箱、包零售				-473
厨房用具及日用杂品零售				61
自行车零售				
其他日用品零售				-145
文化、体育用品及器材专门零售	108	-9	-195	25408
文具用品零售				84
体育用品及器材零售				-7

单位：万元

分配					人工成本及增值税		从事批发和零售业活动的从业人员平均人数(人)
营业外收入	政府补助	营业外支出	利润总额	应交所得税	应付职工薪酬(本年贷方累计发生额)	应交增值税	
104	29	335	2030	505	3123	1665	311
48532	41353	10092	488940	138288	221410	220117	14668
4572		2663	1448	544	4017	-281	662
5086	724	2913	9166	7787	75412	60911	14274
60	7	1391	3669	232	6621	2352	514
104	29	335	2030	505	3123	1665	311
1706	699	11074	5916	2639	13416	81530	2117
21454	18631	2292	78374	13510	77572	133454	12216
2673	1543	1769	-49962	2667	19429	41405	2330
545	539	23	116	29	25		10
35388	22099	24385	482642	133787	226974	191435	17990
16969	13854	2097	424635	95414	146699	217023	14007
39223	26911	23967	79502	50056	161437	103512	15082
3682	2036	2318	7787	4428	13949	48642	3063
185	10	87	-754	95	1914	-2882	394
13267	**4258**	**10369**	**323727**	**45191**	**834384**	**223095**	**75624**
1569	465	3465	136318	15312	68033	72176	17317
601	92	415	88860	8330	29712	46622	5812
966	370	3049	47277	6976	37776	25478	11377
3	3	1	180	6	544	76	128
687	571	337	6035	258	10248	7458	2527
344	290	11	841	15	1628	135	388
162	160	0.3	1607		2738	10	1157
28	25		311	39	322	-7	98
78	56	37	4137	263	1546	1197	261
60	31	284	-216	30	2488	2487	310
5		4	-450	-97	1081	3616	184
10	10	1	-194	8	445	20	129
177	91	209	5859	1792	23804	10670	5005
151	85	196	6188	940	15551	7476	3308
8		6	-1874		5314	1516	1031
12	1		1788	824	1665	216	288
			233	17	664	21	189
			-473	1	102		59
2		4	59	9	157	138	51
5	5	3	-64	3	351	1304	79
3968	975	264	29019	1196	18120	2391	2816
0.1		3	82		206	48	70
			-7		45		12

13-5 续表 21

（2016年）

指　　标	损益及			
	资产减值损失	公允价值变动收益	投资收益	营业利润
图书、报刊零售	8		34	2069
音像制品及电子出版物零售				
珠宝首饰零售	99	-9	-229	22668
工艺美术品及收藏品零售				303
乐器零售				
照相器材零售	1			-35
其他文化用品零售				325
医药及医疗器材专门零售	2965		41	33491
药品零售	2965		41	33006
医疗用品及器材零售				486
汽车、摩托车、燃料及零配件专门零售	4051	5	25600	93846
汽车零售	3687	5	24729	37775
汽车零配件零售	363		39	-374
摩托车及零配件零售				552
机动车燃料零售			832	55893
家用电器及电子产品专门零售	122	0.2	198	3032
家用视听设备零售	127	0.2	198	4428
日用家电设备零售				66
计算机、软件及辅助设备零售	-5			1035
通信设备零售				-703
其他电子产品零售				-1794
五金、家具及室内装饰材料专门零售			226	6786
五金零售				665
灯具零售				1
家具零售			12	3978
涂料零售				
卫生洁具零售				-15
木质装饰材料零售				
陶瓷、石材装饰材料零售				1759
其他室内装饰材料零售			214	399
货摊、无店铺及其他零售业				2106
货摊食品零售				
货摊纺织、服装及鞋零售				
货摊日用品零售				
互联网零售				787
邮购及电视、电话零售				
旧货零售				404
生活用燃料零售				591
其他未列明零售业				325
2.按登记注册类型分				
内资企业	4440	4341	3854	205454
国有企业				420
集体企业				356
股份合作企业				21
联营企业				
国有联营企业				
集体联营企业				
国有与集体联营企业				
其他联营企业				

单位：万元

分配					人工成本及增值税		从事批发和零售业活动的从业人员平均人数(人)
营业外收入	政府补助	营业外支出	利润总额	应交所得税	应付职工薪酬(本年贷方累计发生额)	应交增值税	
1297	815	241	3125	572	15097	307	2028
2609	110	2	25375	598	2350	1946	636
52	47		355	16	210	51	25
			-35		79	28	17
10	3	18	124	10	132	10	28
2081	1758	1081	35194	5745	100425	27798	25811
2072	1755	1072	34709	5629	99248	26832	25616
9	3	9	485	116	1177	966	195
3833	217	4027	97740	19056	593009	90281	17286
3179	188	3601	42378	7439	71947	63898	11991
125	8	136	-413	104	490944	11039	2017
5	1		252	10	316	72	99
524	20	291	55523	11503	29802	15273	3179
325	37	51	3510	1517	15151	9484	3359
260		20	4884	1273	10962	7050	2150
		1	119	6	607	39	145
4	2	13	961	233	1851	1407	502
23		8	-687		185	670	251
38	35	10	-1766	5	1546	319	311
41	5	270	8145	235	3667	2268	1113
		174	491	3	269	28	80
			-0.4	14	325	113	130
27		93	5500	5	606	1275	203
0.2		2	-16		406	51	82
5		1	1763	206	1445	506	519
9	5		408	8	617	296	99
586	140	667	1908	80	1930	568	390
138	122	16	1015	1	774	4	137
		425	-20		97	8	29
372		143	612	4	481	393	100
75	18	83	301	76	579	163	124
10869	3884	5313	219642	30101	771983	163800	61576
439		146	1005	112	822	513	126
3	3	16	334	44	1336	616	212
			21	5	119	7	42

13-5 续表 22

（2016年）

指 标	损益及			
	资产减值损失	公允价值变动收益	投资收益	营业利润
有限责任公司	1572	61	1274	119904
国有独资公司				16127
其他有限责任公司	1572	61	1274	103777
股份有限公司	99			5695
私营企业	2769	4280	2580	78496
私营独资企业				1952
私营合伙企业				1438
私营有限责任公司	-61	4280	2539	47621
私营股份有限公司	2830		41	27486
其他企业			1	562
港、澳、台商投资企业	3002		24512	55607
合资经营企业(港或澳、台资)			12	378
合作经营企业(港或澳、台资)				
港、澳、台商独资经营企业	3002		24500	55229
港、澳、台商投资股份有限公司				
其他港澳台投资企业				
外商投资企业	-87		214	47151
中外合资经营企业	-61			26968
中外合作经营企业				
外资企业	-25		214	20671
外商投资股份有限公司				
其他外商投资企业				-488
3.按控股情况分				
国有控股	304	-9	193	65953
集体控股	93		449	2170
私人控股	3589	4350	2873	119563
港澳台商控股	3002		24512	55607
外商控股	-89		214	45757
其他	458		339	19163
4.按经营形式分				
独立门店	801	4341	28053	141268
连锁总店	73		367	122315
连锁门店	2877		41	30331
其他	3605		120	14298
5.按单位规模分				
大型	3249		930	198820
中型	78	4280	26713	91302
小型	4027	61	937	17119
微型	1			971
6.按零售业态分				
有店铺零售	7355	4341	28443	302149
食杂店				162
便利店	8			-1680
折扣店				-161
超市	27		1	5444

单位：万元

分配					人工成本及增值税		从事批发和零售业活动的从业人员平均人数(人)
营业外收入	政府补助	营业外支出	利润总额	应交所得税	应付职工薪酬(本年贷方累计发生额)	应交增值税	
5518	991	2727	122912	22098	623863	111133	21934
84	80	182	16454	1571	6091	11292	1478
5433	911	2545	106457	20527	617772	99841	20456
77	16	97	5665	972	2539	1907	482
4778	2874	2325	89092	6866	143090	49612	38644
12	1	541	1392	6	706	175	355
			1391	31	567	326	167
2962	1239	1494	56932	2759	65924	30563	14394
1805	1634	290	29378	4070	75893	18548	23728
54		2	614	4	214	12	136
1606	21	2073	58924	8129	24286	44207	4191
120	20	230	2638	1189	5145	6139	660
1486	1	1843	56286	6940	19141	38068	3531
792	354	2984	45161	6960	38115	15088	9857
327	216	689	26605	4522	14447	4234	2688
463	138	2294	19041	2438	22828	10854	7085
3		1	-486		840		84
1459	362	980	65352	13922	59258	21597	5335
40	6	466	2317	374	5083	1542	1058
8690	3470	3306	132935	10337	197396	114006	49843
1606	21	2073	58924	8129	24286	44207	4191
720	293	2849	43830	6505	35094	15289	9561
754	106	696	20369	5923	513266	26455	5636
5444	1142	5612	154346	19407	144954	108488	30590
4994	1033	3686	122520	17703	92166	41126	17606
1878	1706	448	31734	4855	78523	50129	21865
951	378	622	15127	3226	518742	23352	5563
3734	2257	3875	197570	26174	678233	111004	45000
7720	1345	5182	106211	16607	115847	88635	21104
1743	652	1298	18848	2829	39449	23075	8989
70	5	14	1098	-420	855	381	531
12531	4041	10180	317224	44127	827041	218424	74392
3	3		109		209	-22	95
69	46	20	-1637	13	3863	31470	1090
			-161		203	36	47
413	94	296	4977	249	7860	10808	2642

13-5 续表 23

（2016年）

指　　标	损益及			
	资产减值损失	公允价值变动收益	投资收益	营业利润
大型超市	-110			37847
仓储会员店				
百货店	194	4345	1502	93565
专业店	6565		1281	122098
加油站				
专卖店	677	-4	25423	43336
家居建材商店			214	5977
购物中心	-7		21	-4153
社区购物中心				
市区购物中心				
城郊购物中心				
厂家直销中心				-286
无店铺零售			138	6063
电视购物			138	-24
邮购				
网上商店				1880
自动售货亭				
电话购物				
三、批发业按地区分	**88231**	**-718**	**141800**	**536374**
五华区	4723	375	19427	145328
盘龙区	41304	-1150	46955	294861
官渡区	25463	1	15808	87437
西山区	12983	106	55348	-52403
东川区				-830
呈贡区	2411		1576	50417
晋宁区	7		-99	1579
富民县			6	899
宜良县				6628
石林彝族自治县				306
嵩明县	0.2	41		146
禄劝彝族苗族自治县				-558
寻甸回族彝族自治县			2495	2948
安宁市	1340	-89	284	-384
四、零售业按地区分	**7355**	**4341**	**28581**	**308212**
五华区	539		26262	130666
盘龙区	-187	4271	1002	30930
官渡区	938		994	39704
西山区	3149		173	63160
东川区			1	553
呈贡区	2868		41	27498
晋宁区				1598
富民县				699
宜良县			37	4120
石林彝族自治县	30	0.2		1134
嵩明县				3875
禄劝彝族苗族自治县				1234
寻甸回族彝族自治县				344
安宁市	20	70	70	2697

单位：万元

分配					人工成本及增值税		从事批发和零售业活动的从业人员平均人数(人)
营业外收入	政府补助	营业外支出	利润总额	应交所得税	应付职工薪酬(本年贷方累计发生额)	应交增值税	
682	285	2813	37130	5701	35764	13170	10563
473	73	502	99087	10174	23009	15538	4034
7454	3035	2667	126644	20927	667134	74834	38644
3300	480	3576	47278	7588	77483	68390	14158
33		264	7350	20	2038	622	579
72	25	32	-3501	-590	8215	3067	2248
33	1	11	-53	44	1264	513	292
736	218	189	6503	1064	7343	4671	1232
88		3	61	8	1903	594	306
171	148	40	1910	98	1376	126	254
60060	**42811**	**28469**	**511169**	**149993**	**323999**	**366295**	**32546**
3403	842	1587	149807	33817	92089	152558	8392
17530	12821	10456	303373	80267	94593	77798	7560
18141	14363	13807	27710	14422	54938	62315	5521
16351	11252	1118	-36887	9395	49084	52302	5227
809	794	5	-26	1	444	36	112
1290	916	322	53381	9927	21515	18039	3211
397	262	68	1767	302	1953	1405	441
223	148	0	1123	128	874	709	232
16	16	69	6575	99	907	52	321
184		7	488	49	549	300	235
16	1	991	-789	14	1211	-3295	429
588	563	4	26		32		33
410	309		3360	1	469	85	147
703	525	36	1260	1573	5342	3990	685
13267	**4258**	**10369**	**323727**	**45191**	**834384**	**223095**	**75624**
5002	1178	3423	132708	14411	575388	51585	21813
2064	622	2259	40732	9690	75725	93616	14891
1524	257	578	42655	10915	62789	15343	6759
2198	293	2562	62691	4483	27359	31981	5451
65	1	15	550	9	1124	53	350
1850	1644	309	28845	4657	76540	18168	21107
5	4	0	1391	32	1392	155	457
36	35	19	717	23	846	61	291
4		426	3371	339	1727	338	860
11	0.1	13	912	144	1217	10115	466
305	183	179	5557	6	3185	251	1014
55		256	997	71	1235	56	399
96	40	123	198	1	1277	65	393
51	2	207	2402	411	4580	1310	1373

13-6 限额以上住宿和

（2016年）

指　　标	法人企业数(个)	从业人员期末人数(人)	营业额	使用银行卡支付的营业额	客房收入	通过公共网络实现的客房收入
总计	**348**	**41951**	**691531**	**133864**	**203993**	**14751**
一、住宿业	**172**	**22206**	**358058**	**84468**	**192976**	**14477**
1.按住宿业行业小类分						
旅游饭店	140	20018	323375	79148	168469	12619
一般旅馆	29	1885	30405	4023	21850	1649
其他住宿业	3	303	4278	1298	2658	209
2.按登记注册类型分						
内资企业	164	20244	315741	77121	169272	11907
国有企业	26	3497	48716	8112	18666	1255
集体企业	5	324	4300	977	3010	575
股份合作企业	1	70	482		317	
联营企业	1	105	1560		921	22
国有联营企业	1	105	1560		921	22
集体联营企业						
国有与集体联营企业						
其他联营企业						
有限责任公司	70	11327	190249	52484	100011	7187
国有独资公司	6	1465	23809	2002	8828	631
其他有限责任公司	64	9862	166441	50482	91183	6556
股份有限公司	5	470	7778	2849	5060	342
私营企业	56	4451	62655	12699	41286	2527
私营独资企业	7	223	3397	505	1798	50
私营合伙企业						
私营有限责任公司	47	3962	56665	11336	38504	2477
私营股份有限公司	2	266	2593	858	984	
其他企业						
港、澳、台商投资企业	7	1752	38049	7347	22110	2379
与港澳台商合资经营企业	3	702	16097	4435	9240	1931
与港澳台商合作经营企业	1	229	5566		3003	
港澳台商独资企业	2	534	9895	2913	5772	449
港澳台商投资股份有限公司						
其他港澳台投资企业	1	287	6492		4095	
外商投资企业	1	210	4268		1595	190
中外合资经营企业	1	210	4268		1595	190
中外合作经营企业						
外资企业						
外商投资股份有限公司						
其他外商投资企业						

餐饮业法人单位经营情况

单位：万元

通过非自营平台实现的客房收入	餐费收入	通过公共网络实现的餐费收入	通过非自营平台实现的餐费收入	商品销售额收入	其他收入	客房数(间)	床位数(个)	餐位数(位)	年末餐饮营业面积(平方米)
2124	**397555**	**16627**	**3048**	**29440**	**60542**	**35109**	**57759**	**211249**	**783165**
2124	**112551**	**1187**	**178**	**11453**	**41078**	**33385**	**54645**	**76829**	**334193**
1672	106289	933	169	10512	38105	27322	45853	67954	287564
453	5131	222	9	929	2496	5532	7885	7765	40508
	1131	33		12	476	531	907	1110	6121
2032	97977	1005	178	10060	38432	30888	50803	71611	318146
118	13249	41		3372	13429	4417	7903	12179	60125
72	848				443	546	998	2020	6188
	165					112	206	160	4600
	591			4	45	156	307	280	960
	591			4	45	156	307	280	960
936	65941	585	130	5265	19033	16050	26248	40501	161394
5	8388			599	5994	1185	2110	5610	8409
931	57554	585	130	4665	13039	14865	24138	34891	152985
206	1416			63	1238	754	1214	960	1788
701	15768	379	48	1356	4245	8853	13927	15511	83091
6	1100	130	7	298	201	563	996	713	13000
695	13064	249	42	1055	4042	7870	12231	13438	60081
	1604			3	2	420	700	1360	10010
92	13380	182		40	2519	2260	3475	4218	14972
92	5408	114			1449	1072	1799	2180	10590
	1639			40	884	317	529	720	2317
	3936	68			186	574	842	1268	2010
	2397					297	305	50	55
	1194			1353	126	237	367	1000	1075
	1194			1353	126	237	367	1000	1075

13-6 续表 1

（2016年）

指　　标	法人企业数(个)	从业人员期末人数(人)	营业额	使用银行卡支付的营业额	客房收入	通过公共网络实现的客房收入
3.按控股情况分						
国有控股	49	8439	136502	18310	64333	3647
集体控股	7	919	8890	977	4689	575
私人控股	86	7090	110354	28491	71127	4373
港澳台商控股	3	821	16386	2913	9867	449
外商控股	1	210	4268		1595	190
其他	25	4614	77163	33778	40520	5243
4.按经营形式分						
独立门店	150	20414	325106	80046	167409	12656
连锁总店	1	125	9040		8537	
连锁门店	8	710	13798	4418	10267	1544
其他	13	957	10114	5	6763	277
5.按单位规模分						
大型	2	1039	36337	12792	19088	1301
中型	48	12492	214548	48631	104434	7033
小型	117	8568	104861	22740	67591	6134
微型	5	107	2312	305	1863	10
6.按星级分						
五星	9	2967	64053	24532	34925	2826
四星	23	4843	83427	22066	39219	4221
三星	28	2515	44791	11135	28005	1519
二星	9	820	9351	1543	4501	423
一星						
其他	103	11061	156436	25192	86327	5490
二、餐饮业	**176**	**19745**	**333473**	**49396**	**11017**	**274**
1.按餐饮业行业小类分						
正餐服务	166	14515	243508	49071	11017	274
快餐服务	4	4377	73938	86		
饮料及冷饮服务	1	13	109	14		
茶馆服务						
咖啡馆服务	1	13	109	14		
酒吧服务						
其他饮料及冷饮服务						
其他餐饮业	5	840	15919	225		
小吃服务						
餐饮配送服务	3	797	15429	225		
其他未列明餐饮业	2	43	490			
2.按登记注册类型分						
内资企业	170	15064	257824	49311	11017	274
国有企业	1	77	1217			

单位：万元

通过非自营平台实现的客房收入	餐费收入	通过公共网络实现的餐费收入	通过非自营平台实现的餐费收入	商品销售额收入	其他收入	客房数(间)	床位数(个)	餐位数(位)	年末餐饮营业面积(平方米)
921	44387	250	43	4034	23747	9448	16262	25597	116619
72	2545			1210	447	1041	2008	3296	22405
926	28052	509	136	1846	9328	15261	23393	26570	128322
	6333	68			186	871	1147	1318	2065
	1194			1353	126	237	367	1000	1075
206	28959	360		2930	4754	6301	11002	17848	60936
1905	107173	1009	151	10405	40119	26702	44769	68873	303232
	62			114	326	2680	3267	978	1938
153	2598	71		710	223	2355	3636	3168	11720
66	2717	107	27	223	410	1648	2973	3810	17303
	15389	154			1860	1287	1977	2741	10934
916	71914	355	43	7992	30209	15121	24276	41195	144928
1208	25042	678	136	3326	8902	16573	27695	32493	176491
	206			136	108	404	697	400	1840
	22499	222		63	6567	3457	5075	8778	30615
1050	27003	228	43	2056	15149	5306	8955	17053	53429
253	8791	7	0	1101	6895	6883	10567	10814	31378
	2959	8		826	1065	1192	2164	4410	26486
821	51299	723	135	7407	11403	16547	27884	35774	192285
	285004	**15440**	**2870**	**17988**	**19464**	**1724**	**3114**	**134420**	**448972**
	201318	15129	2865	17779	13394	1724	3114	119514	407587
	70313	91		209	3416			11976	34179
	109								136
	109								136
	13264	220	5		2655			2930	7070
	12774	220	5		2655			1730	5070
	490							1200	2000
	215563	15349	2870	17988	13256	1724	3114	123633	415188
	1217							860	880

13-6 续表 2

（2016年）

指标	法人企业数(个)	从业人员期末人数(人)	营业额	使用银行卡支付的营业额	客房收入	通过公共网络实现的客房收入
集体企业						
股份合作企业						
联营企业						
国有联营企业						
集体联营企业						
国有与集体联营企业						
其他联营企业						
有限责任公司	55	6301	116654	14011	693	11
国有独资公司						
其他有限责任公司	55	6301	116654	14011	693	11
股份有限公司	2	535	7483	2793		
私营企业	112	8151	132470	32507	10324	263
私营独资企业	14	493	5143	600	399	
私营合伙企业						
私营有限责任公司	91	6947	119228	29602	9173	263
私营股份有限公司	7	711	8099	2305	753	
其他企业						
港、澳、台商投资企业	4	1097	26259	86		
与港澳台商合资经营企业	1	713	14715			
与港澳台商合作经营企业						
港澳台商独资企业	3	384	11545	86		
港澳台商投资股份有限公司						
其他港澳台投资企业						
外商投资企业	2	3584	49389			
中外合资经营企业						
中外合作经营企业						
外资企业	2	3584	49389			
外商投资股份有限公司						
其他外商投资企业						
3.按控股情况分						
国有控股	6	1745	38686	629	43	3
集体控股	1	20	231			
私人控股	149	11754	191469	40761	10974	272
港澳台商控股	3	384	11545	86		
外商控股	2	3584	49389			
其他	15	2258	42153	7921		
4.按经营形式分						
独立门店	150	12408	210153	45004	11017	274

单位：万元

通过非自营平台实现的客房收入	餐费收入	通过公共网络实现的餐费收入	通过非自营平台实现的餐费收入	商品销售额收入	其他收入	客房数(间)	床位数(个)	餐位数(位)	年末餐饮营业面积(平方米)
	98556	4571	2276	15890	1514	224	423	58635	158235
	98556	4571	2276	15890	1514	224	423	58635	158235
	7483							4736	8819
	108307	10778	594	2097	11742	1500	2691	59402	247254
	4258			389	98	243	451	5486	23872
	96703	10689	505	1708	11645	1197	2120	47612	197786
	7346	89	89			60	120	6304	25596
	20610	91			5649			2575	9485
	12060				2655			1500	4500
	8551	91			2994			1075	4985
	48830				559			8212	24299
	48830				559			8212	24299
	23221	631		11799	3624	30	66	10800	34172
	231							200	3000
	162628	14261	2596	5866	12002	1694	3048	94829	335642
	8551	91			2994			1075	4985
	48830				559			8212	24299
	41543	458	274	324	286			19304	46874
	180050	15205	2760	5902	13184	1724	3114	105975	362790

13-6 续表 3

（2016年）

指标	法人企业数（个）	从业人员期末人数（人）	营业额	使用银行卡支付的营业额	客房收入	通过公共网络实现的客房收入
连锁总店	9	5156	83150	3023		
连锁门店	4	199	2577	714		
其他	12	1982	37593	656		
5.按单位规模分						
大型	7	8118	140567	9602		
中型	12	2886	67293	21768	8356	240
小型	148	8649	124047	17638	2661	34
微型	9	92	1565	388		
三、住宿业按地区分	**172**	**22206**	**358058**	**84468**	**192976**	**14477**
五华区	21	4259	73865	15745	44718	1822
盘龙区	25	3922	65088	11464	32437	1672
官渡区	50	5689	96685	32673	54485	7104
西山区	25	3170	64364	11844	31209	1533
东川区	2	310	2602		1557	
呈贡区	6	660	10332	2161	5671	469
晋宁区	2	131	2130	132	597	1
富民县	2	311	2399	1876	1257	150
宜良县	5	179	3493	875	2812	276
石林彝族自治县	14	1068	7978	1849	5423	687
嵩明县	2	483	4601	1135	1716	
禄劝彝族苗族自治县	1	78	685		474	
寻甸回族彝族自治县	7	488	4350	608	1980	88
安宁市	10	1458	19487	4106	8641	674
四、餐饮业按地区分	**176**	**19745**	**333473**	**49396**	**11017**	**274**
五华区	38	7024	109416	15155	2549	140
盘龙区	33	1993	27246	6520		
官渡区	28	4358	78541	9984	155	
西山区	23	2716	48957	9746	882	
东川区	1	50	506			
呈贡区	9	1539	35088	5323	5054	100
晋宁区	5	185	2777		459	9
富民县	4	174	1985	433	147	
宜良县	3	196	11796	302	366	
石林彝族自治县	10	565	8377	629	777	3
嵩明县	6	435	3542	961	583	23
禄劝彝族苗族自治县	6	146	1891	110		
寻甸回族彝族自治县	3	92	974	6		
安宁市	7	272	2378	229	45	

单位：万元

通过非自营平台实现的客房收入	餐费收入	通过公共网络实现的餐费收入	通过非自营平台实现的餐费收入	商品销售额收入	其他收入	客房数(间)	床位数(个)	餐位数(位)	年末餐饮营业面积(平方米)
	79526	146	20	209	3416			18150	44719
	2577	89	89					1135	7011
	22851			11877	2865			9160	27452
	122877	7717	2002	14477	3214			38429	96932
	43576	787	308	766	14595	787	1357	18204	66432
	117178	6936	559	2582	1626	937	1757	76967	271725
	1373	0		163	29			820	13883
2124	**112551**	**1187**	**178**	**11453**	**41078**	**33385**	**54645**	**76829**	**334193**
537	20145	158	32	1563	7441	6849	9706	10836	51025
209	25101	342	10	624	6927	4979	7966	14908	43996
887	27377	434	21	1262	13562	10039	16629	17441	72361
306	23558	7		382	9215	4638	7945	13836	64490
	1035				9	177	307	838	2900
	2265	19		360	2036	975	1734	1397	16783
	839			568	126	210	340	1350	3352
	954			148	40	206	629	1068	3000
98	121			33	527	373	624	650	8160
	1341	3		1017	198	2300	4188	3667	9765
	2275			514	97	482	776	1200	10300
	198				13	118	196	1000	5000
	1308			303	759	732	1080	4030	15908
88	6036	224	115	4681	129	1307	2525	4608	27153
	285004	**15440**	**2870**	**17988**	**19464**	**1724**	**3114**	**134420**	**448972**
	101590	8463	398	62	5215	148	217	22396	96771
	25892	2833	92	464	890			17142	56947
	60796	1136	274	14471	3119	120	260	38414	107389
	39415	2382	2106		8660	143	259	17460	73181
	506							1350	1400
	28011			847	1176	579	1020	10137	33715
	2218				100	180	266	2453	10790
	1349			449	40	57	104	2720	5630
	11428			2		31	57	3278	15600
	6385	627		1104	112	226	465	6170	9800
	2685			206	67	200	386	3750	18660
	1891							4350	10050
	680			294				1170	2209
	2158			89	86	40	80	3630	6830

13-7 限额以上住宿和餐饮

（2016年）

指标	法人企业数(个)	执行《2006年企业会计准则》企业数(个)	年初存货	期末资	
				流动资产合计	应收帐款
总计	**348**	**271**	**39566**	**788007**	**40431**
一、住宿业	**172**	**145**	**13110**	**381553**	**16099**
1.按住宿业行业小类分					
旅游饭店	140	122	12644	366492	13490
一般旅馆	29	21	371	11155	2494
其他住宿业	3	2	95	3906	115
2.按登记注册类型分					
内资企业	164	137	11124	325705	13591
国有企业	26	24	1990	43652	1414
集体企业	5	4	93	1169	1
股份合作企业	1	1	31	70	7
联营企业	1	1	33	501	0
国有联营企业	1	1	33	501	0
集体联营企业					
国有与集体联营企业					
其他联营企业					
有限责任公司	70	61	7049	187350	7651
国有独资公司	6	6	669	9345	1108
其他有限责任公司	64	55	6380	178006	6543
股份有限公司	5	5	187	5134	128
私营企业	56	41	1741	87829	4390
私营独资企业	7	5	4	1163	102
私营合伙企业					
私营有限责任公司	47	35	1720	85586	4000
私营股份有限公司	2	1	17	1080	287
其他企业					
港、澳、台商投资企业	7	7	1787	51946	2200
与港澳台商合资经营企业	3	3	680	38451	860
与港澳台商合作经营企业	1	1	155	4633	75
港澳台商独资企业	2	2	764	5593	169
港澳台商投资股份有限公司					
其他港澳台投资企业	1	1	187	3268	1096
外商投资企业	1	1	199	3902	308
中外合资经营企业	1	1	199	3902	308
中外合作经营企业					

业法人企业财务状况

单位：万元

产负债

存货	固定资产合计	固定资产原价	累计折旧	本年折旧	在建工程	资产总计	流动负债合计
34596	**605191**	**1103774**	**498657**	**52272**	**70824**	**1771954**	**707336**
13117	**426598**	**858774**	**432177**	**43760**	**61701**	**1099534**	**503929**
12577	411644	827587	415943	41876	61512	1054519	488320
454	11155	23366	12212	1406	52	36551	12117
87	3799	7821	4022	478	137	8464	3492
11351	358217	699813	341598	38027	56510	937911	483159
1580	55559	168172	112613	7216	5140	124874	33675
104	353	1150	798	79	1	1961	1785
51	44	68	24	2		114	1
32	295	2354	2059	50	25	1632	225
32	295	2354	2059	50	25	1632	225
7677	248525	442048	193523	26777	46433	606243	336281
563	41088	77268	36179	2225	265	106487	22164
7114	207436	364781	157344	24552	46168	499757	314117
191	6692	14950	8257	284	8	14148	2381
1717	46748	71071	24323	3619	4903	188939	108812
83	4061	4562	501	228	169	5517	817
1553	41774	65079	23306	3362	4735	181427	107918
81	914	1430	516	29		1994	78
1596	65305	147903	82598	5187	5191	152939	20030
622	3613	17051	13438	484	310	51593	9693
135	12758	29216	16458	649	336	30137	1150
656	21802	63827	42024	3129	2301	33765	6191
183	27132	37809	10677	925	2245	37445	2996
170	3076	11058	7982	546		8684	740
170	3076	11058	7982	546		8684	740

13-7 续表 1

（2016年）

指　　标	法人企业数(个)	执行《2006年企业会计准则》企业数(个)	年初存货	期末资 流动资产合计	应收帐款
外资企业					
外商投资股份有限公司					
其他外商投资企业					
3.按控股情况分					
国有控股	49	45	5258	118958	5363
集体控股	7	5	716	15223	39
私人控股	86	67	2945	109134	5982
港澳台商控股	3	3	951	8861	1266
外商控股	1	1	199	3902	308
其他	25	23	2972	123768	2988
4.按经营形式分					
独立门店	150	129	12586	352612	14954
连锁总店(总部)	1		4	3088	62
连锁门店	8	7	89	8806	240
其他	13	9	431	17048	842
5.按单位规模分					
大型	2	2	586	12417	668
中型	48	45	8101	272765	9995
小型	117	94	4422	95511	5175
微型	5	4		860	261
6.按星级分					
五星	9	9	1888	119285	2064
四星	23	23	3169	124601	4192
三星	28	22	2324	28224	1800
二星	9	8	504	5835	122
一星					
其他	103	83	5226	103609	7922
二、餐饮业	**176**	**126**	**26456**	**406454**	**24332**
1.按餐饮业行业小类分					
正餐服务	166	119	24113	385568	19968
快餐服务	4	4	1839	9035	100
饮料及冷饮服务	1		0	98	80
茶馆服务					
咖啡馆服务	1		0	98	80
酒吧服务					
其他饮料及冷饮服务					
其他餐饮业	5	3	504	11753	4184
小吃服务					
餐饮配送服务	3	1	200	11214	4152
其他未列明餐饮业	2	2	304	539	31

单位：万元

产负债

存货	固定资产合计	固定资产原价	累计折旧	本年折旧	在建工程	资产总计	流动负债合计
4602	225653	464931	239278	26167	5104	471190	227561
228	12015	22825	10810	777	23432	53802	22021
4443	66739	107290	40551	5335	13130	252472	143796
839	48934	101636	52702	4054	4546	71210	9187
170	3076	11058	7982	546		8684	740
2799	65075	142297	77222	6517	14576	234442	95695
12636	393044	783889	390845	41558	56882	1015671	441995
	255	1606	1350		27	9890	1550
163	23248	52793	29544	1650	3789	42229	27951
318	10050	20487	10437	551	1004	31743	32434
509	107029	149557	42529	2453	186	133251	131576
6935	212900	496322	283422	31458	46772	697822	219775
5666	103479	209635	106157	9781	14743	264387	152488
7	3191	3260	69	68		4075	90
1906	103228	253398	150170	22458	7261	268698	44930
3172	76947	196659	119712	6658	751	290811	120565
2014	30219	78377	48159	3005	285	85826	28952
311	1572	8048	6476	411	253	9170	5538
5714	214632	322292	107661	11227	53152	445029	303944
21479	**178593**	**245001**	**66480**	**8512**	**9123**	**672420**	**203407**
20436	163340	217038	53770	6025	8392	626690	184372
772	13297	23240	9942	2098	731	30283	12931
	4	6	2			1016	916
	4	6	2			1016	916
270	1952	4717	2766	389		14431	5188
244	1885	4629	2743	369		13394	4759
26	66	88	22	20		1037	429

13-7 续表 2

（2016年）

指　　　标	法人企业数(个)	执行《2006年企业会计准则》企业数(个)	年初存货	期末资	
				流动资产合计	应收帐款
2.按登记注册类型分					
内资企业	170	121	24399	386111	20176
国有企业	1		43	242	
集体企业					
股份合作企业					
联营企业					
国有联营企业					
集体联营企业					
国有与集体联营企业					
其他联营企业					
有限责任公司	55	40	4660	70031	10494
国有独资公司					
其他有限责任公司	55	40	4660	70031	10494
股份有限公司	2		11	10053	5
私营企业	112	81	19685	305785	9677
私营独资企业	14	10	1674	3049	120
私营合伙企业					
私营有限责任公司	91	66	17741	297485	9282
私营股份有限公司	7	5	270	5251	275
其他企业					
港、澳、台商投资企业	4	4	366	18998	4153
与港澳台商合资经营企业	1	1	180	11113	4150
与港澳台商合作经营企业					
港澳台商独资企业	3	3	186	7884	3
港澳台商投资股份有限公司					
其他港澳台投资企业					
外商投资企业	2	1	1691	1346	4
中外合资经营企业					
中外合作经营企业					
外资企业	2	1	1691	1346	4
外商投资股份有限公司					
其他外商投资企业					
3.按控股情况分					
国有控股	6	5	878	23075	10469
集体控股	1	1		70	15
私人控股	149	107	22873	353143	13483
港澳台商控股	3	3	186	7884	3
外商控股	2	1	1691	1346	4
其他	15	9	827	20936	359

单位：万元

产负债

存货	固定资产合计	固定资产原价	累计折旧	本年折旧	在建工程	资产总计	流动负债合计
20651	171479	228471	57065	6680	8388	636680	189202
39		46	46			348	81
4776	28528	47265	18737	2727	3796	131021	72054
4776	28528	47265	18737	2727	3796	131021	72054
22	268	298	31	4	1	14555	12766
15813	142683	180863	38251	3950	4590	490757	104302
1685	11500	12018	564	90	467	26190	9550
13907	128810	165328	36544	3579	4123	454052	92082
221	2374	3517	1143	280		10516	2670
411	3598	8750	5152	646	4	23406	7978
222	1830	4550	2720	368		13227	4725
189	1769	4200	2431	277	4	10179	3253
417	3516	7779	4263	1186	731	12334	6227
417	3516	7779	4263	1186	731	12334	6227
899	9434	16312	6878	1107	347	42308	15963
11	4	5	0	0		185	85
19084	153976	200839	46935	4990	7969	567568	152131
189	1769	4200	2431	277	4	10179	3253
417	3516	7779	4263	1186	731	12334	6227
879	9895	15866	5972	952	73	39846	25749

13-7 续表 3

（2016年）

指　　标	法人企业数(个)	执行《2006年企业会计准则》企业数(个)	年初存货	期末资	
				流动资产合计	应收帐款
4.按经营形式分					
独立门店	150	109	23561	362189	12800
连锁总店(总部)	9	4	1924	19206	214
连锁门店	4	4	78	2311	67
其他	12	9	892	22749	11252
5.按单位规模分					
大型	7	5	3810	58329	13299
中型	12	9	3162	275033	1079
小型	148	108	12047	62690	7154
微型	9	4	7436	10402	2801
三、住宿业按地区分	**172**	**145**	**13110**	**381553**	**16099**
五华区	21	19	2001	110201	4875
盘龙区	25	24	3046	60970	1685
官渡区	50	39	3916	94261	4406
西山区	25	21	1767	52934	2310
东川区	2	2	46	1930	264
呈贡区	6	6	135	7039	536
晋宁区	2		182	444	99
富民县	2	2	147	1254	308
宜良县	5	5	7	615	38
石林彝族自治县	14	13	220	5040	350
嵩明县	2	2	585	718	103
禄劝彝族苗族自治县	1	1			
寻甸回族彝族自治县	7	2	157	19516	184
安宁市	10	9	900	26632	942
四、餐饮业按地区分	**176**	**126**	**26456**	**406454**	**24332**
五华区	38	28	4550	30477	3662
盘龙区	33	22	8340	25475	3776
官渡区	28	18	4474	68884	12753
西山区	23	18	2139	263078	272
东川区	1			40	37
呈贡区	9	7	2762	4765	1412
晋宁区	5	1	34	695	46
富民县	4	3	2166	4733	523
宜良县	3	2	72	936	711
石林彝族自治县	10	10	1144	4102	519
嵩明县	6	5	390	1082	236
禄劝彝族苗族自治县	6	6	138	336	193
寻甸回族彝族自治县	3	2	219	419	20
安宁市	7	4	29	1432	173

单位：万元

产负债

存货	固定资产合计	固定资产原价	累计折旧	本年折旧	在建工程	资产总计	流动负债合计
19749	153182	202403	49292	5190	8035	580824	159460
795	13425	23374	9950	2078	732	46199	26529
57	664	1050	387	100		3516	1164
878	11322	18174	6852	1143	356	41881	16254
2969	23869	44002	20133	3381	1678	109746	65591
937	65996	89607	23611	2513	1406	359054	74399
10134	43222	60388	17237	2597	6039	146688	61945
7439	45506	51004	5499	22		56932	1472
13117	**426598**	**858774**	**432177**	**43760**	**61701**	**1099534**	**503929**
1902	84241	233624	149383	20818	5866	241234	64471
2685	63218	141212	77994	6287	2652	226959	78764
3444	78655	189777	111122	9389	12199	214607	96306
1598	128177	190865	62689	3608	2278	211372	164103
24	4045	6581	2536	305		7822	8482
63	1489	4571	3081	437		19894	14219
150	3758	6976	3219	275		5149	1912
178	665	5149	4484	3	9480	12513	4272
20	872	1435	563	43		1563	290
1896	38146	43944	5798	1080	5986	52475	28521
349	1435	2875	1440	147		2153	935
	486	1620	1134	162		586	486
224	8109	10882	2773	559		32483	17063
586	13302	19264	5962	644	23240	70724	24105
21479	**178593**	**245001**	**66480**	**8512**	**9123**	**672420**	**203407**
2022	13562	25315	11753	2482	806	60190	24291
9425	48558	54238	5706	469	125	87296	17882
4637	23823	44595	20819	1844	2419	131255	79669
2062	32231	41801	9570	1862	2006	304325	23445
4	145	179	34	17	978	823	129
758	37570	52562	14991	1149		46329	40613
54	2479	2692	214	58		3465	682
825	6253	6647	394	46	2004	13219	8663
85	4828	5797	969	70	113	5834	142
1223	3591	4409	818	245	124	7833	1697
92	2353	2656	303	32	421	5650	4504
11	1174	1509	335	69		1644	20
222	377	504	127	27		906	204
59	1649	2097	448	141	126	3652	1465

13-7 续表 4

（2016年）

指　　标	期末资				
	流动负债合计 应付账款	非流动负债合计	负债合计	所有者权益	实收资本
总计	**89031**	**433454**	**1142172**	**629782**	**460925**
一、住宿业	**53899**	**201599**	**705032**	**394502**	**381747**
1.按住宿业行业小类分					
旅游饭店	47440	195014	683334	371185	365227
一般旅馆	6349	6585	18206	18345	15917
其他住宿业	110		3492	4972	603
2.按登记注册类型分					
内资企业	51141	135034	617697	320214	299705
国有企业	3585	1894	35569	89305	124485
集体企业	91	270	2055	-94	428
股份合作企业	1		1	113	5
联营企业	31	18	243	1389	422
国有联营企业	31	18	243	1389	422
集体联营企业					
国有与集体联营企业					
其他联营企业					
有限责任公司	25699	112049	448330	157913	112965
国有独资公司	1171	400	22564	83923	31307
其他有限责任公司	24529	111649	425766	73990	81658
股份有限公司	403	882	3263	10886	11436
私营企业	21332	19921	128237	60702	49965
私营独资企业	533	561	882	4636	814
私营合伙企业					
私营有限责任公司	20747	19360	127278	54150	48847
私营股份有限公司	52		78	1916	304
其他企业					
港、澳、台商投资企业	2546	66065	86094	66844	72042
与港澳台商合资经营企业	1107	2604	12297	39296	4744
与港澳台商合作经营企业	147	37780	38929	-8793	9936
港澳台商独资企业	919	10707	16898	16866	32027
港澳台商投资股份有限公司					
其他港澳台投资企业	373	14974	17970	19475	25335
外商投资企业	212	500	1240	7444	9999
中外合资经营企业	212	500	1240	7444	9999
中外合作经营企业					

单位：万元

产负债						损益及分配
国家资本	集体资本	法人资本	个人资本	港澳台资本	外商资本	营业收入
169392	**1659**	**138556**	**84875**	**60311**	**6132**	**682314**
157998	**1514**	**113959**	**44745**	**58548**	**4983**	**351686**
156195	1412	102191	41898	58548	4983	318023
1304	103	11663	2847			29599
498		105				4065
157647	1514	95799	44745			310606
115534		8951				47680
	328	100				4176
			5			482
422						1487
422						1487
40421	1187	62391	8966			187005
31307						23509
9114	1187	62391	8966			163496
1000		9000	1436			7553
270		15357	34338			62222
		539	275			2802
270		14518	34059			56827
		300	4			2593
350		10660		58548	2484	37122
350		3208		1186		15479
		7452			2484	5257
				32027		9895
				25335		6492
		7500			2499	3958
		7500			2499	3958

13-7 续表 5

（2016年）

指标	流动负债合计 应付账款	非流动负债合计	负债合计	所有者权益	期末资 实收资本
外资企业					
外商投资股份有限公司					
其他外商投资企业					
3.按控股情况分					
国有控股	10701	44550	272111	199080	205013
集体控股	646	33693	55713	-1911	1944
私人控股	27821	29697	172997	79475	67157
港澳台商控股	1292	25682	34868	36342	57362
外商控股	212	500	1240	7444	9999
其他	11994	67478	163173	71270	38786
4.按经营形式分					
独立门店	44923	194318	635817	379854	352852
连锁总店(总部)	372		1550	8340	6000
连锁门店	3937	5829	33780	8450	16017
其他	4667	1452	33886	-2143	6877
5.按单位规模分					
大型	6558		131576	1675	3000
中型	28154	179756	399531	298291	270759
小型	19175	21833	173825	90562	107811
微型	12	10	100	3975	176
6.按星级分					
五星	13958	70254	115184	153514	149400
四星	5263	45098	165663	125148	100683
三星	7194	10249	39200	46626	47706
二星	275	265	5804	3366	4823
一星					
其他	27209	75733	379181	65848	79135
二、餐饮业	**35132**	**231856**	**437140**	**235281**	**79178**
1.按餐饮业行业小类分					
正餐服务	29457	228273	414522	212168	70299
快餐服务	2707	3361	16291	13991	6350
饮料及冷饮服务	916		916	100	100
茶馆服务					
咖啡馆服务	916		916	100	100
酒吧服务					
其他饮料及冷饮服务					
其他餐饮业	2052	222	5410	9021	2429
小吃服务					
餐饮配送服务	2010	6	4765	8629	2037
其他未列明餐饮业	42	216	645	392	392

单位：万元

产负债						损益及分配
国家资本	集体资本	法人资本	个人资本	港澳台资本	外商资本	营业收入
153293	160	47891		1186	2484	135145
	1354	100	490			8762
270		28332	38555			109342
				57362		16386
		7500			2499	3958
2950		30136	5700			73599
153740	897	106673	42089	44471	4983	319225
		6000				9040
90		462	1388	14077		13779
4168	618	824	1268			9642
1000		2000				37036
118122	677	66455	21974	58548	4983	211270
38875	735	45440	22761			102444
	103	64	10			936
62872		40732	3900	39412	2484	61944
47333		32718	17238	894	2499	81293
22880	5	14385	10144	292		43760
2945	120	1753	5			9120
21967	1389	24371	13458	17950		155570
11395	**145**	**24597**	**40130**	**1763**	**1149**	**330628**
9955	145	24411	35590	106	93	240816
			4114	1657	579	73615
		100				90
		100				90
1440		86	426		477	16107
1440		51	69		477	15429
		35	357			678

13-7 续表 6

（2016年）

指　　标	期末资				
	流动负债合计	非流动负债合计	负债合计	所有者权益	
	应付账款				实收资本
2.按登记注册类型分					
内资企业	31461	229257	420337	216343	74627
国有企业			81	267	138
集体企业					
股份合作企业					
联营企业					
国有联营企业					
集体联营企业					
国有与集体联营企业					
其他联营企业					
有限责任公司	10610	11595	85520	45501	36683
国有独资公司					
其他有限责任公司	10610	11595	85520	45501	36683
股份有限公司	5690		12766	1789	1689
私营企业	15161	217662	321970	168787	36118
私营独资企业	641	8020	17570	8619	8656
私营合伙企业					
私营有限责任公司	14111	209642	301724	152327	25183
私营股份有限公司	409		2675	7841	2279
其他企业					
港、澳、台商投资企业	3191	2039	10017	13389	3880
与港澳台商合资经营企业	1978		4725	8502	1917
与港澳台商合作经营企业					
港澳台商独资企业	1212	2039	5292	4887	1963
港澳台商投资股份有限公司					
其他港澳台投资企业					
外商投资企业	481	559	6786	5548	672
中外合资经营企业					
中外合作经营企业					
外资企业	481	559	6786	5548	672
外商投资股份有限公司					
其他外商投资企业					
3.按控股情况分					
国有控股	6493	666	16628	25680	16950
集体控股	75		85	100	100
私人控股	18846	224929	377066	190502	49246
港澳台商控股	1212	2039	5292	4887	1963
外商控股	481	559	6786	5548	672
其他	8025	3662	31283	8563	10247

单位：万元

产负债						损益及分配
国家资本	集体资本	法人资本	个人资本	港澳台资本	外商资本	营业收入
9955	145	24397	40130			255298
		138				1217
9955		6852	19876			117215
9955		6852	19876			117215
		1689				7282
	145	15719	20254			129584
		2332	6324			4882
	145	11722	13316			116675
		1665	614			8028
1440		200		1763	477	25937
1440					477	14715
		200		1763		11223
					672	49393
					672	49393
11095		138	5241		477	38852
		100				231
	145	19230	29871			189188
		200		1763		11223
					672	49393
300		4929	5018			41741

13-7 续表 7

（2016年）

指标	流动负债合计 应付账款	非流动负债合计	负债合计	所有者权益	实收资本
	期末资				
4.按经营形式分					
独立门店	18650	226664	388001	192823	54967
连锁总店(总部)	9308	3361	29890	16309	8485
连锁门店	231	216	1380	2136	458
其他	6943	1616	17869	24012	15268
5.按单位规模分					
大型	11152	5931	71522	38224	20926
中型	8814	175705	250103	108951	12826
小型	13951	19720	83542	63146	45061
微型	1216	30500	31972	24960	365
三、住宿业按地区分	**53899**	**201599**	**705032**	**394502**	**381747**
五华区	12512	59068	123539	117695	169290
盘龙区	3773	51335	130100	96859	67931
官渡区	14399	12333	108638	105969	74723
西山区	10275	19353	183456	27916	34467
东川区	3835		8482	-659	1400
呈贡区	548		14219	5675	1100
晋宁区	135	6774	8686	-3537	540
富民县	1375	6480	10752	1761	4100
宜良县	6	10	300	1262	518
石林彝族自治县	3457	5970	34491	17984	6738
嵩明县	896		935	1218	788
禄劝彝族苗族自治县			486	100	100
寻甸回族彝族自治县	1071	936	17503	14980	13121
安宁市	1617	39340	63444	7280	6931
四、餐饮业按地区分	**35132**	**231856**	**437140**	**235281**	**79178**
五华区	5919	3973	30135	30055	8940
盘龙区	6646	36520	54403	32893	9370
官渡区	14839	9116	88786	42469	30334
西山区	3352	153397	176848	127478	8877
东川区	36		129	694	300
呈贡区	2217	26428	67041	-20713	7816
晋宁区	482		682	2783	2950
富民县	77		8663	4557	2200
宜良县	55	49	191	5643	1937
石林彝族自治县	293	998	2695	5138	2467
嵩明县	620	1034	5538	112	1435
禄劝彝族苗族自治县		20	40	1604	1043
寻甸回族彝族自治县	1		204	701	200
安宁市	595	320	1785	1867	1310

单位：万元

产负债						损益及分配
国家资本	集体资本	法人资本	个人资本	港澳台资本	外商资本	营业收入
4300	145	21687	28637	106	93	207091
		2010	4239	1657	579	82587
		50	408			3085
7095		850	6846		477	37865
6895		1645	11331		1057	141111
200		4819	6044	1763		66759
4300	145	17923	22601		93	121330
		210	155			1428
157998	**1514**	**113959**	**44745**	**58548**	**4983**	**351686**
66506		54768	6105	39412	2499	72350
23529	120	9757	14091	17950	2484	64400
41668	770	16777	14322	1186		93173
20229	5	12228	2006			67986
		1260	140			2602
		300	800			10201
440		100				2130
		4000	100			2797
	103	310	105			3411
2310		1290	3138			7928
		788				3223
		100				685
		9721	3400			3741
3316	517	2560	538			17059
11395	**145**	**24597**	**40130**	**1763**	**1149**	**330628**
		3340	3364	1657	579	109422
3000		3654	2716			26503
6895		5681	17281		477	76967
300		2048	6330	106	93	49506
		300				506
200		2806	4810			35220
		2562	389			2712
		100	2100			2008
		1802	135			10839
1000		164	1303			8199
		1077	357			3729
	145	893	5			1891
		120	80			811
		50	1260			2316

13-7 续表 8

（2016年）

指标	损益				
	营业收入				
	主营业务收入	营业成本	主营业务成本	营业税金及附加	主营业务税金及附加
总计	**661547**	**282812**	**268700**	**17716**	**17249**
一、住宿业	**342954**	**108297**	**104181**	**9268**	**8924**
1.按住宿业行业小类分					
旅游饭店	309526	97462	93407	8333	8107
一般旅馆	29541	7934	7882	700	690
其他住宿业	3887	2902	2892	236	127
2.按登记注册类型分					
内资企业	301875	98905	94789	8218	7874
国有企业	43350	16705	14084	984	927
集体企业	4176	1732	1732	125	125
股份合作企业	482	231	231	227	227
联营企业	1487	281	281	21	21
国有联营企业	1487	281	281	21	21
集体联营企业					
国有与集体联营企业					
其他联营企业					
有限责任公司	183644	55171	53983	4747	4579
国有独资公司	22993	10630	10539	705	662
其他有限责任公司	160652	44541	43444	4042	3917
股份有限公司	7399	3361	3360	206	206
私营企业	61336	21425	21119	1907	1789
私营独资企业	2802	1669	1669	117	115
私营合伙企业					
私营有限责任公司	55941	18783	18477	1756	1640
私营股份有限公司	2593	973	973	35	35
其他企业					
港、澳、台商投资企业	37121	8664	8664	977	977
与港澳台商合资经营企业	15478	4396	4396	288	288
与港澳台商合作经营企业	5257	2417	2417	363	363
港澳台商独资企业	9895	1116	1116	197	197
港澳台商投资股份有限公司					
其他港澳台投资企业	6492	735	735	129	129
外商投资企业	3958	729	729	72	72
中外合资经营企业	3958	729	729	72	72
中外合作经营企业					

单位：万元

及分配

其他业务利润	销售费用	管理费用	税金	财务费用	利息收入	利息支出
7020	**199263**	**158652**	**4160**	**17683**	**2440**	**13125**
4796	**115142**	**122157**	**2573**	**10834**	**1672**	**7869**
4769	100014	114910	2405	10496	1662	7671
17	14766	6450	139	309	6	192
11	361	797	29	30	4	6
4796	102577	105214	2491	10648	1645	7822
2156	15632	20720	776	76	381	242
	1325	1081	33	28	2	13
	2	8	1	0		
	594	573		4	0	4
	594	573		4	0	4
1916	62123	63522	1425	9609	1219	6982
284	5885	6961	298	759	63	735
1631	56238	56562	1127	8850	1156	6247
153	2768	1498	52	-9	26	2
572	20133	17812	205	940	17	579
4	1062	218	21	34	0	18
569	18068	17313	184	900	17	561
	1004	280		6		
	10840	15530	82	148	12	23
	3707	4894		11	23	27
	567	1929	82	-44	-63	
	3804	5424		184	51	
	2763	3284		-4		-4
	1724	1413		39	15	24
	1724	1413		39	15	24

13-7 续表 9

（2016年）

指标	损益				
	营业收入	营业成本		营业税金及附加	
	主营业务收入		主营业务成本		主营业务税金及附加
外资企业					
外商投资股份有限公司					
其他外商投资企业					
3.按控股情况分					
国有控股	128431	44579	40920	3269	3067
集体控股	8762	2868	2868	302	302
私人控股	107988	38968	38622	3199	3071
港澳台商控股	16386	1851	1851	326	326
外商控股	3958	729	729	72	72
其他	72934	17169	17058	2015	2002
4.按经营形式分					
独立门店	310537	102097	98141	8392	8051
连锁总店(总部)	9040	387	387	203	203
连锁门店	13735	2055	1895	379	376
其他	9642	3758	3758	294	294
5.按单位规模分					
大型	36728	5706	5706	705	705
中型	205853	60192	57867	5191	5019
小型	99437	41754	39963	3342	3171
微型	936	645	645	30	30
6.按星级分					
五星	60746	12211	11755	1714	1708
四星	76942	20186	18428	1960	1855
三星	42952	18355	18083	1053	1014
二星	8288	4519	3349	392	392
一星					
其他	154027	53028	52566	4150	3955
二、餐饮业	**318593**	**174514**	**164519**	**8448**	**8325**
1.按餐饮业行业小类分					
正餐服务	229881	131121	121848	6881	6800
快餐服务	72844	31777	31060	1374	1331
饮料及冷饮服务	90	15	10	1	1
茶馆服务					
咖啡馆服务	90	15	10	1	1
酒吧服务					
其他饮料及冷饮服务					
其他餐饮业	15778	11601	11601	193	193
小吃服务					
餐饮配送服务	15100	11192	11192	185	185
其他未列明餐饮业	678	409	409	8	8

单位：万元

及分配

其他业务利润	销售费用	管理费用	税金	财务费用	利息收入	利息支出
2890	41927	53786	1157	1971	1521	3261
427	3753	2193	56	329	3	316
867	37129	28489	301	1331	46	776
	6567	8708		180	51	-4
	1724	1413		39	15	24
612	24042	25435	971	6942	29	3457
4034	98370	111834	2409	10221	1618	7293
	6602	1444		30		
12	6199	5981	107	246	52	267
750	3971	2897	57	339	2	309
307	9372	16884	499	3540	7	1820
1936	73551	73616	1149	5687	1555	4843
2552	31310	31604	913	1608	109	1205
1	908	54	12	-1	1	
373	18123	25757	680	941	991	246
1853	30545	27509	604	3961	504	2673
652	15038	12740	323	165	64	107
626	2404	2038	76	70	52	13
1291	49031	54113	890	5698	61	4829
2224	**84121**	**36495**	**1587**	**6848**	**768**	**5256**
2224	57551	28142	1572	6955	566	5255
	25889	6315		-86	173	1
	165	0.1		0.1	0.1	0.2
	165	0.1		0.1	0.1	0.2
	517	2038	15	-21	29	
	470	1974	15	-23	29	
	47	65	0.1	2		

13-7 续表 10

（2016年）

指标	损益				
	营业收入				
	主营业务收入	营业成本	主营业务成本	营业税金及附加	主营业务税金及附加
2.按登记注册类型分					
内资企业	244474	134695	125476	7153	7075
国有企业	1217	786	786	25	25
集体企业					
股份合作企业					
联营企业					
国有联营企业					
集体联营企业					
国有与集体联营企业					
其他联营企业					
有限责任公司	115285	64602	63839	3131	3127
国有独资公司					
其他有限责任公司	115285	64602	63839	3131	3127
股份有限公司	7282	3306	3306	253	253
私营企业	120690	66002	57545	3745	3671
私营独资企业	4882	3465	3465	141	125
私营合伙企业					
私营有限责任公司	107782	59203	50759	3402	3344
私营股份有限公司	8026	3333	3321	202	202
其他企业					
港、澳、台商投资企业	25285	16179	15890	345	300
与港澳台商合资经营企业	14385	10741	10741	152	152
与港澳台商合作经营企业					
港澳台商独资企业	10899	5438	5149	194	149
港澳台商投资股份有限公司					
其他港澳台投资企业					
外商投资企业	48834	23641	23153	950	950
中外合资经营企业					
中外合作经营企业					
外资企业	48834	23641	23153	950	950
外商投资股份有限公司					
其他外商投资企业					
3.按控股情况分					
国有控股	37419	28838	28416	599	599
集体控股	231	103	103	1	1
私人控股	180059	99388	90901	5780	5702
港澳台商控股	10899	5438	5149	194	149
外商控股	48834	23641	23153	950	950
其他	41151	17106	16797	925	925

单位：万元

及分配

其他业务利润	销售费用	管理费用		财务费用		
			税金		利息收入	利息支出
2224	66692	28667	1581	6945	599	5256
	210	169		1		
725	25186	11960	662	1706	116	841
725	25186	11960	662	1706	116	841
	1677	1376	50	437	95	530
1500	39619	15162	870	4802	389	3886
	482	524	5	811	0.1	801
1500	35973	13985	865	3969	389	3085
	3163	653		22	0.1	
	3343	3550	6	-96	147	
	351	1941	6	-29	29	
	2992	1609	0	-67	118	
	14087	4278	1	-2	21	
	14087	4278	1	-2	21	
	1523	4281	6	117	75	157
	49	84		18		
1456	47911	22839	1424	5736	421	4444
	2992	1609	0.1	-67	118	
	14087	4278	1	-2	21	
768	17560	3405	157	1046	132	656

13-7 续表 11

（2016年）

指标	损益				
	营业收入				
	主营业务收入	营业成本	主营业务成本	营业税金及附加	主营业务税金及附加
4.按经营形式分					
独立门店	197320	108896	100103	5517	5440
连锁总店(总部)	81816	35343	34621	1666	1624
连锁门店	3085	1845	1845	68	68
其他	36372	28431	27949	1196	1194
5.按单位规模分					
大型	139441	71640	70901	2898	2898
中型	56752	35722	26979	1414	1315
小型	121062	66287	65899	4091	4069
微型	1338	865	741	45	44
三、住宿业按地区分	**342954**	**108297**	**104181**	**9268**	**8924**
五华区	71115	14141	13272	1987	1972
盘龙区	63748	25225	24874	1757	1753
官渡区	87261	29188	26504	2243	2027
西山区	67541	18774	18659	1653	1593
东川区	2602	1713	1713	49	49
呈贡区	9977	2882	2821	240	238
晋宁区	2130	1869	1869	36	36
富民县	2787	1893	1893	37	37
宜良县	3411	1402	1402	151	144
石林彝族自治县	7726	3308	3272	358	318
嵩明县	3201	1127	1127	116	116
禄劝彝族苗族自治县	672	451	451	34	34
寻甸回族彝族自治县	3739	1421	1421	66	66
安宁市	17046	4904	4904	541	541
四、餐饮业按地区分	**318593**	**174514**	**164519**	**8448**	**8325**
五华区	108540	52370	51333	2852	2805
盘龙区	26355	13698	13566	803	801
官渡区	75093	46349	45785	2170	2170
西山区	40854	28228	20265	1158	1103
东川区	506	386	386	25	25
呈贡区	34830	12779	12513	622	619
晋宁区	2664	2044	2012	68	65
富民县	1967	1175	1174	45	45
宜良县	10839	4915	4915	297	297
石林彝族自治县	8199	5606	5606	128	128
嵩明县	3729	3339	3339	81	68
禄劝彝族苗族自治县	1891	1309	1309	70	70
寻甸回族彝族自治县	811	579	579	35	35
安宁市	2316	1737	1737	95	94

单位：万元

及分配

其他业务利润	销售费用	管理费用	税金	财务费用	利息收入	利息支出
1466	53053	25248	1493	6367	433	4568
729	29031	7528	50	353	268	531
	713	121	2	9		
30	1324	3599	43	120	67	157
	35244	13660	448	717	122	406
726	18182	9008	844	3585	262	3564
1499	30217	13537	294	2536	384	1280
	478	292	2	10	0.3	6
4796	**115142**	**122157**	**2573**	**10834**	**1672**	**7869**
310	31853	25426	262	2554	1065	1820
1227	19074	19347	318	1349	33	1108
2302	27992	29383	933	2370	450	796
878	18938	29513	775	2287	114	2257
7	307	561	20	1		
11	3960	3028	7	49	1	6
16	361	382	32	1	0.1	
	258	435	9	602	1	590
	980	244		2	3	0.2
12	2255	3484	120	375	0.3	347
	346	4523		32		
		276		20		
34	2135	1372	14	227	2	219
	6685	4183	84	966	4	726
2224	**84121**	**36495**	**1587**	**6848**	**768**	**5256**
701	30934	10835	105	377	503	175
768	8520	3379	18	526	9	5
78	11923	11134	448	1860	192	1543
641	10482	4251	606	2067	15	1959
		29	25	26		26
22	17284	3681	333	1256	40	1205
13	29	305	1	5	0.1	
	159	140	0.1	52	3	34
0.3	2869	937		279	3	
	1129	896	0.1	264	2	200
	347	411	0.1	108	-0.2	100
	37	277	45	3	1	
	135	51	2	0.3		0.1
	273	171	4	26	0.2	9

13-7 续表 12

（2016年）

指　　标	损益				
	资产减值损失	公允价值变动收益	投资收益	营业利润	营业外收入
总计	**875**	**18**	**1295**	**7409**	**6232**
一、住宿业	**54**	**1**	**-1**	**-13196**	**1999**
1.按住宿业行业小类分					
旅游饭店	54	1	-3	-13297	1922
一般旅馆	0		2	361	42
其他住宿业				-260	34
2.按登记注册类型分					
内资企业	56	1	-80	-14220	1798
国有企业	-1		-69	-6505	853
集体企业			2	-114	81
股份合作企业	1	1	2	18	
联营企业				14	1
国有联营企业				14	1
集体联营企业					
国有与集体联营企业					
其他联营企业					
有限责任公司	6		-16	-8175	658
国有独资公司	3		-25	-1457	93
其他有限责任公司	3		9	-6718	565
股份有限公司			1	-271	15
私营企业	50			813	190
私营独资企业	50			467	6
私营合伙企业					
私营有限责任公司				50	179
私营股份有限公司				296	5
其他企业					
港、澳、台商投资企业	-1		59	1025	186
与港澳台商合资经营企业	-1		59	2244	8
与港澳台商合作经营企业	-1			26	3
港澳台商独资企业				-830	167
港澳台商投资股份有限公司					
其他港澳台投资企业				-416	8
外商投资企业			19	0	15
中外合资经营企业			19	0	15
中外合作经营企业					

单位：万元

及分配				人工成本及增值税		从事住宿和餐饮业活动的从业人员平均人数(人)
政府补助	营业外支出	利润总额	应交所得税	应付职工薪酬(本年货方累计发生额)	应交增值税	
3776	**3052**	**8214**	**7305**	**158454**	**11669**	**42027**
449	**2583**	**-11012**	**3587**	**100205**	**7014**	**22356**
415	2475	-11058	3202	92104	6248	20185
30	103	276	385	6645	573	1857
4	4	-230		1456	193	314
434	2563	-12222	3362	86478	6338	20329
135	2202	-7850	157	16412	1350	3736
78	11	-31	4	1351	187	321
				183		70
		15	4	601	-1	110
		15	4	601	-1	110
189	275	-6291	2467	49681	3545	11199
	48	-1412	241	5893	560	1518
189	227	-4879	2226	43788	2985	9681
11	5	-261		2539	162	485
21	70	2196	730	15712	1094	4408
		328	5	684	19	219
20	70	1567	703	14282	1076	3923
1	0	301	21	745		266
	18	1197	225	12009	434	1811
	3	2249	214	6086	182	761
	1	29		1650	111	224
	12	-671	11	2707	98	537
	3	-410		1566	44	289
15	2	13		1718	242	216
15	2	13		1718	242	216

13-7 续表 13

（2016年）

指　　标	损益				
	资产减值损失	公允价值变动收益	投资收益	营业利润	营业外收入
外资企业					
外商投资股份有限公司					
其他外商投资企业					
3.按控股情况分					
国有控股	2		-35	-10424	1085
集体控股			2	-682	136
私人控股	51	1	4	1036	274
港澳台商控股				-1246	175
外商控股			19	0	15
其他	1		9	-1982	275
4.按经营形式分					
独立门店	54	1	-3	-11688	1826
连锁总店(总部)				374	5
连锁门店				-1080	6
其他			2	-802	161
5.按单位规模分					
大型				829	247
中型	9		-5	-6982	1160
小型	45	1	2	-7158	591
微型			2	115	
6.按星级分					
五星	0		-75	3124	450
四星	2		-46	-2916	228
三星	-3		55	-3485	134
二星	1	1	2	-300	144
一星					
其他	55		62	-9618	1043
二、餐饮业	**821**	**17**	**1296**	**20604**	**4234**
1.按餐饮业行业小类分					
正餐服务	112	16	1231	11252	3664
快餐服务	707		19	7658	555
饮料及冷饮服务				-129	
茶馆服务					
咖啡馆服务				-129	
酒吧服务					
其他饮料及冷饮服务					
其他餐饮业	2	1	46	1824	15
小吃服务					
餐饮配送服务			45	1676	13
其他未列明餐饮业	2	1	2	148	1

单位：万元

及分配				人工成本及增值税		从事住宿和餐饮业活动的从业人员平均人数(人)
政府补助	营业外支出	利润总额	应交所得税	应付职工薪酬(本年货方累计发生额)	应交增值税	
253	2304	-11672	1101	42466	2789	8755
78	39	-571	78	3348	230	945
38	170	2537	1137	25767	2074	6960
	15	-1081	11	4273	142	826
15	2	13		1718	242	216
66	54	-379	1195	21046	1370	4542
386	2422	-11014	3226	92305	6248	20499
	91	288	218	1328	355	136
5	24	401	128	3120	281	711
58	47	-687	16	3452	130	1010
103	17	1059	985	6797	477	1059
205	2261	-6703	1897	63046	4289	12787
141	297	-5475	697	30130	2241	8456
	9	107	8	231	7	54
21	2063	1563	1305	19190	1406	3031
23	57	-2594	1018	21433	1604	5091
77	208	-2106	291	12984	1102	2468
20	17	-178	30	3259	262	833
308	238	-7696	942	43339	2639	10933
3327	**470**	**19226**	**3718**	**58249**	**4655**	**19671**
3127	281	9314	1521	42505	3012	14829
189	188	8025	1799	10509	435	4153
	0	129		45		13
	0	129		45		13
11		1758	398	5189	1209	676
11		1690	394	5080	1208	634
		69	4	110	1	42

13-7 续表 14

（2016年）

指　　标	损益				
	资产减值损失	公允价值变动收益	投资收益	营业利润	营业外收入
2.按登记注册类型分					
内资企业	114	17	1252	12212	4051
国有企业				27	
集体企业					
股份合作企业					
联营企业					
国有联营企业					
集体联营企业					
国有与集体联营企业					
其他联营企业					
有限责任公司	109	1	40	10562	3759
国有独资公司					
其他有限责任公司	109	1	40	10562	3759
股份有限公司				234	8
私营企业	5	16	1211	1389	285
私营独资企业				-632	37
私营合伙企业					
私营有限责任公司	5	16	1211	1367	217
私营股份有限公司				654	31
其他企业					
港、澳、台商投资企业			45	2661	64
与港澳台商合资经营企业			45	1603	13
与港澳台商合作经营企业					
港澳台商独资企业				1057	51
港澳台商投资股份有限公司					
其他港澳台投资企业					
外商投资企业	707			5732	119
中外合资经营企业					
中外合作经营企业					
外资企业	707			5732	119
外商投资股份有限公司					
其他外商投资企业					
3.按控股情况分					
国有控股	107		45	3433	164
集体控股				-24	
私人控股	7	17	1216	8671	3434
港澳台商控股				1057	51
外商控股	707			5732	119
其他	1		36	1736	467

单位：万元

及分配				人工成本及增值税		从事住宿和餐饮业活动的从业人员平均人数(人)
政府补助	营业外支出	利润总额	应交所得税	应付职工薪酬(本年货方累计发生额)	应交增值税	
3311	379	10742	1685	44258	2972	15348
		27		13		79
3273	287	9999	847	19284	1527	7055
3273	287	9999	847	19284	1527	7055
6	0	242	12	1518	3	540
32	93	475	827	23443	1442	7674
	8	-640	46	1083	70	498
30	85	404	656	20371	1344	6476
2		711	125	1990	29	700
16	29	2696	590	6759	1281	946
11		1617	381	4969	1201	550
5	29	1079	208	1790	80	396
	62	5788	1443	7231	402	3377
	62	5788	1443	7231	402	3377
11	70	3427	725	7066	1520	1118
			6	17		20
3088	197	6802	1004	34582	2373	12548
5	29	1079	208	1790	80	396
	62	5788	1443	7231	402	3377
223	112	2130	333	7562	281	2212

13-7 续表 15

（2016年）

指标	损益				
	资产减值损失	公允价值变动收益	投资收益	营业利润	营业外收入
4.按经营形式分					
独立门店	14	17	1232	9196	3588
连锁总店(总部)	707		19	7938	569
连锁门店	1	1	1	329	0
其他	99		45	3142	77
5.按单位规模分					
大型	806		67	16214	602
中型			1212	60	250
小型	15	17	18	4632	3377
微型				-301	5
三、住宿业按地区分	**54**	**1**	**-1**	**-13196**	**1999**
五华区	6	1	-52	-3669	383
盘龙区	53		-25	-2429	362
官渡区	-6		59	2063	483
西山区	1		7	-3173	585
东川区				-28	4
呈贡区				42	45
晋宁区				-505	
富民县			7	-420	30
宜良县			2	634	0
石林彝族自治县				-1933	15
嵩明县				-2921	
禄劝彝族苗族自治县				-96	
寻甸回族彝族自治县	0			-542	30
安宁市				-219	61
四、餐饮业按地区分	**821**	**17**	**1296**	**20604**	**4234**
五华区	708			11259	186
盘龙区	10		9	-424	55
官渡区	99	16	51	3459	212
西山区			1066	4425	131
东川区				40	
呈贡区			165	-237	463
晋宁区				261	3011
富民县				437	
宜良县				1541	
石林彝族自治县				176	125
嵩明县	2	1	2	-555	14
禄劝彝族苗族自治县	2		3	197	
寻甸回族彝族自治县				10	0
安宁市				14	37

单位：万元

及分配				人工成本及增值税		从事住宿和餐饮业活动的从业人员平均人数(人)
政府补助	营业外支出	利润总额	应交所得税	应付职工薪酬(本年货方累计发生额)	应交增值税	
3115	222	7239	1198	37479	2870	12006
195	189	8577	1836	12642	462	4916
	16	314	10	246	12	199
17	44	3096	675	7882	1312	2550
200	208	16608	2375	20107	2296	7336
39	65	84	503	11694	798	2602
3083	197	2489	834	26039	1548	9583
5	0	46	6	409	14	150
449	**2583**	**-11012**	**3587**	**100205**	**7014**	**22356**
38	2113	-5473	738	23422	1725	4406
41	65	-2384	572	16574	1438	3820
2	142	4143	1657	26476	1975	5926
285	224	-2838	274	17306	1134	3320
	1	-25		642	32	294
28	3	79	69	2301	185	667
	3	-508		442	16	115
25	9	-495	1	1019	105	307
	9	625	127	566		177
	3	-437	12	2969	110	996
		-2921		1974	61	435
		-96		152		78
30	7	-519	1	1088	63	431
	7	-164	137	5276	171	1384
3327	**470**	**19226**	**3718**	**58249**	**4655**	**19671**
14	118	8861	1980	16185	721	6648
1	45	-222	291	6757	529	1931
100	75	3832	816	15207	2292	3965
10	9	4660	233	8826	705	2638
		40		95		50
191	113	38	283	5518	90	1313
3005	1	274	18	555	12	185
		437	8	262	2	133
	9	1533	43	724	29	183
5	98	204	2	1694	188	540
		-621	42	1322	55	1585
		142		403		146
		11	3	163	9	78
2	3	38	1	538	23	276

主要统计指标解释

社会消费品零售总额　是指企业（单位、个体经营户）通过交易直接售给个人、社会集团非生产、非经营用的实物商品金额，以及提供餐饮服务所取得的收入金额。其中，商品包括售给个人用于生活消费的商品，也包括售给社会集团用于非生产、非经营的商品。该指标不包括企业和个体经营户用于生产经营和固定资产投资所使用的原材料、燃料和其他消耗品的价值量，也不包括居民用于购买商品房的支出和农民用于购买农业生产资料的支出费用等。

社会消费品零售总额主要用于反映国内消费品市场的总规模和地域分布情况，也能基本反映城乡居民和社会集团对实物商品消费需求的总量和变化趋势。

（一）统计和计算方法

社会消费品零售总额为限额以上批发零售住宿餐饮业单位（包括法人企业、产业活动单位和个体经营户，下同）消费品零售额、限额以下批发零售住宿餐饮业单位消费品零售额之和。限额以上单位是指年主营业务收入 2000 万元及以上的批发业单位、 500 万元及以上的零售业单位、200 万元及以上的住宿和餐饮业单位，实施全面调查。限额以下批发零售住宿餐饮业单位为达不到上述标准的单位，实施抽样调查。

（二）资料来源

根据国家统计局制定的《批发和零售业、住宿和餐饮业统计报表制度》，地方各级统计局具体承担基础数据的收集工作。限额以上单位采用联网直报和统计报表相结合的方式，限额以下样本单位采用企业自行上报调查表或派调查员上门访问的方式收集数据。

十四、对外贸易、旅游

DUIWAIMAOYI LVYOU

14–1 主要年份海关进出口贸易总额

单位：万美元

年 份	海关进出口贸易总额	出 口	进 口
1993	67548	43653	23895
1994	129676	80411	49265
1995	174372	105267	69105
1996	139791	75497	64294
1997	122115	81106	41009
1998	116410	74055	42355
1999	108930	61843	47087
2000	115068	71298	43770
2001	134097	78033	56064
2002	148131	89501	58630
2003	177972	100570	77402
2004	261462	138396	123066
2005	344940	173602	171338
2006	470385	232961	237424
2007	667728	323921	343807
2008	731091	354145	376946
2009	563411	297197	266214
2010	1016285	532598	483686
2011	1199977	660318	539659
2012	1441975	568633	873342
2013	1689710	1012278	677432
2014	1777057	1159388	617668
2015	1232405	943833	288571
2016	661276	405931	255345

注：此表数据来源于昆明海关。

14-2 市属外商直接投资

单位：万美元

年 份	项目个数(个)	合同利用外资	实际利用外资
1991	16	1546	
1992	102	12736	
1993	199	31903	4362
1994	117	11103	6930
1995	142	26612	6051
1996	66	5898	5919
1997	60	12352	3142
1998	36	22233	4430
1999	52	15396	2403
2000	35	10749	1228
2001	48	11384	2592
2002	76	12830	3703
2003	58	15408	5148
2004	104	17443	6228
2005	77	26332	8261
2006	122	51887	20933
2007	89	44697	30038
2008	143	93110	60178
2009	115	110944	73000
2010	83	72941	100900
2011	78	68796	127443
2012	63	44664	158800
2013	56	51641	179800
2014	73	59934	223714
2015	75	75134	226146
2016	70	190076	73996

注：此表数据来源于昆明市商务局。

14-3 旅游业发展情况

年份	国际旅游		国内旅游		旅游业总收入(万元)
	旅游人数(人次)	旅游外汇收入(万美元)	旅游人数(万人次)	旅游收入(万元)	
1990	148166	1581	-	-	-
1991	160165	2223	-	-	-
1992	231749	2943	389	35028	59455
1993	271065	3314	420	47027	74533
1994	378672	7409	520	101966	163461
1995	397562	9253	710	145125	221925
1996	450568	11751	820	295796	393331
1997	510116	15666	952	424674	555171
1998	384023	10059	933	695754	779542
1999	549207	14550	1150	1057294	1178494
2000	520247	13707	1106	904744	1018925
2001	590827	15824	1897	1280360	1412178
2002	699683	18080	1936	1263632	1414237
2003	426667	11325	1549	1090471	1184804
2004	493251	13073	1708	1266131	1375025
2005	696481	17251	1971	1240838	1384543
2006	707489	18979	2169	1405603	1563699
2007	713448	20784	2437	1533330	1689213
2008	700685	20416	2664	1832342	1971173
2009	778321	21759	3037	2114789	2263402
2010	860632	24252	3471	2683182	2848097
2011	1004040	29788	4002	2586701	3672490
2012	1137364	33863	4581	4052744	4266757
2013	1231265	40338	5479	4909193	5158887
2014	1192057	39729	6149	5903394	6147729
2015	1144868	44033	6797	6962941	7234624
2016	1234688	48201	9990	10437876	10735279

注：此表数据来源于昆明市旅发委。

主要统计指标解释

进出口总额　又称进出口贸易或进出口总值，是以货币表现的一定时期内一国全部实际进出口商品的总金额，也就是同一时期的进口总额与出口总额之和。它反映一国对外贸易的总体规模和发展水平，是研究一国对外贸易往来和国际收支平衡状况的重要依据。

进口总额　又称进口贸易额或进口总值，是以货币表示的一定时期内从国外进口的商品和总金额。

出口总额　又称出口贸易额或出口总值，是以货币表示的一定时期内向国外出口的商品和总金额。

利用外资　指我国各级政府、部门、企业和其他经济组织通过对外借款、吸收外商直接投资以及用其他方式筹措的境外现汇、设备和技术等。

旅游人数　指来我国参观、访问、旅行、探亲、访友、休养、考察、参加会议和从事经济、科技、文化、教育、体育、宗教等活动的外国人、华侨、港澳和台湾同胞的人数。不包括外国在我国的常驻机构，如使领馆、通讯社、企业办事处的工作人员；来我国常住的外国专家、留学生以及在岸逗留不过夜人员。

国际旅游(外汇)收入　指入境旅游的外国人、华侨、港澳台胞在中国大陆旅游过程中发生的一切旅游支出，对国家来说就是国际旅游(外汇)收入。

十五、城市建设、环境保护

CHENGSHIJIANSHE HUANJINGBAOHU

15-1 城市市政设施水平

（2016年）

指　　标	单位	昆明	市辖区
人均日生活用水量	升	128.88	131.01
用水普及率	%	97.88	98.58
燃气普及率	%	88.41	92.59
建成区供水管道密度	公里/平方公里	10.28	9.41
人均城市道路面积	平方米	15.22	15.42
建成区排水管道密度	公里/平方公里	11.04	10.84
污水处理率	%	93.42	94.07
#污水处理厂集中处理率	%	91.53	91.99
建城区绿地率	%	37.75	38.40
建城区绿化覆盖率	%	41.29	41.88
生活垃圾处理率	%	96.03	96.98
#生活垃圾无害化处理率	%	94.93	96.98

注：1.市辖区是指五华区、盘龙区、官渡区、西山区、呈贡区、东川区、晋宁区数据；
2.此表数据来源于昆明市住建局。

15-2 城市供水

（2016年）

指　　标	单 位	昆明	市辖区
综合生产能力	万立方米/日	228.01	199.83
供水管道长度	公里	5532.88	4102.59
供水总量	万立方米	50020.29	44967.67
#售水量	万立方米	37871.80	33486.46
#生产运营用水	万立方米	13658.91	13107.36
居民家庭用水	万立方米	19676.62	16689.67
用水户数	万户	143.17	127.03
用水人口	万人	466.08	387.99

注：1.市辖区是指五华区、盘龙区、官渡区、西山区、呈贡区、东川区、晋宁区数据；
2.此表数据来源于昆明市住建局。

15-3 城市供气

（2016年）

指　　标	单位	昆明	市辖区
一、人工煤气			
供气管道长度	公里	3196.47	2920.77
供气总量	万立方米	27208.19	20110.19
#家庭用气	万立方米	8542.90	7433.90
用气户数	户	347099	297527
#家庭用气户数	户	345777	297346
用气人口	万人	113.69	89.26
二、天然气			
供气管道长度	公里	4023.58	3694.43
供气总量	万立方米	14848.52	12266.08
#家庭用气	万立方米	5275.15	5034.21
用气户数	户	1008164	990831
#家庭用气户数	户	998080	985536
用气人口	万人	162.40	152.93
三、液化石油气			
供气总量	吨	160674	155350
#家庭用气	吨	32052	27336
用气户数	户	525405	468190
#家庭用气户数	户	439587	407039
用气人口	万人	144.87	122.23

注：1.市辖区是指五华区、盘龙区、官渡区、西山区、呈贡区、东川区、晋宁区数据；
2.此表数据来源于昆明市住建局。

15-4 城市道路和桥梁

（2016年）

指　　标	单 位	昆明	市辖区
道路长度	公里	2438.05	1878.31
道路面积	万平方米	7248.07	6070.52
#人行道面积	万平方米	3241.73	2910.45
年末实有桥梁数	座	422	384
#立交桥	座	31	30
道路照明灯盏数	盏	160617	120354
安装路灯的道路长度	公里	2176.95	1735.10

注：1.市辖区是指五华区、盘龙区、官渡区、西山区、呈贡区、东川区、晋宁区数据；
　　2.此表数据来源于昆明市住建局。

15-5 园林绿化

（2016年）

指　　标	单位	昆明	市辖区
绿化覆盖面积	公顷	24051.85	18337.91
园林绿地面积	公顷	21029.30	16814.95
公园绿地面积	公顷	5393.45	4353.90
公园个数	个	535	470
公园面积	公顷	4052.23	3350.65

注：1.市辖区是指五华区、盘龙区、官渡区、西山区、呈贡区、东川区、晋宁区数据；
2.此表数据来源于昆明市住建局。

15-6 城市环境卫生情况

（2016年）

指　　标	单位	昆明	市辖区
道路清扫保洁面积	万平方米	12154	10751
#机械清扫面积	万平方米	5019	4708
生活垃圾清运量	万吨	231.25	200.93
生活垃圾处理量	万吨	222.08	194.86
粪便清运量	万吨	3.22	1.19
生活垃圾转运站	座	184	144
公共厕所	座	2007	1492
市容环卫专用车辆设备总数	辆	1826	1429

注：1.市辖区是指五华区、盘龙区、官渡区、西山区、呈贡区、东川区、晋宁区数据；
2.此表数据来源于昆明市住建局。

15-7 环境保护情况

指　　标	单位	2015年	2016年
环境保护投资额	万元	1454510	1595826
一、水质状况			
废水排放总量	万吨	53548.85	54740.94
#工业废水排放总量	万吨	3917.48	5359.00
工业化学COD需氧量排放总量	吨	7597	8837
二、废气排放			
工业二氧化硫排放量	吨	74017	80083
工业烟粉排放量	吨	24533	25188
三、声环境质量状况			
主城区区域环境昼间噪声平均值	分贝	53.5	53.5
主城区交通干线昼间噪声平均等效声级	分贝	68.8	67.4
四、固体、废物综合利用			
工业固体废物综合利用量	万吨	880.89	1160.03
工业固体废物处置利用率	%	99.00	99.36

注：1.2015年数据不含滇中产业新区，2016年数据含滇中产业新区；
　　2.此表数据来源于昆明市环保局。

主要统计指标解释

自来水生产能力　指年底城建部门管理的自来水厂实际生产能力。

生活用水量　指居民日常生活与公共福利设施的用水量。包括居民、饮食店、旅馆、医院、理发店、浴池、洗衣店、游泳地、商店、学校、机关、部队等单位的用水量。

实有桥梁　指城市范围内，修建在河道上的桥梁和道路与道路立交、道路跨越铁路的立交桥，以及人行天桥。包括永久性桥和半永久性桥，不包括临时性桥、铁路桥、涵洞。

公共绿地面积　指供游览休息的各种公园、运动场、植物园、陵园以及花园、游园和供游览休息用的林荫道绿地、广场绿地。不包括一般栽植的行道树及林荫道的面积。

十六、科技、教育、文化、体育、卫生和其他

KEJI JIAOYU WENHUA TIYU WEISHENGHEQITA

16-1 规模以上工业企业R&D活动及相关情况

指　　标	单位	2016年
一、企业基本情况		
单位数	个	1011
有R&D活动单位数	个	340
有研发机构单位数	个	178
其中：享受研究开发费用加计扣除的企业数	个	52
二、R&D人员情况		
1.R&D人员合计	人	14390
参加项目人员	人	13330
管理和服务人员	人	1060
其中：女性	人	3068
其中：研究人员	人	5134
其中：①全时人员	人	8579
②非全时人员	人	5811
2.R&D人员折合全时当量合计	人年	8723
其中：研究人员	人年	3097
其中：①基础研究人员	人年	35
②应用研究人员	人年	551
③试验发展人员	人年	8137
三、R&D经费支出情况		
1.R&D经费内部支出合计	万元	355321.4
其中：①经常费支出	万元	305774.6
其中：人员劳务费	万元	86089.8
②资产性支出	万元	49546.8
其中：土建工程	万元	707.2
仪器和设备	万元	48839.6
其中：①基础研究支出	万元	1355.3
②应用研究支出	万元	11175.9
③试验发展支出	万元	342790.2

注：本表数据包含省统计局下返昆明市军工企业数据。

16–1 续表 1

指　　　标	单位	2016年
其中：①政府资金	万元	27410.1
②企业资金	万元	327048.4
③境外资金	万元	54.1
④其他资金	万元	808.8
2.R&D经费外部支出合计	万元	24398.3
其中：对境内研究机构支出	万元	4446.2
对境内高等学校支出	万元	3776.1
对境内企业支出	万元	13304.8
对境外支出	万元	2871.2
四、企业办研发机构情况		
1.机构数	个	216
2.企业在境外设立的研发机构数	个	10
3.机构人员合计	人	7383
其中：博士毕业	人	239
硕士毕业	人	1025
4.机构经费支出	万元	227917.3
5.科技机构仪器和设备原价	万元	247776.8
其中：进口	万元	25911.2
五、研发产出及相关情况		
(一)自主知识产权情况		
1.专利申请数	件	2484
其中：发明专利	件	987
2.有效发明专利数	件	3015
其中：已被实施	件	1770
其中：境外授权	件	17
3.专利所有权转让及许可数	件	87
4.专利所有权转让及许可收入	万元	574.0
(二)新产品生产及销售情况		
1.新产品开发项目数	项	1759

注：本表数据包含省统计局下返昆明市军工企业数据。

16–1 续表 2

指　　标	单位	2016年
2.新产品开发经费支出	万元	433108.5
3.新产品产值	万元	2391748.0
4.新产品销售收入	万元	2483701.6
其中：出口	万元	110959.1
(三)其他情况		
1.发表科技论文	篇	828
2.拥有注册商标	件	4034
其中：境外注册	件	776
3.形成国家或行业标准	项	113
六、其他情况		
(一)政府相关政策落实情况		
1.使用来自政府部门的研发资金	万元	36881.3
2.研究开发费用加计扣除减免税	万元	7561.9
3.高新技术企业减免税	万元	11623.3
(二)技术获取和技术改造情况		
1.引进境外技术经费支出	万元	13646.4
2.引进境外技术的消化吸收经费支出	万元	393.8
3.购买境内技术经费支出	万元	46737.7
4.技术改造经费支出	万元	131865.7
七、R&D投入产出效率情况		
基础研究占R&D经费内部支出的比重	%	0.38
应用研究占R&D经费内部支出的比重	%	3.15
政府资金占R&D经费内部支出的比重	%	7.71
R&D项目经费内部支出占R&D经费内部支出比重	%	99.80
研究人员占R&D人员比重	%	35.68
机构中博士硕士占机构人员比重	%	17.12
发明专利占专利申请比重	%	39.73

注：本表数据包含省统计局下返昆明市军工企业数据。

16-2 特、一级建筑业企业R&D活动及相关情况

指 标	单位	2016年
一、企业基本情况		
单位数	个	98
有R&D活动单位数	个	21
有研发机构单位数	个	16
其中：享受研究开发费用加计扣除的企业数	个	4
二、R&D人员情况		
1.R&D人员合计	人	3213
参加项目人员	人	3123
管理和服务人员	人	90
其中：女性	人	578
其中：研究人员	人	1179
其中：①全时人员	人	1372
②非全时人员	人	1841
2.R&D人员折合全时当量合计	人年	2259
其中：研究人员	人年	830
其中：①基础研究人员	人年	
②应用研究人员	人年	13
③试验发展人员	人年	2246
三、R&D经费支出情况		
1.R&D经费内部支出合计	万元	84692.9
其中：①经常费支出	万元	81414.5
其中：人员劳务费	万元	20177.8
②资产性支出	万元	3278.4
其中：土建工程	万元	248.5
仪器和设备	万元	3029.9
其中：①基础研究支出	万元	
②应用研究支出	万元	163.8
③试验发展支出	万元	84529.1
其中：①政府资金	万元	896.7
②企业资金	万元	83796.2
③境外资金	万元	
④其他资金	万元	

16–2 续表

指　　标	单位	2016年
2.R&D经费外部支出合计	万元	426.6
其中：对境内研究机构支出	万元	124.4
对境内高等学校支出	万元	9.7
对境内企业支出	万元	290.8
对境外支出	万元	1.7
四、企业办研发机构情况		
1.机构数	个	29
2.企业在境外设立的研发机构数	个	
3.机构人员合计	人	1279
其中：博士毕业	人	4
硕士毕业	人	118
4.机构经费支出	万元	25229.8
5.科技机构仪器和设备原价	万元	4251.8
其中：进口	万元	51.6
五、研发产出及相关情况		
1.专利申请数	件	309
其中：发明专利	件	74
2.有效发明专利数	件	210
其中：已被实施	件	148
六、其他情况		
1.使用来自政府部门的研发资金	万元	2193.0
2.研究开发费用加计扣除减免税	万元	5087.6
3.高新技术企业减免税	万元	11101.7
七、R&D投入产出效率情况		
基础研究占R&D经费内部支出的比重	%	
应用研究占R&D经费内部支出的比重	%	0.19
政府资金占R&D经费内部支出的比重	%	1.06
R&D项目经费内部支出占R&D经费内部支出比重	%	99.71
研究人员占R&D人员比重	%	36.69
机构中博士硕士占机构人员比重	%	9.54
发明专利占专利申请比重	%	23.95

16-3 大中型重点服务业企业R&D活动及相关情况

指　　　标	单位	2016年
一、企业基本情况		
单位数	个	199
有R&D活动单位数	个	28
有研发机构单位数	个	11
其中：享受研究开发费用加计扣除的企业数	个	11
二、R&D人员情况		
1.R&D人员合计	人	3733
参加项目人员	人	3646
管理和服务人员	人	87
其中：女性	人	855
其中：研究人员	人	1629
其中：①全时人员	人	2244
②非全时人员	人	1489
2.R&D人员折合全时当量合计	人年	2262
其中：研究人员	人年	991
其中：①基础研究人员	人年	242
②应用研究人员	人年	428
③试验发展人员	人年	1592
三、R&D经费支出情况		
1.R&D经费内部支出合计	万元	41378.2
其中：①经常费支出	万元	37002.9
其中：人员劳务费	万元	18175.1
②资产性支出	万元	4375.3
其中：土建工程	万元	1.8
仪器和设备	万元	4373.5
其中：①基础研究支出	万元	4653.7
②应用研究支出	万元	8049.9
③试验发展支出	万元	28674.6
其中：①政府资金	万元	6833.2
②企业资金	万元	34363.5
③境外资金	万元	49.1
④其他资金	万元	132.4

16-3 续表

指　　标	单位	2016年
2.R&D经费外部支出合计	万元	3626.0
其中：对境内研究机构支出	万元	531.9
对境内高等学校支出	万元	1029.8
对境内企业支出	万元	1603.4
对境外支出	万元	460.9
四、企业办研发机构情况		
1.机构数	个	14
2.企业在境外设立的研发机构数	个	2
3.机构人员合计	人	1261
其中：博士毕业	人	65
硕士毕业	人	321
4.机构经费支出	万元	20535.0
5.科技机构仪器和设备原价	万元	11828.6
其中：进口	万元	3372.0
五、研发产出及相关情况		
1.专利申请数	件	308
其中：发明专利	件	149
2.有效发明专利数	件	865
其中：已被实施	件	498
六、其他情况		
1.使用来自政府部门的研发资金	万元	8632.7
2.研究开发费用加计扣除减免税	万元	1965.5
3.高新技术企业减免税	万元	3903.1
七、R&D投入产出效率情况		
基础研究占R&D经费内部支出的比重	%	11.2
应用研究占R&D经费内部支出的比重	%	19.5
政府资金占R&D经费内部支出的比重	%	16.5
R&D项目经费内部支出占R&D经费内部支出比重	%	94.7
研究人员占R&D人员比重	%	43.6
机构中博士硕士占机构人员比重	%	30.6
发明专利占专利申请比重	%	48.4

16-4 主要年份全市医疗卫生机构数、卫生技术人员、医疗床位数

年 份	卫生机构数合计(个)	医院	卫生技术人员合计(人)	医生	卫生机构床位数合计(张)	医院
1978	1253	218	17754	8035	14304	13151
1980	1335	229	20336	8459	16697	13682
1985	1523	228	25363	12528	18421	15897
1990	1622	270	28820	14576	24356	20917
1995	1586	288	30527	15094	27044	22143
1996	2474	274	31115	15107	24906	20646
1997	2326	277	33146	16074	25906	21690
1998	2715	280	32637	15705	26043	22111
1999	2922	155	33186	16310	26127	19558
2000	2753	157	32190	15220	25027	19756
2001	2580	153	31171	14428	25345	19268
2002	1427	169	27173	12136	24610	20793
2003	1977	174	29647	13405	25704	20514
2004	2072	197	31660	14324	27104	21757
2005	2575	218	33123	15381	28710	22744
2006	2777	207	34143	15441	28955	22958
2007	2798	202	35031	16017	31003	24501
2008	2730	205	35664	16700	32457	25952
2009	2755	201	37015	18101	33607	26887
2010	3004	218	40165	18636	38056	30434
2011	3103	225	42371	18812	41363	33387
2012	3163	236	46647	19920	44507	35878
2013	4552	253	53742	22128	48087	39467
2014	4492	268	57626	22595	50702	42409
2015	4490	282	64279	24109	55191	46984
2016	4755	307	71000	26049	57776	49785

注：1.2000年卫生系统统计报表制度变动，口径有所调整；
2.此表数据来源于昆明市卫计委。

16-5 卫生机构、床位、人员数

（2016年）

指标	机构数(个)	卫生技术人员数合计(人)	执业(助理)医师	实有床位数(张)
总计	**4755**	**71000**	**26049**	**57776**
医院	307	51729	16658	49785
疗养院	5	222	98	788
社区卫生服务中心(站)	394	4541	1750	2558
卫生院	107	2314	990	3986
门诊部	170	1773	953	87
急救中心(站)	2	204	76	
采供血机构	1	125	22	
妇幼保健院(所、站)	17	1506	616	532
专科疾病防治院(所、站)	4	42	19	40
疾病预防控制中心	17	1188	688	
卫生监督所	19	275		
卫生监督检验(监测、检测)所(站)				
医学科学研究机构	5	453	80	
健康教育所(站、中心)	4	43	19	
其他卫生机构(包含疗养院及医学科学研究机构)	21	912	217	788
县(区)诊所、卫生所、医务室	2395	5999	3794	

注：此表数据来源于昆明市卫计委。

16-6 妇幼卫生

指　　标	单位	全　　市			
		2012年	2013年	2014年	2015年
0～3岁儿童健康管理覆盖率	%	93.03	93.72	93.56	94.32
孕产妇保健覆盖率	%	99.25	98.98	99.84	99.89
产妇住院分娩率	%	99.69	99.88	99.90	99.95
产妇新法接生率	%	99.96	99.97	99.99	100.00
妇女病筛查数	人	133243	244834	70029	72338
#妇女病查出率	%	34.02	34.16	37.10	36.87
婚前健康检查率	%	99.26	75.54	92.40	95.53
四项节育手术数	人	48494	76163	42960	38684
#节育手术并发症	1/万	0.60	1.96	0.23	0.52

注：1.四项节育手术数及其并发症均为卫生部门的情况，不包括计生技术服务部门的数据；
2.市区为：五华区、盘龙区、官渡区、西山区、呈贡区和县城所在地；
3.此表数据来源于昆明市卫计委。

健康情况

	市区				
2016年	2012年	2013年	2014年	2015年	2016年
93.45	94.26	94.89	93.67	94.74	93.46
99.85	99.16	98.46	99.84	99.94	99.82
99.96	99.95	99.96	99.93	99.99	99.99
100.00	100.00	99.98	99.99	100.00	100.00
90906	86472	180447	25501	28664	74593
36.12	31.32	37.91	41.43	47.66	38.23
93.48	100.12	64.32	93.58	96.21	95.36
33046	31249	59134	23968	23551	21405
0.62	0.32	1.52	0.42	0.56	0.45

16-7 计划生

指标	单位	全市			
		2012年	2013年	2014年	2015年
出生人数	人	42497	42581	42924	39412
一孩数	人	27409	27452	27004	23600
比重	%	64.50	64.47	62.91	59.88
二孩数	人	14736	14570	15394	14974
比重	%	34.68	34.22	35.86	37.99
多孩及以上	人	352	559	526	838
比重	%	0.83	1.31	1.23	2.13
已婚育龄妇女人数	人	1144312	1157496	1168119	1172989
领取独生子女证人数	人	415091	415591	419297	416480

注：1.市区为五华区、盘龙区、官渡区、西山区、东川区(2015年起含呈贡区)；
2.此表数据来源于昆明市卫计委。

育情况

	市区				
2016年	2012年	2013年	2014年	2015年	2016年
46029	19316	14019	14866	14778	15490
24732	14168	10628	10625	9293	8669
53.73	73.35	0.76	71.47	62.88	55.97
20069	5001	3178	4110	5127	6415
43.60	25.89	0.23	27.65	34.69	41.41
1228	147	213	131	358	406
2.67	0.76	0.02	0.88	2.42	2.62
1169344	590929	497760	538388	549878	510052
448272	248277	222621	237171	235524	241105

16-8 民政事业基本情况

指　　标	单位	2014年	2015年	2016年
民政经费	万元	290091	344182	379815
城市居民最低生活保障人数	人	99077	99278	91604
农村社会救济人数	人	196973	199076	238527
其中：农村居民最低生活保障人数	人	151800	165203	167588
收养性社会福利单位数	个	93	93	85
收养性社会福利单位床位数	张	13285	15865	17093
收养性社会福利单位收养人数	人	8528	8621	11249
社区服务中心	个	279	261	241
每千居民之离婚宗数	‰	3.66	2.71	2.84
社会组织单位数	个	4373	4758	4889
城市居民最低生活保障人数	万人	9.91	9.92	9.16
农村居民最低生活保障人数	万人	15.78	16.52	16.75
每千老年人口养老床位数	张	2.01	2.38	2.54

注：此表数据来源于昆明市民政局。

16-9 昆明市教育统计监测

（2016年）　　　　单位：%

地　区	小学学龄儿童入学率	小学毕业生升学率
合计	**99.71**	**92.89**
五华区	99.98	103.27
盘龙区	99.98	75.90
官渡区	99.52	78.11
西山区	99.85	97.81
东川区	99.44	97.72
呈贡区	99.79	130.43
晋宁区	99.85	92.58
富民县	99.65	93.93
宜良县	99.97	93.84
石林县	99.71	97.17
嵩明县	99.30	96.64
禄劝县	99.36	92.36
寻甸县	99.50	103.26
安宁市	99.86	93.87

注：此表数据来源于昆明市教育局。

16-10 分地区各类办学类型学校数情况

（2016年） 单位：所

类别	基础教育						中职教育
	幼儿园	小学	初中	普通高中	特殊教育	工读学校	
昆明市	**1200**	**937**	**194**	**106**	**6**	**1**	**78**
五华区	101	43	11	18	1		16
盘龙区	97	63	20	10	1	1	13
官渡区	139	75	24	18	1		7
西山区	115	66	18	12	1		9
东川区	41	36	8	2			1
呈贡区	46	17	4	10			3
晋宁区	52	18	11	2			3
富民县	40	26	6	2			2
宜良县	109	74	12	3	1		3
石林县	92	16	5	2			2
嵩明县	61	47	8	3			6
禄劝县	61	170	15	2			2
寻甸县	81	114	13	3	1		3
安宁市	51	16	9	6			5
高新区	17	3	5	3			
经开区	18	14	7	2			1
度假区	14	5	4	3			
阳宗海	19	30	4				
倘甸两区	35	87	7	1			
大板桥	11	17	3	4			2

注：此表数据来源于昆明市教育局。

16-11 分县(市)区各类办学类型在校生情况

（2016年）　　单位：人

单位	基础教育						中职教育
	幼儿园	小学	初中	高中	特殊教育	工读学校	
昆明市	**215691**	**485598**	**215049**	**102234**	**608**	**58**	**173398**
五华区	23552	49146	21612	14935	138		62310
盘龙区	20196	49193	17333	7408	110	58	20197
官渡区	34920	80676	24763	11209	20		9808
西山区	23225	42726	16693	6526	261		18455
东川区	8048	20585	10542	3852			60
呈贡区	7976	14916	7322	5493			11754
晋宁区	8803	19327	9447	3665			1302
富民县	4312	13480	5088	2326			
宜良县	11402	24722	13715	5784	32		9124
石林县	8762	17547	10413	4251			670
嵩明县	12992	23015	11125	4914			17842
禄劝县	8546	24345	14254	6324			988
寻甸县	11524	28761	14719	9048	47		387
安宁市	9915	23307	11960	5104			12230
高新区	3217	9947	4770	4244			878
经开区	4326	11042	3357	726			6408
度假区	3424	5951	4472	1014			936
阳宗海	4818		7251	3265			
倘甸两区	3095		3644				
大板桥	2638		2569	2146			49

注：此表数据来源于昆明市教育局。

16-12 分县(市)区各类办学类型专任教师情况

（2016年） 单位：人

单位	基础教育						中职教育
	幼儿园	小学	初中	高中	特殊教育	工读学校	
昆明市	**13081**	**27918**	**16540**	**8132**	**202**	**41**	**5567**
五华区	1717	2384	1536	1135	35		1625
盘龙区	1492	2468	1339	608	40	41	703
官渡区	2329	4032	1790	968	10		431
西山区	1690	2252	1210	532	98		710
东川区	313	1419	829	306			60
呈贡区	560	849	568	662			183
晋宁区	457	1147	831	242			116
富民县	177	802	501	159			35
宜良县	656	1488	963	381	5		339
石林县	410	1298	704	313			75
嵩明县	646	1311	857	370			556
禄劝县	390	1794	1090	393			88
寻甸县	366	1982	1192	695	14		104
安宁市	618	1386	913	498			365
高新区	279	502	366	294			32
经开区	327	530	267	66			113
度假区	267	428	446	126			
阳宗海	126	1021	646	219			
倘甸两区	133	401	271				
大板桥	128	424	221	165			32

注：此表数据来源于昆明市教育局。

16-13 文化事业基本情况(市属)

指　　　　标	单位	2016年
国家文物保护机构	个	19
省级文物保护机构	个	55
广播电台	个	9
电视台(含有线电视台)	个	11
剧团	个	2
群众艺术馆、文化馆	个	15
文化站	个	135
图书馆	个	15
博物馆、展览馆	个	32
剧场演出场次	场	343
国内艺术表演场次	场	310
#农村	场	110
国内艺术表演观众	万人次	29
公共图书馆藏书	千册	2967

注：此表数据来源于昆明市文广体局。

主要统计指标解释

科技活动 指在自然科学、农业科学、医药科学、工程与技术科学、人文与社会科学领域（简称科学技术领域）中，与科技知识的产生、发展、传播和应用密切相关的有组织的活动。企业的科技活动包括：1.在科学技术领域，为增加知识总量、以及运用这些知识去创造新的应用进行的系统的创造性的活动。其中较为常见的活动是利用现有知识和实际经验，为产生新的产品、材料和装置，建立新的工艺、系统和服务，以及对已产生和建立的上述各项做实质性的改进而进行的系统性工作。这些活动的成果形式主要是专利、专有技术、新产品原型或样机样件等。2.为使产生的新产品、材料和装置，建立的新工艺、系统和服务以及做实质性改进后的上述各项能够投入生产或实际应用，解决所存在的技术问题而进行的系统性的工作。这些活动的成果形式大多是可供生产和实际操作的带有技术和工艺参数的图纸、技术标准和操作规范。企业的科技活动不包括企业从事的常规性技术升级或对某项科研成果直接应用等活动（如直接采用新的工艺、材料、装置、产品、服务或知识等）。在企业中只有列入企业工作计划的科技活动才予以统计，而独立发明人等在企业外或计划外进行的科技活动不在统计范围之内。

R&D 活动 为增加知识总量、以及运用这些知识去创造新的应用进行的系统的创造性的活动。包括基础研究、应用研究和试验发展。

非 R&D 活动 为使产生的新产品、材料和装置，建立的新工艺、系统和服务以及做实质性改进后的上述各项能够投入生产或实际应用，解决所存在的技术问题而进行的系统性的工作。

基础研究 为了获得关于现象和可观察事实的基本原理的新知识（揭示客观事物的本质、运动规律，获得新发现、新学说）而进行的实验性或理论性研究，它不以任何专门或特定的应用或使用为目的。其成果以科学论文和科学著作为主要形式。

应用研究 为获得新知识而进行的创造性研究，主要针对某一特定的目的或目标。应用研究是为了确定基础研究成果可能的用途，或是为达到预定的目标探索应采取的新方法（原理性）或新途径。其成果形式以科学论文、专著、原理性模型或发明专利为主。

试验发展 利用从基础研究、应用研究和实际经验所获得的现有知识，为产生新的产品、材料和装置，建立新的工艺、系统和服务，以及对已产生和建立的上述各项作实质性的改进而进行的系统性工作。其成果形式主要是专利、专有技术、具有新产品基本特征的产品原型或具有新装置基本特征的原始样机等。

R&D 经费支出 指统计年度内规模以上工业企业实际用于基础研究、应用研究和试验发展的经费支出。

科技活动人员合计 指报告期内企业内部直接参加科技项目人员，以及科技活动的管理和直接服务的人员。不包括全年累计从事科技活动时间占制度工作时间10%以下的人员。

全部科技项目数 指在报告期当年企业立项并开展研究工作、以前年份立项报告期仍继续进行的科技项目数，包括当年完成和报告期内研究工作已告失败的科技项目数，但不包括委托外单位进行的科技项目数。

专利申请数 指报告期内企业作为第一申请人向境内外知识产权行政部门提出专利申请并被受理的件数。

专利申请数中发明专利 指报告期内企业作为第一申请人向境内外知识产权行政部门提出发明专利申请并被受理的件数。

卫生技术人员 指卫生事业机构支付工资的全部固定职工和合同制职工中现任职务为卫生技术工作的专业人员。包括中医师、西医师、中西医结合高级医师、护师、中药师、西药师、检验师、其它技工、其它中医、护理员、中药剂师、西药剂员、检验员、其它初级卫生技术人员。

普通高等学校 指按国家规定的审批程序批准举办，通过全国统一招生考试，招收高级中等学校毕业生和具有同等学历者，实施高等教育，培养高等专门人才的学校。包括大学、专门学院、专科学校和短期职业大学。

在校学生数 指学年初具有学籍的在校生总数。

学龄儿童入学率 指调查范围内已入小学学习的学龄儿童占校内外学龄儿童总数(包括弱智儿在内，但不包括盲聋哑儿童)的比重。

计算公式：

$$\text{学龄儿童入学率}=\frac{\text{已入学的小学学龄儿童数}}{\text{校内外学龄儿童总数}}\times 100\%$$

专任教师 指主要从事教学工作的人员。包括临时(一年以内)调去帮助做其他工作的教学人员。高等学校函授部、夜大学校的专任教师和承担科研任务，为担任教学工作仍属教师编制的人员，应计入专任教师中。专任教师不包括调离教学岗位，担任行政领导工作或其他工作的原教学人员。

艺术表演观众人数(人次) 指售票、包场演出或民族地区免费演出的艺术表演观众人次数。不包括彩排审查和内部观摩演出的观看人次数。

十七、开发区建设

KAIFAQUJIANSHE

17-1 昆明经济技术开发区建设发展情况

指　　标	单位	2016年
开发区土地面积(管辖面积)	平方公里	156.60
工业总产值	亿元	461.00
#规模以上工业总产值	亿元	415.00
外商投资企业工业总产值	亿元	24.50
高新技术企业工业总产值	亿元	174.45
工业增加值	亿元	123.32
#规模以上工业增加值	亿元	111.00
全区“三上”企业主营业务收入	亿元	1278.50
#规模以上工业企业主营业务收入	亿元	396.09
地方财政收入(不含基金收入)	亿元	72.27
#公共财政预算收入	亿元	32.80
税收收入	亿元	58.65
进出口总额	亿美元	5.40
#出口总额	亿美元	3.99
进口总额	亿美元	1.41
高新技术产品进出口额	亿美元	0.81
实际使用外资金额	亿美元	0.80
新增内资企业注册资本金(不含增资)	亿元	184.11
当年固定资产投资(不含农户)	亿元	162.88
#基础设施投资	亿元	13.24
期末研发机构数	个	69
同级财政支持科技发展资金	万元	12335

注：1.以上数据是根据商务部制定的国家级开发区统计制度，按经开区口径计算；
2.此表数据由昆明经济技术开发区提供。

17-2 昆明高新技术产业开发区建设发展情况

指　　标	单位	2016年
规划面积(含马金铺新城产业基地)	平方公里	48.65
已开发面积(含马金铺新城产业基地)	平方公里	13.70
基础设施建设	亿元	13.24
高新区工商分局注册企业	个	11313
实际利用外资	万美元	11732
总收入	亿元	1808
规上工业增加值增幅	%	11.2
地方财政总收入	亿元	42.65
#一般公共预算收入	亿元	21.08

注：此表数据由昆明高新技术产业开发区提供。

17–3 昆明滇池国家旅游度假区建设发展情况

指　　标	单位	2016年
工商新增注册企业及个体户	个	1586
一般公共预算收入	亿元	17.08
招商引资实际到位内资	亿元	33.17
招商引资实际到位外资	万美元	15399.30
固定资产投资	亿元	121.38
服务业总收入	亿元	468.38
#旅游收入	亿元	17.17
接待人次	万人次	1285.10
#国内游客	万人次	1271.50
海外游客	万人次	13.60

注：此表数据由昆明滇池国家旅游度假区提供。

17-4 阳宗海风景名胜区建设发展情况

指　　标	单位	2016年
规划面积	平方公里	547.204
工商分局注册企业	个	1121
规模以上工业总产值	亿元	158.18
规模以上工业增加值	亿元	21.58
固定资产投资	亿元	77.12
工业固定资产投资	亿元	38.50
基础设施投资额	亿元	4.02
旅游服务总收入	亿元	6.73
招商引资实际到位资金(内资)	亿元	26.38
招商引资实际到位资金(外资)	万美元	400
财政总收入	万元	91933
#一般公共预算收入	万元	52014
农民人均纯收入	元	13029

注：此表数据由昆明阳宗海风景名胜区提供。

17-5 昆明倘甸产业园区轿子山旅游开发区建设发展情况

指　　　标	单位	2016年
规划面积	平方公里	1837.50
已开发面积	平方公里	4.33
工商分局注册企业	个	284
规模以上工业总产值	亿元	4.38
规模以上工业增加值	亿元	1.83
固定资产投资	亿元	37.21
工业固定资产投资	亿元	8.28
基础设施投资额	亿元	8.36
旅游服务总收入	亿元	0.58
招商引资实际到位资金(内资)	亿元	13.16
招商引资实际到位资金(外资)	万美元	150.00
财政总收入	亿元	2.27
#一般公共预算收入	亿元	1.88
农民人均纯收入	元	4355

注：1.规划面积是昆明倘甸产业园区轿子旅游开发区的行政管辖总面积；
2.已开发面积是昆明倘甸产业园区轿子旅游开发区自成立以来三个重点集镇的已开发面积；
3.此表数据由昆明倘甸产业园区轿子山旅游开发区提供。

十八、各州市主要经济指标

GEZHOUSHIZHUYAOJINGJIZHIBIAO

18–1 各州市年末常住人口及城镇人口比重

（2016年）

地　区	年末常住人口（万人）	城镇人口比重（%）
全　省	**4770.5**	**45.03**
昆明市	**672.8**	**71.05**
曲靖市	608.4	45.58
玉溪市	237.5	48.91
保山市	259.7	33.82
昭通市	547.5	31.49
丽江市	128.5	37.41
普洱市	261.7	40.66
临沧市	252.0	38.96
楚雄州	273.9	42.26
红河州	468.1	45.06
文山州	362.1	38.97
西双版纳州	117.2	45.20
大理州	356.3	44.03
德宏州	129.4	43.48
怒江州	54.4	30.08
迪庆州	41.0	32.93

18–2 各州市生产总值

（2016年）

地　　区	生产总值（亿元）	第一产业增加值	第二产业增加值	第三产业增加值
全　　省	**14719.95**	**2195.11**	**5649.34**	**6875.50**
昆 明 市	**4300.08**	**200.51**	**1660.11**	**2439.46**
曲 靖 市	1768.41	335.56	674.91	757.94
玉 溪 市	1311.88	135.02	685.34	491.52
保 山 市	612.39	151.32	213.03	248.04
昭 通 市	765.53	149.44	322.06	294.03
丽 江 市	309.29	47.34	120.34	141.61
普 洱 市	567.54	152.26	195.40	219.88
临 沧 市	550.82	154.67	185.77	210.38
楚 雄 州	846.72	162.63	321.95	362.14
红 河 州	1336.79	214.30	601.33	518.16
文 山 州	735.88	155.58	262.64	317.66
西双版纳州	366.03	92.22	98.61	175.20
大 理 州	972.20	205.32	370.94	395.94
德 宏 州	323.55	78.05	79.06	166.44
怒 江 州	126.46	20.00	37.87	68.59
迪 庆 州	176.88	11.39	64.11	101.38

18-3 各州市生产总值指数

（2016年）

地　区	生产总值（%）	第一产业增加值	第二产业增加值	第三产业增加值
全　省	**108.7**	**105.6**	**108.9**	**109.5**
昆明市	**108.5**	**106.0**	**107.6**	**109.3**
曲靖市	109.2	105.4	109.7	110.4
玉溪市	107.6	106.1	104.4	112.9
保山市	111.1	106.0	114.7	111.2
昭通市	108.6	105.8	108.3	110.4
丽江市	107.0	105.8	107.8	106.6
普洱市	110.2	106.0	112.0	111.6
临沧市	110.2	105.9	113.3	110.6
楚雄州	111.0	105.9	113.8	110.9
红河州	110.1	105.6	112.6	109.0
文山州	110.0	105.8	112.3	110.1
西双版纳州	108.6	106.1	106.6	111.1
大理州	109.0	105.6	108.4	111.4
德宏州	109.4	105.6	111.9	110.0
怒江州	110.5	105.2	112.9	110.8
迪庆州	109.1	105.2	114.8	106.1

18-4 各州市固定资产投资

（2016年）

地　区	固定资产投资（不含农户）(亿元)	比上年增长 (%)
全　省	**15662.49**	**19.8**
昆 明 市	**3920.07**	**12.1**
曲 靖 市	1794.00	30.1
玉 溪 市	893.69	33.9
保 山 市	667.33	33.0
昭 通 市	739.30	20.6
丽 江 市	345.63	7.4
普 洱 市	502.10	11.6
临 沧 市	917.04	25.8
楚 雄 州	1009.45	31.0
红 河 州	2106.68	25.5
文 山 州	627.36	16.0
西双版纳州	415.07	15.0
大 理 州	750.61	15.6
德 宏 州	310.57	23.7
怒 江 州	120.92	23.8
迪 庆 州	315.46	10.6

18-5 各州市社会消费品零售总额

（2016年）

地　　区	社会消费品零售总额(亿元)	比上年增长(%)
全　　省	**5722.90**	**12.1**
昆 明 市	**2310.09**	**12.1**
曲 靖 市	564.97	12.5
玉 溪 市	326.77	12.2
保 山 市	200.18	12.2
昭 通 市	237.63	12.1
丽 江 市	104.85	12.0
普 洱 市	163.04	12.0
临 沧 市	173.65	12.4
楚 雄 州	298.77	12.5
红 河 州	366.56	12.4
文 山 州	323.72	11.5
西双版纳州	116.41	12.0
大 理 州	332.99	12.1
德 宏 州	124.73	11.3
怒 江 州	32.63	11.5
迪 庆 州	45.93	10.6

18-6 各州市地方一般公共预算收支

（2016年）

地　　区	一般公共预算收入（亿元）	一般公共预算支出（亿元）
全　　省	**1812.29**	**5018.86**
昆 明 市	**530.00**	**688.40**
曲 靖 市	126.31	400.15
玉 溪 市	131.06	233.35
保 山 市	57.51	212.65
昭 通 市	59.80	410.06
丽 江 市	48.25	150.07
普 洱 市	50.06	245.72
临 沧 市	38.27	213.39
楚 雄 州	73.64	235.21
红 河 州	133.10	378.79
文 山 州	54.69	272.23
西双版纳州	30.48	117.31
大 理 州	82.01	294.82
德 宏 州	32.61	134.26
怒 江 州	9.46	83.35
迪 庆 州	16.47	118.66

18-7 各州市农村居民收入

（2016年）

地　　区	农村常住居民人均可支配收入 (元)	比上年增长 (%)
全　　省	**9020**	**9.4**
昆 明 市	**12555**	**9.7**
曲 靖 市	10380	9.8
玉 溪 市	11968	9.0
保 山 市	9426	10.0
昭 通 市	7951	10.2
丽 江 市	8750	10.4
普 洱 市	8669	9.5
临 沧 市	8914	10.5
楚 雄 州	9181	10.3
红 河 州	9449	9.9
文 山 州	8403	9.1
西双版纳州	11049	9.6
大 理 州	9612	9.7
德 宏 州	8659	9.4
怒 江 州	5299	10.6
迪 庆 州	7088	9.3

注：农村常住居民人均可支配收入增速未扣除价格因素。

18-8 各州市城镇居民收入

（2016年）

地　　区	城镇常住居民人均可支配收入(元)	比上年增长(%)
全　　省	**28611**	**8.5**
昆 明 市	**36739**	**8.2**
曲 靖 市	29485	8.8
玉 溪 市	32177	8.6
保 山 市	27801	8.4
昭 通 市	23645	8.6
丽 江 市	28099	8.9
普 洱 市	24795	8.6
临 沧 市	23072	8.7
楚 雄 州	29200	9.1
红 河 州	28342	9.0
文 山 州	25778	8.5
西双版纳州	25233	8.3
大 理 州	29371	8.5
德 宏 州	24943	8.4
怒 江 州	20721	9.0
迪 庆 州	29439	8.6

注：城镇常住居民人均可支配收入增速未扣除价格因素。

十九、全国省会城市主要经济指标

QUANGUOSHENGHUICHENGSHIZHUYAOJINGJIZHIBIAO

19-1 年末总人口

单位：万人

城市名称		2016年	位次			
			全部	西部	中部	东部
西部城市	昆明市	672.80	17	4	7	8
	成都市	1591.80	1	1		
	贵阳市	469.68	19	5		
	西安市	883.21	8	2		
	兰州市	370.55	21	6		
	西宁市	233.37	24	9		
	银川市	219.11	26	10		
	南宁市	706.22	16	3		
	乌鲁木齐市	351.96	22	7		
	呼和浩特市	308.90	23	8		
	拉萨市	66.55	27	11		
中部城市	哈尔滨市	962.10	6		3	
	武汉市	1076.62	4		1	
	郑州市	972.40	5		2	
	长沙市	764.52	12		5	
	南昌市	537.14	18		8	
	合肥市	786.90	11		4	
	太原市	434.44	20		9	
	长春市	753.40	14		6	
东部城市	广州市	1404.35	2			1
	石家庄市	1078.46	3			2
	沈阳市	829.20	9			4
	福州市	757.00	13			6
	济南市	723.31	15			7
	海口市	224.60	25			9
	杭州市	918.80	7			3
	南京市	827.00	10			5

注：哈尔滨、长春为年末户籍人口。

19-2 地区生产总值

单位：亿元

城市名称		2016年	位次				同比±%	位次			
			全部	西部	中部	东部		全部	西部	中部	东部
西部城市	昆明市	4300.08	17	3	8	8	8.5	8	4	4	8
	成都市	12170.23	2	1			7.7	19	8		
	贵阳市	3157.70	20	6			11.7	1	1		
	西安市	6257.18	10	2			8.5	8	4		
	兰州市	2264.23	23	8			8.3	12	6		
	西宁市	1248.16	26	10			9.8	3	3		
	银川市	1617.28	24	9			8.1	14	7		
	南宁市	3703.39	18	4			7.0	25	11		
	乌鲁木齐市	2458.98	22	7			7.6	22	10		
	呼和浩特市	3173.59	19	5			7.7	19	8		
	拉萨市	424.95	27	11			10.0	2	2		
中部城市	哈尔滨市	6101.60	12		5		7.3	24		9	
	武汉市	11912.61	3		1		7.8	16		6	
	郑州市	7994.16	7		3		8.4	11		5	
	长沙市	9323.70	6		2		9.4	6		2	
	南昌市	4354.99	16		7		9.0	7		3	
	合肥市	6274.30	9		4		9.8	3		1	
	太原市	2955.60	21		9		7.5	23		8	
	长春市	5928.50	13		6		7.8	16		6	
东部城市	广州市	19610.94	1			1	8.2	13			10
	石家庄市	5857.80	14			6	6.8	26			15
	沈阳市	5460.00	15			7	-5.8	27			17
	福州市	6197.77	11			5	8.5	8			8
	济南市	6536.12	8			4	7.8	16			13
	海口市	1257.67	25			9	7.7	19			14
	杭州市	11050.49	4			2	9.5	5			7
	南京市	10503.02	5			3	8.0	15			11

19-3 第一产业增加值

单位：亿元

城市名称		2016年	位次				同比±%	位次			
			全部	西部	中部	东部		全部	西部	中部	东部
西部城市	昆明市	200.51	16	4	6	8	6.0	2	1	2	9
	成都市	474.94	4	1			4.0	10	7		
	贵阳市	137.14	19	5			5.9	4	3		
	西安市	232.01	15	3			3.8	13	9		
	兰州市	60.36	22	7			6.0	2	1		
	西宁市	39.15	24	9			5.2	5	4		
	银川市	58.61	23	8			4.3	7	6		
	南宁市	400.67	5	2			3.9	11	8		
	乌鲁木齐市	28.37	26	10			3.0	17	10		
	呼和浩特市	113.49	20	6			3.0	17	10		
	拉萨市	15.12	27	11			5.2	5	4		
中部城市	哈尔滨市	691.20	1		1		6.1	1		1	
	武汉市	390.62	6		2		3.4	15		5	
	郑州市	156.35	18		8		3.0	17		6	
	长沙市	370.95	7		3		3.0	17		6	
	南昌市	181.77	17		7		3.9	11		3	
	合肥市	270.20	11		5		2.2	22		9	
	太原市	38.22	25		9		2.6	21		8	
	长春市	323.50	8		4		3.7	14		4	
东部城市	广州市	240.04	14			7	-0.2	26			16
	石家庄市	480.90	3			2	0.9	25			15
	沈阳市	266.40	12			5	-17.8	27			17
	福州市	492.65	2			1	4.1	8			10
	济南市	317.31	9			3	4.1	8			10
	海口市	67.68	21			9	3.3	16			12
	杭州市	304.84	10			4	1.9	23			13
	南京市	252.51	13			6	1.0	24			14

19-4 第二产业增加值

单位：亿元

城市名称		2016年	位次				同比±%	位次			
			全部	西部	中部	东部		全部	西部	中部	东部
西部城市	昆明市	1660.11	17	3	8	8	7.6	8	6	3	9
	成都市	5232.02	2	1			6.7	14	7		
	贵阳市	1218.79	19	5			12.1	1	1		
	西安市	2197.81	14	2			8.6	6	5		
	兰州市	790.09	23	8			4.3	25	10		
	西宁市	595.64	25	10			10.6	3	3		
	银川市	825.46	22	7			6.6	16	8		
	南宁市	1427.16	18	4			5.8	19	9		
	乌鲁木齐市	704.94	24	9			1.7	26	11		
	呼和浩特市	884.43	21	6			8.7	5	4		
	拉萨市	162.80	27	11			10.8	2	2		
中部城市	哈尔滨市	1896.70	16		7		6.7	14		7	
	武汉市	5227.05	3		1		5.7	21		9	
	郑州市	3780.68	7		3		5.9	18		8	
	长沙市	4513.23	4		2		7.3	9		4	
	南昌市	2307.24	13		6		8.3	7		2	
	合肥市	3189.20	8		4		8.9	4		1	
	太原市	1068.04	20		9		7.3	9		4	
	长春市	2926.20	9		5		7.0	11		6	
东部城市	广州市	5925.87	1			1	6.0	17			12
	石家庄市	2638.00	10			4	4.4	24			16
	沈阳市	2135.60	15			7	-13.7	27			17
	福州市	2598.31	11			5	7.0	11			10
	济南市	2368.90	12			6	6.9	13			11
	海口市	233.56	26			9	5.8	19			13
	杭州市	3977.39	6			3	4.7	23			15
	南京市	4117.20	5			2	5.3	22			14

19–5 工业增加值

单位：亿元

城市名称		2016年	位次				同比±%	位次			
			全部	西部	中部	东部		全部	西部	中部	东部
西部城市	昆明市	1039.06	16	4	8	6	4.5	22	9	9	6
	成都市	4508.59	2	1			6.9	10	7		
	贵阳市	771.33	17	5			9.9	2	2		
	西安市	1396.69	13	2			9.5	4	3		
	兰州市	526.83	22	9			2.8	23	10		
	西宁市	479.39	23	10			9.3	5	4		
	银川市	603.74	20	7			8.0	8	6		
	南宁市	1063.14	15	3			5.6	17	8		
	乌鲁木齐市	535.20	21	8				25	11		
	呼和浩特市	679.30	19	6			8.5	7	5		
	拉萨市	52.86	25	11			11.5	1	1		
中部城市	哈尔滨市	1285.40	14		7		5.4	18		7	
	武汉市	4238.78	3		1		4.9	20		8	
	郑州市	3315.06	7		3		5.7	16		6	
	长沙市	3727.18	4		2		7.5	9		3	
	南昌市	1708.30	12		6		9.0	6		2	
	合肥市	2562.60	8		4		9.8	3		1	
	太原市	709.87	18		9		6.7	14		5	
	长春市	2470.30	9		5		6.9	10		4	
东部城市	广州市	5369.40	1			1	6.2	15			3
	石家庄市	—	—			—	—	—			—
	沈阳市	—	—			—	—	—			—
	福州市	1982.80	10			4	6.9	10			1
	济南市	1878.80	11			5	6.9	10			1
	海口市	134.92	24			7	2.4	24			7
	杭州市	3578.67	6			3	5.2	19			4
	南京市	3581.72	5			2	4.8	21			5

19-6 第三产业增加值

单位：亿元

	城市名称	2016年	位次				同比±%	位次			
			全部	西部	中部	东部		全部	西部	中部	东部
西部城市	昆明市	2439.46	16	3	7	8	9.3	17	6	7	11
	成都市	6463.27	3	1			9.0	19	8		
	贵阳市	1801.77	21	6			11.9	3	1		
	西安市	3827.36	9	2			8.8	20	9		
	兰州市	1413.78	23	8			10.9	6	2		
	西宁市	613.37	26	10			9.3	17	6		
	银川市	733.21	25	9			10.3	9	4		
	南宁市	1875.57	18	5			8.5	22	10		
	乌鲁木齐市	1725.67	22	7			10.4	8	3		
	呼和浩特市	2175.67	17	4			7.7	25	11		
	拉萨市	247.04	27	11			9.7	14	5		
中部城市	哈尔滨市	3513.80	10		4		7.9	24		8	
	武汉市	6294.94	4		1		9.9	13		5	
	郑州市	4057.14	7		3		11.1	5		3	
	长沙市	4439.52	6		2		12.4	2		1	
	南昌市	1865.98	19		8		10.3	9		4	
	合肥市	2814.80	13		5		11.6	4		2	
	太原市	1849.34	20		9		7.7	25		9	
	长春市	2678.80	15		6		9.4	15		6	
东部城市	广州市	13445.03	1			1	9.4	15			10
	石家庄市	2738.90	14			7	10.3	9			8
	沈阳市	3058.00	12			6	2.3	27			16
	福州市	3106.81	11			5	10.7	7			7
	济南市	3849.91	8			4	8.7	21			13
	海口市	956.43	24			9	8.5	22			14
	杭州市	6768.26	2			2	13.0	1			5
	南京市	6133.31	5			3	10.2	12			9

19-7 固定资产投资

单位：亿元

城市名称		2016年	同比±%
西部城市	昆明市	3920.07	12.1
	成都市	8370.50	14.3
	贵阳市	3380.73	20.5
	西安市	5191.36	2.0
	兰州市	1990.95	10.4
	西宁市	1399.30	10.0
	银川市	1723.31	11.8
	南宁市	3824.73	13.6
	乌鲁木齐市	1607.78	0.0
	呼和浩特市	1849.20	14.2
	拉萨市	582.27	6.6
中部城市	哈尔滨市	5040.10	9.7
	武汉市	7093.17	-2.6
	郑州市	6998.60	11.3
	长沙市	6693.32	13.9
	南昌市	4540.26	13.5
	合肥市	6501.17	11.1
	太原市	2027.71	0.1
	长春市	4659.00	10.5
东部城市	广州市	5703.59	8.0
	石家庄市	5916.00	5.4
	沈阳市	1631.60	-69.4
	福州市	5184.36	6.8
	济南市	3974.30	13.7
	海口市	1271.73	25.7
	杭州市	5842.42	5.1
	南京市	5533.56	2.0

注：以上城市统计口径不一致，不可比。

19-8 房地产投资

单位：亿元

城市名称		2016年	位次				同比±%	位次			
			全部	西部	中部	东部		全部	西部	中部	东部
西部城市	昆明市	1530.50	10	3	3	6	5.5	19	7	7	7
	成都市	2638.90	3	1			6.5	17	6		
	贵阳市	927.32	14	4			-7.7	25	11		
	西安市	1955.82	7	2			6.8	16	5		
	兰州市	391.15	24	8			15.4	11	3		
	西宁市	316.50	25	9			12.9	13	4		
	银川市	474.94	23	7			16.1	10	2		
	南宁市	854.00	15	5			30.0	3	1		
	乌鲁木齐市	306.16	26	10			-4.4	24	10		
	呼和浩特市	520.52	21	6			2.3	21	8		
	拉萨市	44.54	27	11			-3.4	23	9		
中部城市	哈尔滨市	512.10	22		9		-12.0	26		9	
	武汉市	2517.44	6		2		-2.5	22		8	
	郑州市	2778.90	1		1		38.9	2		2	
	长沙市	1260.55	12		5		26.5	5		3	
	南昌市	674.60	18		7		39.0	1		1	
	合肥市	1352.59	11		4		7.4	15		6	
	太原市	681.90	17		6		12.9	13		5	
	长春市	596.60	19		8		17.9	9		4	
东部城市	广州市	2540.85	5			3	18.9	8			4
	石家庄市	2663.90	2			1	6.3	18			6
	沈阳市	709.70	16			8	-46.9	27			9
	福州市	1679.44	9			5	21.6	6			2
	济南市	1163.90	13			7	14.8	12			5
	海口市	551.09	20			9	20.7	7			3
	杭州市	2606.41	4			2	5.4	20			8
	南京市	1845.60	8			4	29.2	4			1

19-9 社会消费品零售总额

单位：亿元

城市名称		2016年	位次				同比±%	位次			
			全部	西部	中部	东部		全部	西部	中部	东部
西部城市	昆明市	2310.09	16	3	7	8	12.1	2	2	1	5
	成都市	5647.40	2	1			10.4	14	6		
	贵阳市	1195.34	23	8			12.7	1	1		
	西安市	3730.70	11	2			9.6	21	8		
	兰州市	1263.33	21	6			9.7	20	7		
	西宁市	513.07	26	10			11.1	9	4		
	银川市	514.19	25	9			7.7	25	10		
	南宁市	1980.36	17	4			10.8	11	5		
	乌鲁木齐市	1236.69	22	7			7.5	26	11		
	呼和浩特市	1481.46	20	5			9.5	22	9		
	拉萨市	229.67	27	11			11.6	5	3		
中部城市	哈尔滨市	3744.20	10		3		10.3	16		6	
	武汉市	5610.59	3		1		10.0	17		7	
	郑州市	3665.83	12		4		11.3	8		5	
	长沙市	4117.40	6		2		11.6	5		4	
	南昌市	1868.00	18		8		11.8	4		3	
	合肥市	2445.70	15		6		12.0	3		2	
	太原市	1666.24	19		9		8.1	24		9	
	长春市	2650.30	14		5		9.8	18		8	
东部城市	广州市	8706.49	1			1	9.0	23			15
	石家庄市	2975.20	13			7	10.5	12			10
	沈阳市	3985.90	7			4	2.5	27			17
	福州市	3763.14	9			6	11.6	5			8
	济南市	3764.80	8			5	10.4	14			12
	海口市	653.89	24			9	9.8	18			14
	杭州市	5176.20	4			2	10.5	12			10
	南京市	5088.20	5			3	10.9	10			9

19-10 一般公共预算收入

单位：亿元

城市名称		2016年	位次				同比±%	位次			
			全部	西部	中部	东部		全部	西部	中部	东部
西部城市	昆明市	530.00	13	3	5	7	5.5	19	8	6	14
	成都市	1175.40	4	1			7.0	17	7		
	贵阳市	366.32	19	5			4.4	22	10		
	西安市	641.10	9	2			11.1	9	4		
	兰州市	215.50	23	8			16.4	1	1		
	西宁市	75.22	26	10			9.7	12	5		
	银川市	173.13	24	9			13.0	5	3		
	南宁市	312.76	20	6			5.3	20	9		
	乌鲁木齐市	369.67	18	4			0.3	27	11		
	呼和浩特市	269.70	22	7			9.0	14	6		
	拉萨市	70.79	27	11			13.4	3	2		
中部城市	哈尔滨市	376.20	17		8		7.5	16		4	
	武汉市	1322.10	3		1		10.1	10		2	
	郑州市	1011.20	6		2		14.3	2		1	
	长沙市	743.70	7		3		3.4	23		7	
	南昌市	402.18	16		7		3.3	24		8	
	合肥市	614.85	11		4		7.6	15		3	
	太原市	282.69	21		9		3.1	25		9	
	长春市	415.50	14		6		7.0	17		5	
东部城市	广州市	1393.85	2			2	5.2	21			15
	石家庄市	410.70	15			8	9.5	13			10
	沈阳市	620.90	10			5	2.4	26			17
	福州市	598.91	12			6	11.7	7			6
	济南市	641.20	8			4	9.9	11			9
	海口市	115.51	25			9	11.2	8			7
	杭州市	1402.38	1			1	13.2	4			3
	南京市	1142.60	5			3	12.0	6			5

19-11 一般公共预算支出

单位：亿元

城市名称		2016年	位次				同比 ±%	位次			
			全部	西部	中部	东部		全部	西部	中部	东部
西部城市	昆明市	688.40	14	3	5	8	11.8	12	5	2	8
	成都市	1597.20	2	1			9.5	15	7		
	贵阳市	525.61	17	5			4.4	19	8		
	西安市	942.50	7	2			2.8	20	9		
	兰州市	422.63	19	6			22.9	2	2		
	西宁市	287.81	23	10			2.8	20	9		
	银川市	329.49	22	9			14.4	8	4		
	南宁市	587.07	16	4			10.9	13	6		
	乌鲁木齐市	417.56	21	8			-6.5	25	11		
	呼和浩特市	420.86	20	7			16.7	5	3		
	拉萨市	248.28	24	11			23.9	1	1		
中部城市	哈尔滨市	876.90	8		3		6.3	18		5	
	武汉市	—	—		—		—	—		—	
	郑州市	1321.60	4		1		19.1	4		1	
	长沙市	1026.33	6		2		10.2	14		3	
	南昌市	587.69	15		6		8.2	17		4	
	合肥市	—	—		—		—	—		—	
	太原市	424.07	18		7		0.9	23		6	
	长春市	770.60	11		4		0.6	24		7	
东部城市	广州市	1943.68	1			1	12.5	9			5
	石家庄市	739.70	13			7	8.4				
	沈阳市	829.40	10			5	2.6	22			16
	福州市	831.24	9			4	14.5	7			4
	济南市	741.00	12			6	12.5	9			5
	海口市	206.17	25			9	20.5	3			2
	杭州市	1404.31	3			2	16.4	6			3
	南京市	1173.79	5			3	12.3	11			7

19-12 金融机构人民币（含外资）存款、贷款余额

（2016年）　　　　单位：亿元

城市名称		年末存款余额	位次				年末贷款余额	位次			
			全部	西部	中部	东部		全部	西部	中部	东部
西部城市	昆明市	12676.24	11	3	4	6	13553.33	8	3	3	4
	成都市	31433.69	3	1			25009.20	3	1		
	贵阳市	9928.30	16	4			9153.20	16	5		
	西安市	19073.96	6	2			15282.65	7	2		
	兰州市	8623.11	19	6			8401.56	18	6		
	西宁市	3756.01	24	10			4633.43	22	9		
	银川市	3343.40	25	11			4076.57	24	10		
	南宁市	8901.72	18	5			9423.79	15	4		
	乌鲁木齐市	7406.60	20	7			5287.20	21	8		
	呼和浩特市	6178.83	21	8			7051.84	20	7		
	拉萨市	4371.55	23	9			3045.77	25	11		
中部城市	哈尔滨市	9804.00	17		7		9048.70	17		7	
	武汉市	21792.80	5		1		19386.30	5		1	
	郑州市	19000.74	7		2		15422.39	6		2	
	长沙市	—	—		—		—	—		—	
	南昌市	—	—		—		—	—		—	
	合肥市	13150.95	10		3		11550.60	11		4	
	太原市	11070.04	14		5		10103.36	13		5	
	长春市	11034.50	15		6		9921.80	14		6	
东部城市	广州市	45937.34	1			1	28885.54	1			1
	石家庄市	11077.90	13			8	7175.90	19			8
	沈阳市	14242.80	9			5	12569.60	9			5
	福州市	12076.50	12			7	12124.69	10			6
	济南市	15032.80	8			4	11370.20	12			7
	海口市	4851.25	22			9	4178.05	23			9
	杭州市	32514.64	2			2	25464.83	2			2
	南京市	27633.55	4			3	21681.28	4			3

19–13 居民消费价格指数

单位：%

城市名称		2016年	位次			
			全部	西部	中部	东部
西部城市	昆明市	101.7	16	4	7	7
	成都市	102.2	11	2		
	贵阳市	101.1	25	9		
	西安市	100.9	26	10		
	兰州市	100.8	27	11		
	西宁市	102.1	12	3		
	银川市	101.7	16	4		
	南宁市	101.4	21	7		
	乌鲁木齐市	101.5	20	6		
	呼和浩特市	101.4	21	7		
	拉萨市	102.6	5	1		
中部城市	哈尔滨市	101.8	15		6	
	武汉市	102.4	8		2	
	郑州市	102.3	9		3	
	长沙市	101.9	14		5	
	南昌市	102.1	12		4	
	合肥市	102.6	5		1	
	太原市	101.2	24		9	
	长春市	101.4	21		8	
东部城市	广州市	102.7	2			2
	石家庄市	101.6	19			9
	沈阳市	101.7	16			7
	福州市	102.3	9			6
	济南市	102.7	2			2
	海口市	103.0	1			1
	杭州市	102.6	5			5
	南京市	102.7	2			2

19-14 城镇常住居民人均可支配收入

单位：元

城市名称		2016年	位次				同比 ±%	位次			
			全部	西部	中部	东部		全部	西部	中部	东部
西部城市	昆明市	36739	10	2	3	7	8.2	12	5	5	9
	成都市	35902	11	3			8.1	15	7		
	贵阳市	29502	25	9			8.3	10	4		
	西安市	35630	12	4			7.4	22	11		
	兰州市	29661	23	8			9.5	1	1		
	西宁市	27539	27	11			9.1	3	3		
	银川市	30478	21	7			7.8	19	8		
	南宁市	30728	20	6			7.7	20	9		
	乌鲁木齐市	34200	15	5			8.2	12	5		
	呼和浩特市	40220	6	1			7.7	20	9		
	拉萨市	29383	26	10			9.2	2	2		
中部城市	哈尔滨市	33190	17		7		7.1	23		6	
	武汉市	39737	7		2		9.1	3		1	
	郑州市	33214	16		6		6.8	25		8	
	长沙市	43294	4		1		8.3	10		4	
	南昌市	34619	14		5		8.4	8		3	
	合肥市	34852	13		4		9.0	6		2	
	太原市	29632	24		9		6.9	24		7	
	长春市	31069	18		8		6.8	25		8	
东部城市	广州市	50941	2			2	9.0	6			7
	石家庄市	30459	22			9	9.1	3			6
	沈阳市	39135	8			5	6.8	25			15
	福州市	37833	9			6	8.2	12			9
	济南市	43052	5			4	7.9	17			13
	海口市	30775	19			8	7.9	17			13
	杭州市	52185	1			1	8.0	16			11
	南京市	49997	3			3	8.4	8			8

注：增幅未扣物价因素。

19-15 农村常住居民人均可支配收入

单位：元

城市名称		2016年	位次				同比±%	位次			
			全部	西部	中部	东部		全部	西部	中部	东部
西部城市	昆明市	12555	21	6	9	8	9.7	3	2	1	8
	成都市	18605	6	1			9.4	5	4		
	贵阳市	12967	18	5			8.8	10	7		
	西安市	15191	12	3			8.0	15	8		
	兰州市	10391	26	10			8.0	15	8		
	西宁市	9678	27	11			9.2	6	5		
	银川市	12037	24	8			8.0	15	8		
	南宁市	11398	25	9			9.5	4	3		
	乌鲁木齐市	16400	9	2			9.2	6	5		
	呼和浩特市	14517	15	4			7.6	22	11		
	拉萨市	12038	23	7			16.0	1	1		
中部城市	哈尔滨市	14439	17		7		8.0	15		5	
	武汉市	19152	5		2		8.1	14		4	
	郑州市	18426	7		3		7.6	22		7	
	长沙市	25448	2		1		7.8	20		6	
	南昌市	14952	13		5		9.2	6		2	
	合肥市	17059	8		4		8.4	13		3	
	太原市	14591	14		6		7.1	25		8	
	长春市	12576	20		8		7.0	27		9	
东部城市	广州市	21449	3				11.0	2			6
	石家庄市	12345	22			9	7.9	19			13
	沈阳市	14445	16			6	7.1	25			16
	福州市	16347	10			4	7.5	24			15
	济南市	15346	11			5	7.8	20			14
	海口市	12679	19			7	9.0	9			9
	杭州市	27908	1			1	8.5	12			12
	南京市	21156	4			3	8.6	11			11

注：增幅未扣物价因素。

中国统计出版社最新图书简目

（仅供参考，以实际出版为准）

统计资料

中国统计年鉴	中国统计摘要	中国发展报告
中国经济普查年鉴	国际统计年鉴	金砖国家联合统计手册
中国-东盟国家统计手册	中国农村统计年鉴	中国县域统计年鉴
中国城市统计年鉴	中国对外直接投资统计公报	中国地区经济监测报告
中国贸易外经统计年鉴	中国零售和餐饮连锁企业统计年鉴	中国商品交易市场统计年鉴
大中型批发零售和住宿餐饮企业统计年鉴	中国农产品价格调查年鉴	中国住户调查年鉴
中国价格统计年鉴	中国能源统计年鉴	全国农产品成本收益资料汇编
中国环境统计年鉴	中国建筑业统计年鉴	国外资源、能源和环境统计资料汇编
中国工业统计年鉴	中国城乡建设统计年鉴	中国县城建设统计年鉴
中国城市建设统计年鉴	中国科技统计年鉴	中国房地产统计年鉴
中国证券期货统计年鉴	中国劳动统计年鉴	中国第三产业统计年鉴
工业企业科技活动资料	中国社会统计年鉴	中国高技术产业统计年鉴
中国人才资源统计报告	中国教育统计年鉴	中国人口和就业统计年鉴
文化及相关产业统计概览	中国文化及相关产业统计年鉴	中国教育经费统计年鉴
中国民族统计年鉴	中国残疾人事业统计年鉴	中国民政统计年鉴
中国乡镇街道行政区域简册	中国基本单位统计年鉴	中国妇女儿童状况统计资料（英）

省级综合统计年鉴系列

北京 天津 河北 山西 内蒙古 辽宁 吉林 黑龙江 上海 江苏 浙江 安徽 福建 江西 山东 河南 湖北 湖南 广东 广西 海南 重庆 四川 贵州 云南 西藏 陕西 甘肃 青海 宁夏 新疆 新疆生产建设兵团

市(县)级综合统计年鉴系列

滨海新区 石家庄 唐山 邯郸 保定 沧州 邢台 廊坊 承德 衡水 秦皇岛 张家口 太原 大同 阳泉 长治 晋城 朔州 晋中 运城 忻州 临汾 吕梁 呼和浩特 呼和浩特新城区 鄂尔多斯 包头 沈阳 大连 长春 吉林 延吉 四平 通化 松原 哈尔滨 齐齐哈尔 黑龙江垦区 上海浦东新区 南京 无锡 徐州 常州 苏州 南通 连云港 淮安 盐城 扬州 镇江 泰州 宿迁 江阴 丹阳 海门 杭州 宁波 温州 嘉兴 湖州 绍兴 金华 衢州 舟山 台州 丽水 合肥 安庆 马鞍山 福州 厦门 宁德 漳州 龙岩 南昌 九江 上饶 新余 抚州 萍乡 赣州 吉安 景德镇 济南 青岛 潍坊 枣庄 日照 滕州 郑州 洛阳 平顶山 三门峡 商丘 信阳 济源 汝州 武汉 十堰 荆州 宜昌 荆门 咸宁 长沙 广州 深圳 惠州 东莞 汕尾 南宁 柳州 桂林 来宾 河池 防城港 海口 三亚 成都 贵阳 黔南 毕节 昆明 西安 咸阳 延安 宝鸡 安康 铜川 汉中 榆林 兰州 庆阳 银川 乌鲁木齐 兵团一师 兵团十师

调查年鉴系列

天津 山西 内蒙古 辽宁 吉林 上海 福建 江西 河南 湖北 湖南 广西 重庆 四川 云南 甘肃 宁夏 新疆

统计方法应用/实用手册

实用SAS统计分析教程　马克威统计分析与数据挖掘应用案例　统计公文知识问答

乡镇统计人员岗位知识培训系列教材：辅助调查员岗位基础知识　乡镇统计人员岗位基础知识

县级统计人员岗位知识培训系列教材：Excel在统计工作中的应用　简明统计分析

地市级统计人员岗位知识培训系列教材：统计报告与演示　Excel在统计工作中的应用

统计通俗读物/统计科普图书

国家统计局核心统计指标变迁　货架上的统计　账本里的统计

重点图书

砥砺奋进的五年——从十八大到十九大　新编英汉汉英统计大词典　中华医学统计百科全书

新常态下的中国服务业：理论与实践　新动能新产业发展报告-2017

挑大学选专业2018—考研择校指南　挑大学选专业2018—高考志愿填报指南